21世纪普通高等教育核心课程经典辅导·汉语言文学系列

现代汉语

同步辅导与习题集

（含考研真题及解析）

主　编　张剑平
编　委　（按姓氏音序排列）
陈　玉　覃　薇　伍嘉婧　王　敏
张晨玉　张剑平　占　敏　曾小欢

西北工業大學出版社
西　安

【内容简介】 本书以目前广泛使用的三套《现代汉语》教材为蓝本进行编写，这三套教材分别是黄伯荣、廖序东主编的《现代汉语》（增订七版）（高等教育出版社）、邢福义主编的《现代汉语》（第三版）（华中师范大学出版社）和胡裕树主编的《现代汉语》（重订本）（上海教育出版社）。本书在编排上综合三套蓝本教材章节内容，共分为5章，每章由本章要点、知识点精讲、巩固练习和真题精粹四部分组成。

本书可作为高校“现代汉语”课程的教学参考，也可为报考“汉语言文字学”“汉语国际教育”等专业硕士研究生的考生提供备考帮助。

图书在版编目(CIP)数据

现代汉语同步辅导与习题集/张剑平主编．—西安：西北工业大学出版社，2017.12（2025.1重印）

ISBN 978-7-5612-5802-6

Ⅰ．①现… Ⅱ．①张… Ⅲ．①现代汉语—研究生—入学考试—自学参考资料 Ⅳ．①H109.4

中国版本图书馆CIP数据核字（2017）第314953号

XIANDAI HANYU TONGBU FUDAO YU XITIJI

现代汉语同步辅导与习题集

责任编辑：隋秀娟　　**装帧设计**：晨　宇

出版发行：西北工业大学出版社

通信地址：西安市友谊西路127号　　邮编：710072

电　　话：(029)88493844　88491757

网　　址：www.nwpup.com

印 刷 者：湖北云景数字印刷有限公司

开　　本：880 mm×1230 mm　1/32

印　　张：10.25

字　　数：381千字

版　　次：2017年12月第1版　2025年1月第2次印刷

定　　价：42.00元

前　　言

“现代汉语”是我国高等学校语言类专业的一门基础课，它以马列主义语言学理论和国家语言文字工作的方针政策为指导，系统地讲授现代汉语的基础理论和基本知识，进行基本技能的训练，从而培养和提高学生理解、运用汉语的能力。

为帮助学习者更好地学习该课程，我们根据教学实践、考试（考研）的命题规律，精心编写了《现代汉语同步辅导与习题集》一书 。本书以目前广泛使用的三套《现代汉语》教材为蓝本进行编写，这三套教材分别是黄伯荣、廖序东主编的《现代汉语》（增订七版）（高等教育出版社）、邢福义主编的《现代汉语》（第三版）（华中师范大学出版社）和胡裕树主编的《现代汉语》（重订本）（上海教育出版社）。

本书编写体例及特点如下：

一、本章要点

以框架图的形式，立体呈现每章知识脉络。

二、知识点精讲

基本概念部分：精选每章重要概念，提炼精讲（在某一概念上，如果三套蓝本教材的表述不一样，则一一列举，文中简称黄本、邢本和胡本）；重难点剖析部分：精准指出每章出题点、重点与难点，深入讲解，透彻辨析。

三、巩固练习

针对每章内容，提供大量全真模拟巩固练习题，并给出详尽参考答案，方便读者日常的知识巩固与强化练习。此部分既涉及三个蓝本教材中的原有习题，又补充了大量配套的考研真题，题型丰富，题量很大。

四、真题精粹

每章配有近年重点高校的考研真题，并附答案讲解，实战演练模拟考研。

本书编写分工如下：绪论——张剑平、陈玉，语音——占敏、曾小欢，文字——

张晨玉、王敏，词汇——陈玉，语法——曾小欢，语用——伍嘉婧、覃薇。全书由张剑平、曾小欢统稿。

本书既可作为高校“现代汉语”课程的教学参考，也可为报考“汉语言文字学”“汉语国际教育”等专业硕士研究生的考生提供备考帮助。

在本书编写过程中，参考了相关著作及资料，除列入书后“参考文献”之外，未及一一注明者，在此向资料的作者一并表示感谢。

限于水平，书中若有疏漏之处，敬请读者批评指正，以便再版时加以修正。

编　者

目　　录

绪　论 …… 1

一、本章要点 …… 1

二、知识点精讲 …… 1

三、巩固练习 …… 8

四、真题精粹 …… 20

第一章　语　音 …… 25

一、本章要点 …… 26

二、知识点精讲 …… 42

三、巩固练习 …… 62

四、真题精粹 …… 73

第二章　文　字 …… 73

一、本章要点 …… 73

二、知识点精讲 …… 81

三、巩固练习 …… 98

四、真题精粹 …… 100

第三章　词　汇 …… 100

一、本章要点 …… 101

二、知识点精讲 …… 118

三、巩固练习 …… 132

四、真题精粹 …… 139

第四章　语　法 …………………………………………… 139
一、本章要点 …………………………………………… 140
二、知识点精讲 …………………………………………… 170
三、巩固练习 …………………………………………… 236
四、真题精粹 …………………………………………… 273
第五章　语　用 …………………………………………… 273
一、本章要点 …………………………………………… 273
二、知识点精讲 …………………………………………… 294
三、巩固练习 …………………………………………… 313
四、真题精粹 …………………………………………… 319
参考文献 ……………………………………………………

绪　　论

一 本章要点

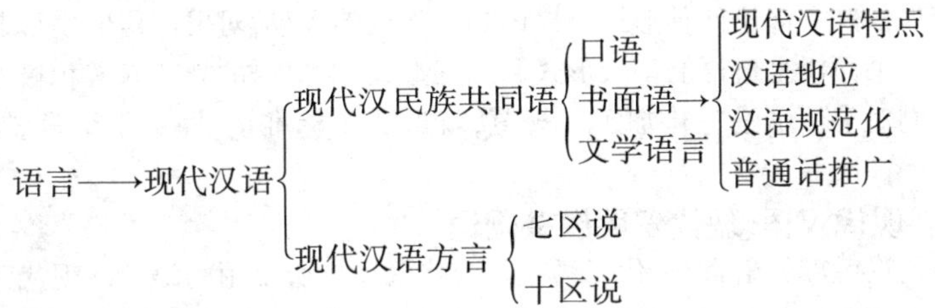

二 知识点精讲

(一)基本概念

1.语言

语言是社会的产物,它随着社会的产生而产生,随着社会的发展而发展。从结构上,语言是以语音为物质外壳(形式),以词汇为建筑材料,以语法为结构规律而构成的一种音义结合的符号系统。从功能上看,可分为三个方面:一是人与人的关系。语言是人最重要的交际工具,不分阶级,一视同仁地为社会全体成员服务。二是人与客观世界的关系。语言是认知世界的工具,事物的类别和事物之间的关系都靠语言来说明。三是人与文化的关系。语言是文化的载体,人们凭借语言积累知识、形成文化。

【黄伯荣、廖序东主编《现代汉语》,以下简称"黄本"】

语言是一种符号系统,是人类最重要的交际工具。

【胡裕树主编《现代汉语》,以下简称"胡本"】

语言是人类社会最重要的交际工具和思维工具,是一种符号系统。语言是劳动的产物,它和人类社会一起诞生,并随着社会的发展而发展。语言的社会交际工具性决定了它的全民性。语言有口语和书面语两种形式。

【邢福义、汪国胜主编《现代汉语》,以下简称"邢本"】

2.口语、书面语、文学语言

现代汉语有口语和书面语两种形式。口语是人们在口头上应用的语言,具有口语的风格。其特征在于简短、疏放,有较多省略。但是口语的声音一发即逝,难于流传久远(受时间和空间的限制)。书面语是用文字写下来的语言,是以口语为基础而形成的,趋于周密、严谨,结构完整,长句较多。文学语言,又称标准语,是经过高度加工并符合规范的语言,包括书面语和口语形式。作为标准语,文学语言以其典范性特征区别于一般的书面语和口语,对于现代汉民族语言的健康发展起着很大的推动作用。(黄本)

文字使口语成为书面语。书面语中夹杂的不属符号系统的语言单位比口语更多,如标点符号,虽然称之为标点符号,其实并非音义结合的语言单位。(胡本)

语言有口语和书面语两种形式。口语是书面语的源泉,对书面语的发展起着决定性作用。书面语是口语的记录形式和加工形式,对口语的规范起着积极的促进作用。我们对书面语进一步加工和规范,就形成了标准语,即文学语言。(邢本)

3.汉语、现代汉语、现代汉民族共同语

汉语就是汉民族的语言,现代汉语就是现代汉民族所使用的语言。现代汉语包括多种方言和民族共同语。现代汉民族共同语言是以北京语音为标准音,以北方方言为基础方言,以典范的现代白话文著作为语法规范的普通话。(黄本)

现代汉语有广狭二义。广义的包括各种方言。狭义的指的是现代汉民族共同语,即以北京语音为标准音、以北方话为基础方言、以典范的现代白话文著作为语法规范的普通话。它是现代汉民族用来进行交际的语言。(胡本)

汉语是汉民族的语言,在语言谱系分类上,汉语属于汉藏语系;现代汉语是汉民族的语言,是现代汉语最重要的交际工具。“现代汉语”一词有广义和狭义两种理解:广义的现代汉语指现代汉民族共同语和现代汉语方言,狭义的现代汉语指现代汉民族共同语言,本教材使用的是广义的现代汉语。现代汉民族共同语是现代汉民族共同用来交际的语言,是以北京语音为标准音、以北方话为基础方言、以典范的现代白话文著作为语法规范的普通话(在中国大陆称为“普通话”,在中国台湾称为“国语”,在新加坡、马来西亚称为“华语”)。(邢本)

4.普通话

1955年在北京召开了现代汉语规范问题学术会议,会上确定把汉民族共同语称普通话,主张向全国大力推广。会后经各方研究,正式确定现代汉民族共同语的三项标准的含义,即“以北京语音为标准音,以北方话为基础方言,以典范的现代白话文著作为语法规范的现代汉民族共同语”。(黄本)

由于北京是元、明、清历代的政治中心,北京话也就成为各级官府的交际语言,并随着政治影响逐渐传播到全国各地。当时北京话被称为“官话”,实际上它

不是专为官吏阶层使用的官场雅语，而是全民的共同语。20世纪初以来的“白话文运动”和“国语运动”又给以北京话为中心的北方话一种民族共同语的地位。至此，人们逐渐用“普通话”来代替“官话”这一旧称。在我国台湾称为“国语”，在新加坡和海外华人称为“华语”，指的其实是普通话。“普通话”的“普通”是普遍共同的意思。（胡本）

在白话文学作品流传的同时，以北方方言为代表的北京话作为政府的通用语也随着传播开来，并成为各方言区之间的共同交际工具。明清时代，它被称为“官话”，清末正名为“国语”。进入20世纪，辛亥革命、五四运动的相继发生，加速了现代汉民族共同语的发展。中华人民共和国成立后，“国语”这一称呼被含义明确的“普通话”所取代，普通话在全国范围内得到了历史上前所未有的推广和普及（在中国大陆称为“普通话”，在台湾称为“国语”，在新加坡、马来西亚称为“华语”）。（邢本）

5.共同语、方言

共同语是一个民族全体成员通用的语言。民族共同语是在一种方言的基础上形成的，作为民族共同语的方言就叫作基础方言。什么方言能成为民族共同语的基础方言，要取决于这种方言在社会中所处的地位，以及这个方言区的政治、经济、文化及人口等条件。

方言是局部地区的人们所使用的语言。汉语方言俗称地方话，只通行于一定的地域，是局部地区使用的语言。形成汉语方言的因素很多，有属于社会、历史、地理方面的因素，如长期的小农经济、社会的分裂割据、人口的迁徙、山川的阻隔等；也有属于语言本身的因素，如语言发展的不平衡性，不同语言之间相互接触、相互影响。方言本身也有一套完整的系统。汉语方言的差异性表现在语音、词汇、语法等各个方面。（黄本）

方言是语言内部的地方变体。方言分化主要是由移民带来了语言的分化，其次是交通的闭塞引起语言的区域性发展的分化，语音、词汇、语法上逐渐出现了差异，于是就形成了方言现象。方言有社会方言和地域方言之分。社会方言是社会内部不同性别、年龄、职业、阶层的人们在语言使用上表现出来的变体，是言语社团的一种标志。地域方言是社会内部某一地区的人们所使用的语言，是民族共同语言的地域分支或地方变体。本教材所说的方言是指地域方言。（邢本）

6.七区说、十区说

汉语方言可以分为七大方言区，即北方方言（官话方言）、吴方言、湘方言、赣方言、客家方言、闽方言和粤方言。在复杂的方言区内，有的又再分成若干方言片（又称次方言），甚至再分为“方言小片”，直到一个地点的（某县、某市、某镇、某村）的方言，就叫作“地点方言”。也有学者主张把汉语方言分成十区，即将北方方言中山西部分地区及其临近陕西、河南、内蒙古、河北部分有入声的地区独立成

“晋语”区,将皖南一带徽州方言列为“徽语”区,将广西北部和南部的“平话”单列为“平话”区,连同原来通行的七区成为“十区”。“十区说”见于《中国语言地图集》(中国社会科学院、澳大利亚人文科学院合编,朗文出版集团[远东]有限公司,香港,1987),该书出版以来,在语言学界引发不少讨论。其中对“晋语”和“平话”的“升格独立”争议尤多,目前尚未获得方言学者的普遍认同。(黄本)

汉语的方言现在可以分成七区,它们的分布情况大致如下:北方方言区、吴方言区、湘方言区、赣方言区、客家方言区、闽方言区和粤方言区。(胡本)

汉语方言比较复杂。关于汉语方言的分区,目前主要有两种意见:①七区说。1955年10月,现代汉语规范问题学术会议提出,把汉语方言分为八区,即官话、吴语、湘语、赣语、客家话、闽北话、闽南话、粤语。后来又有人把闽北话和闽南话合为闽方言,形成了“七区说”。②十区说。随着调查研究工作的全面和深入(开展),人们对汉语方言分区的理论认识越来越深刻,分区也越来越精细。20世纪80年代,由中国社会科学院组织编写的《中国语言地图集》,根据前人的研究和新近的调查,提出了新的汉语方言的分区理论及新的分区意见。在方言区的划分依据上,主要是两个标准:一是古入声字的演变,据此区分官话区和非官话区;二是古浊音声母字的演变,据此划分为九个非官话方言。按照这一理论,现代汉语方言分为十区,即官话区、晋语区、吴语区、徽语区、赣语区、湘语区、闽语区、粤语区、平话区、客家话区。其中官话又分为东北官话区、北京官话区、冀鲁官话区、胶辽官话区、中原官话区、兰银官话区、西南官话区、江淮官话区。相对官话而言,其他九区是非官话区。对汉语方言的这种区分,汉语方言学界有些争议,主要是有的学者对晋语和平话独立设为一区有不同的看法。(邢本)

(二)重难点剖析

1.口语、书面语和文学语言的关系

现代汉语有口语和书面语两种形式。书面语是用文字记下来的语言,是以口语为基础而形成的,具有与口语不同的风格。文学语言的形成和发展,以书面语的产生和演进为先决条件。在书面语的基础上,更有利于对语言进行加工,并把它的成果定型和保存下来。文学语言既有书面形式,也有口语形式。作为标准语,文学语言以其典范性特征区别于一般的书面语和口语,对于现代汉民族语言的健康发展起着很大的推动作用。(黄本)

书面语又称“写的语言”,口语又称“说的语言”。现代汉语的书面语同口语基本上是一致的,它是在口语的基础上产生和发展起来的。口语是书面语的源泉,对书面语始终起着决定性的作用。从这个意义上说,口语是第一性的,书面语是第二性的。口语与书面语运用的场合不同、条件不同,因此在表达方式上也不能完全一样。口语的特点是短句多,省略句多,句子结构比较松散;书面语的特点是完整句多,长句多,关联词语多,句子结构精炼严密,层次条理清楚,富于逻辑

性。书面语对口语的发展又起一定的作用，使口语更为丰富，更为纯洁，更趋于规范化。(胡本)

语言有口语和书面语两种形式。口语是书面语的源泉，对书面语的发展起着决定性作用。书面语是口语的记录形式和加工形式，对口语的规范起着积极的促进作用。(邢本)

2.汉语发展的历史分期

汉语是汉民族的语言。如同汉民族的历史一样，汉语的历史也可谓源远流长。从古到今，汉语的发展大致经历了五个阶段：汉字产生以前，只有口语而没有书面语，属于原始阶段；先秦时代，属于上古汉语阶段；两汉至隋唐时代，属于中古汉语阶段；从晚唐五代开始至五四运动以前，属于近代汉语阶段；五四运动以后，随着长期言文分歧的重新统一和现代汉民族共同语的逐步形成，进入了现代汉语阶段。(邢本)

3.一般把汉语的发展大致分为古代汉语、近代汉语和现代汉语三个阶段。

(1)古代汉语一般是指先秦两汉至隋唐这一千年间的汉语。古代汉语虽然也可以上溯到史前汉语，但一般认为古代汉语的前身主要是指“夏语”。夏语也称作“雅语”，是先秦时代黄河流域中下游一带华夏族的语言。秦始皇建立大一统的封建帝国，实行了“书同文”政策，在融合和统一的历史潮流推动下，古代汉语正式形成。古代汉语的口语和书面语大体上是一致的。

(2)近代汉语是指晚唐到清初近一千年间的汉语，其面貌与古代汉语明显不同，但书面语基本上还是沿用古代汉语的样式，并形成两个不同的系统：一个是六朝以后以北方口语为基础进行加工的书面语，即通常所说的“古白话”；一个是以先秦口语为基础进行加工的书面语，以及后代以这种书面语言为模仿对象的作品的语言，即通常所说的“文言文”。现代汉语共同语和方言的格局就是在近代汉语阶段逐渐形成的。(过去汉语学界，特别是中学语文教材，一般把古代汉语和近代汉语统一称为“古代汉语”。王力先生主编《古代汉语·绪论》即认为，古代汉语是一个比较宽泛的概念，大致说来它有两个系统，一个是以先秦口语为基础而形成的上古汉语书面语言以及后代历代作家仿古的作品中的语言，也就是通常所谓的文言；一个是唐宋以来以北方话为基础而形成的古白话。)

(3)目前对现代汉语的起点有不同的看法，其中主要说法是指清初以后的汉语。也有人主张将现代汉语的开端定在“五四”时期，从而与中国现代史保持一致。也有学者指出，如果把清初或清中期之后的汉语叫作“现代汉语”，那么“五四”以来的汉语，或者新中国成立以来的汉语，也不妨叫作“当代汉语”。(陆俭明，沈阳：《汉语和汉语研究十五讲》第二版，北京大学出版社，2016年)

4.方言和共同语的关系

除了普通话这一全民族的共同语之外，汉民族还有许多不同的方言。像一切语言中的方言一样,汉语的这些方言也是从属于民族共同语的语言低级形式,它们之间虽然有明显的差异,但由于语音上对应规律很整齐,基本词汇和语法构造也大体相同,因而它们并不是同普通话并立的独立语言,而只是汉民族共同语的地域分支。随着社会的政治、经济和文化的日益集中和发展,汉民族共同语的影响将日益扩大,汉语方言的影响也将逐渐缩小。"普通话是为全民服务的,方言是为一个地区人民服务的。推行普通话并不意味着人为地消灭方言,只是逐步地缩小方言的使用范围,而这是符合社会进步的客观要求的。方言可以而且必然会同普通话在相当长的时期内并存,但是必须不断地扩大普通话的应用范围,要尽力提倡在公共场合说普通话,尽力提倡在书面语言中使用普通话,要纠正那种不承认普通话,不愿听普通话,甚至不许子弟说普通话的狭隘地方观念,纠正那种在出版物特别是文学作品中滥用方言的现象。"(1955 年 10 月 26 日《人民日报》社论:《为促进文字改革、推广普通话、实现汉语规范化而努力》)(胡本)

语言随着社会的产生而产生,也随着社会的发展而发展。语言在发展过程中,会出现统一与分化现象。语言的统一形成了共同语,语言的分化则形成了不同的语言或方言。任何一种方言都是从属于共同语的,汉语的方言也从属于汉民族共同语。汉民族共同语和方言之间存在着明显的差异,方言与方言之间有的甚至不能直接通话,但汉语共同语和汉语方言有着共同的历史来源,语音上有整齐的对应规律,基本词汇和语法系统也大体相同,因此汉语方言并不是独立的语言,而是汉语的地域分支。民族共同语对方言来说是一种高级形式,它不仅从语音、语汇、语法等方面给方言以一定的影响,而且还在一定程度上制约方言的发展。纵观古今中外,越是社会统一、经济发展、文化繁荣的时代,共同语的制约作用就越强,方言与共同语之间、方言与方言之间的分歧就会较快地缩小,甚至自然地消失。反之,方言就会离心发展,加大分歧,甚至成为新的独立语言。(邢本)

5.现代汉语的特点

现代汉语属于汉藏语系,具有区别于印欧语系语言的许多特点:①语音方面。音节界限分明,乐声较多,噪音较少,加上声调高低变化,语调抑扬顿挫,因而有音乐性的特点。具体表现为没有复辅音,元音占优势,音节整齐简洁,有声调。②词汇方面。单音节语素多,双音节词占优势;构词广泛运用词根复合法;同音语素多。③语法方面。汉语表示语法意义的手段不太用形态,主要用语序和虚词;词、短语、句子的结构原则基本一致;词类和句法成分关系复杂;量词和语气词十分丰富。此外,汉语的特点还体现在所使用的文字方面。汉语表示语法意义的手段不太用形态,被根据形态的多少对世界语言进行分类的学者称为"分析语"或"孤立语",俄语、英语等形态较丰富的语言则被称为屈折语。(黄本)

同印欧语系比较,现代汉语在语音、词汇、语法等方面都具有一系列的特点。①语音方面的主要特点:音节结构中元音占优势,普通话的音节里可以没有辅音,但不能缺少元音,一个音节最多包含两个辅音,而且没有两个辅音连在一起的拼法;声调是汉语音节结构中不可缺少的成分。汉语语音特点形成了它所特有的显著的音乐性——声音悦耳,音调柔和,节奏明朗,韵律协调。②词汇方面的主要特点:词汇的丰富性;双音节词占大多数;在构词方面,现代汉语能运用词根融合、附加和重叠、轻声、儿化等方式构成无限多的新词。③语法方面的主要特点:汉语缺少严格意义的形态变化;在汉语句法结构中,语序安排具有重大意义,这也与缺少词形变化有关;别的一些语言中用形态表示的意义,汉语常用虚词来表示;单双音节对语句结构有影响。(胡本)

与印欧语比较,现代汉语在语音、语汇和语法方面都有一些特点:①语音方面:声调具有音位价值,是音节的重要组成部分;音节中元音占优势,没有复辅音;音节总数有限,音节简短、明确。②词汇方面:语素以单音节为主,词以双音节占优势,构词主要采用词根复合法。③语法方面:现代汉语缺乏严格意义上形态变化;以语序和虚词为主要语法手段;词类具有多功能性,与句法成分不存在简单的对应关系;句子和短语的构造基本一致;有独特的词类和短语,句式多样。与汉藏语系其他语言比较,现代汉语的特点主要表现在语音和语法方面:①语音方面:现代汉语共同语没有复辅音,塞音、塞擦音等辅音没有清浊对立,可以作韵尾只有两个辅音,元音不分长短。②语法方面:现代汉语某些句法成分的句法位置与汉藏语的其他语言不尽一致,词重叠形式和表示的语法意义彼此也不尽相同。与古汉语比较,现代汉语在语音、语汇和语法方面都有一些特点:①语音方面:从总体上讲语音系统简化。主要表现在浊塞音、浊塞擦音和清鼻音声母消失,复辅音声母不存在了,辅音韵尾大大减少,入声不再独立为调类。②语汇方面:新词大量产生,词的双音化倾向明显,词缀和类词缀有所增加,一大批印欧语词和日语汉字词进入语汇系统。③语法方面:量词越来越丰富;介词、语气词基本已完全更换;代词系统明显简化;词类活用现象明显减少;动态助词成为常用词类;动补式、把字句、被字句等成为基本句法结构;句子的连带成分增多,结构趋于复杂,产生一些欧化句式等。(邢本)

6.现代汉语的地位

汉语是世界上历史最悠久的、使用人口最多的语言之一。无论过去还是现在,汉语在国内外都有着很大的影响,是我们国家的具有代表性的语言,具有很重要的地位。事实上,汉语已经成为我国各民族间的交际语,并为各民族之间的相互学习和协作做出了很大的贡献。汉语也是世界上使用人数最多的一种语言,除了中国,汉语还分布在世界各大洲。很早以前,我国就和许多国家有了往来,汉语也因此和国外许多民族的语言有过接触,并相互影响。日本语、朝鲜语、越南语同汉语关系尤为特殊,这些国家在过去都长期使用汉字,有的一直用到现在。汉语是联合国的六种工作语言之一。改革开放以来,随着中国经济和社会的发展以及综合国力的日益增强,汉语在国际上的影响也越来越大,学习和研究汉语的人也越来越多,在全球范围内出现了一股学习汉语的热潮。联合国发表的《2005 世界主要语种、分布和使用力调查报告》显示,汉语排名第二,仅次于英语。为了适应汉语热的国际形势需要,国家设立专门机构,大力向国际推广汉语,促使汉语向着世界强势语言的目标前进。(黄本)

现代汉语是世界上使用人口最多的一种语言。全球约有 1/5 的人口使用汉语。在历史发展的过程中,汉语对邻邦的语言产生过巨大影响。受汉语影响最深的是日语、朝鲜语和越南语。随着我国社会主义建设事业的飞跃发展,国际地位的日益提高,汉语在国际社会生活中的重要性越来越显著了,因而在许多国家中,学习和研究汉语的人也越来越多了。联合国第 28 届会议于 1973 年 12 月 18 日全体会议一致通过,把汉语列为大会和安理会的工作语言之一。我国是一个拥有 50 多个民族的统一国家,新中国成立以来,各民族为了相互交际的便利,迫切需要掌握一种各民族共同使用的语言。兄弟民族都自觉地要求选择汉语作为共同交际的工具。(胡本)

世界上的数千种语言当中,现代汉语是使用人数最多的语言。在中国,现代汉语不仅是占我国人口 95% 以上的汉族人民相互交际的工具,而且是我国各兄弟民族之间最主要的交际语言。香港、澳门回归祖国后,普通话在两地的地位日益提高。可以说,现代汉语对于我国各民族之间的交往和学习,对于国家的统一,对于促进和加强民族大团结,都有十分重要的作用。在国际上,使用汉语的人占世界人口的 1/4。世界上其他国家和地区还有华侨或华裔仍在学习和使用汉语。汉语也是新加坡、马来西亚等国使用的语言之一。1973 年联合国把汉语列为六种工作语言之一。自我国进入现代化建设新时期以来,随着对外开放步伐的加快,世界各国同我国的交往越来越频繁,我国的国际影响愈来愈显著,汉语在国际上的地位日益提高,世界各国学习和研究汉语的人也日益增多。对外汉语教学(汉语国际教育)成为一门新兴的语言分支学科。1993 年,汉语水平考试(HSK)被正式确定为国家级标准考试。现在,在高科技领域,汉字信息处理及自动化服务系统的研究和开发已成为世界电子技术领域的主攻方向之一。可以预言,随着相关的社会科学、自然科学研究的进一步开展,汉语必将在国内及国际舞台上发挥更大的作用。(邢本)

三 巩固练习

(一)名词解释

1.语言。

2.普通话。

3.方言。

4.基础方言。
5.地域方言。
6.社会方言。
7.普通话水平测试。
8.推普周(推广普通话宣传周)。

(二)选择题

1.现代汉民族共同语和方言的关系是(　　)。
A.互相排斥
B.互相依存,方言从属于汉民族共同语
C.方言是从民族共同语中分化出来的
D. 随着有些地方广播影视方言节目的传播,方言会慢慢扩大影响,并逐渐流行

2.对普通话而言,汉语方言是一种(　　)。
A.地域分支　B.并立的独立语言
C.民族共同语的高级形式　D.对立的独立语言

3.汉语方言之间的差异,突出表现在(　　)方面。
A.语音　B.词汇　C.语法　D.词汇和语法

4.现代汉语书面形式的源头是(　　)。
A.文言文　B.官话　C.白话　D.近代汉语

5.就与普通话的差别来说,七大方言中(　　)与普通话距离最大。
A.吴方言　B.闽、粤方言　C.湘、赣方言　D.客家方言

6.现代汉语课三个基本内容是(　　)。
A.语音、词汇和语法　B.语音、文字和语法
C.词汇、语法和修辞　D.文字、词汇和语法

7.现代汉语构成新词所广泛运用的方法是(　　)。
A.轻声、儿化　B.简缩　C.附加法　D.词根复合法

8.汉语表示语法意义的主要方式是(　　)。
A.形态　B.虚词　C.词序　D.虚词和词序

9.现代汉语词汇中占绝大多数的是(　　)。
A.单音节词　B.双音节词　C.三音节词　D.多音节词

10.现代汉语的标准音是(　　)。
A.北方语音　B.北京语音　C.东北语音　D.华北语音

(三)判断题

1.普通话就是过去所说的“白话”或“官话”。
2.“官话”就是专为官吏阶层使用的官场雅语或阶级习惯语。
3.某种语言的书面形式是它的口语发展的必然产物。

4.文学语言是经过加工、规范的书面语。
5.口语和书面语在表达形式上是完全一样的。
6.文学作品的语言叫文学语言。
7.北方方言区指长江以北的汉民族居住地区。
8.粤方言等于广东话。
9.民族共同语既然是在一种方言的基础上形成的,它就应该排斥其他方言中的成分。
10.推广普通话意味着人为地消灭方言。
11.普通话语音规范是“以北京语音为标准音”,因此北京话中的语音成分都是标准音。
12.普通话词汇规范是“以北方话为基础方言”,但并不排除其他方言中有用的词汇进入普通话。
13.普通话的语法规范是指典范的白话文作品中的所有用例。
14.《水浒传》《西游记》《红楼梦》等都是现代汉语语法规范的典型著作。
15.民族共同语的形成、普通话的推广并不以方言的消亡作为前提。
16.普通话学习的四个步骤分别是正确模仿、知识指导、反复实践、养成习惯。

(四)问答分析题

1.语言作为人类最重要的交际工具,具有哪些特点?
2.通过与你所学的一门外语作比较,概述现代汉民族共同语言的主要特点。
3.普通话为什么以北京地区的语音为标准音,而不以武汉话为标准音呢?
4.为什么北方方言会成为现代汉民族共同语的基础方言?
5.有人说不学“现代汉语”,文章照样可以写通。这种说法对不对?学现代汉语有什么用处?
6.什么是现代汉民族共同语?试对汉语的历史、现状及未来作简要说明。
7.共同语和方言是一种什么关系?
8.《中国语言地图集》划分现代汉语方言的标准是什么?现代汉语方言分为哪十区?官话大区包括哪八区?
9.试述现代汉语口语和书面语的关系。
10.汉语在世界语言中有什么样的影响和地位?
11.20世纪50年代初期国家制定的语言文字工作三大任务是什么?
12.新时期语言文字工作的方针和任务是什么?
13.“国家通用语言文字”具体指什么?《国家通用语言文字法》的颁布与实施有什么重要意义?
14.什么是现代汉语规范化?
15.汉语规范化的标准是什么?

16.为什么要促进现代汉语规范化？
17.怎样进行现代汉语规范化工作？
18.为什么说在新时期里，推广普通话更有必要？

巩固练习参考答案

（一）名词解释

1. 语言是社会的产物，它随着社会的产生而产生，随着社会的发展而发展。从结构上，语言是以语音为物质外壳（形式），以词汇为建筑材料，以语法为结构规律而构成的一种音义结合的符号系统。从功能上看，可分为三个方面：一是人与人的关系。语言是人最重要的交际工具，不分阶级，一视同仁地为社会全体成员服务。二是人与客观世界的关系。语言是认知世界的工具，事物的类别和事物之间的关系都靠语言来说明。三是人与文化的关系。语言是文化的载体，人们凭借语言积累知识、形成文化。（黄本）

语言是一种符号系统，是人类最重要的交际工具。（胡本）

语言是人类社会最重要的交际工具和思维工具，是一种符号系统，也是人类认知世界保存认识成果的工具。语言是一种符号系统，具有整体性、可分割性、内含规则性，有口语和书面语两种形式。（邢本）

2.普通话：即是以北京语音为标准音，以北方方言为基础方言，以典范的现代白话文著作为语法规范的现代汉民族共同语。1955年在北京召开了现代汉语规范问题学术会议，会上确定把汉民族共同语称普通话，主张向全国大力推广。会后经各方研究，正式确定现代汉民族共同语的三项标准的含义，即“以北京语音为标准音，以北方话为基础方言，以典范的现代白话文著作为语法规范的现代汉民族共同语”。（黄本）

由于北京是元、明、清历代的政治中心，北京话也就成为各级官府的交际语言，并随着政治影响逐渐传播到全国各地。当时北京话被称为“官话”，实际上它不是专为官吏阶层使用的官场雅语，而是全民的共同语。20世纪初以来的“国语运动”又给以北京话为中心的北方话一种民族共同语的地位。至此，人们逐渐用“普通话”来代替“官话”这一旧称。在我国台湾称为“国语”，在新加坡和海外华人称为“华语”，指的其实是普通话。“普通话”的“普通”是普遍共同的意思。（胡本）

在白话文学作品流传的同时，以北方方言为代表的北京话作为政府的通用语也随着传播开来，并成为各方言区之间的共同交际工具。明清时代，它被称为“官话”，清末正名为“国语”。进入20世纪，辛亥革命、五四运动的相继发生，加速了现代汉民族共同语的发展。中华人民共和国成立后，“国语”这一称呼被含义明

确的“普通话”所取代,普通话在全国范围内得到了历史上前所未有的推广和普及。(邢本)

3. 方言是局部地区的人们所使用的语言。汉语方言俗称地方话,只通行于一定的地域,是局部地区使用的语言。形成汉语方言的因素很多,有属于社会、历史、地理方面的因素,如长期的小农经济、社会的分裂割据、人口的迁徙、山川的阻隔等;也有属于语言本身的因素,如语言发展的不平衡性,不同语言之间相互接触、相互影响。方言本身也有一套完整的系统。汉语方言的差异性表现在语音、词汇、语法等各个方面。(黄本)

方言是语言内部的地方变体。方言分化主要是由移民带来了语言的分化,其次是交通的闭塞引起语言的区域性发展的分化,语音、词汇、语法上逐渐出现了差异,于是就形成了方言现象。方言有社会方言和地域方言之分。社会方言是社会内部不同性别、年龄、职业、阶层的人们在语言使用上表现出来的变体,是言语社团的一种标志。地域方言是社会内部某一地区的人们所使用的语言,是民族共同语言的地域分支或地方变体。本教材所说的方言是指地域方言。(邢本)

4.基础方言:民族共同语是在一种方言的基础上形成的,作为民族共同语基础的方言就叫作基础方言。一种方言能否成为民族共同语的基础方言,取决于这种方言在社会中所处的地位,取决于这个方言区的政治、经济、文化以及人口等条件。(黄本)

共同语是一个民族全体成员通用的语言。民族共同语是在一种方言的基础上形成的,作为民族共同语基础的方言称为基础方言。现代汉民族共同语是近几百年来在北方方言的基础上逐步形成的,因此北方方言是现代汉民族共同语的基础方言。北方方言之所以成为现代汉民族共同语的基础方言,有着历史发展的必然。(邢本)

5.地域方言:社会内部某一地区的人们所使用的语言,是民族共同语言的地域分支或地方变体。(邢本)

6.社会方言:社会内部不同性别、年龄、职业、阶层的人们在语言使用上表现出来的变体,是言语社团的一种标志。(邢本)

7. 为了更加有效地推动推广普通话工作,加快普及过程,不断提高全社会的普通话水平,中央有关部门做出决定,对一定范围内的岗位人员进行普通话水平测试,并从1995年起,逐步实行按水平测试结果颁发普通话等级证的制度。普通话水平测试(PSC:Putonghua Shuiping Ceshi)是对应试人运用普通话的规范程度、熟练程度的口语考试。考试形式为口试。普通话水平等级分为三级六等,即一、二、三级,每个级别再分出甲、乙两个等次;一级甲等为最高,三级乙等为最低。普通话水平测试不是口才的评定,而是对应试人掌握和运用普通话所达到的规范程度的测查和评定,是应试人的汉语标准语测试。应试人在运用普通话口语进行表达过程中所表现的语音、词汇、语法规范程度，是评定其所达到的水平等级的重要依据。测试对象包括县级以上广播员、节目主持人、普通话教师、影视演员和有关院校的毕业生，以及中小学教师、师范学校教师和毕业生。普通话水平测试是推广普通话工作的重要组成部分，是使推广普通话工作走上科学化、规范化、制度化的重要举措。(参照黄本，有补充)

8.1997 年国务院决定，自 1998 年起，每年 9 月的第三周为全国推广普通话宣传周。每一年的宣传周都设有一个主题，旨在加强宣传推广的力度，尽快在全国普及普通话。(黄本)

(二)选择题

1.B　2.A　3.A　4.C　5.B　6.A　7.D　8.D　9.B　10.B

(三)判断改错

1.×　2.×　3.×　4.√　5.×　6.×　7.×　8.×　9.×　10.×　11.×　12.√　13.×　14.√　15.√　16. √

(四)问答分析题

1.①语言是劳动的产物，它和人类社会一起诞生，并随着社会的发展而发展。与手势、旗语、图画等各种交际工具相比，语言使用具有轻便性、负载信息的无限性、表意传情的精细性，它是人类社会最重要的交际工具。②语言的社会交际工具性决定了它的全民性。不论是穷人还是富人，不论是统治阶级还是被统治阶级，语言都一视同仁地为整个社会服务。每个社会成员都可以利用语言传达信息，交流思想，协调行为，组织生产。语言与社会相互依存，一种语言如果离开了社会，就失去了存在的基础；一个社会如果离开语言，就失去了发展的可能。

2. 现代汉语属于汉藏语系，具有区别于印欧语系语言的许多特点：①语音方面。音节界限分明，乐声较多，噪音较少，加上声调高低变化，语调抑扬顿挫，因而有音乐性的特点。具体表现为没有复辅音，元音占优势，音节整齐简洁，有声调。②词汇方面。单音节语素多，双音节词占优势；构词广泛运用词根复合法；同音语素多。③语法方面。汉语表示语法意义的手段不太用形态，主要用语序和虚词；词、短语、句子的结构原则基本一致；词类和句法成分关系复杂；量词和语气词十分丰富。此外，汉语的特点还体现在所使用的文字方面。汉语表示语法意义的手段不太用形态，被根据形态的多少对世界语言进行分类的学者称之为“分析语”或“孤立语”，俄语、英语等形态较丰富的语言则被称为屈折语。(黄本)

同印欧语系比较，现代汉语在语音、词汇、语法等方面都具有一系列的特点。①语音方面的主要特点：音节结构中元音占优势，普通话的音节里可以没有辅音，但不能缺少元音，一个音节最多包含两个辅音，而且没有两个辅音连在一起的拼法；声调是汉语音节结构中不可缺少的成分。汉语语音特点形成了它所特有的显著的音乐性——声音悦耳,音调柔和,节奏明朗,韵律协调。②词汇方面的主要特点:词汇的丰富性;双音节词占大多数;在构词方面,现代汉语能运用词根融合、附加和重叠、轻声、儿化等方式构成无限多的新词。③语法方面的主要特点:汉语缺少严格意义的形态变化;在汉语句法结构中,语序安排具有重大意义,这也与缺少词形变化有关;别的一些语言中用形态表示的意义,汉语常用虚词来表示;单双音节对语句结构有影响。(胡本)

与印欧语比较,现代汉语在语音、语汇和语法方面都有一些特点:①语音方面:声调具有音位价值,是音节的重要组成部分;音节中元音占优势,没有复辅音;音节总数有限,音节简短、明确。②词汇方面:语素以单音节为主,词以双音节占优势,构词主要采用词根复合法。③语法方面:现代汉语缺乏严格意义上形态变化;以语序和虚词为主要语法手段;词类具有多功能性,与句法成分不存在简单的对应关系;句子和短语的构造基本一致;有独特的词类和短语,句式多样。与汉藏语系其他语言比较,现代汉语的特点主要表现在语音、和语法方面:①语音方面:现代汉语共同语没有复辅音,塞音、塞擦音等辅音没有清浊对立,可以作韵尾只有两个辅音,元音不分长短。②语法方面:现代汉语某些句法成分的句法位置与汉藏语的其他语言不尽一致,词重叠形式和表示的语法意义彼此也不尽相同。(邢本)

3.这是历史发展的必然。从两个方面来看:①从文献资料提供的依据来看,北京语音的标准音的地位,早在元代时期就已经得到了公认。元代的周德清所编写的《中原音韵》(大约在1324年期间成书)的语音依据是在北京取样的。②从北京的历史发展来看,北京这个地方的城市的历史发展,把中原之音的代表话——北京语音,推到了"标准音"的地位。元代定都北京,北京成为中国的政治、经济、文化的中心,在14世纪期间,一种以北方话为基础的共同语的口语形式开始形成,后来称之为"官话"。明、清时期,"官话"广及全国。"五四"时期把"官话"改为"国语",当时的教育部还颁布了《注音字母》来拼注国语。国语运动和白话文运动使得中华民族的共同语,在口头上和书面上有了迅猛的发展,趋向于成熟。新中国成立后,将"国语"改为"普通话"。所以说普通话以北京语音为标准音,而不以武汉话语音或其他地方话语音为规范,这是历史的必然。

4.北方方言成为现代汉民族共同语的基础方言,有着历史发展的必然性。①北方方言的代表城市北京,长期以来是我国的国都所在。自1153年金迁都到中都燕京(北京)以来,上下800年,北京始终是我国的政治、经济和文化中心,从而为以北京话为代表的北方方言最终上升到民族共同语的高度提供了特殊的社会背景。②北方方言分布区域随历史发展不断扩大,成为汉语诸方言中通行最广、使用人数最多的方言。③从晚唐五代以来直至明清,有许多重要的白话文著作是用北方方言或以北方方言为基础写成的。这些作品流传到广大的非北方方言区,对非北方方言区的作家、作品也产生了重大影响。北方方言能成为现代汉语共同语的基础方言,正是以上各种因素相互作用、相互影响的结果。(邢本)

5.这种说法不对,有失偏颇。一个人不学"现代汉语",文章照样可以写通,这样的情况是存在的。不学"现代汉语",是指没有系统学习"现代汉语"理论,但实际上,一个人在日常的语言实践(包括口语和书面语交际)过程中可以掌握一定的语言规律,并且不自觉地接受这些规律和理论的影响。否则,他写出的文章、说出的话,应该是不通的,也就得不到人们的认可,最终也不能很好地达到交际的目的。因此,绝不能忽视现代汉语的理论知识对于语言运用实践的指导作用。

现代汉语是一个完整的符号系统。表现在口头上,汉语以一定的语音表达一定的意义。语音所表达的意义主要有两种:一种是词汇意义,即每个词的实际意义;另一种是语法意义,即词语相互结合而产生的关系意义。因此,语音、词汇和语法是"现代汉语"课的三个基本内容。与此同时,现代汉语有发达的书面语。书面语又称"写的语言",口语又称"说的语言"。这两种语言形式的密切联系是语言整体性的表现。学好现代汉语,必须同时掌握这两种形式。汉字是记录口语、形成书面语的书写符号系统。因此,文字也是本课程重要教学内容之一。现代汉语是一种高度发达的交际和交流思想的工具。为了增强自身的表达能力,在综合运用语音、词汇和语法等知识的基础上,现代汉语形成了研究表达效果的修辞知识系统,因而修辞也是本课程教学内容的一个组成部分。系统地掌握现代汉语基础知识和基本理论,自觉地加强基本技能的训练,培养和提高理解、分析、运用现代汉语的能力,包括提高把文章写通、写好的能力,这样,一个人的文章才能写得更好,从而更好地表达思想、沟通感情。

总之,我们应当下功夫学好语言,应当运用现代汉语各部分的基础理论和基本知识来指导自己的语言实践,努力提高驾驭语言文字的能力,正确使用祖国语言,为祖国语言的规范和健康而奋斗。(黄本、胡本)

6.现代汉民族共同语是现代汉民族共同用来交际的语言。现代汉民族共同语言以北京语音为标准音,以北方话为基础方言,以典范的现代白话文著作为语法规范。在中国大陆称为普通话,在中国台湾称为国语,在新加坡、马来西亚称为华语。

汉语发展的历史:长期以来,文言文是统一的书面语言。最初,这种书面语也是建立在口语基础上的。但从两汉开始二者逐渐脱节,差异越来越大。到了晚唐五代,在大众口语的基础上形成了一种新的书面语,这就是与"文言"相对的"白话",这就是现代汉语共同语书面形式的主要源头。不过,这一时期白话文还未走出通俗文学作品的圈子而成为通用的书面语。1919年,五四运动爆发后,民族民主革命运动的高潮使白话文的发展进入了一个新的历史时期。反对文言文,提倡白话文,这一文体改革运动对汉语的发展具有划时代的意义。文言文终于被以北方方言为基础的白话文所取代，只是残存在政府公文、法律条文、报刊社论、新闻及上层社会交往应酬的书信等领域中。20世纪30年代开展的大众语运动是“五四”以来白话文运动的继续和发展，它既批判文言，又批判带文言腔和西洋腔的白话文，推动了白话文的大众化，促使白话文走向成熟。中华人民共和国成立后，党和政府对汉语言文字工作给予了高度的重视，报纸、公文、法律等一律采取白话文，从而使白话文这一共同语的书面形式得到了进一步的规范和统一。1955年召开了全国文字改革会议和现代汉语规范问题学术会议，从语音、语汇、语法三个方面确立了现代汉语共同语的标准，即以北京语音为标准音，以北方话为基础方言，以典范的现代白话文著作为语法规范，从此汉语的发展稳定下来。

汉语是世界上历史最悠久的、使用人口最多的语言之一。无论过去还是现在，汉语在国内外都有着很大的影响，是我们国家的具有代表性的语言，具有很重要的地位。我国是一个拥有50多个民族的统一国家，新中国成立以来，各民族为了相互交际的便利，迫切需要掌握一种各民族共同使用的语言。兄弟民族都自觉地要求选择汉语作为共同交际的工具。事实上，汉语已经成为我国各民族间的交际语，并为各民族之间的相互学习和协作做出了很大的贡献。汉语也是世界上使用人数最多的一种语言，除了中国，汉语还分布在世界各大洲。很早以前，我国就和许多国家有了往来，汉语也因此和国外许多民族的语言有过接触，并相互影响。日本语、朝鲜语、越南语同汉语关系尤为特殊，这些国家在过去都长期使用汉字，有的一直用到现在。世界上其他国家和地区还有华侨或华裔仍在学习和使用汉语。汉语也是新加坡、马来西亚等国使用的语言之一。联合国第28届会议于1973年12月18日全体会议一致通过，把汉语列为大会和安理会的工作语言之一。改革开放以来，随着中国经济和社会的发展以及综合国力的日益增强，汉语在国际上的影响也越来越大，学习和研究汉语的人也越来越多，在全球范围内出现了一股学习汉语的热潮。联合国发表的《2005世界主要语种、分布和使用力调查报告》显示，汉语排名第二，仅次于英语。为了适应汉语热的国际形势需要，国家设立专门机构，大力向国际推广汉语，促使汉语向着世界强势语言的目标前进。另外，对外汉语教学(汉语国际教育)成为一门新兴的语言分支学科。1993年，汉语水平考试(HSK)被正式确定为国家级标准考试。现在，在高科技领域，汉字信息处理及自动化服务系统的研究和开发已成为世界电子技术领域的主攻方向之一。可以预言，随着相关的社会科学、自然科学研究的进一步开展，汉语必将在国内及国际舞台上发挥更大的作用。(黄本、胡本、邢本)

7.答案参考本章“重难点剖析”4。

8. 随着调查研究工作的全面和深入开展，人们对汉语方言分区的理论认识越来越深刻，分区也越来越精细。20世纪80年代，由中国社会科学院组织编写的《中国语言地图集》，根据前人的研究和新近的调查，提出了新的汉语方言的分区理论及新的分区意见。在方言区的划分依据上,主要是两个标准:一是古入声字的演变,据此区分官话区和非官话区;二是古浊音声母字的演变,据此划分为九个非官话方言。按照这一理论,现代汉语方言分为十区,即官话区、晋语区、吴语区、徽语区、赣语区、湘语区、闽语区、粤语区、平话区、客家话区。其中官话又分为东北官话区、北京官话区、冀鲁官话区、胶辽官话区、中原官话区、兰银官话区、西南官话区、江淮官话区。相对官话而言,其他九区是非官话区。对汉语方言的这种区分,汉语方言学界有些争议,主要是有的学者对晋语和平话独立设为一区有不同的看法。(邢本)

9.语言有口语和书面语两种形式。书面语是用文字记下来的语言,是以口语为基础而形成的,具有与口语不同的风格。书面语又称"写的语言",口语又称"说的语言"。现代汉语的书面语同口语基本上是一致的,它是在口语的基础上产生和发展起来的。口语是书面语的源泉,对书面语始终起着决定性的作用。从这个意义上说,口语是第一性的,书面语是第二性的。口语与书面语运用的场合不同、条件不同,因此在表达方式上也不能完全一样。口语的特点是,短句多,省略句多,句子结构比较松散;书面语的特点是,完整句多,长句多,关联词语多,句子结构精练严密,层次条理清楚,富于逻辑性。书面语对口语的发展又起一定的作用,对口语的规范起着积极的促进作用,使口语更为丰富,更为纯洁,更趋于规范化。(黄本、胡本、邢本)

10. 汉语是世界上历史最悠久的、使用人口最多的语言之一。无论过去还是现在,汉语在国际上都有着很大的影响,具有很重要的地位。汉语分布在世界各大洲。很早以前,我国就和许多国家有了往来,汉语也因此和国外许多民族的语言有过接触,并相互影响。日本语、朝鲜语、越南语同汉语关系尤为特殊,这些国家在过去都长期使用汉字,有的一直用到现在。联合国第 28 届会议于 1973 年 12 月 18 日一致通过,把汉语列为大会和安理会的工作语言之一。改革开放以来,随着中国经济和社会的发展以及综合国力的日益增强,汉语在国际上的影响也越来越大,学习和研究汉语的人也越来越多,在全球范围内出现了一股学习汉语的热潮。联合国发表的《2005 世界主要语种、分布和使用力调查报告》显示,汉语排名第二,仅次于英语。对外汉语教学(汉语国际教育)成为一门新兴的语言分支学科。1993 年,汉语水平考试(HSK)被正式确定为国家级标准考试。为了适应汉语热的国际形势需要,国家设立专门机构,大力向国际推广汉语,促使汉语向着世界强势语言的目标前进。现在,在高科技领域,汉字信息处理及自动化服务系统的研究和开发已成为世界电子技术领域的主攻方向之一。可以预言,随着相关的社会科学、自然科学研究的进一步开展,汉语必将在国内及国际舞台上发挥更大的作用。(黄本、胡本、邢本)

补充资料:当前,全球"汉语热"持续升温。2004 年 11 月 21 日,全球第一所孔子学院在韩国首尔揭牌。目前,全球孔子学院大家庭包括了140个国家511所学院和1 073个课堂,中外专兼职教师4.6万人,各类学员210万人,成为覆盖面最广、包容性最强、影响力最大的全球语言文化共同体之一。雅罗斯拉夫尔国立师范大学是俄罗斯国内语言学的地区研究中心。该中心新近发布了一份调查报告《汉字文化:汉语在俄罗斯的传播趋势》。报告称,近10年学习汉语的俄罗斯公民增加了2倍多。1997年人数约为5 000人,2007年已达1.7万人,而到2017年,学习汉语的人数已达到5.6万人。美国国际教育委员会的统计数据显示,美国中小学生学习汉语的人数出现了"爆炸式增长",从2009年到2015年,美国中小学生学习汉语的人数翻了一番,汉语已经成为美国中小学生的第四大外语,排在西班牙语、法语和德语之后。(据国家汉办官网,2017年7月)

11.我国历来重视语言文字工作,早在20世纪50年代初就成立了中国文字改革委员会("国家语言文字工作委员会"前身),国家有关部门于1955年召开了"全国文字改革会议"和"现代汉语规范问题学术会议"。国务院根据会议精神,决定以"促进汉字改革、推广普通话、实现汉语规范化"为语言文字工作三大任务。(黄本)

12.1986年1月,国家教育委员会和国家语言文字工作委员会,联合召开了全国语言文字工作会议,规定了新时期语言文字工作的方针和当前的任务:"贯彻执行国家关于语言文字工作的政策和法令,促进语言文字规范化、标准化,继续推动文字改革工作,使语言文字在社会主义现代化建设中更好地发挥作用。"

当前语言文字工作的主要任务是:"做好现代汉语规范化工作,大力推广和积极普及普通话;研究和整理现行汉字,制定各项有关标准;进一步推行《汉语拼音方案》,研究并解决实际使用中的有关问题;研究汉语汉字信息处理问题,参与鉴定有关成果;加强语言文字的基础研究和应用研究,做好社会调查、咨询和社会服务工作。"这几项任务中,最重要的是促进语言文字规范化、标准化,使语言文字在社会主义现代化建设中更好地发挥作用。(黄本)

13.《中华人民共和国国家通用语言文字法》第二条规定:"国家通用语言文字是普通话和规范汉字。"

2000年10月,根据《中华人民共和国宪法》制定的《中华人民共和国国家通用语言文字法》,经第九届全国人民代表大会通过,于2001年1月1日起施行。这是我国历史上第一部关于语言文字的专门法。制定《中华人民共和国国家通用语言文字法》的目的是,"推动国家通用语言文字的规范化、标准化及其健康发展,使国家通用语言文字在社会生活中更好地发挥作用,促进各民族、各地区经济文化交流"。《中华人民共和国国家通用语言文字法》首次明确规定了普通话和规范汉字作为国家通用语言文字的法律地位,为加强语言文字应用的管理和促进语言文字的规范化、标准化提供了法律依据。"国家通用语言文字的使用应当有利于维护国家主权和民族尊严，有利于国家统一和民族团结，有利于社会主义物质文明建设和精神文明建设。”“国家颁布国家通用语言文字的规范和标准，管理国家通用语言文字的社会应用，支持国家通用语言文字的教学和科学研究，促进国家通用语言文字的规范、丰富和发展。”（黄本）

14.语言规范化就是确定并推广某一语言应用的统一标准。现代汉语规范化就是确立现代汉民族共同语的明确、一致的标准，消除语音、词汇、语法等方面存在的一些分歧，同时对它的书写符号——文字的形、音、义各个方面制定标准进行规范。（黄本）

汉语规范化，就是根据汉语的发展规律来确定和推广语音、词汇、语法等各方面的标准，以便更进一步地发挥汉语的社会交际作用，促进汉语朝着健康的方向发展。（邢本）

15.1955年召开的“现代汉语规范问题学术会议”，明确了现代汉语普通话的标准是“以北京语音为标准音，以北方话为基础方言，以典范的现代白话文著作为语法规范”。（黄本）

1955年召开的全国文字改革会议和现代汉语规范问题学术会议，从语音、语汇、语法三个方面确立了现代汉语共同语的标准。①语音，以北京语音为标准。但对于北京语音系统中的一些特殊的土音成分和异读现象，需要加以审定和取舍。②词汇，以北方话为基础方言，以北方方言词汇为基础。作为共同语词汇的基础，北方方言词汇也要舍弃某些过于土俗的成分；同时，共同语也要从其他方言、古语词和外来词中吸取所需要的富有表现力的词语。③语法，以典范的现代白话文著作为语法规范。“现代白话文著作”要与早期的白话文著作相区别；“典范的”要与一般的相区别。典范的现代白话文著作的语法规范是经过加工、提炼的规范的文学语言，是民族共同语的高级形式，它可以把规范的标准固定下来，便于人们遵循。（邢本）

16.当前，世界科学技术尤其是信息处理技术突飞猛进，人工智能的研究已经开展起来，生产建设、经营管理、科学研究等正朝着信息化方向发展。科学技术的现代化要求语言文字必须有一个共同遵循的标准。有了这个统一的标准，语言文字是否规范，在现代社会里将直接关系到经济建设和科学技术的发展，直接关系着汉语和我国优秀文化能否尽快地走向世界。现代汉语规范化工作对我国经济社会的发展具有重要的和深远的意义。所以，我们要促进现代汉语规范化。（黄本）

17.现代汉语规范化工作，主要是根据汉语的历史发展规律，结合汉语的习惯用法，对普通话内部（包括语音、词汇、语法各方面）所存在的某些分歧和混乱现象进行研究，选择其中的一些读法或用法作为规范，并加以推广，确定其中的另一些读法或用法是不规范的、应舍弃的，从而使汉语沿着健康和规范的道路向前发展，使人们在使用语言文字时有明确一致的标准。1955年召开的“现代汉语规范问题学术会议”,明确了现代汉语普通话的标准是“以北京语音为标准音,以北方话为基础方言,以典范的现代白话文著作为语法规范”。(黄本)

18.普通话是现代汉民族的共同语。《中华人民共和国宪法》第19条规定:“国家推广全国通用的普通话。”而在新时期里,推广普通话更有必要。①推广普通话可以进一步消除方言隔阂,减少不同方言区的人们交际的困难,有利于社会交往,有利于国家的统一和安定团结。②在蓬勃发展的21世纪,文化教育的普及和提高、科学技术的进步和发展、传声技术的现代化、计算机语言输入和语言识别问题的研究,都对推广普通话提出了新的要求。③随着对外开放政策的贯彻执行,国际往来和国际交流越来越多,进一步推广普通话,可以减少语言交际的困难,促进国际交往。(黄本)

四 真题精粹

(一)填空题

1.20世纪的(　　)运动,在口语方面增强了北京话的代表性。(2020年,北京大学)

2.语音的本质属性是(　　)属性。(2016年,北京大学)

3.(　　)、印度、希腊—罗马是语言学三大发源地。(2016年,对外经济贸易大学)

4.跟古代汉语相比,现代汉语在音节上的明显特点就是有较多的(　　)。(2016年,对外经济贸易大学)

5.现代汉语普通话以典范的现代白话文著作为(　　)。(2024年,苏州大学)

6.汉语国际教育是一种以(　　)为核心的人才培养活动。(2016年,苏州大学)

7.世界上使用人口的语言是(　　)。(2016年,苏州大学)

8.汉语在海外影响最大的三种方言是闽方言、(　　)和(　　)。(2016年,苏州大学)

9.海外华人使用最多的方言之一是(　　)方言。(2022年,上海大学)

10.北方方言可分为四个次方言区:华北东北方言、西北方言、西南方言和(　　)(2016年,山东大学)

11.汉族早在先秦时代就存在着汉民族共同语。在春秋时代,这种共同语言被称为“雅言”,明代改称为(　　),辛亥革命后称为“国语”,新中国成立后称为普通话。(2023年,北京大学)

12.从汉代起,称为“通语”,明代改称为(　　)。(2016年,复旦大学)

13.汉语有(　　)个方言区,苏州话属于(　　)方言区。(2016年,上海外国语大学)

14.联合国六种工作语言:汉语、英语、(　　)、(　　)、(　　)、(　　)。(2015

年，首都师范大学）

15.人类语言有两种形式，(　　)语言和(　　)语言。(2014年，北京外国语大学)

(二)选择题

1.七大方言中，方言的调类数目最多的是(　　)。(2016年，北京大学)

A.吴方言　B.粤方言　C.闽方言　D.客家方言

2.现代汉语与印欧语系语言相比描述正确的是(　　)。(2016年，北京大学)

A.复元音所占的比例不高

B.附加法构词在词汇中所占比重较大

C.词类和句法成分关系复杂

D.词和短语间的语法结构关系差别很大

3.(　　)是符号。(2016年，对外经济与贸易大学)

A.炊烟　B.指纹　C.舌苔　D.信号灯

4.厦门语属于(　　)。(2016年，对外经济与贸易大学)

A.粤方言　B.吴方言　C.闽方言　D.北方方言

(三)简答分析题

1.语言发展的原因是什么？(2023年，湖南大学)

2.语言发展有何特点？(2014年，湖南大学)

真题精粹参考答案

(一)填空题

1.国语　2.社会　3.中国　4.双音节　5.语法规范　6.汉语言(文)教学　7.汉语　8.粤方言　9.客家方言　10.粤方言　11.江淮方言　12.官话　13.七、吴　14.俄语、阿拉伯语、西班牙语、法语　15. 口头、书面

(二)选择题

1.B　2.C　3.D　4.C

(三)简答分析题

1.语言是一种涉及人类生活方方面面的复杂社会现象。它的发展变化，也必然受到多个方面的制约，不可能只受某一种或某几种因素的影响。综观人们的研究，语言发展变化的原因主要可从社会、心理和语言自身三个方面来考察。

(1)社会因素的影响：语言是人类最重要的交际工具，语言要很好地发挥这种交际工具的作用，紧紧跟上社会的发展步伐。语言的这种工具属性，决定了社会的各种发展变化必然会促进语言的发展变化。这又可以从两个方面来理解。

首先,当社会上出现了新的现象或新的事物时,语言中就会出现新的词语来指称它们。例如,互联网、电子邮件、聊天室、克隆牛、新课改、校校通等。其次,随着科学的发展和时代的进步,人们对原有的事物的认识有了发展变化,原来指称这些事物的词语的意义也会随之发生变化。例如,人们对于"心"的认识的发展变化就很好地说明了这一道理。

(2)心理因素的影响:语言既是人类最重要的交际工具,也是人类最重要的思维工具。语言在交际和思维的过程中,不可能不受到使用语言的人的心理的影响。这种心理的影响必然会引起语言的发展变化。

第一,思维是诸多心理因素中对语言的发展变化影响最大的因素。例如,先民们以具象思维为主,抽象思维不发达,所以先民们的语言具有较浓的具象色彩。

第二,类推是影响语言发展变化的一种重要的思维惯性。人们期望语言系统匀称有致,时时都在利用多数语言现象所呈现的规则,去同化一些不合规则的特殊语言现象,去填补一些不对称的缺位。

第三,不同语言社团的人,对语言往往有不同的心理。

(3)语言发展变化的自身因素:社会和心理因素是语言发展的外部因素,这些外部因素只是为语言的发展变化提出了要求,提供了动力,而语言能不能接受和满足外部因素的要求,怎样把这些外部因素的要求和动力转化为各种各样的具体的发展变化,还取决于语言自身的内在因素。比如,语言和言语的矛盾运动,就是语言发展变化的自身因素之一。

语言各子系统之间的相互影响,口语和书面语的相互影响,语言、方言间的相互接触,也是影响语言发展变化的重要因素。例如,上古汉语的词以单音节为主,语音系统比较复杂。随着语音系统的简化,出现了大量同音词,迫使汉语的词向双音节化的方向发展。这是语音系统的变化影响语汇系统的例子。许多书面语的语汇进入口语,许多口语的语汇进入书面语,这是口语和书面语相互影响的例子。语言之间的词语借代,汉语中许多粤方言词语进入普通话,是语言、方言间相互接触带来语言发展变化的例子。

语言发展变化的这些自身因素,归根到底来自语言的形式和意义之间的矛盾。语言形式是有限的、相对稳定的,而社会和心理诸因素则要求语言表达的意义具有无限性和灵活多变性,因时、因地、因人、因境、因事而异。有限且相对稳定的形式对意义具有一定的制约,同时,也把人类的各种思维模式、心理取向和发现、创造的新事物"固化"下来。而因表达需要所决定的无限的灵活多变的意义,必然对形式产生或大或小、或直接或间接的冲击。这种冲击会带来语言形式的新质要素的出现和旧质要素的逐渐衰亡,使语言形式发生各种微妙的人们可以感觉到或一时感觉不到的发展变化;发展变化了的语言形式反过来又对意义发生作用。

语言形式和意义之间的矛盾运动,把影响语言发展变化的各种外部因素,通过意义吸纳转化为语言发展变化的内部因素,从而使语言处于不断的发展变化之中。

2.语言发展变化呈现出各种各样的特点。有些特点是属于某一具体语言的,有些特点则是所有语言所呈现出的共同特点。这里所讲的是所有语言呈现出的发展变化的共同特点。语言发展变化的主要特点是不平衡性、渐变性、相关性和规律性。

(1)语言发展变化的不平衡性。语言的发展变化不是均衡的、匀速的,而是不平衡的。第一,语言系统发展变化不平衡。在语言各子系统中,词汇系统的发展变化最快,相比而言,语法的发展变化就要慢得多,语音发展变化的速度也较为缓慢。语言各子系统内部的发展变化也是不平衡的。比如在词汇系统中,发展变化较快的是一般词汇,基本词汇却是相当稳固的。有人曾对不同语言中的215个常用词(其中主要是基本词)在一千年中的发展变化情况做过统计,发现汉语和法语79%未发生变化,英语85%未发生变化,德语78%未发生变化,罗马尼亚语77%未发生变化,葡萄牙语82%未发生变化,西班牙语和意大利语85%未发生变化。这说明基本词汇的发展变化速度是较为缓慢的。正因如此,人们把语法和基本词汇看作决定一个语言基本面貌的最为稳定的部分。第二,不同时期语言发展变化不平衡。在社会变革较为剧烈、社会发展的步伐较快、社会思维较为活跃、不同文化的接触较为频繁的时期,语言发展变化的速度就会快一些;反之,语言发展变化的速度就会慢一些。英语在从9世纪阿尔弗列德大帝到莎士比亚(1564—1616)这5个世纪中,发展变化的速度非常快。以至于后代人读9世纪以前的作品,就像是读外语一样。第三,语言变体发展变化不平衡。地域方言的形成,本身就是语言发展变化的不平衡性在空间上的一种表现。各种方言形成之后,在发展变化的速度和方向上也不是完全同步的。例如在汉语诸方言中,南方的一些方言发展变化的速度相对较慢,保存古代汉语的成分较多,而北方的方言,特别是北方官话区的方言,发展变化的速度就相对较快。语体是语言的一种重要的功能变体。各种语体的发展变化也具有不平衡性。例如,在汉族的传统中,一直存在着轻商的观念,因此,在汉语史上一直没有形成与商业活动关系十分密切的广告语体。但是,改革开放以来,商业的地位发生了极大的变化,随之广告语体在当今也得到了快速的发展,它几乎成了我们日常生活中不可缺少的一部分。

(2)语言发展变化的渐变性。语言的发展变化不是像火山爆发、暴力革命那样的突变,而是一种逐渐变化的过程。语言是人类最重要的交际工具,如果采取突变的方式,一夜之间面目全非,人们将会一下子丧失最重要的交际工具,社会的一切活动将会突然终止,其后果是不堪想象的。语言的交际职能决定了它不可能采取突变的方式,而只能采取渐变的方式。事实上语言的发展变化也正是走的渐变之路。例如,现代汉语的时态助词“了”,是从古代汉语的动词“了”虚化而来,其演变过程大约经历了上千年的时间。动词“了”大约出现在汉代,是“终了、了结”的意思。由于动词“了”常用在动词之后充当补语,地位不及一般的动词,于是逐渐虚化。大约到了唐宋之际,“了”才出现了与现代汉语大致相同的用法,成为时态助词。语言的发展变化,是由语言新质要素的长期积累和旧质要素的逐渐衰亡来实现的,不可能一下子出现质的突变。即使人为地想让它发生突变,也是不可能的。这就是文字可以进行改革,而语言不能改革,只能因势利导逐渐使其规范的原因。

(3)语言发展变化的相关性。语言是由若干个子系统构成的大系统。在这个大系统中,各种语言单位和各种语言规则,都以各种各样的方式相互关联着,因此,每个语言单位、每种语言规则的发展变化,都是相互关联的。也就是说,某一语言单位或某一语言规则的发展变化,也会引发与之相关的语言单位或语言规则发生或大或小、或直接或间接的相应的发展变化。例如,在12世纪以前汉语没有轻声,大约在12世纪前后,轻声这种语音现象才出现。轻声是一种轻短模糊的调子,是声调的轻化。当某些音节读轻声的时候,往往使这一音节的元音发生央化、脱落等变化。比如结构助词“的”原来读作[ti],因轻声而读作[te];结构助词“得”原来读作[tei]或[te],因轻声而读作[te]。由于轻声现象的出现,使本来读音并不相同的“的”和“得”在语音上合流了。轻声这一语音现象的出现,引起了一系列的连锁反应,由音强的变化带来元音的变化,再由元音的变化进而影响到词汇和语法。

(4)语言发展变化的规律性。语言的发展变化并不是杂乱无章的,而是具有一定的规律性。不同的语言,其发展变化可能遵循不同的规律,同一语言在不同的时期和地区,可能会有不同的发展变化规律,语言的各个子系统也可能有自己不同的规律,但是,语言的发展变化具有一定的规律性,这一点是共同的。

第一章　语　　音

- 语音
  - 语音的性质
    - 语音的物理属性
      - 音高
      - 音强
      - 音长
      - 音色
    - 语音的生理属性
      - 呼吸器官
      - 喉头和声带
      - 口腔和鼻腔
    - 语音的社会属性
  - 语音单位
    - 辅音与声母
      - 辅音的发音部位及方法
      - 声母的发音(辅音声母 & 零声母)
      - 声母辨正
    - 元音与韵母
      - 元音的发音(单元音 & 复元音)
      - 韵母的发音
      - 韵母的结构
      - 韵母辨正
    - 声调
      - 声调的定义
      - 调值和调类
      - 普通话的声调
      - 古今调类和四声平仄
    - 音节
      - 音节的结构
      - 声韵拼合规律
      - 音节的拼读和拼写规则
    - 音变
      - 变调
      - 轻声
      - 儿化
      - 语气词“啊”的音变
    - 音位
      - 音位简说
      - 普通话音位
  - 记音符号
    - 国际音标
    - 汉语拼音方案
  - 朗读和语调
    - 朗读
    - 语调
  - 语音规范化

二 知识点精讲

(一)基本概念

1.语音

语音是人类说话的声音,是语义的表达形式,或者说,是语言的物质外壳。人类口腔发出的声音中,只有具有词句意义的声音才是语音。语音具有物理属性、生理属性和社会属性。社会属性是语音的本质属性。(黄本)

语音是语言的物质外壳。语言的交际作用是通过代表一定意义的声音来实现的。这种代表一定意义的声音就是语音。关于语音的性质,可以从物理性质、生理性质和社会性质三个方面来考察,其中社会属性是语音的本质。(胡本)

语音是语言的物质外壳,是由人的发音器官发出的具有表义作用的声音。因为语音和一般的声音有共同的物理基础,所以语音具有物理性;因为语音是由人的发音器官发出的,所以语音具有生理性;因为语音能够表达某种意义,所以语音具有社会性。社会性是语音的最根本属性。(邢本)

2.音高

音高是指声音的高低,它决定于发音体振动的快慢。在一定时间内振动的快慢即振动次数的多少,叫作“频率”。在一定时间内振动快,次数多,频率就高,声音也就高,反之则低。物体发音有高低的区别,大的、粗的、厚的、长的、松的物体振动慢,频率低,声音低;反之则高。例如,口琴的高音簧片短而薄,低音簧片厚而长;胡琴的高音弦细,低音弦粗。语音的高低,跟声带的长短、厚薄、松紧有关。人的声带不会完全相同。一般地说,成年男人声带长而厚,所以声音低;成年女人声带短而薄,所以声音高。老人往往声音低,小孩声音高。汉语音节里有几种声调、几种语调的不同,主要是音高的不同变化决定的。(黄本)

音高是声音的高低,决定于发音体在一定时间内颤动次数的多少。颤动次数越多,声音越高;反之,声音就越低。语音的高低同声带的长短、厚薄、松紧很有关系。女子和儿童的声带较短、较薄,发音时同一单位时间内颤动的次数多,所以声音高;男子的声带长而厚,发音时同一单位时间内颤动的次数少,所以声音低。同一个人发音有高低,是因为人们发音时能控制声带的松紧,形成不同的音高。音高在汉语里有很重要的作用,普通话里的“乌”“吴”“五”“务”的差别,主要就是音高的不同。(胡本)

音高是指声音的高低,它决定于发音体振动的快慢。在同一时间里,振动次数多(即频率高)的声音高,振动次数少(即频率低)的声音低。一般地说,大的、粗的、厚的、长的、松的物体振动的频率低,音高就低;反之则音高就高。语音的高低和人的声带有关,通常情况下,女子的声带较男子短些、薄些,所以女子的音高比男子高。同一个人可以发出高低不同的声音,是由于人们能控制自己声带的松紧。声音拉紧,音高就高;声带放松,音高就低。音高在语言中的作用主要在声调和语调。比如汉语四声的差别,就是由音高的不同变化形式造成的。(邢本)

3.音强

音强是指声音的强弱,它与发音体振动幅度的大小有关。发音体振动的幅度叫作“振幅”。振幅大,声音就强;反之则弱。发音体振幅大小又取决于发音时用力的大小。例如,同一根胡琴的弦,长度不变,如果用力拉,声音就比较强,轻拉时声音就比较弱。语音的强弱是由发音时气流冲击声带力量的强弱来决定的。语言中的重音、轻音是由音强不同所致。(黄本)

音强是声音的强弱,决定于一定时间内音波振动幅度的大小。语音的强弱同说话时用力的大小有关。用力大时,呼出的气流对发音器官的冲击力强,音波的振幅大,声音就强;反之声音就弱。普通话里“莲子”和“帘子”中的“子”,“报仇”和“报酬”中的“仇”和“酬”,它们的区别,主要就是音强的不同。(胡本)

音强是指声音的强弱,它与发音体振动幅度的大小有关。发音体振动的幅度叫作“振幅”。振幅大,声音就强;反之则弱。(邢本)

4.音长

音长是指声音的长短,它决定于发音体振动时间的久暂。发音体振动时间持续久,声音就长,反之则短。语音也不例外。有的语言用音的长短来区别意义。(黄本)

音长是声音的长短,决定于音波存在时间的久暂。语音的长短是指发某个音的发音动作延续的时间,同是一个“啊”的声音,表示应答时比较短,表示沉吟思索时比较长。在汉语方言广州话里“三”和“心”的区别就是音长的不同。(胡本)

音长是指声音的长短,它决定于发音体振动的时间的久暂。振动时间持久,声音就长,反之则短。英语的 sit 和 seat,汉语广州话的“心”和“三”,都是通过元音的长短来区分意义的。(邢本)

5.音色

音色,又叫“音质”,指的是声音的特色。音色的差别主要决定于物体振动所形成的音波波纹的曲折形式不同。(黄本)

音色是声音的个性、特色,决定于音波颤动的形式。(胡本)

音色,又叫音质,指的是声音的个性、特色。音色的不同主要是由于音波振动的形式不同造成的。(邢本)

6.呼吸器官

呼吸器官是由肺、气管、胸腔、横膈膜构成,能呼出气流,气流是语音的动力。肺是呼吸气流的活动风箱,肺部呼出的气流,通过支气管、气管到达喉头,使声带振动,发出微弱的声音,经过咽腔、口腔、鼻腔这些共鸣器的扩大和其他发音器官的调节,发出各种不同的语音,吸进的气流也能发出吸气音。(黄本)

呼吸器官是一连串的管道,从口腔、鼻腔开始,经过咽头,同到喉头,再向下由气管、支气管到达肺脏。肺是呼吸器官的中心,也是发音的动力站。由肺部活动产生的气流经过喉头、声带和口腔、鼻腔各部分的调节,就发生各种不同的声音。(胡本)

7.喉头和声带

喉头由甲状软骨、环状软骨和两块杓状软骨组成。声带位于喉头的中间,是两片富有弹性的带状薄膜。声带前端附着在甲状软骨上,后端分别与左右两块杓状软骨相联结。两片声带之间的空隙叫声门。肌肉收缩,杓状软骨活动起来,可使声带放松(变厚)或拉紧(变薄),又可使声门打开或关闭。呼出的气流通过声门使声带振动发出声音,控制声带松紧的变化,就可以发出高低不同的声音来。(黄本)

喉头由四块软骨构成:下面是一块环状软骨,上面是一块甲状软骨和一对杓状软骨,四块软骨构成一个圆筒形的筋肉小室。此外,甲状软骨上面还有一块会厌软骨,可以上下开合。筋肉小室的中央就是声带。声带是两片富有弹性的肌肉,前端连接甲状软骨,后端连接杓状软骨。杓状软骨的开合回转,使声带或紧或松,或开或闭。呼吸或发噪音时,声带放松,声门大开,气流可以自由出入;发乐音时,声带靠拢,声门关闭,气流从声门的窄缝里挤出,颤动声带,产生响亮的声音。(胡本)

人类发音的振动体是长在人的喉头里的声带。喉头由甲状软骨、环状软骨和两块杓状软骨以及它们相连的肌肉和韧带组成,上通咽头,下连气管。声带位于喉头的中间,是一对唇形的薄膜,富有弹性。它的前端附着在甲状软骨上,后端分别和两块杓状软骨相连,两片声带之间的空隙叫声门。通过肌肉的收缩,杓状软骨活动起来,可使声带放松或拉紧,使声门打开或关闭。从肺呼出的气流通过声门使声带振动发声,而控制声带的松紧就可以发出高低不同的音来,因此声带在发音中的主要作用是成声。(邢本)

8.咽腔、口腔和鼻腔

咽腔、鼻腔和口腔都能起共鸣器之扩大声音的作用。调节成多种多样的语音,主要靠口腔内各器官起作用。咽腔下接喉头,上边是鼻腔、口腔。鼻腔和口腔之间由软腭和小舌隔开。软腭和小舌上升时,鼻腔闭塞,口腔畅通,这时发出的音在口腔中共鸣,叫作口音。软腭和小舌下垂,口腔阻塞,气流只能从鼻腔呼出,这时发出的音主要在鼻腔中共鸣,叫作鼻音。如果口腔无阻碍,气流同时从鼻腔和口腔呼出,发出的音在口腔和鼻腔共鸣,就叫作鼻化音(也叫半鼻音或口鼻音)。口腔上部可分上唇、下齿、齿龈、硬腭、软腭和小舌。口腔下部可分下唇、下齿和舌头三大部分。舌头可分舌尖、舌叶、舌面三部分,舌面又分为前、中、后三部分,舌面后习惯称舌根。(黄本)

口腔是主要的共鸣器,分上部、下部两部分。上部包括上唇、上齿、上齿龈、硬腭、软腭和小舌,下部包括下唇、下齿和舌头(分舌尖、舌面和舌根)。其中唇、舌、软腭、小舌是能活动的器官,舌的活动性最大;其他器官不能活动。口腔的后面是咽头。咽头是"三岔口",下通喉头,前通口腔,上通鼻腔,在发音时也能起共鸣作用。鼻腔也是共鸣器,是个固定的空腔。它同口腔靠软腭、小舌隔开。软腭、小舌可以上下活动。呼吸时,软腭、小舌悬在中间,口腔、鼻腔两方面通路同时打开。说话时,有时软腭、小舌上升,鼻腔通路关闭,气流在口腔发生共鸣,成为口音;有时软腭、小舌下垂,关闭口腔通路,气流在鼻腔发声共鸣,发出鼻音。鼻腔的作用是使声音发声共鸣,要发出不同的鼻音,还要有唇、舌、齿龈、硬腭、软腭、小舌、声带等同时参加活动。(胡本)

从声带发出的音,还要通过口腔和鼻腔的共鸣才能形成各种不同的音。口腔和鼻腔是人类发音器官的主要共鸣器,通过唇、齿、舌等器官的各种位置变化形成不同的共鸣器,从而发出各种不同的音。因此口腔和鼻腔在发音中的主要作用是构音。通过口腔共鸣发出的音叫口音,通过鼻腔共鸣发出的音叫鼻音,同时通过口腔和鼻腔共鸣发出的音叫鼻化音(也叫半鼻音或口鼻音)。(邢本)

9.音素

音素是最小的语音单位。它是从音色的角度划分出来的。(黄本)

语音的最小单位——音素。每一个音素具有不同的音色。(胡本)

音素是从音色角度划分出来的最小的语音单位。(邢本)

10.音节

音节是由音素构成的语音片段,是听话时自然感到的最小的语音单位。(黄本)

音节是听觉上最容易分辨出来的语音单位,也是最自然的语音单位。(胡本)

音节是最自然的语音单位。所谓"最自然",可以理解为一个没有经过语音训练的人能够听到的最小语音单位。(邢本)

11.音位

音位是一个语音系统中能够区别意义的最小语音单位,也是按语音的辨义作用归纳出来的音类。(黄本)

音位是语言里能够区别词义的最小语音单位。(胡本)

音位是一个语音系统中能够区别意义的最小语音单位。(邢本)

12.辅音

辅音是气流经过口腔或咽头受阻碍而形成的音素,又叫子音。(黄本)

气流经过口腔或咽头受阻碍而形成的音叫辅音,又叫子音。(邢本)

13.元音

元音是气流振动声带发出声音,经过口腔、咽头不受阻碍而形成的音素,又叫

母音。(黄本)

气流振动声带,在口腔、咽头不受阻碍而形成的音叫元音,又叫母音。(邢本)

14.口音

软腭和小舌上升时鼻腔闭塞,口腔畅通,这时发出的音在口腔中共鸣,叫作口音。(黄本)

说话时,有时软腭、小舌上升,鼻腔通路关闭,气流再口腔发声共鸣,成为口音。(胡本)

气流从口腔泄出,发出的音叫口音。(邢本)

15.鼻音

软腭和小舌下垂,口腔成阻,气流只能从鼻腔呼出,这时发出的音主要在鼻腔中共鸣,叫作鼻音。(黄本)

说话时,有时软腭、小舌下垂,关闭口腔通路,气流在鼻腔发声共鸣,发出鼻音。(胡本)

气流从鼻腔泄出,发出的音叫鼻音。(邢本)

16.声母和韵母

声母位于音节的前段,主要由辅音构成;韵母位于音节的后段,由元音或元音加辅音构成。(黄本)

性质是辅音,处于音节的开头,汉语语音传统的分析法把它们叫作声母;把音节里声母后面的部分叫作韵母。(胡本)

声母是指音节开头的辅音。韵母是指音节中声母后面的部分。(邢本)

17.韵腹

韵腹是韵母的主干,比起韵头、韵尾来,声音最清晰响亮,所以也叫"主要元音"。(黄本)

韵母只有一个元音的,这个元音就是韵母的主要成分,叫作韵腹;韵母有两个或三个元音的,其中口腔开度较大、声音较响亮的那个元音是韵腹。(胡本)

构成一个复元音韵母的几个元音,其响度和清晰度并不相同,其中有一个元音发音响亮、清晰,是主要元音,称作韵腹。(邢本)

18.四呼

所谓四呼就是按韵母开头的元音口形分的类。韵母开头的元音按唇形和舌位的不同,分为开、齐、合、撮四个呼。韵母不是i、u、ü的韵母属于开口呼,韵母开头是i的韵母属于齐齿呼,韵母开头是u的韵母属于合口呼,韵母开头是ü的韵母属于撮口呼。(黄本)

"四呼"是我国传统语言学上的术语。音韵学家分韵母为开口、合口两类,每类又分洪音、细音两种。开口洪音称开口呼,细音称齐齿呼;合口洪音称合口呼,细音称撮口呼。以四呼为标准,普通话韵母分为下面四类:①开口呼韵母,没有韵头,而韵腹又不是 i、u、ü 的韵母;②齐齿呼韵母,韵头或韵腹是 i 的韵母;③合口呼韵母,韵头或韵腹是 u 的韵母;④撮口呼韵母,韵头或韵腹是 ü 的韵母。(胡本)

根据韵母开头元音的发音性质,可以把普通话韵母分为开口呼、齐齿呼、合口呼和撮口呼韵母四类,简称"四呼"。开口呼:不是 i、u、ü 或不以 i、u、ü 起头的韵母属于开口呼;齐齿呼:i 或以 i 起头的韵母属于齐齿呼;合口呼:u 或 u 起头的韵母属于合口呼;撮口呼:ü 或以 ü 起头的韵母属于撮口呼。(邢本)

19.押韵和韵脚

押韵又叫压韵,指的是韵文(诗、词、歌、赋、曲等)中常在某些句子的末尾用上同"韵"的字。明清以来,北方民间戏曲把"韵"叫做"辙"(车轨的意思),把押韵叫"合辙",人们于是把"韵"和"辙"合称"韵辙"。(黄本)

把两个以上韵母相同或相近的字放在诗句的同一位置上,使声音和谐悦耳,这种情况就叫作押韵(或压韵)。各句押韵的字叫作韵脚或韵字。(胡本)

让同韵音节(包括整个韵母相同的音节和韵腹、韵尾相同或相近的音节)有规律地在句尾重复出现,这叫押韵。在韵文里,几个处在句子末尾的同韵音节叫韵脚。(邢本)

20.声调、调值、调类

声调是依附在音节上的超音段成分,主要由音高构成。一句话,声调就是整个音节的音高形式。调值是指依附在音节里高低升降的音高变化的固定格式,也就是声调的实际读法。调值的语音特点有二:调值是由相对音高决定的;构成调值的相对音高在读音上是连续的、渐变的,中间没有停顿,没有跳跃。描写调值一般采用赵元任创制的"五度标记法"。普通话的全部字音分属四种基本调值。调类是声调的种类,就是把调值相同的字归纳在一起所建的类。普通话有阴平(第一声)、阳平(第二声)、上声(第三声)、去声(第四声)四种调类。(黄本)

汉字除了有声母、韵母两个部分外,还有一个贯穿整个字音的高低升降,这就是声调。汉语的一个音节基本上就是一个汉字,所以声调也叫字调。声调是汉语音节结构中不可缺少的成分。它同声母、韵母一样,有区别意义的作用。其性质主要决定于音高。调值就是声调的高低升降的变化,也就是声调的实际读法。现代汉语各方言的调值最基本的类型有平的、升的、降的、曲折的(包括降升的和升降的)四种。要细致而准确地描写汉语的调值,一般采用五度制声调表示法。调类就是声调的分类,是按照声调的实际读法(即调值)归纳出来的。调值相同的归为一个调类。普通话里有四种基本的调值,就有四个调类。(胡本)

声调是一个音节高低升降的变化。声调的变化主要决定于音高,和音长也有关系;声调的主要作用是区别意义。汉语是有声调的语言,声调反映着普通话或任何一种方言语音的基本特征。因此我们可以说,声调作为能区别意义的音高变化,它在汉语语音系统中具有特殊的重要地位。调值是各种声调的实际读法,是一个音节高低升降变化的具体形式。记录声调的调值，通常采用“五度标记法”。北京话四个声调的调值分别为55,35,214,51。调类是声调的分类，它是将一种语言中调值相同的字归纳在一起形成的类别，因而，一种语言或方言有多少个调值，也就有多少调类。（邢本）

21. 调型

普通话四种基本声调的调型可以简单归纳为一平、二升、三曲、四降。拼音方案的调号就反映了这四种调型。（黄本）

调型是高低升降变化形式相似的调值的类型。现代汉语声调最基本的调型有平调、升调、降调、降升调、升降调五种。调型在语音学习、语音教学、语音识别和语音研究中有重要的意义。值得注意的是，在普通话测试中，调值不到位，只算缺陷，调型不对，则计错误。（邢本）

22. 音位变体、条件变体、自由变体

一个音位往往包含一些不同的音，这些音就叫作这个音位的音位变体。在一定条件下出现的音位变体叫作条件变体。没有环境限制，可以自由替换而不影响意义的音位变体叫作自由变体。（黄本）

有些音位变体，由于受语言环境的制约，只能在特定的条件下出现，这就是同一音位的条件变体。有些音位变体，无论语音环境如何都可以自由替换，而且又不改变词义，这就是同一音位的自由变体。（邢本）

23. 同化和异化

邻近的两个不相同或不相近的音，其中一个音因受另一个音的影响而变得跟它相同或相近，这就叫同化。（邢本）

邻近的两个相同或相近的音，其中一个音因受另一个音的影响而变得不同或不相近，这就是异化。（邢本）

24. 儿化和儿化韵

普通话中的“儿化”指的是一个音节中，韵母带上卷舌色彩的一种特殊音变现象，这种卷舌化了的韵母叫作儿化韵。（黄本）

“儿”这个音就可以同其他韵母结合起来，变更原来韵母的音色，成为一种卷舌韵母，叫作儿化韵。（胡本）

er除自成音节之外，还可以和前一个音节结合，使这个音节的韵母发生变化，成为卷舌韵母，这种音变现象叫“儿化”。因儿化发生音变的韵母叫“儿化韵”。（邢本）

25. 异读词

异读词即习惯上有几种不同读音的词。（黄本）

异读词是指同一个词有几个不同的读音。（胡本）

一个汉字在同一个词内有不同的读音，这就是同词异读现象，这些汉字所在

的词又叫异读词。(邢本)

26.重音、语法重音、逻辑重音

语句中念得比较重,听起来特别清晰的音叫作重音,或者叫作语句重音。按照语法结构的特点而重读的叫语法重音,一般而言谓语中的主要动词、表示性状和程度的状语、表示状态或程度的状语、表示疑问和指示的代词常常读重音。为了突出句中的主要思想或强调句中的特殊感情而重读的,叫逻辑重音。(黄本)

重音是指朗读、说话时句子里某些词语念得比较重的现象,一般用增加声音的强度来体现。在不表示什么特殊的思想和感情的情况下,根据语法结构的特点而把句子的某些成分重读的,叫作语法重音。一般短句子里谓语成分,动词或形容词前面的状语,动词后面由形容词、动词及部分词组充当的补语常念语法重音,有些代词要念语法重音。为了表示特殊的思想和感情而把句子的某些地方读得特别重的现象,可以叫作强调重音,也叫逻辑重音。(胡本)

重音分为词重音和句重音。词重音指复音词里读得较重的音节,句重音是指一句话里读得较重的词或短语。句重音可以分为语法重音和逻辑重音两种。根据句子的语法结构,用自然音量读成的重音叫语法重音。其一般规律是:谓语或谓语中的主要动词比主语读得重一些,宾语比动词读得重一些,定语、状语、表结果和程度的补语比中心语要读得重一些,疑问代词和指示代词比别的词要读得重一些。为了突出语意重点或为了表达强烈感情而加强音量读出来的重音,叫逻辑重音。(邢本)

27. 停顿、语法停顿、逻辑停顿

停顿是指说话和朗读时,段落之间,语句中间、后头出现的时间间歇。语法停顿是指,意群或节拍群在语法结构上往往和词、短语或句子直接联系起来,其中较显著的停顿书面上一般都用标点符号表示出来。为了突出某一事物,强调某一观点,表达某种感情,而在句中没有标点符号的地方作适当的停顿,这种停顿通常叫作逻辑停顿。(黄本)

停顿指语句或词语之间声音上的间歇。语法停顿是反映一句话里面的语法关系的,在书面语里就反映为标点。语法停顿时间的长短同标点大致相当。为了强调某一事物,突出某个语意或某种感情,而在书面语没有标点的地方作一停顿,或者在书面语有标点的地方作较长的停顿,这样的停顿可以称为逻辑停顿。(胡本)

停顿是指人们在进行言语活动时,在词语、句子或段落之间语音上的间歇。书面上的标点符号大体上可以表示语法停顿的时间,段落以至章节之间的停顿比句号等标点之后的停顿还要长些。但是,语法停顿不能完全受标点的制约。没有标点的地方,有时也需要停顿;有标点的地方,有时也不一定停顿。语法停顿的一般规律是:较长的主语之后、较长的谓语和宾语之前要停顿;较长的联合短语和较长的复指短语之间,独立语前后,表时空的、表情态的全句修饰语之后要停顿;如果有几个“的”或“地”,前几个“的”或“地”之后可停,离中心语最近的“的”或“地”之后一般不停,但中心语较长时这个“的”或“地”之后可停;在(主语+是+宾语)句式中,表示判断的,主语后可停,“是”之后不停;表示提请注意的,主语后不停,“是”之后可停。为了突出某种语意或表达某种感情所作的停顿叫逻辑停顿。逻辑停顿和语法停顿有时一致,有时不一致。(邢本)

(二)重难点剖析

1.语音的社会属性

语言是一种社会现象,而作为语言的物质外壳,语音也是一种社会现象。这可从语音表示意义的社会性看出来。同样一个意义,比如“书”,在不同的语言或方言中就用不同的语音来表示。用什么声音与表示什么意义没有必然的联系,而是随着社会不同而不同,由使用一种语言的全体社会成员约定俗成的。语音的社会性也表现在语音的系统上。(黄本)

语言是社会交际工具,语音只有结合为词语才能表达意义,而词语的意义是社会赋予的,因此,分析语音不能离开使用这种语音的民族的社会习惯。语音的社会性质表现在多方面。从语音的地方特征和民族特征来看,普通话里有翘舌音,如“知”“吃”“诗”等,汉语的许多方言却没有这一类音;英语有齿间音,如three,this 中的 th,分别读[θ]和[ð],汉语却没有这样的语音。从语音的系统性来看,汉语里送气、不送气区别词义,英语不能;英语里清音、浊音区别词义,汉语普通话不能。不同社会的语言,其语音成分有它自身的系统性。(胡本)

语音和一般声音的不同在于语音能够表达一定的意义,而这个意义正是人类情感和抽象思维成果的体现,因此我们说语音具有社会性。语音的社会性表现在许多方面。首先,从音和义的关系来看,一个声音表示什么意义,或一个意义用什么声音来表示,并不是由这个声音或意义本身决定的,而是由使用这种语言的全体社会成员约定俗成的。一旦音和义的关系通过这种约定俗成固定下来,那么使用这种语言的全体社会成员就必须遵守这个规则,不能随意改变,否则交际就无法顺利进行。其次,语音的社会性还可以从各个语言或方言语音系统性的差别上看出来。此外,各个语音系统的音素和音素的组合关系也不一样。(邢本)

2.语音的物理属性

语音同其他声音一样,由物体的振动产生音波,音波可以用物理仪器测量,具有物理属性。语音同其他声音一样,具有音高、音强、音长、音色四种要素。①音高是声音的高低,它取决于发音体振动的快慢。②音强指的是声音的强弱,它与发音体振动幅度的大小有关。③音长指的是声音的长短,它取决于发音体振动时间的久暂。④音色又叫“音质”,指的是声音的特色,音色的差别主要取决于物体振动所形成的音波波纹的曲折形式不同。(黄本、胡本、邢本)

3.造成音色不同的原因

造成不同音色的主要条件有以下三种:第一,发音体不同。例如,胡琴的声音和口琴不同,音位发音体一个是琴弦,一个是簧片。甲、乙两人说同样一句话,我们可以听出不同,这是由于两人的声带等发音体不一样。第二,发音方法不同。例如,同一把胡琴发音,用弓拉和用手指弹,音色就不同。语音中塞音 g 和擦音 h 的音色不同是由于前者用爆发方法发音,后者用摩擦方法发音。第三,发音时共鸣器形状不同。例如,把同一把正在振动的音叉放到不同形状的共鸣匣上,所形成的音音色就不同。语音中元音 ɑ 和元音 i 的音色不同,主要是由于发 ɑ 时口腔共鸣器形状跟发 i 时不一样的缘故。(黄本)

有三方面的原因造成音色的不同:第一,发音体不同。笛子和二胡同奏一个曲调,但人们能分辨出哪个是笛子的声音,哪个是二胡的声音,就是因为笛子、二胡发音体各异,因此,二者的音色也就不一样。第二,使物体发音的方法不同。二胡和琵琶同是弦乐器,但前者用弓拉,后者用手弹,发出来的音色就不同。第三,发音时物体自身的状况不同。箫和笛同是管乐器,发出来的音色却不一样,这是因为二者共鸣器的形状不同所造成。语音中音色的变化,主要由于发音器官状况的不同和发音方法的变化。比如说“啊”时口腔开得大,说“衣”时口腔开得小,念 b 时气流由口腔通过,念 m 时气流由鼻腔通过,这样就形成不同的音色。(胡本)

造成音色不同的原因主要是以下三个:第一,发音体不同。例如,小提琴的发音体是琴弦,口琴的发音体是簧片,二者发音体不同,尽管演奏的是同一高度的曲调,但人们还是可以听出来哪个是小提琴的声音,哪个是口琴的声音。因为这两种发音体振动时发出的音波形式是不同的。每一个人的声带都有细微的差别,因此每个人的声音也就不同。第二,发音方法不同。同样是小提琴,用弓拉和用手指弹拨,给人的音响感觉是不一样的,这是由于发音方法不同造成的。b 和 p 是普通话不同的两个声母,它们的不同是由于发音时控制气流的强弱不同造成的。第三,共鸣器的形状不同。普通话里的元音 i 发音时嘴唇是展平的,而元音 ü 发音时嘴唇是拢圆的,这种唇形的不同造成了口腔不同的形状,形成了不同的共鸣器,因而听上去就是两个不同的音。(邢本)

4.辅音与元音的区别

辅音和元音的主要区别有以下四点:①从受阻与否看:发辅音时,气流通过咽头、口腔的时候受到某个部位的阻碍;发元音时,气流通过咽头、口腔不受阻碍。这是元音和辅音的主要区别。②从紧张度看:发辅音时,发音器官成阻的部位特别紧张;发元音时,发音器官各部位保持均衡的紧张状态。③从气流强弱看:发辅音时,气流较强;发元音时,气流较弱。④从响亮度看:发辅音时,声带不一定振动,声音一般不响亮;发元音时,声带振动,声音比辅音响亮。(黄本)

音素可以分为元音和辅音两大类。它们的区别是:①发元音时,声带总是颤动的;发辅音时,有的颤动声带,有的不颤动声带。②发元音时,气流通过口腔不受任何阻碍,发辅音时则受到一定的阻碍。③元音响亮,可唱,可延长;辅音有的响亮,可唱,能延长,有的则不然。(胡本)

元音和辅音最主要的区别在于,元音发音时气流不受阻碍,各个发音器官保持均衡的紧张,气流较弱,而辅音发音时气流要受到阻碍,气流较强。此外,发元音时声带振动,而发辅音时声带不一定振动。(邢本)

5.音素和音位

音素和音位都是最小的语音单位。不过,音素是从音色的角度划分出来的,音位是按语音的辨义作用(社会属性)归纳出来的。音位包括音质音位和非音质音位。一个音质音位可以包括多个音素。在语言(或方言)里,不同的音素互换也不会造成意义的差别,就可以归为一个音位;有些音素的不同,能起区别意义的作用,就要看作不同的音位。(黄本、邢本)

6.《汉语拼音方案》及其主要特点和用途

《汉语拼音方案》是在新中国成立不久后制定出来的。中国文字改革委员会(1985 年改名为国家语言文字工作委员会)广泛收集各方面意见,于 1956 年拟定出并公布了《汉语拼音方案(草案)》。这个草案经过全国政协和各界人士广泛讨论,又经过国务院成立的汉语拼音方案审定委员会反复审议和多次修订,经国务院全体会议通过,最后在 1958 年由第一届全国人民代表大会批准作为正式方案公布推行。《汉语拼音方案》是在过去各种记音法的基础上发展起来的,可以说是我国人民创制各种汉语记音与汉字注音法的经验总结。它采用国际上流行的拉丁字母,既容易为广大群众所掌握,又便于国际文化交流,比过去设计的各种记音法更为完善、优越,受到各界人士、广大群众的热烈欢迎,并得到联合国的认可和使用。1982 年,国际标准化组织(ISO)开始采用《汉语拼音方案》。《中华人民共和国通用语言文字法》第 18 条规定:“国家通用语言文字以《汉语拼音方案》作为拼写和注音工具,《汉语拼音方案》是中国人名地名和中文文献罗马字母拼写法的统一规范,并用于汉字不便或不能使用的领域。”《汉语拼音方案》具体有以下用途:①汉字注音的工具。②普通话的拼写工具。此外,《汉语拼音方案》还可以用来作为我国少数民族创制和改革文字的共同基础,用来帮助外国人学汉语,用来音译人名、地名和科学术语,用来编制索引和代号,等等。就计算机的汉字录入而言,最简便易学的输入法是拼音输入法。(黄本)

《汉语拼音方案》是我国语言文字工作者在总结注音识字和拼音字母运动经验、集中广大人民群众智慧和参考世界各国拼音文字长处的基础上制定出来的。1958 年 2 月由全国人大第 5 次会议批准。它采用国际普遍使用的拉丁字母,又根据现代汉语语音系统的特点进行调整和加工,准确、灵活、妥善地反映了现代汉语语音系统,成为一个比较完善的记录现代汉语语音系统的拼音方案。用途:由于汉字字形不能准确表音,学习汉字就需要一套注音工具。人们学习现代汉语语音、学习普通话也需要记音工具来记录普通话语音,拼注普通话读物。这两方面都需要运用汉语拼音方案。此外,《汉语拼音方案》还可作为我国各少数民族创制和改革文字的共同基础;用于译写我国人名、地名,转写外国人名、地名和部分科学术语;用于电报、旗语、工业产品代号、盲字及聋哑人"汉语手指字母"以及编制音序检字等。将来汉字要实现拼音化,汉语拼音方案又可以作为研制和试验汉语拼音文字方案的基础。随着文字传输技术的现代化,汉语拼音方案的用途必将日益扩大。(胡本)

《汉语拼音方案》是标记汉语普通话语音系统的一套记音符号。它于1958年2月11日由第一届全国人民代表大会第五次会议批准公布,是我国法定的拼音方案,比过去的各种汉字注音方案更科学。《汉语拼音方案》的主要特点:在字母形式上,采用国际通用的拉丁字母,便于人民群众学习和国际交流;在标音方法上,采用音素化的方法,使记音更准确科学。应该注意的是,《汉语拼音方案》只能用来拼写现代汉语普通话语音,不能拼写方音和古音。《汉语拼音方案》的主要用途是给汉字注音和作为推广普通话的工具。此外,还可以用作我国各少数民族创制和改革文字的共同基础,用来帮助外国人学汉语,用来音译人名、地名和科学术语,以及用来编制索引和代号,等等。(邢本)

7.国际音标

国际音标是1886年成立于英国伦敦的国际语音学会为了记录和研究人类语言的语音而在1888年制定的一套记音符号。它共有一百多个符号,符合"一个符号一个音素,一个音素一个符号"的原则,至今已经过多次修订,最近的一次修订是2005年。由于符号简明,比较科学、细致,各国学者都用它记音。(黄本)

国际音标是1888年国际语音学会拟定的一套记音符号,后来经过多次增补、修订。它的形体以拉丁字母的小写印刷体为基础,并用大写、草体、合体、倒排、变形、加符等办法加以补充。它规定每一个符号只表示一个固定的读音,既不能借用,又没有变化。各民族语言可以利用已有的国际音标来记录本民族语言里特有的音素,如增补的音标获得国际语音学会的通过,就可以列入修订后的国际音标表。因此,国际音标的总数很多,而各个民族语音用到的只是其中的一部分。国际上语言学家大多使用国际音标研究语言。我国的语文工作者为了精细地记录、描写和说明语音,也经常使用国际音标。(胡本)

国际音标是标记各种语言语音的国际通用的一套记音符号。它由国际语音学会制定,于1888年发表,后经多次修订补充,一直使用至今。国际音标的一个符号代表一个音素,一个音素只用一个符号表示,每个音标的音值都是确定不变的。国际音标的形体以拉丁字母的小写印刷体为基础,并用大写、草体、合体、倒排、变形、加符等办法加以补充,可以很精确地记录各种语言或方言的语音。按照

惯例,国际音标记音时通常用方括号括起来,以区别其他记音符号。(邢本)

8.声母(辅音)的发音部位及发音方法

发音时,气流受到阻碍的位置叫作发音部位。根据发音部位的不同,普通话声母可以分成七类:双唇音、唇齿音、舌尖前音、舌尖中音、舌尖后音、舌面音、舌根音。辅音的发音方法指的是喉头、口腔和鼻腔节制气流的方式和状况,可以从阻碍的方式、声带是否颤动、气流的强弱等三个方面来观察。根据构成阻碍和消除阻碍的方式的不同,普通话声母可以分成五类:塞音、擦音、塞擦音、鼻音、边音;根据声带是否颤动,普通话声母可以分成两类:清音、浊音;根据除阻气流的强弱,普通话的塞音、塞擦音声母可以分成两类:送气音、不送气音。(黄本)

发音部位即发音时气流在发音器官受到阻碍的部位,方法即发音时构成阻碍和克服阻碍的方式。按照发音部位,辅音可分为双唇音、唇齿音、舌尖音、舌根音等;按照发音方法,又可以分为塞音、擦音、塞擦音、鼻音、边音和清辅音、浊辅音以及送气音、不送气音等。(胡本)

发音部位指气流受阻的位置。按发音部位,声母可分为七类:双唇音,如 b、p、m;唇齿音,如 f;舌尖前音,如 z、c、s; 舌尖中音,如 d、t、n、l;舌尖后音,如 zh、ch、sh、r;舌面音,如 j、q、x;舌根音,如 g、k、h 。发音方法指气流受阻方式。按发音方法分类,可以从以下三个方面着手:①根据形成和排除阻碍的方式,可分为塞音(b、p、d、t、g、h)、擦音(f、s、sh、r、x、h)、塞擦音(z、c、zh、ch、j、q)、鼻音(m、n)、边音(l)等五类。②根据发音时气流的强弱,可以把声母中的塞音、塞擦音分为送气音(p、t、k、c、ch、q)和不送气音(b、d、g、z、zh、j)两类。(3)根据发音时声带是否颤动,可以把声母分为浊音(m、n、r、l)和清音(除 4 个浊音之外的 17 个声母)两类。(邢本)

9.零声母

在普通话里有一些音节没有辅音声母,我们习惯上叫它“零声母”。如果我们仔细考察,普通话以 i、u、ü 起头的音节,如 i、ia、u、ua、ü、üe 等,就会感到 i、u、ü 都有轻微的摩擦,这种摩擦形成的音可以分别称作半元音[j][w][ɥ]。不是以 i、u、ü 起头的零声母音节,如“暗(àn)”“爱”(ài)等,有些北京人念起来前面都加了一个轻微的舌面后浊擦音[ɣ]或喉塞音[ʔ]。它们都是出现在零声母音位的位置上,注音或标音时都不写出来。零声母可以写作“Ø”,只在必要时才写,一般注音不能写在韵母前头。“Ø”不是汉语拼音字母,也不是国际音标,它只是代表代表汉语零声母的惯用符号。一般在制表时用它表示零声母音位。(黄本)

有一些音节的开头不是辅音而是元音,这就是说,它们的声母是“零”,所以把不用辅音充当声母的字称为“零声母字”。零声母字的开头虽然说是元音,但实际上往往带有那么一点儿同部位的摩擦成分。如“衣”“鸦”的开头就带有与 i 同部位的摩擦成分,若精细地描写,“衣”“鸦”可标作[ji][ja]。零声母字的开头

虽然带有一些辅音成分,但这些成分有时明显,有时不明显,并且不能区别意义,不构成不同的音位,因此不必强调。(胡本)

普通话里有一些音节没有辅音声母,这类音节的声母,语言学上称为零声母。(邢本)

10.韵母的分类

按照韵母开头的元音发音口形分,韵母可分开口呼、齐齿呼、合口呼、撮口呼四类。韵母不是i、u、ü和不以i、u、ü起头的属于开口呼。i或以i起头的韵母属于齐齿呼。u或以u起头的韵母属于合口呼。ü或以ü起头的韵母属于撮口呼。

按照韵尾分,韵母可以分为无韵尾韵母;元音韵尾韵母,即有元音i、u(o)作韵尾的韵母;鼻音韵尾韵母,即有鼻音n、ng作韵尾的韵母。(黄本、胡本、邢本)

11.声母与辅音、韵母与元音的关系

声母和辅音不是一个概念。虽然声母由辅音充当,但有的辅音不做声母,只做韵尾,如ng;辅音n既可以做声母,也可以做韵尾。

韵母和元音不相等。韵母和元音是从不同的角度划分出来的两个不同的概念。韵母是音节结构中声母后头的部分,普通话的韵母有39个;元音是发音时气流不受阻碍的音素,普通话里共10个。二者具有差异性:第一,两者的着眼点不同,元音是就音色的性质说的,韵母是就音素在音节结构中的位置和作用说的。第二,两者的单位层级不同,元音是最小的语音单位,韵母不是最小单位,它可以包含着2个或3个元音,或者是元音和辅音的组合。第三,两者的范围不同,韵母的范围比元音的范围大。但两者之间有密切的关系,韵母的主要成分是元音,普通话中的10个元音都可以充当韵母;反过来讲,有的韵母由1个元音充当,如a、e、u等;有的韵母由2个元音充当,如ao、ie等;有的韵母由3个元音充当,如uai、iou等;有的韵母由元音和鼻辅音n、ng组合充当,如an、ing等。(黄本、邢本)

12.普通话音节结构的主要特点

普通话的音节结构有如下特点:①一个音节最多可以用4个音素符号来拼写(如"建"),也可以用1~3个音素符号拼写。②元音在音节中占优势。每个音节总要有元音,元音符号可以多至3个,并且须连续出现,分别充当韵头、韵腹和韵尾。如果一个音节只有一个音素,这个音素除个别例外,都是元音。例外是口语中表示叹词"呣""嗯"等的m、n、ng三个鼻辅音可以独立成为一个音节。③音节可以没有辅音(如"我、外、语、有、优")。辅音大都在音节的开头或末尾出现(如"强"),在音节末尾出现的辅音只限于n和ng。没有两个辅音相连的音节;zh声母、ng韵尾都是双字母的音素符号,表示一个辅音音位。④汉语音节都有声调,都有韵腹(主要元音);可以没有辅音声母(但有零声母),可以没有韵头和韵尾。(黄本)

汉语音节结构的特点:①汉语的音节最多可以有四个音素,最少有1个音素。

②每个音节都有元音,少则 1 个(即韵腹),多则 3 个。3 个元音连续排列,分别充当韵头、韵腹、韵尾。③有的音节没有辅音。有辅音的音节里,辅音的位置比较固定,或者在音节开头,或者在音节末尾,没有两个辅音连续排列的形式。④每个音节都有声调。(胡本)

普通话音节的结构,可以从不同的角度来分析。从声、韵、调角度分析音节结构,有以下几个主要特点:①每个音节都有韵母和声调,不是都有辅音声母。也就是说,韵母带上声调可以自成音节(-i、ong 除外)。②音节都有韵腹(10 个单韵母 ɑ、o、e、ê、i、u、ü、er 等都可以作韵腹),不是都有韵头和韵尾。③音节中的韵头由 i、u、ü 充当,韵尾由 i、u、n、ng 充当。④有的音节由声母、韵头、韵腹、韵尾四个部分组合而成,有的音节只由韵腹一个部分构成。从音素角度分析音节结构,主要有以下几个特点:①音节至少由 1 个元音音素构成,如“雨”;最多由 4 个音素组合而成,如“粮”。②音节的声母都由辅音充当;韵母由元音或元音组合而成,或由元音与辅音组合而成,如“输、雪、拼”。③音节中的元音最多有 3 个,而且可以连续排列,分别作韵母的韵头、韵腹、韵尾,如“怀、又”。④音节开头可以没有辅音,由元音自成音节,如“娃”。音节中的辅音出现在音节的开头作声母,或出现在音节的末尾作韵尾,如“观”。没有辅音连续排列的现象。⑤音节中韵母的韵头由元音 i、u、ü 充当,韵腹由 10 个元音充当,韵尾由元音 i、u 和辅音 n、ng 充当。从字母角度分析音节结构,就是看音节的声母、韵母或元音、辅音是由哪些书写符号、多少书写符号来表示的。(邢本)

13. 变调

有些音节的声调在语流中连着念会起一定的变化,有些音节的声调起了一定的变化,与单念时调值不一样,这种声调的变化叫变调。在普通话中,最常见的变调有下列几种:上声的变调、“一、不”的变调、“七、八”的变调。(黄本)

除轻声这一种特殊的变调以外,普通话里最常见的变调现象还有上声的变调、去声的变调、“一、七、八、不”的变调以及重叠形容词的变调。(胡本)

在语流中,由于相连音节的相互影响,使某个音节本来的调值发生了变化,这种变化叫作变调。主要包括轻声、上声的变调,“一”“不”的变调。(邢本)

14. 字调与句调

句调是指整句话的声音高低升降的格式(一般有升调、降调、平调和曲调 4 种形式),是语句音高运动的模式。声调也是音高变化形成的格式,但声调只指一个音节(字)的音高形式,所以又叫“字调”。句调在句末音节上表现得特别明显,但是它是贯穿在整个句子中的,所以它从属于超音段成分,不同于音素、音节等音段成分。超音段成分是依附在音段成分上的。声调依附在声韵结构上,形成了字音(汉语的音节);句调依附在短语上,形成了句子。字调与句调的关系是音阶叠加的“代数和”,而不是调形(型)叠加的“代数和”。它们相互依存,彼此制约。声调受句调的调节,声调调形虽然相对稳定,但其音阶必须随句调升降而上浮或下沉。句调离不开声调,通过声调的浮沉得以实现。两者是全局与局部的关系,是“大波浪”和“小波浪”的关系。(黄本)

语调和声调不同。声调指单个字的调子,功用在于区别词义或语素义,也叫作“字调”;语调指贯穿整个句子的调子,功用在于表达整句的意思和情感,也叫作“句调”。语调的内容比较复杂,一般说来,它主要包括停顿、重音、升降三个方面。(胡本)

句调是语音的高低升降变化。它是贯穿整个句子的,但往往在句尾的音节上表现得特别明显。不同的句调可以表达不同的语气和语意。普通话的句调大体上分为平调、升调、曲调和降调四种基本类型。句调的抑扬,最明显地表现在句末那个字上,这样就往往会影响句末那个字的读音,使其调值发生种种变化。总之,在语流中,字调因受句调的影响而发生的变化是极其复杂、细微的。我们耳朵所听到的实际调值可以说是字调和句调的合成。(邢本)

15.异读字与多音字的区别

异读字和多音字不是一个概念:一个汉字在同一个词内有不同的读音,这就是同词异读现象,这些汉字所在的词又叫“异读词”。一个汉字在不同的词内读音不同,这就是一字多音现象,这些字叫“多音字”。多音字的存在是汉字记录汉语的一种正常现象,多音字的不同读音代表不同的意义和用法,因此,普通话里保留了一字多音现象。多音字与多义紧密地联系在一起,许多多音字不同的读音代表几个不同的意义。异读字是普通话中的一种累赘,在普通话中必须只保留一种读音而淘汰其他读音。异读字是同义异读,多音不代表多义。(黄本、胡本)

16.语音的规范化

语音的规范化,主要是根据语音发展的规律来确定和推广标准音。这里,主要包含了两方面内容:第一,确立正音标准。普通话以北京语音为标准音,但是在北京语音的内部还存在一些分歧现象,例如北京的土音成分把“太”读成“tuī”,把“蝴蝶”读成“hùtiěr”等,这一类的土音不能进入普通话。再如,北京话的轻声与儿化现象特别多,有些是应该吸收到普通话中的,有些是一个该淘汰的,如何取舍是语音规范的问题。还有异读词的读音,例如,北京话的“熟练”中的“熟”有“shú”和“shóu”两个音。究竟读一个比较合适,需要制定一个统一的标准。第二,推广标准音。要求我们发音符合普通话的语音规范。这对不同的人应该有不同的要求。(黄本)

普通话的语音规范是以北京语音为标准的。北京语音的声、韵、调及它们之间的配合关系是比较明确和一致的,但是在具体的词或字的读音上,有的还存在一些分歧,方言区人学习普通话感到普通话语音的规范在某些方面还不够明确。此外,即使普通话语音的规范在很多方面是明确的,也还有一个如何推广和普及

的问题。因此,语音规范化问题是一个需要进一步研究的重要课题。(胡本)

语音的规范化就是根据汉语语音发展的内部规律和习惯读音,确定汉民族共同的语音标准。现代汉民族"以北京语音为标准音"。这句话是指以北京语音的语音系统为标准,而不是说北京话中的每一个字词的读音都是汉民族共同语的标准。因为北京话也是一种方言,在语音上有许多土音成分,这些土音成分当然不能作为汉民族共同语的标准读音。此外,北京语音中还有很多异读词。异读词太多不利于交际,也不利于民族共同语的学习和推广,因此异读词也是语音规范的对象。(邢本)

三 巩固练习

(一)名词解释

1.语音。
2.音节。
3.音素。
4.音位。
5.元音。
6.辅音。
7.四呼。
8.音位变体。
9.条件变体。
10.自由变体。
11.调值。
12.声母。
13.韵母。
14.声调。
15.字音。
16.调类。
17.轻声。
18.儿化。

(二)判断题

1.语音就是由人发出的声音。
2.语音的社会属性突出表现在声音和意义的联系是社会约定的。
3.从音色的角度划分出来的最小的语音单位是音位。
4.汉语拼音字母是采用音素标音法来记录普通话语音系统的一套记音符号。
5.普通话有 22 个声母,也有 22 个辅音,所以声母和辅音是一回事。

6.韵母按结构可以分为单元音韵母、复元音韵母、带鼻音韵母和不带鼻音韵母四类。
7.韵母也可以按韵尾的情况进行分类,按照这个分类标准可以分为无韵尾韵母、元音韵尾韵母和鼻音韵尾韵母三类。
8.四呼是根据韵母开头元音发音时唇形的不同而区分的类别。
9.国际音标只能记录英语和汉语普通话等的语音,不能记录汉语方言的语音。
10.“儿化“本质上是一种韵母的音变。
11.语流音变中的同化现象要多于异化现象。
12.所有声母都不能和 ueng 拼合。
13.语言符号的第一性的形式是人类发出的声音。
14.en(嗯)、ie(也)、e(饿)三个音节中的 e 实际发音虽有相同,但它们属于不同音位。
15.有人把“n”发成“ng”,是发音部位不准确造成的。
16.“说啊”与“天啊”中的“啊”实际发音相同。
17.汉语所有的音素可以分为声母和韵母两大类。
18.发音部位相同的辅音,在发音方法上可能分属不同的类别。
19.普通话的元音不能做声母。
20.普通话音节很少出现两个辅音相连的音节。
21.音素具有区别意义的作用。
22.发音体不同,发音方法不同,共鸣器形状大小不同,都会造成音色的不同。
23.普通话的声调有阴平、阳平、上声、去声和轻声。
24.语音是一种社会现象,语音的本质属性是社会属性。
25.普通话中,所有的辅音都可以做声母,但声母并不都是由辅音充当的。
26.普通话有 21 个辅音。
27.汉语普通话一个音节最多有 4 个音素。
28.在“医院(yīyuàn)”的拼写中,音节开头的“y”是声母。
29.在普通话音节中,辅音不等于声母,元音不等于韵母。
30.“zhī(知)”和“zī(资)”这两个音节的韵母属于齐齿呼。
31.复韵母 ao 没有韵头。
32.现代汉语普通话中舌面元音有 7 个。
33.普通话的塞音、擦音和塞擦音声母中没有浊音。
34.《汉语拼音方案》中字母 a 代表了 4 个不同的音位。
35.普通话中“雨水”和“粉笔”两个词的声调完全一样。
36.音素是交谈时自然感到的语音单位。
37.儿化可以区别词义,区分词性,有时也可表达一定的感情色彩。

38.普通话是以北京话为基础方言的。
39.轻声是一个单独的声调。
40.按普通话发音,“位”这个字的声母是 W。
41.汉语的复韵母发音是一个动态的滑动过程。
42.轻声没有固定的调值。
43.“gui”“qiu”韵腹相同。
44.“庄”音节包括 6 个音素。
45.儿化词都是名词。
46.普通话声母和韵母的拼合规律主要体现在声母发音部位和韵母四呼的拼合上。
47.普通话中六个不送气的声母分别是塞音和擦音声母。
48.读轻声在很多情况下会影响到词的语义和功能。
49.《汉语拼音方案》中的字母 i 代表了三个不同的音素。
50.音位变体是音位的具体表现形式,音位则是从音位变体中概括归纳出来的。
51.现代汉语语音没有复辅音。
52.音强指的是声音的强弱,它决定于发音体振动的快慢。
53.语音是同自然界的其他声音一样,产生于物体的振动,具有社会属性,表现为音高、音强、音长和音质。
54.相同的调值在不同的方言里可能属于不同的调类。
55.语言符号中的音与义的结合有本质的、必然的联系。

(三)选择题

1.语音和一般的声音共同具有的属性是(　　)。

A. 社会属性　　B.物理属性　　C.生理属性　　D.心理属性

2.普通话里,“妈”“麻”“马”“骂”的不同,主要是(　　)的不同。

A.音高　　B.音强　　C.音长　　D.音色

3.普通话里,短语“一朵鲜花儿”的读音包含(　　)个音节。

A.5　　B.4　　C.3　　D.2

4.普通话里,“壮”的读音包含(　　)个音素。

A.5　　B.3　　C.4　　D.2

5.从音色的角度划分出来的最小的语音单位是(　　)。

A.音素　　B.音节　　C.音位　　D.音强

6.在标音方法上,《汉语拼音方案》采用(　　)。

A.音节标音法　　B.音素标音法　　C.声韵调标音法　　D.音位标音法

7.[e]的发音特征是(　　)。

A.舌面、前、半低、圆唇元音　　B.舌面、前、半高、圆唇元音

C.舌面、前、半高、不圆唇元音　　D.舌面、后、半低、不圆唇元音

8.[e][i][y][o]四个元音中,与其他音相比较最特殊的一个是(　　)。

A.[e]　　B.[i]　　C.[y]　　D.[o]

9.按“四呼”分类,跟“取”的韵母同属一类的是(　　)。

A.顿　　B.丹　　C.复　　D.权

10.在人们不能区分[i][y]的某一汉语方言中,[i]与[y]是(　　)。

A.发音接近的两个音位　　B.对立关系的两个音位

C.两个音位的自由变体　　D.一个音位的自由变体

11.语气词“啊”发音时往往受前字读音的影响而产生音变。下面四个句子中“啊”的读音与其他三个不同的是(　　)。

A.你看啊。　　B.真美啊!　　C.我在说你啊。　　D.好快啊!

12.根据变调规律,“一成不变”中的“一”与“不”应该分别读什么调(　　)。

A.[35][51]　　B.[51][35]　　C.[35][35]　　D.[55][35]

13.表示含蓄、讽刺、意在言外等语气使用的语调是(　　)。

A.升调　　B.降调　　C.平调　　D.曲调

14.七大方言区中,方言的调类数目最多的是(　　)。

A.吴方言　　B.粤方言　　C.闽方言　　D.客家方言

15.下列哪一个不能当韵头(　　)。

A.ɑ　　B.i　　C.u　　D.ü

16.ing 属于四呼中的(　　)。

A.开口呼　　B.齐齿呼　　C.撮口呼　　D.合口呼

17.厦门话属于(　　)。

A.粤方言　　B.闽方言　　C.吴方言　　D.北方方言

18.属于塞擦音的声母是(　　)。

A.f、sh、s、r　　B.z、c、zh、ch、j、q

B.z、zh、j、s、sh、x　　D.b、p、d、t、g、k

19.舌尖前送气清塞擦音指的是普通话声母(　　)。

A.t　　B.c　　C.ch　　D.q

20.“会”音节的构成音素有(　　)。

A.2 个　　B.3 个　　C.4 个　　D.5 个

21.“不”在(　　)读 35。

A.句末　　B.去声前　　C.去声后　　D.非去声前

22.下列汉字中,由三个音素组成的音节是(　　)。

A.两　　B.将　　C.元　　D.见

23.下列韵母中不存在省略现象的是(　　)。

A.ui B.iu C.un D.in

24.现代汉语中不能充当韵尾的是(　　)。

A.i B.u C.ü D.n

25.普通话双唇音声母不能与之相拼的是(　　)。

A.开口呼 B.齐齿呼 C.撮口呼 D.合口呼

26.上声变调的调值是(　　)。

A.35 B.55 C.214 D.51

27.南京话属于(　　)。

A.南方方言 B.吴方言 C.闽方言 D.北方方言

28.普通话 xi,an 表示的是(　　)。

A.一个音节 B.三个音节 C.两个音节 D.一个语素

29.“羞愧”二字读音的韵腹是(　　)。

A.都是 i B.分别是 i 和 e C.分别是 u 和 i D.分别是 o 和 e

30.变调情况一致的一组词是(　　)。

A.影响、北京 B.涂改、土改 C.讲解、洗澡 D.学姐、早茶

31.“瞧”的韵腹是(　　)。

A.前、低、不圆唇元音 B.后、高、圆唇元音

C.后、低、不圆唇元音 D.央、低、不圆唇元音

32.根据《同韵字表》属于同韵的字是(　　)。

A.话、眨、掐 B.边、返、粉 C.雨、米、来 D.老、巧、朽

33.下列各组音节中,相同的字母代表相同音素的是(　　)。

A.zi—ji B.ao—bo C.ge—le D.quan—kui

34.辅音[x]是(　　)。

A.舌面中浊塞音 B.舌面后清塞音

C.舌面后清擦音 D.舌面中清塞音

35.下列普通话韵母中,全是合口呼的一组是(　　)。

A.ao 和 ua B.ong 和 uei C.in 和 en D.uen 和 iong

36.普通话中“跑”的调型是(　　)。

A.高平调 B.中升调 C.降声调 D.全降调

37.保留鼻音韵尾[m][n]的方言是(　　)。

A.湘方言 B.吴方言 C.客家方言 D.赣方言

38.普通话声母的舌尖齿背音是(　　)。

A.ch B.z C.t D.x

39.跟“疮”字韵母相同的字是(　　)。

A.旷 B.强 C.曾 D.昌

40.普通话“手写体”连读,第二个音节声调变为( )。

A.35 B.21 C.12 D.53

41.普通话中“他啊”的“啊”往往读成( )。

A.呀 B.哇 C.哪 D.啦

42.普通话中,不属于轻声词的是( )。

A.跟头 B.有趣 C.耳朵 D.招呼

43.舌根、清、塞音、不送气音是( )。

A.g B.k C.h D.ng

44.舌面、前、高、圆唇元音是( )。

A.i B.u C.ü D.o

45.全部属于舌尖中浊鼻音的一组汉字是( )。

A.拿、耐、挠、似 B.逆、捏、吝、闹 C.努、暖、牛、靓 D.酪、鸟、囊、脑

46.下列汉字声韵调全同的一组字是( )。

A.要、药 B.紧、寻 C.落、诺 D.素、树

47.普通话里,“帘子”的“子”和“莲子”的“子”,主要是( )的不同。

A.音高 B.音强 C.音长 D.音色

48.普通话里有( )韵头。

A.2个 B.3个 C.4个 D.5个

49.i和ü的区别在于( )。

A.舌尖元音和舌面元音 B.唇的圆展

C.舌位高低 D.舌位前后

50.普通话中跟“好男儿”音节数相同的是( )。

A.围裙儿 B.绢花儿 C.手绢儿 D.婴幼儿

51.下列各词中,两个音节的声母发音方法完全相同的是( )。

A.从前 B.诗词 C.天地 D.努力

52.普通话韵母er属于( )。

A.复元音韵母 B.单元音韵母 C.前鼻韵母 D.后鼻韵母

53.古代的次浊入声字归为今天普通话的( )。

A.阴平 B.阳平 C.上声 D.去声

54.太原话属于( )方言。

A.北方方言 B.湘方言 C.晋方言 D.闽方言

55.“卷”的韵头是( )。

A.前、高、不圆唇元音 B.后、高、圆唇元音

C.前、低、不圆唇元音 D.前、高、圆唇元音

56.“交”的韵腹是( )。

A.前、低、不圆唇元音　　B.后、半高、圆唇元音

C.后、低、不圆唇元音　　D.央、低、不圆唇元音

57.普通话中浊音声母有(　　)。

A.3 个　　B.4 个　　C.5 个　　D.6 个

58.下列各组中含有与词语“保藏”声调相同的是(　　)。

A.田地、洗牌、回旋　　B.猛兽、飞腾、文学

C.正常、前沿、连续　　D.潜水、权限、足球

59.下列句子中“鸟儿”不读成儿化的是(　　)。

A.可小鸟儿憔悴了

B.忽然,小鸟儿张开翅膀

C.小鸟儿给远航生活蒙上了一层浪漫色调

D.鸟儿将巢安在繁华绿叶当中

60.“哥”和“黑”音节中的“e”属于(　　)。

A.同一个音素　　B.不同的音节　　C.同一个音位　　D.同一个元音

(四)简答分析题

1.语音的社会性主要表现在哪些方面?

2.《汉语拼音方案》主要有哪些特点和用途?

3.辅音和元音的主要区别有哪些?

4.用国际音标标记下列普通话辅音声母,并指出它们的发音部位和发音方法。

m　f　c　l　r　q　g

5.辨析下列各组声母在发音部位和发音方法上的异同。

d–t　z–zh　l–m　f–h　c–q

6.写出下列单韵母的发音条件:

(1)ɑ[A]　(2)-i(后)　(3)u[u]　(4)er　(5)-i(前)　(6)e[ə]

7.什么是音位变体?请举例说明。

8.什么是条件变体和自由变体?什么是音质音位和非音质音位?请举例说明。

9.结合实例简要回答普通话中“一”的声调变化规律。

10.什么是变调?汉语中有哪些变调现象?请简要说明。

11.简述音位和音位变体的关系。

12.什么是语音?它同自然界其他声音有何异同?

13.声母与辅音有何不同?韵母和元音有何不同?

14.普通话辅音的发音部位和发音方法各包括哪几种?请画成一个总表,把辅音填上。

15.有些方言区的人对声母 n、l 的发音有困难,将下列词读音相混:女客—旅客,男衣—蓝衣,年代—连带。试问应该采取什么方法分辨开来?

16.有些方言区的人对声母 zh、ch、sh 和 z、c、s 分辨不清，将下列词语读音相混：战歌—赞歌，木柴—木材，诗人—私人。试简述分辨 zh、ch、sh 和 z、c、s 的方法。
17.分别按韵母开头、韵尾分类，韵母可分成哪几类？
18.举例说明单元音的发音应从哪几方面进行分析。
19.试述普通话韵母的结构。下列各字音的韵母结构是怎样的？试列表加以分析。
航海　　表扬　　安全　　队伍　　霞光　　流水
20.什么是轻声？举例说明轻声音节音高变化的规律及韵母变化的规律。
21.举例说明轻声在普通话里的作用。
22.什么是儿化？儿化跟词汇和语法有何关系？试举例加以说明。
23.举例说明应怎样归纳音位。
24.什么是互补分布？什么是音感特征？二者作为归纳音位的语音标准来看，哪个更重要？为什么？
25.举例说明普通话里哪些成分应该读成轻音。
26.举例说明声调的重要性。
27.元音音素的发音是由哪些因素决定的？
28.什么是音变？音变的主要原因是什么？普通话音变主要包括哪些现象？
29.朗读有何作用？如何朗读好一篇作品？
30.结合生活中的事例说明语音规范化的必要性。
31.隔壁有几个熟人在说话，人们为什么能分辨出说话者是张三还是李四？
32.有的汉口人说：汉口话的“胜、试、父、助”是阳平。这样的说法对不对？为什么？
33.《汉语拼音方案》规定了 y、w 的用法，又规定了隔音符号的用法，为什么要作这些规定？
34.《汉语拼音方案》规定 ü 行韵母跟声母 j、q、x 拼的时候，ü 上的两点省去，跟声母 n、l 拼的时候，ü 上的两点不能省去。这样的处理同普通话的配合规律有何关系？
35.朗读和朗诵有何异同？

巩固练习参考答案

(一) 名词解释

1.语音：即语言的物质外壳，是语言的外部形式，是最直接地记录人的思维活动的符号体系。它是人的发音器官发出的具有一定社会意义的声音。语音具有物理属性、生理属性和社会属性。语音的物理属性主要有音高、音强、音长、音色，这也是构成语音的四要素；语音是人的发音器官发出的，具有生理属性，不同的人会发出不同的声音（不同民族、性别、年龄的人，会发出不同的声音，包括在不同的时期同一个人在不同的情形下发音也不同）；语言是社会交际工具，语音只有结合为词语才能表达意义，而词语的意义是社会赋予的，因此语音具有社会属性。社会属性是语音的本质属性。

2.音节：音节是由音素构成的语音片段，是听话时自然感到的最小的语音单位，是最自然的语音单位，是一个没有经过语音训练的人能够听到的最小语音单位。普通话的音节包括声母、韵母和声调三个部分。

3.音素：音素是最小的语音单位。它是从音色的角度划分出来的。音素分为元音、辅音两大类。

4.音位：音位是一个语音系统中能够区别意义的最小语音单位，也是按语音的辨义作用归纳出来的音类。

5.元音：元音是气流振动声带发出声音，经过口腔、咽头不受阻碍而形成的音素，又叫母音、乐音。元音在汉语中占据主要地位。

6.辅音：辅音是气流经过口腔或咽头受阻碍而形成的音素，又叫子音。

7.四呼：是我国传统语言学上的术语。根据韵母开头元音的发音性质，可以把普通话韵母分为开口呼、齐齿呼、合口呼和撮口呼韵母四类，简称“四呼”。开口呼：不是 i、u、ü 或不以 i、u、ü 起头的韵母；齐齿呼：i 或以 i 起头的韵母；合口呼：u 或 u 起头的韵母；撮口呼：ü 或以 ü 起头的韵母。“四呼”分类更深层的原因是声韵拼合规律。

8.音位变体：一个音位往往包含一些不同的音，这些音就叫作这个音位的音位变体。

9.条件变体：有些音位变体，由于受语言环境的制约，只能在特定的条件下出现，这就是同一音位的条件变体。

10.自由变体：有些音位变体，无论语音环境如何都可以自由替换，而且又不改变词义，这就是同一音位的自由变体。

11.调值：调值是各种声调的实际读法，也就是指语音高低、升降、曲直、长短的具体形式。现代汉语中，通常采用“五度标记法”记录声调的调值。

12.声母：声母指普通话音节中位于元音前头的部分，大多是音节开头的辅音（没有辅音时称作“零声母”）。

13.韵母：韵母是普通话音节中声母后面的部分，由元音或元音加辅音构成。

14.声调：声调是指普通话音节中具有区别意义的音高的变化。普通话的声调有阴平、阳平、上声和去声四种；轻声是一种变调，不是声调。

15.字音：文字的读音。声母在前，韵母在后，构成语音学意义上的音节，音节相当于汉语的声韵结构，声韵结构加上字调就是字音。声调（字调）是字音不可缺少的成分，但不是音节（声韵结构）不可少的成分，可见字音不等于音节。

16.调类：就是声调的分类，是按照声调的实际读法归纳出来的，调值相同的归为一个调类。声调的种类，就是把调值相同的字归纳在一起所建立的类。古汉语分为平、上、去、入四个调类，现代汉语普通话分为阴平、阳平、上声、去声四个调类。调类一般用五音标记法来表示。阴平55，阳平35，上声214，去声51。古汉语调类到现代汉语调类的变化可以概括为平分阴阳，浊上变去，入派三声。

17.轻声：现代汉语拼音里面只存在阴平、阳平、上声和去声四个声调。在语音序列中有许多音节常常失去原有的声调，而读成一个又轻又短的调子，它不是四声之外的第五种声调，而是四声的一种特殊音变，在物理上表现为音长变短，音强变弱。轻声没有固定的调值，一般要根据前一个字的声调来确定，所以不标声调。"轻声"也叫"轻音"。轻声现象跟前后语音环境、音的高低、长短和音质都有一定关系，跟语法也有密切关系，有时还有辨别词义的作用。

18.儿化：指的是一个音节中，韵母带上卷舌色彩的一种特殊音变现象，这种韵母卷舌现象，通常称作儿化。卷舌化了的韵母叫作儿化韵。儿化是韵母的音变结果，是伴随脱落、增音、更换和同化的现象。音变主要表现在韵尾，其次是韵腹，对韵头声母没有影响。儿化可起到区别词义和词性的作用。

（二）判断题

1.×　语音是由人的发音器官发出的表达一定意义的声音。由人发出的声音不一定就是语言，如打哈欠的声音。　2.√　3.×　从音色的角度划分出来的最小的语音单位是音素。音位是从辨义作用的角度归纳出来的最小的语音单位。　4.×　汉语拼音字母是采用音位标音法来记录普通话语音系统的一套记音符号。　5.×　普通话有22个声母，也有22个辅音，但是声母和辅音不是一回事。例如，辅音n既可以做声母，也可以做韵尾；辅音ng则只能做韵尾。另外，普通话里有一些音节在声母的位置上没有辅音的实体，是零声母音节。　6.×　7.√　8.√　国际音标能够记录世界上所有语言及其方言的语音。　9.×　10.√　11.√　12.√　13.√　14.×　en（嗯）和e（饿）同属于一个音位。　15.√　16.×　前者读yɑ（呀），后者读nɑ（哪）。　17.×　音素可以分为元音和辅音两大类。　18.√　19.√　20.×　普通话音节没有两个辅音相连的音节。　21.×　音位具有区别意义的作用。　22.√　23.×　轻声不是一个独立的声调。　24.√　25.×　普通话中，所有的声母都是辅音，但不是所有的辅音都可以做声母，ng不能做声母。　26.×　普通话有22个辅音。　27.√　28.×　"y"不是声母，只是隔音字母。　29.√　30.×　都属于开口呼。

31.√　32.√　33.×　r为舌尖后、浊擦音。　34.×　/a/音位包括四个条件变体[a α ε A]，而不是包括四个音位。　35.√　36.√　37.√　38.×　普通话是以北方方言为基础方言的。 39.× 轻声不是一个单独的声调。
40.× w 不是声母,只是隔音字母。 41.√ 42.√ 43.× “gui”的韵腹为 e,“qiu”的韵腹为 o。 44.× “庄”音节只有 4 个音素,分别是 zh,u,a,ng。 45.× 儿化词不一定都是名词,如“撒欢儿”,为动词。 46.√ 47.× z 为舌尖前、不送气、清、塞擦音,zh 为舌尖后、不送气、清、塞擦音,所以还有塞擦音的存在。 48.√ 49.√ 50.√ 51.√ 52.× 音强决定于发音体振动的幅度。
53.× 语音是同自然界的其他声音一样,产生于物体的振动,具有物理属性,表现为音高、音强、音长和音质。 54.√ 55.× 语言符号中的音与义的结合没有本质的、必然的联系,是社会约定俗成的。

(三)选择题

1.B 2.A 3.B 4.C 5.A 6.D 7.C 8.D 9.D 10.D 11.A 12.B
13.D 14.A 15.A 16.B 17.B 18.B 19.B 20.C 21.B 22.C 23.D
24.C 25.C 26.A 27.D 28.C 29.D 30.C 31.C 32.A 33.C
34.C 35.B 36.C 37.C 38.A 39.A 40.A 41.A 42.B 43.A
44.C 45.D 46.A 47.C 48.B 49.B 50.D 51.A 52.B 53.D
54.A 55.D 56.C 57.B 58.A 59.D 60.B

(四)简答分析题

1. 语音和一般声音的不同在于语音能够表达一定的意义,而这个意义正是人类情感和抽象思维成果的体现,因此我们说语音具有社会性。语音的社会性主要表现在以下方面:

(1)从音和义的关系来看,一个声音表示什么意义,或一个意义用什么声音来表示,并不是由这个声音或意义本身决定的,而是由使用这种语言的全体社会成员约定俗成的。一旦音和义的关系通过这种约定俗成固定下来,那么使用这种语言的全体社会成员就必须遵守这个规则,不能随意改变,否则交际就无法顺利进行。同样一个意义,比如“书”,在不同的语言或方言中就用不同的语音来表示。

(2)语音的社会性还可以从各个语言或方言语音系统性的差别上看。从语音的地方特征和民族特征来看,普通话里有翘舌音,如“知”“吃”“诗”等,汉语的许多方言却没有这一类音;英语有齿间音,如 three,this 中的 th,分别读[θ]和[ð],汉语却没有这样的语音。

(3)各个语音系统的音素和音素的组合关系也不一样。如和印欧语系语言相比,现代汉语的音节结构中元音占优势,普通话的音节里可以没有辅音,但不能缺少元音,一个音节最多包含两个辅音,而且没有两个辅音连在一起的拼法;声调是汉语音节结构中不可缺少的成分。汉语语音特点形成了它所特有的显著的音乐性:声音悦耳,音调柔和,节奏明朗,韵律协调;音节总数有限,音节简短、明确。

2.《汉语拼音方案》的主要特点:在字母形式上,采用国际通用的拉丁字母,便于人民群众学习掌握及国际间的文化交流;在标音方法上,采用音素标音法,既能较准确地标记录音,又能清晰地反应语音系统;在适用范围上,只拼写现代汉语普通话语音,不拼写方音和古音。

《汉语拼音方案》的主要用途:作为给汉字注音和推广普通话的工具;用来作为我国各少数民族创制和改革文字的共同基础;帮助外国人学习汉语;用来编索引、电报、旗语、工业产品代号;用来翻译人名、地名和科技术语;用来为汉字汉语的信息处理编制各种程序符号等。

【资料拓展】:《汉语拼音方案》的国际影响

《汉语拼音方案》公布后,在国际上获得了广泛的认同和好评,同时更得到了广泛的应用。

从1961年起,已经有多个欧美国家在出版地图时采用汉语拼音,很多大学开始采用《汉语拼音方案》教学汉语,例如英国的牛津大学、剑桥大学,美国的加州大学,澳大利亚的国立大学等。我国对外报刊采用汉语拼音拼写的很多词语,如li(里)、mu(亩)、jin(斤)、fen(分)、yuan(元)、jiao(角)、renminbi(人民币)等,都进入了欧美国家的词书报刊,我国先后出版的一些用汉语拼音标注的地图集、航海图等,都得到了国外的普遍欢迎和应用。国外的一些出版社出版的图书,也采用汉语拼音拼写其中的人名和地名。比如英国企鹅丛书公司1973年出版的《石头记》(《红楼梦》),其中的人名完全采用汉语拼音,译者在序言中还把《红楼梦》的多种书名用汉语拼音写出来。

在《汉语拼音方案》公布以前,我国人名、地名的拼写都是以威妥玛方案作为标准的,但是写法相当混乱,比如"四川",汉语拼音是Sichuan,但在当时的英语中写作Szechuan,在法文里写作Setochouan,在西班牙文中写作Sechuan。这样,同样的人名、地名,在不同的语言中各有各的写法,这种混乱现象对于国际经济、文化的交流是非常不利的,需要统一起来。而且威妥玛方案中使用了很多附加符号,其中声母和韵母有14个使用了附加符号,用来拼合出声韵结合的400余个基本音节。据统计,其中有160多个音节带有附加符号,比率高达38%,可见应用之不便。而在实际应用中,许多附加符号又不写出来,造成大量音节混乱。所以,很多国家的有识之士都撰文或提出建议,呼吁采用汉语拼音方案作为中国地名罗马字拼写的国际标准。

在1977年联合国第三届地名标准化会议上,我国提出用汉语拼音拼写中国地名作为罗马字母拼写的国际标准的提案获得通过;联合国秘书处1979年6月15日发出关于采用汉语拼音的通知,要求从即日起采用汉语拼音作为各种拉丁字母文字转写我国人名和地名的标准;1982年国际标准化组织(ISO)决定采用拼音字母作为拼写汉语的国际标准,这就意味着《汉语拼音方案》是国际通行的汉语拼写标准。

1986 年国务院发布的《地名管理条例》规定："中国地名的罗马字母拼写，以国家公布的《汉语拼音方案》作为统一规范"。2000 年 10 月 31 日，我国公布了《中华人民共和国通用语言文字法》，并于 2001 年 1 月 1 日起实施。《通用语言文字法》在第十八条规定："国家通用语言文字以《汉语拼音方案》作为拼写和注音工具。《汉语拼音方案》是中国人名、地名和中文文献罗马字母拼写法的统一规范，并用于汉字不便或不能使用的领域。"这更以法律的形式对汉语拼音方案的使用做出了具体规定，使得汉语拼音的运用有了法律的依据。

《汉语拼音方案》，这个集历史与现实的群众智慧之大成的方案一公布，就以其简明、实用、精密、完备的特点而得到社会各界的欢迎。它的诞生，为我国普及教育、普及文化科学知识揭开了新的一页。半个多世纪应用实践证明，《汉语拼音方案》是最佳方案，它不但在国内各个行业得到了广泛的运用，而且得到了国际社会的普遍认同与应用。同时，任何想撼动汉语拼音的企图，都是徒劳的。

（参考《汉语拼音方案》述评）］

3.（1）从受阻与否看，发辅音时，气流通过咽头、口腔的时候受到某个部位的阻碍；发元音时，气流通过咽头、口腔不受阻碍。这是元音和辅音的主要区别。

（2）从紧张度看，发辅音时，发音器官成阻的部位特别紧张；发元音时，发音器官各部位保持均衡的紧张状态。

（3）从气流强弱看，发辅音时，气流较强；发元音时，气流较弱。

（4）从响亮度看，发辅音时，声带不一定振动，声音一般不响亮；发元音时，声带振动，声音比辅音响亮。

4. m　双唇浊鼻音

f　唇齿清擦音

c　舌尖前送气清塞擦音

l　舌尖中浊边音

r　舌尖后浊擦音

q　舌面送气清塞擦音

g　舌根不送气清塞音

5. d–t：二者都是舌尖中音，都是清塞音；前者为不送气音，后者为送气音。

z–zh：二者都是不送气清塞擦音；前者为舌尖前音，后者为舌尖后音。

l–m：二者都是浊音。前者为舌尖中音，后者为双唇音；前者为边音，后者是鼻音。

f–h：二者都是清擦音；前者为唇齿音，后者为舌根音。

c–q：二者都是送气清塞擦音；前者为舌尖前音，后者为舌面音。

6.（1）ɑ[A]舌面、央、低、不圆唇元音

(2)-i[后]舌尖、后、高、不圆唇元音

(3)u 舌面、后、高、圆唇元音

(4)er 卷舌、央、中、不圆唇元音

(5)-i[后]舌尖、前、高、不圆唇元音

(6)e[ə]舌面、央、中、不圆唇元音

7. 一个音位常常包含几个不同的音,这些音就叫作这个音的音位变体。音位与音位变体的关系是类别与成员的关系,也就是说音位变体是音位的具体形式。例如,普通话中的/e/音位,主要有[e]与[ε]两个变体。在韵尾[i]之前的时候念成[e],例如“对”念成[tuer51]在韵头[i][y]之后或做单元音韵母时念成[ε],例如“略”念成[lyε51],“欸”念成[ε55]。因此,我们说[e]与[ε]都是/e/的音位变体。

8. 在一定条件下出现的音位变体叫条件变体。例如汉语中[a][A][ɑ][ε]的出现有各自的条件,都是音位/a/的条件变体;没有环境限制可以自由替换而不影响意义的音位变体叫自由变体。例如北京话的“挖、窝、歪、微、文、翁”开头的音节都有两种念法,在上述字音中可以互相替换,不改变意思,是同一音位的两个自由变体。

从音素的音质角度划分并归并出来的音位叫音质音位。例如,从“沙[A55]”“书[u55]”“奢[y55]”归纳出来的三个元音音位/A//u//γ/都是由音素成分构成的,音素之间的差异是音质的差异,它们属于音质音位;利用音高、音长、音强这些非音质要素形成的音位叫非音质音位。例如,从“班[pan55]”“板[pan214]”“办[pan51]”归纳出来的音位/55/(阴平)、/214/(上声)、/51/(去声)三个调位的差异不是音质决定的,属于非音质音位。

9. 第一,单用、表序数或在词句末尾,“一”读本调阴平[55],例如:一 、五一、统一 。

第二,在去声之前,“一”读阳平[35],例如:一度、一定。

第三,在非去声之前,“一”读去声,例如:一般、一直。

第四,位于词语之间时,“一”读轻声,例如:坐一坐、想一想。

10. 有些音节的声调在语流中连着念会起一定的变化,有些音节的声调起了一定的变化,与单念时调值不一样,这种声调的变化叫变调。在普通话中,最常见的变调有下列几种:上声的变调、“一、不”的变调、“七、八”的变调。(黄本)

除轻声这一种特殊的变调以外,普通话里最常见的变调现象还有上声的变调、去声的变调、“一、七、八、不”的变调以及重叠形容词的变调。(胡本)

在语流中,由于相连音节的相互影响,使某个音节本来的调值发生了变化,这种变化叫变调。主要包括轻声、上声的变调,“一”“不”的变调。(邢本)

11. (1)音位是具体音素中抽象概括出来的功能音类,音位变体是音位在特

定的语音环境中的具体体现。

(2)音位是用来概括反应一组音素的辨义作用的功能单位,音位变体则是音位在各种语音环境中的实际发音。

12.语音是人类说话的声音,是语义的表达形式,或者说,是语言的物质外壳。语音都是由物体振动产生,可以传递信息,但与自然界的其他声音不同,只有具有词句意义的声音才是语音。

13.声母和辅音不是一个概念。虽然声母由辅音充当,但有的辅音不做声母,只做韵尾,如“guāng”(光)中的ng。辅音n既可做声母,也可做韵尾,如“nán”(南)中的两个辅音n,在音节开头的是声母,在音节末尾的是韵尾。

韵母和元音是从不同的角度划分出来的两个不同的概念。韵母是音节结构中声母后头的部分,普通话的韵母39个;元音是气流不受阻碍的音素,共10个。两者之间有密切的关系,韵母的主要成分是元音,普通话中的10个元音都可以充当韵母;反过来讲,有的韵母由1个元音充当,如a、e、u等;有的韵母由2个元音充当,如ao、ie等;有的韵母由3个元音充当,如uai、iou等;有的韵母由元音和鼻辅音n、ng组合充当,如an、ing等。

14.参见教材。

15.学习这两个声母要注意两个方面:第一语音要发准,第二字音要记住。n是舌尖中浊鼻音,l是舌尖中浊边音,可以采用捏鼻孔的方法:捏鼻孔后发音,如果觉得发音有困难,那就是n音,如果不困难,气流从舌头两边流出,那就是l音;记住代表例字,记住有关n读音声旁和l读音声旁的代表字,就可以类推分清字音,用它们组成的形声字的读音也就分清了。

16.对于不会发zh、ch、sh的人,要特别注意练习:发舌尖后音时,舌尖要翘起来,对准(抵住或接近)硬腭前部;而发舌尖前音时,舌尖不翘,抵住下齿背,舌叶对准上齿背;记住相关声旁的代表字,就可以类推分清字音,用它们组成的形声字的读音也就分清了。

17.按韵母开头的元音发音口形,韵母可分为四类:开口呼、齐齿呼、合口呼和撮口呼。开口呼,即韵母开头是i的韵母;合口呼即韵母开头的u的韵母;撮口呼则是韵母开头是ü的韵母;开口呼即韵母开头不是i、u、ü的韵母。

按韵尾划分可以分为鼻音尾韵母、无韵尾韵母和元音韵尾韵母。鼻音尾韵母又叫带鼻音韵母,由元音和鼻辅音韵尾n或ng构成。

18.单元音的发音可以从舌位、唇形、开口度几个方面进行分析。

第一,看舌位的高低和开口度大小可以把元音分为高元音、半高元音、半低元音和低元音。

第二,看舌位的前后,可以分为前元音、央元音、后元音。

第三,看唇形的圆展,可以分为圆唇元音、展唇元音。

19.韵母的结构可分为韵头、韵腹、韵尾。韵头只有i、u、ü三个，都是最高元音，出现在韵腹前面。韵腹是韵母的主干，是韵母中不可缺少的，所以叫“主要元音”。韵尾只限于韵腹后头的n、ng、u、i四个。

韵母例字	韵母			
	韵头	韵（韵身）		
		韵腹（十个单元音）	韵尾（高元音i、u和鼻辅音n、ng）	
航（háng）		a		ng
海（hǎi）		a	i	
安（ān）		a		n
全（quán）	ü	a		n
表（biǎo）	i	a	u	
扬（yáng）	i	a		ng
流（líu）	i	o	u	

20.轻声是四声在一定条件下变成比原调又轻又短的声调变体。

一般地说，上声字后头的轻声字的音高比较高，阴平、阳平字后头的轻声字偏低，去声字后头的轻声字最低。

如：阴平字+轻声字→$|^{2}$（半低） 跟头 狮子 蹲下 金的 妈妈

阳平字+轻声字→$|^{3}$（中调） 石头 桃子 爬下 银的 爷爷

上声字+轻声字→$|^{4}$（半高） 里头 李子 躺下 铁的 奶奶

去声字+轻声字→$|^{1}$（最低） 木头 柿子 坐下 镍的 爸爸

轻声音节不仅引起音长、音高、音强的变化，有时还引起声母、韵母中辅音、元音音色的变化。例如：豆腐[$tou^{51}f^{1}$]（韵母[u]脱落了）。

21.有些轻声音节具有区别词义和区分词性的作用。

如：①他的孙子在工厂当工人。②古代的孙子是一位军事理论家。

这两句中的“孙子”都是名词，但词义不同。前句的“孙子”是指儿子的儿子，“子”是虚语素，读轻声。后句的“孙子”是人名，这个“子”在中国古代表示对人的敬称，不是虚语素，读上声。有时，轻声区别了意义，也连带区别了词性。

如：①办事情不能大意。②这篇文章的段落大意很清楚。

上句的“大意”是“疏忽”的意思，是形容词，“意”读轻声；下句的“大意”是指“主要的意思”，是名词，“意”读去声。

22.儿化：指的是一个音节中，韵母带上卷舌色彩的一种特殊音变现象，这种韵母卷舌现象，通常称作儿化。卷舌化了的韵母叫儿化韵。儿化是韵母的音变结果，是伴随脱落、增音、更换和同化的现象。音变主要表现在韵尾，其次是韵腹，对韵头声母没有影响。

儿化不是单纯的语音现象,它跟词汇、语法和修辞都有密切的关系,具有区别词义、区分词性和表示感情色彩的作用。①区别词义。有的词儿化后具有不同的意义,例如:头(脑袋)—头儿(领头的)。②区分词性。动、名兼类词或形容词,儿化后就固定为名词;有的名词、动词儿化后借用为量词。例如:画(名词、动词)—画儿(名词),尖(形容词)—尖儿(名词),手(名词)——手儿(量词),堆(动词、量词)——堆儿(量词)。③表示细小、轻松或者表示亲切、喜爱的感情色彩。例如:小皮球儿、勺儿、小王儿、小熊猫儿。

23.归纳音位的方法,通常是把一些音放在相同的语音环境中进行替换比较,看它们能否区别意义,凡属能够区别意义的音,就分别归纳成不同的音位,否则就是同一个音位了。其中从辅音中归纳的音位叫"辅音音位",从元音中归纳出来的音位叫"元音音位",从声调中归纳出来的音位叫"声调音位",简称"调位"。语音的辨义功能、互补分布和音感差异也是归纳音位的重要标准。

24."互补分布"说的是音位变体的分布状况。音位的不同条件变体各有自己的分布条件,绝不出现在相同的位置上,因而它们的分布状况是互相补充的,就叫作"互补分布"。

"音感特征"是指由于在各种语言里形成互补分布的原因和情况不完全一样,所以有的音虽然处于互补分布中,但是当地人听起来差异过大,这样的音也不宜归纳为同一音位。

作为归纳音位的语音标准来看,音感特征更为重要,因为在运用互补分布来归纳音位的时候,还应根据人们的音感,归纳音位必须在同一语音系统中进行,所以音感特征更为重要。(黄本)

25.(1)助词"的、地、得、着、了、过"和语气词"吧、嘛、呢、啊"等读轻声。如"领路的、愉快地"。

(2)部分重叠词的后一音节读轻声。如"猩猩、妈妈"。

(3)双音动词重叠式 ABAB 的第二、四音节读轻声。如"研究研究、打扫打扫"。

(4)后缀"子"、"头"和"们"等读轻声。如"鸽子、燕子"。

(5)表示方位的词或语素读轻声。如"马路上、脸上、地底下"。

(6)动词、形容词后面表示趋向的词"来、去、起来、下去"等读轻声。如"送来、进去、跑起来"。

(7)有一批常用的双音词,后面的音节习惯上要读轻声。三音词的中间字音也有读轻声的。如"伙计、喷嚏"。

(8)下面词语加着重号的字一律读轻声。如"黑不溜秋、傻不愣登、糊里糊涂、啰里啰嗦"。

26.声调是依附在音节里表义的音高格式。在汉语里,声调具有区别意义、区别词性的作用。如"这道菜做得很地道"中"地道"是形容词,指的是菜做得符合某一地区的特色。而"地道里很阴暗"中"地道"是名词,指的是地下的通道。还有区别词和短语的作用,如"煎饼","饼"读轻声时是名词,读上声时是动宾短语。

另外,古代诗词讲究"平仄"。"平"就是古代四声"平上去入"中的平声,调值不升不降。"仄"就是其中上、去、入三声的总称,是不平的意思。在古代诗词中有规律地交替使用平与仄,可使诗词音调抑扬顿挫,悦耳动听,有音乐旋律的美感。

27.元音音素的发音是由舌位前后、唇形圆展、开口度等因素共同决定的。

28."音变"是指共时的语流音变,主要是连读音变,即连着念的音节,其音素声调等有时会发生变化。"音变"是因为受到前后音节的影响产生的。主要有变调、轻声、儿化和"啊"的变读。

29.朗读在语文教学、文化生活和宣传工作中有着不可低估的作用。通过朗读优秀的作品,可以具体地学到艺术语言的表达技巧,丰富自己的词汇,提高自己运用祖国语言的能力。同时,朗读也是养成正确发音习惯的一个重要途径,通过朗读,可以把普通话说得更好,提高运用普通话交流思想的能力。(黄本)

要朗读好一篇作品,应该注意理解朗读的内容和运用朗读的技巧。

(1)要深入地理解作品的思想内容。

(2)要掌握朗读所需要的表达技巧。朗读要用普通话;朗读语言必须在生活语言的基础上进行加工;朗读应该注意句中的停顿,声音的快慢、轻重以及高低的变化。①语调各要素是密切联系的,在特定的场合可以侧重于某一方面。②运用语调各要素要紧扣作品实际,深刻体验作品中的有关情境,真切地、朴素地运用停顿、重音、升降等语音手段,切忌表面化地、形式地套用停顿、重音、升降等规律。③运用语调各要素要注意相对性,要有变化,防止刻板划一。④在必要时适当借用一些戏剧表演的技巧(如气音、颤音、喷口等),可更能提高朗读的艺术效果。(黄本、胡本)

30.汉民族共同语是以北京语音为标准音的,然而在北京语音内部,还存在一些分歧的现象,这种分歧现象对学习和推广普通话是不利的。例如:①北京口语有时把"不言语"(不说话)读作"bù yuányi",这一类的土音,显然是不能进入普通话的。②北京话里的轻声、儿化现象特别多,把它们算作普通话成分,要求全国人民学习是有困难的,也是没有必要的。③北京话里的异读词,如"剥"读 bō 和 bāo,也有规范的必要。另外,有人在学习普通话时,仅仅满足于"差不多",出现带有明显方言语音色彩的地方普通话(如四川普通话——"川普"等),不肯下功夫要求自己向标准靠拢。更重要的是,语音规范化对现代汉语的纯洁健康发展,对国际政治、经济、文化等方面的交流，以及对语言文字工作的现代化也都有很大影响。因此，现代汉语语音规范化十分必要，并且迫在眉睫。(黄本)

31.不同音色的形成主要原因之一是发音体的差异。声带是人的发音体，每个人声带的质地略有不同，发同一个音，各人的音色也会互有差别，据此可以“对号入座”，判别说话者是张三还是李四。

32.这样的说法不妥，混淆了调值、调类两个不同的概念。汉口话里的“胜、试、父、助”等字的调值是[35]，同普通话的阳平字的调值相当。但是从声调系统上看，“胜”“试”属于古代阴去字，“父”属于古代阳上字，“助”属于古代阳去字。在汉口话里，这三类字的调值一样，混成了一类，我们可以沿用“去声”或第四声的调类名称去称呼它们。如果称之为“阳平”，则易与真正的古代阳平字(汉口话里仍自成一类，调值是[313])混淆，其结果会搅乱整个声调系统。另外，四声是《汉语拼音方案》中的规定，《方案》只用来给普通话注音，不用来拼写方言。

33.《汉语拼音方案》中的字母 y(读 ya)和 w(读 wa)是隔音字母。普通话中的齐齿呼、合口呼和撮口呼韵母自成音节时，在原韵母前加或改 y、w，只是避免音节界限不明而发生混淆作用。要知道，y、w 不是声母，只是起隔音作用的字母。在小学教学中，为了降低 y、w 拼写规则教学的难度，有人把 y、w 当成声母(读 i、u)来教，这是变通的教法。

《汉语拼音方案》规定，“a,o,e 开头的音节连接在其他音节后面的时候，如果音节的界限发生混淆，用隔音符号(’)隔开，例如 pi’ao。”

需要注意的是有些 a,o,e 开头的音节，即使不与前一音节的界限混淆，但为了使音节一目了然，也需要加隔音符号。例如：ke’ ai(可爱)。

同时，必须注意隔音符号的使用范围。《汉语拼音方案》规定，两个音节相连，只有当第二个音节开头的音素是 a,o,e 时，才使用隔音符号。如果第二个音节的开头是辅音则不必使用。例如“气恼”(qinao)就不必写成 qi’ nao。

34.从《普通话声韵配合表》可以看出，j、q、x 可以同 ü 行韵母相拼成字，不可以同 u 行韵母相拼成字。因此规定 j、q、x 跟 ü 行的韵母相拼时省去上两点，不会引起混淆。n、l 的情况则不然。n、l 能同 ü 行韵母相拼，也能 u 同行韵母相拼，若省去 ü 上两点，便会产生混淆。

35. 朗读与朗诵的异同：

“朗读”与“朗诵”有相同之处。按字典解释：“朗”是指声音清晰响亮，因此，“朗读”“朗诵”是有着相同的含义的，它们都属于把书面文字转换成有声语言的一种语言表述活动，都是由念读发展而来的。但两者是有着本质的区别的，其不同之处主要在于以下几方面：

(1)含义不同。“朗读”是清晰响亮的把文章念出来，它本质上是一种“念读”，其主旨是将书面文字清晰准确地转换为相应的有声语言传递给听众，它不追求以情动人的艺术表达,而重在以义喻人,即追求听众对朗读文字全面、准确的理解与理智的思考。“朗诵”则是更高层次的朗读,是一种语言表述的艺术表现形式,要求对文章进行艺术处理,通过朗诵者借助语速、轻重、停顿等表达技巧,将朗诵材料转换为一种艺术表演,因此,具有表演的成分。

(2)使用范围不同。朗读的使用范围较广,凡是文字读物都可以朗读;而朗诵的使用范围则相对较窄,一般以诗歌与散文为主,它对文稿的艺术特点有相对严格的要求。

(3)朗读者所处的位置身份不同。朗读者所处的位置是本色化的,而朗诵者所处的位置是艺术化的。朗读者的身份应该是朗读者自己,朗读者既不完全是文章作者的代表或化身,既不扮演,也不能替代,更不是演员;而朗诵作为一门表演艺术,朗诵者的身份是“演员”,是扮演成另一个“我”来抒情表意。

(4)声音要求不同。朗读对声音再现的要求是接近自然化、本色化、生活化的,但它又不等同于日常生活中的日常口语。它比自然口语更准确,更生动,更典型,更具美感。过于夸张,容易给人装腔作势、假情假意的感觉;过于平淡,像“拉家常”一样,又显得乏味。朗诵则需要有更多的声音处理技巧,正如叶圣陶所说“激昂处还他个激昂,委婉处还他个委婉”,凝结成一种独特的艺术感染力,深入并撼动听众的心灵。

(5)规范程度不同。朗读以听者全面准确理解表述内容即可,因此,对朗读者的语音要求就没有那么严格。一般情况下,朗读者应当选用普通话,但在特定环境、特定前提下,在听众听得明白、能够准确理解的前提下方言朗读或穿插方言朗读是允许的。而朗诵注重以语言艺术魅力感染听众,一般要求必须用标准的普通话表达。这样才能够艺术地、完美地再现作品的内容。用方言朗诵,在绝大多数情况下,听众是难以接受的。

(6)态势不同。朗读一般是“念读”式的表达,可以手拿文稿进行,它对朗读者的形体、手势、眼神、表情等均无明确的要求,朗读的任务是传达而不是表演;而朗诵属于艺术性的表演,它要求在朗诵过程中,形体、手势、表情、眼神都应该和谐统一,协调配合,以强化语言的艺术感染力,因此,朗诵必须脱稿站立表达。

(7)教育性不同。朗读的教育性主要体现在朗读的职能和使用的效果上。朗读作为一种教育形式,其主要作用是向听众传达作品的主要内容,通过作品中所蕴涵的思想性知识性直接对听众进行思想教育和知识教育,一般更多地运用在语文教学中。而朗诵是一种“征服”的艺术,它借助于朗诵者独具魅力的音质音色,鲜明流畅的语流节奏,丰富熟练的语言技巧,为那些文学作品插上腾飞的翅膀,使它飞向听众的心中,震撼人们的心灵深处。这种强大的征服力,是朗诵的最高境界,也是朗诵艺术自身价值的充分体现。

四 真题精粹

(一)填空题

1.语音的本质属性是(　　)属性。(2020 年,北京大学)

2.普通话中的复元音 ua 属于(　　)响复元音。(2019 年,北京大学)

3.(　　)是音位和音位组合起来构成的最小语音单位。(2016 年,北京大学)

4.普通话里的四声用五度标记法的调值表示应该是(　　)。(2016 年,北京师范大学)

5."波"的国际音标是(　　)。(2022 年,北京语言大学)

6."……来啊"中"啊"的读音是(　　)。(2016 年,北京语言大学)

7.轻重音主要跟语音的物理属性四要素中的(　　)有关。(2023 年,中国人民大学)

8.跟古代汉语相比,现代汉语在音节上的明显特点就是有较多的(　　)。(2016 年,对外经济贸易大学)

9.合口呼是指(　　)的韵母。(2016 年,山东大学)

10.调值是指音节(　　)的变化形式,是声调的实际读法。(2018 年,山东大学)

11.古代诗词讲究"平仄","51"是指古代四声中的(　　)。(2016 年,山东大学)

12."振兴中华"这四个字,

(1)有(　　)个音节;　　(2)含有后鼻音韵母的字是(　　);

(3)含有翘舌音的字是(　　);　　(4)含有塞擦音的字是(　　);

(5)含有擦音的是(　　);　　(6)属于齐齿呼的字是(　　)。(2016 年,暨南大学)

13.在普通话中,b 是双唇、不送气、清、塞音,它的国际音标是(　　)。(2016 年,复旦大学)

14.上声在非上声前面,调值从[214]变成(　　)。(2016 年,复旦大学)

15.普通话鼻辅音中不能做韵尾的是(　　)。(2016 年,上海外国语大学)

16.开口呼、(　　)、合口呼、(　　),合称"四呼"。(2016 年,上海外国语大学)

17.普通话音节中"yā"的声母是(　　)。(2024 年,苏州大学)

18.舌面、前、低、不圆唇元音是(　　),舌面前、高、圆唇元音是(　　)。(2015 年,首都师范大学)

19.造成不同音色的条件主要有(　　)、(　　)和(　　)的不同。(2015 年,扬州大学)

20.舌面元音[y]是前、高、(　　)元音。(2015 年,西北大学)

21.根据舌位的前后不同,舌面元音可以分为前元音、后元音和(　　)。(2022 年,南京师范大学)

22.按照声带振动与否,普通话的辅音可以分为(　　)和(　　)两类。(2015 年,南京师范大学)

23.“想一想”中的“一”的声调是(　　)。(2019 年,北京师范大学)

24.声调,指的是依附在声韵结构中加以区别意义作用的(　　)变化。(2015 年,北京语言大学)

25.“面包”中的“面”的实际读音通常是(　　)。(2018 年,北京语言大学)

26.舌尖中、不送气、清、塞音用国际音标表示是(　　)。(2015 年,兰州大学)

27.普通话声母 d、t、n、l 从发音部位看属于(　　)。(2020 年,广东外语外贸大学)

28.ong 发音时,先发元音,ong 韵母所发元音为(　　)(请填写国际音标)。(2015 年,西北师范大学)

29.《汉语拼音方案》是一个采用(　　)字母拼写现代汉语普通话语音的方案。(2015 年,暨南大学)

30.普通话中的舌面不送气清塞擦音是(　　),其国际音标是(　　)。(2022 年,暨南大学)

31.声母 d 和 t 都是清塞音,两者主要以(　　)的不同相区别。(2014 年,天津师范大学)

(二)选择题

1.“弯”字的读音属于(　　)。(2016 年,北京大学)

A.齐齿呼　　B.合口呼　　C.撮口呼　　D.开口呼

2.下列普通话声母中,发音方法相同的一组是(　　)。(2023 年,中国人民大学)

A.f、x、r　　B.zh、ch、sh　　C.m、n、l　　D.z、j、zh

3.元音、辅音根本区别在于(　　)。(2016 年,对外经济贸易大学)

A.声带是否振动　　B.气流是否受到阻碍

C.气流强弱不同　　D.共鸣器形状不同

4.“屋”的韵母属于(　　)。(2016 年,山东大学)

A.舌尖前高圆唇元音　　B.舌面后高圆唇元音

C.舌面前高圆唇元音　　D.舌面后央低圆唇元音

5.关于语素,下面说法不正确的是(　　)。(2023 年,山东大学)

A.语素是最小的语言单位

B.绝大部分现代汉语语素是单音节的

C.连绵词和叠音词基本为双音节语素

D.三音节和三音节以上的语素大都是从外语借来的

6.“烟”和“央”(2016 年,暨南大学)

(1)从语音上,主要区别(　　)。

A.送气和不送气　　B.翘舌和不翘舌

C.前鼻音和后鼻音　　D.塞音和塞擦音

(2)在语音上主要相同的是(　　)。

A.声母和韵母相同　　B.声调与元音相同

C.介音相同　　D.元音开口都相同

(3)两个音节中的元音额(　　)相同。

A.实际读音　　B.发音相同

C.开口度　　D.在拼音方案中使用的拉丁字母

(4)"烟"的主要元音 a 的实际读音(　　)。

A.[a]　　B.[A]　　C.[ɑ]　　D.[ε]

(5)"央"中主要元音 a 的实际读音(　　)。

A.[A]　　B.[a]　　C.[ε]　　D.[ɑ]

7.现代汉语中可能存在的音节形式是(　　)。(2016 年,上海外国语大学)

A.声母为不送气、舌尖中塞音,韵母为鼻辅音韵尾,声调为阴平

B.声母为不送气、舌尖中塞音,韵母为鼻辅音韵尾,声调为阳平

C.声母为舌根、擦音或塞擦音,韵母为齐齿呼

D.声母为舌根、擦音或塞擦音,韵母为撮口呼

8.普通话声母 g、k 的区别(　　)。(2016 年,苏州大学)

A.g 是舌面后音,k 是舌面前音

B.g 是不送气音,k 是送气音

C.g 是浊音,k 是清音

D.g 是塞音,k 是塞擦音

9."暂时"的正确读音(　　)。(2023 年,苏州大学)

A.zànshí　　B.zhànshi　　C.zǎnshi　　D.zhǎnshi

10.普通话"修"(xiu)的韵母是(　　)。(2016 年,苏州大学)

A.前响复韵母　　B.中响复韵母　　C.后响复韵母　　D.鼻音尾韵母

11.普通话一个音节必不可少的是(　　)。(2016 年,厦门大学)

A.声母与韵母　　B.声母与声调

C.声母、韵母与声调　　D.韵母与声调

12.汉语拼音零声母音节前头的 y、w 具有(　　)作用。(2022 年,厦门大学)

A.分隔音节　　B.分隔词汇　　C.分隔词缀　　D.分隔声母与韵母

13.普通话"画儿"的读音包含(　　)。(2016 年,厦门大学)

A.1 个音节、1 个语素　　B.1 个音节、2 个语素

C.2 个音节、1 个语素　　D.2 个音节、2 个语素

14.下列对普通话声母 sh 的描述,正确的是(　　)。(2016 年,厦门大学)

A.舌尖后、清、擦音　　B.舌尖后、浊、擦音
C.舌尖后、清、塞擦音　　D.舌尖前、清、擦音

15.下列对普通话单韵母 o 的描述,正确的是(　　)。(2019 年,厦门大学)
A.舌面后、高、圆唇元音　　B.舌面后、半高、圆唇元音
C.舌面前、高、圆唇元音　　D.舌尖后、半高、圆唇元音

16.下列各项中,两个音节的声母按前清音后浊音顺序排列的是(　　)。(2016 年,厦门大学)
A.诗歌　　B.酷热　　C.美丽　　D.疗养

17.下列各项中,两个音节都是由后响复韵母构成的是(　　)。(2016 年,厦门大学)
A.结果　　B.劳累　　C.漂流　　D.高楼

18.下列各项中,四声都有的音节是(　　)。(2022 年,厦门大学)
A.齐心协力　　B.众口难调　　C.天南地北　　D.暴殄天物

19.下列各项中,两个音节的声母发音方法相同的是(　　)。(2016 年,厦门大学)
A.机制　　B.和平　　C.支持　　D.自强

20.下列词语中,"不"读去声的是(　　)。(2016 年,厦门大学)
A.不管　　B.不像　　C.来不了　　D.去不去

21."去不去"中的"不"的声调是(　　)。(2023 年,上海大学)
A.阴平　　B.阳平　　C.上声　　D.去声

22.轻声音节的变化体现在(　　)等属性上。(2015 年,中山大学)
A.音强、音高、音位、音质　　B.音长、音强、音质、音位
C.音高、音长、音色、音位　　D.音高、音强、音长、音色

23.能充当普通话韵头的是(　　)。(2015 年,中山大学)
A.高元音　　B.前元音　　C.低元音　　D.央元音

24.普通话有(　　)个舌面元音。(2024 年,中山大学)
A.10 个　　B.5 个　　C.8 个　　D.7 个

25."园"的韵头是(　　)。(2015 年,首都师范大学)
A.前、高、不圆唇元音　　B.前、低、不圆唇元音
C.后、高、圆唇元音　　D.前、高、圆唇元音

26.音素 u 和 i 的差别是由(　　)的差别形成的。(2015 年,青岛大学)
A.音高　　B.音强　　C.音长　　D.音色

27.[i]和[a]、[i]和[y]的主要分别是(　　)。(2019 年,扬州大学)
A.舌面前后不同,舌位高低不同　　B.唇形圆展不同,舌位高低不同
C.舌位高低不同,唇形圆展不同　　D.唇形圆展不同,舌位前后不同

28.下列词语中,上声的变调与其他三个不同的是( )。(2015年,扬州大学)

A.水果　B.奶奶　C.首都　D.尾巴

29."j、q、x"属于( )。(2015年,辽宁师范大学)

A.双唇音　B.舌尖前音　C.舌根音　D.舌面音

30.普通话声母的擦音是( )。(2021年,西北大学)

A.z、zh、j　B.x、f、r　C.n、x、g　D.s、t、f

31."之"字的韵母是( )元音。(2015年,西北大学)

A.舌尖　B.卷舌　C.舌面　D.舌根

32.下列( )组汉字的韵母无韵尾。(2015年,南京师范大学)

A.爱 安 牙　B.无 未 云　C.果 且 家　D.饿 衣 恩

33.以下不能读轻声的词是( )。(2020年,北京师范大学)

A.耽误　B.儿戏　C.朋友　D.商量

34."舌面、前、高、圆唇元音"是( )。(2015年,北京语言大学)

A.o　B.u　C.ü　D.e

35."国"的古音声调是( )。(2019年,复旦大学)

A.平声　B.上声　C.去声　D.入声

36."动用"两字的韵母依次属于( )。(2015年,西南大学)

A.开口呼、齐齿呼　B.开口呼、撮口呼

C.合口呼、撮口呼　D.合口呼、齐齿呼

37.下列各组汉字所代表的音节,其结构方式完全相同的是( )。(2015年,四川师范大学)

A.文人　B.通行　C.云层　D.违背

38."北京市"的正确汉语拼音书写是( )。(2019年,暨南大学)

A.běijīng shì　B.Běijīng shì　C.Běijīng Shì　D.Běijīngshi

39.不含复韵母的是( )。(2014年,首都师范大学)

A.身价　B.姿势　C.优秀　D.告别

40.下列各组中都是不送气辅音的是( )。(2014年,华东师范大学)

A.d、k、s　B.f、x、sh　C.b、g、j　D.p、t、ch

41.《汉语拼音方案》共有( )个组成部分。(2023年,安徽师范大学)

A.4　B.7　C.6　D.5

42.普通话中,能和"j、q、x"构成音节的韵母属于( )。(2018年,北京大学)

A.齐齿呼和撮口呼　B.齐齿呼和合口呼

C.开口呼和合口呼　D.合口呼和撮口呼

43."合格(hégé)"的韵母e属于( )。(2020年,广东外贸大学)

A.舌尖、前、高、不圆唇元音　C.舌面、后、半高、圆唇元音

B.舌面、后、半高、不圆唇元音　　D.舌尖、后、半高、不圆唇元音

(三)判断题

1.舌尖前,塞擦音,清,不送气辅音是 ch[ts]。(2016 年,北京师范大学)

2.发元音时,声带必定振动;发辅音时,声带必定不振动。(2022 年,对外经济贸易大学)

3.en(嗯)、ie(也)、e(饿)三个音节中的 e 实际发音虽有相同,但它们属于不同音位。(2016 年,上海外国语大学)

4.普通话“规”的音节包含了 3 个音素。(2016 年,厦门大学)

5.普通话声母 g、k、h 不能跟齐齿呼与合口呼的韵母相拼。(2020 年,厦门大学)

6.汉语 rì(日)音节中的韵母,按“四呼”应该归入开口呼。(2016 年,厦门大学)

7.普通话的轻声是四声之外的独立声调。(2016 年,厦门大学)

8.儿化不是单纯的语音现象,具有语法和修饰功能。(2021 年,上海大学)

9.儿化是一种特殊的音变现象。(2015 年,中山大学)

10.“哥”和“给”的韵腹属于同一个音位的不同变体。(2019 年,中山大学)

11.推广普通话是通过逐步消除各地方言、规范语言使用,从而达到统一语言、消除交际障碍的目的。(2015 年,扬州大学)

12.五度标记法是用五度竖标来标记调值绝对音高的一种方法。(2015 年,扬州大学)

13.普通话中轻声是由音高决定的。(2015 年,辽宁师范大学)

14.普通话的舌尖中音都能与四呼相拼。(2023 年,西北大学)

15.汉语拼音声母“s”是擦音。(2015 年,西北大学)

16.隔音符号是《汉语拼音方案》的一个组成部分。(2015 年,南京师范大学)

17.从语音的物理属性分析,“马”和“麻”是音色不同。(2020 年,南京师范大学)

18.现代汉语普通话中有两个唇齿音。(2015 年,北京师范大学)

19.di、zi、zhi 三个音节的韵母是同一个音位的三种音位变体。(2015 年,北京师范大学)

20.复韵母是由两个或三个元音构成的韵母。(2017 年,西南大学)

21.咽腔、鼻腔、口腔在发音中都能起到共鸣腔之扩大声音的作用。(2015 年,广东外语外贸大学)

22.单元音是指发音时舌位、唇形及开口度始终不变的元音。(2019 年,西北师范大学)

23.汉字一般记录一个音节,因此汉字是音节文字。(2015 年,四川师范大学)

24.轻声是变调而不是一个独立的声调。(2018 年,首都师范大学)

25.“zi、ci、si”和“zhi、chi、shi”中的韵母元音是同一个元音。(2022 年,天津师范大学)

26.现代汉语语音没有复辅音。(2017 年,河北师范大学)
27.相同的调值在不同的方言中可能属于不同的调类。(2019 年,湖南大学)
28.四呼是按韵母开头的元音口形分的类。(2014 年,青岛大学)
29.国际音标能够记录人类所有语言的语音。(2018 年,安徽师范大学)
30.普通话“六”的韵母中包括韵头、韵腹和韵尾。(2013 年,北京大学)
31.“chūn”和“qūn”两个音节的韵母相同。(2013 年,北京大学)
32.平声就是阴平和阳平,仄声就是上声和去声。(2023 年,华东师范大学)

(四)名词解释

1.语流音变。(2020 年,中国人民大学)(2019 年,对外经济贸易大学)
2.韵母。(2016 年,复旦大学)
3.儿化。(2023 年,北京师范大学)(2019 年,河北大学)
4.齐齿呼。(2014 年,河北大学)
5.调类。(2022 年,河北大学)

(五)简答题

1.什么是儿化?它的作用有哪些?并举例说明。(2016 年,北京语言大学)
2.举例说明普通话中“轻声”的作用。(2019 年,暨南大学)
3.写出普通话中所有复元音的韵母,并标注他们的国际音标。(2016 年,复旦大学)
4.举例说明普通话语气词“啊”的音变规律。(2022 年,苏州大学)
5.元音音素的发音是由哪些因素决定的?(2015 年,华侨大学)
6.“不”的变调的几种情况。(2015 年,北京大学)
7.“仄仄平平仄仄平,平平仄仄平平仄。”请解释什么是“仄声”。(2023 年,暨南大学)

真题精粹参考答案

(一)填空题

1.社会　2.后　3.音节　4.55、35、214、51　5.[po⁵⁵]　6.ya　7.音强　8.双音节词　9.开头是 u　10.音高　11.去声　12.(1)4　(2)兴、中　(3)振、中　(4)振、中　(5)兴、华　(6)兴　13.[p]　14.211　15.m　16.齐齿呼、撮口呼　17.零声母　18.a;ü　19.发音体、发音方法、发音时共鸣器形状　20.圆唇　21.央元音　22.清音、浊音　23.没有　24.音高　25.[miɛn⁵¹]　26.[d]　27.舌尖中　28.[uŋ]　29.拉丁　30.本题不拟答案　31.气流的强弱

(二)选择题

1.B　2.D　z、j、zh 都是清、不送气、塞擦音。　3.B　4.B　5.A　语素是最小

的有音又有义的语言单位。 6.(1)C (2)C 介音相同,介音指的是韵头,都是i,主要元音为ε、ɑ。 (3)D ε、ɑ在拼音方案中使用的拉丁字母都是a。 (4)D [iεn]。 (5)D [iɑŋ]。 7.A 声母为不送气、舌尖中擦音(d),韵母为鼻辅音韵尾,声调为阴平(ban),声调阳平不存在;声母为舌根、擦音(h)或舌根、塞擦音(不存在)。 8.B 9.A 10.B 11.D 12.A 13.B 画儿huar,一个音节,语素:画、儿。 14.A 15.B 16.B 酷热(kùrè),k舌尖后、清塞音,r舌尖后、浊擦音。 17.A 后响复韵母:iɑ ie uɑ uo üe,共5个。 18.C 19.A 机制(jīzhì),j、zh都是不送气、塞擦音。 20.A 21.B 22.D 23.A 24.D 25.D 26.D 27.C 28.A 29.D 30.B 31.A 32.C 33.B 34.C 35.A 36.C 37.B 38.C 39.B 40.C 41.D 42.A 43.B

(三)判断题

1.× 2.× 发元音时,声带振动;发辅音时,声带不一定振动。 3.√ 4.× "规"包含的音素:g、u、e、i。 5.× 6.√ 7.× 8.√ 9.√ 10.√ 11.× 12.× 13.× 14.× 15.√ 16.√ 17.× 18.× 19.√ 20.√ 21.√ 22.× 23.× 24.√ 25.× 26.√ 27.√ 28.√ 29.× 30.√ 31.× 32.×

(四)名词解释

1.语流音变主要是连读音变,即连着念的音节,其音素声调等有时会发生变化。普通话的音变现象很多,主要包括变调、轻声、儿化和"啊"的变读。(黄本)

读书、说话不是孤立地发出一个个音素或音节,而是连续发出许多音素或音节形成语流的。在这过程中,音素之间或音节之间就相互影响,产生语音的变化。音变现象在中外语言中普遍存在,普通话也不例外。主要的音变现象有轻声、变调、语气词"啊"的音变、儿化。(胡本)

在言语活动过程中,由于相连音节的相互影响或表情达意的需要,有些音节的语音发生程度不同的变化,这种现象称为语流音变。语流音变是普通话中的自然现象。汉语声调和语调的平升曲降,大量词语的轻重格搭配,组词造句的较大灵活性,以及人们对语言的约定俗成,使语音中的一些因素自然要发生变化。掌握了语流音变,给人以语言自然和谐之感,不觉得生硬、别扭。普通话中的语流音变主要包括变调、儿化、语气词"啊"的变化。(邢本)

2.韵母,位于音节的后端,由元音或元音加鼻辅音构成。汉语的韵母按照结构分单元音、复元音和带鼻音韵母三类,按照韵母开头的元音发音口形,分为开口呼、齐齿呼、合口呼、撮口呼四类。

3.儿化指的是一个音节中,韵母带上卷舌色彩的一种特殊音变现象,这种韵母卷舌现象,通常称作儿化。卷舌化了的韵母叫作儿化韵。儿化是韵母的音变结果,是伴随脱落、增音、更换和同化的现象。音变主要表现在韵尾,其次是韵腹,对韵头声母没有影响。儿化也可起到区别词义和词性的作用。

4.“四呼”之一。“四呼”是我国传统语言学上的术语。根据韵母开头元音的发音性质,可以把普通话韵母分为开口呼、齐齿呼、合口呼和撮口呼韵母四类,简称“四呼”。齐齿呼是i或以i起头的韵母。

5. 调类:就是声调的分类,是按照声调的实际读法归纳出来的,调值相同的归为一个调类。声调的种类,就是把调值相同的字归纳在一起所建立的类。古汉语分为平、上、去、入四个调类,现代汉语普通话分为阴平、阳平、上声、去声四个调类。调类一般用五音标记法来表示:阴平55,阳平35,上声214,去声51。古汉语调类到现代汉语调类的变化可以概括为平分阴阳,浊上变去,入派三声。

(五)简答题

1. 儿化:指的是一个音节中,韵母带上卷舌色彩的一种特殊音变现象,这种韵母卷舌现象,通常称作儿化。卷舌化了的韵母叫作儿化韵。儿化是韵母的音变结果,是伴随脱落、增音、更换和同化的现象。音变主要表现在韵尾,其次是韵腹,对韵头声母没有影响。

儿化不是单纯的语音现象,它跟词汇、语法和修辞都有密切的关系,具有区别词义、区分词性和表示感情色彩的作用。①区别词义。有的词儿化后具有不同的意义,例如:头(脑袋)—头$_{儿}$(领头的)。②区分词性。动、名兼类词或形容词,儿化后就固定为名词;有的名词、动词儿化后借用为量词。例如:画(名词、动词)—画$_{儿}$(名词),尖(形容词)—尖$_{儿}$(名词),手(名词)——一手$_{儿}$(量词),堆(动词、量词)——一堆$_{儿}$(量词)。③表示细小、轻松或者表示亲切、喜爱的感情色彩。例如:小皮球$_{儿}$、勺$_{儿}$、小王$_{儿}$、小熊猫$_{儿}$。

2.有些轻声具有区别意义和区分词性的作用,如:①他的孙子在工厂当工人。②古代的孙子是一位军事学家。这两句中的“孙子”都是名词,但词义不同。①句的“孙子”是指儿子的儿子,“子”是虚语素,读轻声;②句的“孙子”是人名,这个“子”古代表示对人的敬称,不是虚语素,读上声。有时区别了意义,也连带区别了词性。如:③办事情不能大意。④这篇文章的段落大意很清楚。③句中的“大意”是“疏忽”的意思,是形容词,“意”读轻声;④句中的“大意”指的是“主要的意思”,是名词,“意”读去声。(黄本)

普通话里有些词或词组靠轻声音节与非轻声音节区别意义和词性。(靠轻声音节区别词义词性的词数量不多,约占4%)例如:瞎子(轻声)、虾子(非轻声),舌头(轻声)、蛇头(非轻声),兄弟(轻声,指弟弟)、兄弟(非轻声,指哥哥和弟弟),是非(轻声,指纠纷、名词)、是非(非轻声,指事理的正确和错误、名词),对头(轻声,指冤家、名词)、对头(非轻声,指正确,形容词),利害(轻声,程度深或可怕、副词或形容词)、利害(非轻声,利和弊、名词),练习(轻声,动词)、练习(非轻声,名词)。(胡本)

①一部分双音节词有区别词义的作用。例如：东西（非轻声，指东和西两个方向；轻声，指物件）。②有的双音节轻声词能区别词性和词义。例如：自然（非轻声，名词、指自然界；形容词、指自由发展；副词、表示理所当然；还可用作连词。轻声，形容词、指不勉强等义）。

③有的双音节词改变了词素组合后的性质，语言单位的大小有别。例如：干事（非轻声，短语、指做事情；非轻声，名词，指职务）。④还有的轻声词和非轻声词，词形有异。例如：眼镜（非轻声，名词——这是一幅老花眼镜）、眼睛（轻声，名词——他的眼睛很好）。（邢本）

3.复元音韵母 13 个。复元音韵母由复元音（或者说由两个或三个元音）构成。复元音韵母指的是发音时舌位、唇形都有变化的元音。复元音的发音过程是一个自然滑动的过程，中间无停顿。

有的韵母可分为韵头、韵腹和韵尾三个部分。韵头又称介音，只有 i、u、ü 三个，元音韵尾只有 i、u（此外还有鼻音韵尾 n、ng），韵头和韵尾分别代表复韵母的起点和终点，发音短促而含混。韵腹由主元音充当，发音洪亮，是韵母的主干，如 ɑ、o、e 等。在韵头、韵腹和韵尾三者中，韵腹和韵尾最为重要，是押韵的所在。

按主元音的位置，复元音韵母可分为前响、中响和后响三类。

（1）前响复元音韵母（韵腹+韵尾）4 个：ɑi[ai]爱、ei[ei]杯、ɑo[ɑu]袄、ou[ou]呕。

（2）中响复元音韵母（韵头+韵腹+韵尾）4 个：iɑo[iɑu]腰、iou（iu）[iou]油、uɑi[uai]乖、uei（ui）[uei]贵。

（3）后响复元音韵母（韵头+韵腹）5 个：iɑ 牙、ie[iε]借、uɑ[uA]瓜、uo[uo]火、üe[yε]缺。

4.语气助词“啊”因语言环境的影响而有各种变化，产生音变。

前字韵腹或韵尾 + ɑ	“啊”的音变	规范写法	举例
i、ɑ、o、e、ü+ɑ	yɑ	呀	鸡呀、鱼呀、写呀、他呀
U + ɑ	wɑ	哇	苦哇、好哇
n + ɑ	nɑ	哪	难哪、新哪、弯哪
ng + ɑ	ngɑ	啊	娘啊、香啊、红啊
-i（后），er + ɑ	rɑ	啊	是啊、店小二啊
-i（前）+ ɑ	[zA]	啊	次啊、死啊

5.舌位高低、唇形圆展、开口度大小。（详见邢本）

6.

原调 bù	单念或在非去声前念原调 bù	在去声前变阳平 bú
不	不,我不! 不说(阴平) 不来(阳平) 不好(上声)	不去 不对 不怕

“不”字只有一种变调。当“不”在去声音节前调值变为35,跟阳平的调值一样。例如:不必、不变、不便、不测、不错、不待、不要、不但、不定,其中的“不”调值变为35,跟阳平的调值一样。

7.古代诗词讲究“平仄”。“平”就是古代四声“平上去入”中的平声,调值不升不降。“仄”就是其中上、去、入三声的总称,是不平的意思,因上、去、入三类声调的调值都有些升降变化,不像平声那样既平且长。在普通话里,古入声字已经消失了,但还有曲折的上声和高降的去声,它们属于仄声;阴平和阳平属于平声。这可以视为普通话的平仄。

第二章　文　　字

一 本章要点

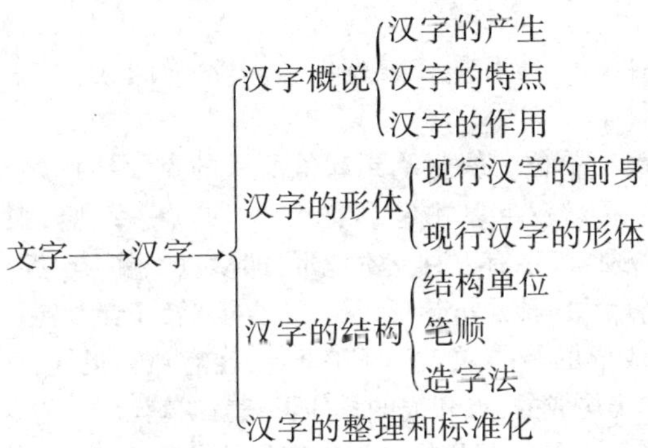

二 知识点精讲

(一)基本概念

1.文字

文字是记录语言的书写符号系统,是最重要的辅助性交际工具。(黄本)

文字是记录语言的符号系统,是辅助语言起交际作用的工具。(胡本)

文字是记录语言的符号系统。数千年前,产生了文字,是人类社会进化到文明时代的重要标志。(邢本)

2.文字的类型

世界上的文字可分为三类:音素文字、音节文字、语素文字。从文字的发展史看,可分为表形文字、表意文字、表音文字。(邢本)

3.汉字

汉字是记录汉语的书写符号系统。它是汉族人的祖先在长期社会实践中逐渐创造出来的,是世界上起源很早的文字之一。(黄本)

汉字是世界通行的文字中历史悠久而又体制特殊的一种文字。(胡本)

汉字是记录汉语的书写符号系统，是世界上最古老的文字之一。（邢本）

4.现行汉字

现行汉字是记录现代汉语的书写符号系统。（邢本）

5.汉字的形体演变

汉字在历史上出现过甲骨文、金文、篆书、隶书、楷书五种正式字体以及草书、行书等辅助字体。（黄本）

汉字的字体演变，主要经历了甲骨文、金文、小篆、隶书、楷书、草书、行书等几个阶段。（胡本）

汉字在几千年的历史演变中，出现过甲骨文、金文、籀文、小篆、楷书、草书、行书等多种字体。前四种属于古文字，后四种属于今文字。（邢本）

6.汉字的结构单位

现行汉字的结构单位有两级：一是笔画，二是部件。（黄本、胡本）

7.笔画

笔画是构成汉字字形的最小单位。从落笔到起笔所写的点、线叫一笔或一画。笔画的具体形状称笔形。传统汉字基本笔形有八种，即：点、横、竖、撇、捺、提、折、钩，又称“永”字八法。现代汉字有五种基本笔形，即横、竖、撇、点、折，又称“札”字法。前四种是单一笔形，后一种是折笔形，又称复合笔形。（黄本）

汉字的笔画是现行汉字成形的最小单位。书写时从落笔到笔提起，叫“一笔”或“一画”。笔画是由点和线构成的，点和线的具体形状就叫笔形。（胡本）

汉字的最小构形单位是笔画。笔画是指构成汉字字形的各种形状的点和线。在书写过程中，从落笔到起笔所构成的点和线就是一个笔画。现行汉字的笔画系统以五种基本笔画为基础构成，它们是横、竖、撇、点、折。前四种是单一笔画，后一种是复合笔画。（邢本）

8.构字部件

部件是由笔画组成的具有组配汉字功能的构字单位，一个合体字一般由两个或两个以上的部件构成。（黄本）

部件是汉字合体字中由一个以上笔画构成可以独立书写的组字单位。不过有时也包括某些合体字作一次切分而产生的笔画。（胡本）

汉字的基本结构单位是构字部件。部件是由笔画组成的具有组配汉字功能的构字单位。（邢本）

9.偏旁

偏旁又称部件，是由笔画组成的具有组配汉字功能的构字单位，一个合体字一般由两个或两个以上的部件构成。（黄本）

一般人分析汉字常用“偏旁”这个概念，“偏旁”指的是合体字进行第一次切分而产生的两个部分。（也有人谈到“偏旁”则是指形声字的形旁，或字典里的部

首,即字形中表意的那个成分。)(胡本)

传统文字学对汉字字形的分析采用的是偏旁分析法,即用偏旁来分析合体字的构成。偏旁跟部件一样,都是介于笔画和整字之间的构字单位,两者有一致的地方,如“河、株、李、研”等字的两个部分既是偏旁,也是部件。但两者并不完全相同,偏旁是对会意字、形声字中表意和表音成分的分析;而部件是对现代汉字内部结构系统分析的结果,部件可以表意、表音,也可以不表意、表音。如“想”从偏旁来看,只有“相”和“心”两个偏旁;而从部件分析来看,则有“木、目、心”三个部件,“木”和“目”作为部件,在“想”字中,既不表音,也不表意,只是构字的单位。部件可大可小,是有级别的,而偏旁是固定的。(邢本)

10.部首

部首是字书中各部领头的部件或笔画,具有字形归类作用。(黄本)

部首是字典中为了给汉字分类而确定的字类目标,是从分析字形结构产生的。字典中大多数部首都是由汉字中有表意作用的偏旁充当的。(胡本)

部首是具有字形归类作用的偏旁,是专为汉字分类检索而设立的部目,即字书、字典、词典中各部的首字。字典中大部分部首都是由汉字中有表意作用的偏旁充当的 。(邢本)

11.笔顺

笔顺是写字时笔画的先后顺序。独体字和合体字都有书写顺序的问题。汉字笔顺的基本规则是,先横后竖,先撇后捺,从上到下,从左到右,从外到内,从外到内后封口,先中间后两边。(黄本)

书写现代汉字时,笔画有先有后,书写时的这种笔画先后叫笔顺。(胡本)

笔顺指写字时的笔画顺序。笔顺有一定规则,基本规则是,先横后竖,先撇后捺,先上后下,先左后右,先外后内,先中间后两边,先进去后关门。(邢本)

12.现行汉字的结构方式

根据汉字部件的多少,汉字可分独体字和合体字。独体字只有一个部件,合体字就有多个部件。合体字部件的组合方式有五大类:左右组合、上下组合、包围组合、框架组合、品字组合。(黄本)

现代汉字有上下关系、左右关系和外内关系三种方位关系。如果作略为细致一些的分析,现代汉字的方位关系可以分为 9 种基本类型。(胡本)

现行汉字的构形方式有单部件成形与多部件组合两类,以多部件组合为主。由一个部件构成的字是独体字,由两个或两个以上末级部件构成的字是合体字。合体字结构有 12 种:左右结构、左中右结构、上下结构、上中下结构、全包围结构、上三包围结构、下三包围结构、左三包围结构、左上包围结构、左下包围结构、右上包围结构、右下包围结构。(邢本)

13.“六书”

“六书”是古代文字学家根据汉字形体和意义的关系,分析归纳出来的构形规则，一共有六种：象形、指事、会意、形声、假借和转注。关于六书的含义，许慎在《说文解字·叙》中说："象形者，画成其物，随体诘诎，日月是也；指事者，视而可识，察而见意，上下是也；会意者，比类合谊，以见指撝，武信是也；形声者，以事为名，取譬相成，江河是也；转注者，建类一首，同意相受，考老是也；假借者，本无其字，依声托事，令长是也。"后代学者一般认为，六书中前四种是造字法，后两种是用字法。

14.汉字的整理

汉字的整理包括简化笔画、精简字数和其他方面的整理。（黄本）

汉字整理包括减少字的笔画，精简字数和整理字形等内容。（胡本）

15.汉字的简化

汉字的简化是为了减少汉字的笔画。汉字简化的原则是约定俗成、稳步前进。汉字简化的方法是主要包括简化偏旁、同音代替、草书楷化、符号替换、部件删除、创造新字。（黄本）

简化字是群众在使用汉字的实践中创造的，事先没有统一的简化方法。不过把简化字和繁体字进行对照，可以发现简化字字形和繁体字字形之间有下面几种差异：第一种，局部删除；第二种，偏旁更换；第三种，全部更换。（胡本）

16.现行汉字的标准化和"四定"

现代化社会要求对汉字进行全面整理，确定明确的标准，提高汉字规范化水平。汉字标准化，要求对汉字进行四定即定量、定形、定音、定序。①定量，是指规定现代汉语用字的数量，以便于汉字的学习和运用，便于现代化建设中电子计算机的电讯传递、情报检索、指挥调度、生产管理以及打字印刷的汉字处理。②定形，是指规定现代汉语用字的标准字形。在新中国成立后的汉字简化过程中，公布了《第一批异体字整理表》《简化字总表》《印刷通用汉字字形表》《现代汉语通用字表》《通用规范汉字表》等，为汉字的定形工作打下了较好的基础。③定音，是指规定汉字的标准读音。1985 年，国家语委、国家教委、广播电视部发布了《普通话异读词审音表》。这样，现代汉语异读词的读音就有了规范化的标准。（补充：为全面贯彻《国家通用语言文字法》，推进普通话推广工作，国家语委于 2011 年 10 月启动了新中国成立以来第三次普通话审音工作，主要内容是研制普通话审音原则，根据当前语言生活发展需要修订 1985 年发布的《普通话异读词审音表》，建立健全普通话语音规范标准体系。为此，特成立了由语言学、教育学、普通话研究以及播音主持、科技名词、地名、民族语言等领域专家组成的普通话审音委员会，设立了"普通话审音原则制定及《普通话异读词审音表》修订"课题，由中国社会科学院语言研究所承担。课题组经过 3 年多的努力，完成《普通话异读词审音表》修订初稿研制，并采取多种形式征求意见：向国家语委成员单位和各地语委发函征求意见；在北京、上海、广州分别召开座谈会听取部分省市代表意见；通过搜狐网及手机新媒体等渠道收集网民意见,共有5万多人参与了网上读音调查。在广泛听取各界意见的基础上,形成《普通话异读词审音表(修订稿)》。后为确保修订稿的科学性和可行性,又于2016年6月6日至25日面向社会公开征求意见。)④定序,是指规定现代汉语用字的排列顺序。排列汉字便于查检汉字,所以又称检字法。工具书的编写,档案、资料检索的编排,计算机汉字字库的编制和汉字信息处理等,都要求汉字有定序。汉字的排列方法有义序法、音序法和形序法三大类。汉字信息处理中的汉字编序问题,也属于汉字定序问题。(黄本)

现代化社会要求各项事物标准化,以提高使用效率,便于多方交流;信息化的发展推动图书情报、印刷排版、生产管理、办公室事务等广泛使用电子计算机,逐步实现自动化和现代化。为此,人们要求现代汉字有一个数量限制,要求汉字字形稳定而明确,要求字音按照规范的普通话确定标准读音,要求汉字字序规范化,统一字典的查字法。就是说,要求在对汉字进行全面、系统、科学的整理的基础上做到四定——定量、定形、定音、定序,以提高用字的规范。经过四定的汉字,将分别反映在汉字的各类字表中。(胡本)

(二)重难点剖析

1.汉字的特点

第一,汉字的主要特点是它属于表意体系的文字;第二,汉字是形体复杂的方块结构;第三,汉字分化同音词能力强;第四,汉字有超时空性。(黄本)

第一,汉字是表意性质的文字;第二,汉字字形记录的语音单位是音节;第三,汉字是平面型文字;第四,汉字记录汉语不实行分词连写。(胡本)

第一,汉字与汉语相适应;第二,汉字是形音义的统一体;第三,汉字有一定的超时空性;第四,汉字数量多,字形结构复杂;第五,汉字用于国际交流比较困难。(邢本)

2.汉字的形体演变过程

汉字在历史上出现过甲骨文、金文、篆书、隶书、楷书五种正式字体以及草书、行书等辅助字体。甲骨文指通行于殷商时代刻在龟甲、兽骨上的文字。主要特点是,笔形是细瘦的线条,拐弯多是方笔,外形参差不齐、大小不一,异体字较多。金文主要指通行于西周的青铜器上的文字。主要特点是,笔画丰满粗肥,外形比甲骨文方正、匀称,异体字也较多。篆书有大篆、小篆的区别。大篆一般指春秋战国时代秦国的文字,字形比金文整齐,笔画均匀,仍有少量异体字。小篆指秦始皇统一六国后整理、推行的标准字体,字形更均匀、整齐,笔画圆转、简化,异体字基本废除了。隶书有秦隶、汉隶两种。秦隶是产生于秦代的隶书,把小篆圆转弧形的笔画变成方折平直的笔画,基本摆脱了古文字象形的特点。汉隶是在秦隶的基础上演变来的,是汉代通行的字体,字形规整,撇、捺、长横有波磔,很少有篆书的残存痕迹。楷书兴于汉末,盛于魏、晋,一直沿用至今,字形方正,笔画没有波磔,书写方便。草书和行书是辅助性字体。草书包括章草、今草、狂草。行书产生于东汉末,一直运用至今,形体近楷不拘,近草不放,笔画连绵,各字独立,易写好认。(黄本)

汉字的字体演变,主要经历了甲骨文、金文、小篆、隶书、楷书、草书、行书等几个发展阶段。商代主要用甲骨文,周代用金文(又称钟鼎文),秦代主要用小篆,而以隶书为日用字体;汉代主要用隶书,而草书、行书也已流行;魏晋到现代,主要用楷书(即真书),而以行书为辅助字体。字体的演变一般是缓慢的,渐进的。不是新的字体一出现,旧的字体就废除,而是经过一段新旧并存的实践,才有新体代替旧体。旧体基本上不用之后,也不是就此消失,而是在某些场合仍旧在使用。(胡本)

汉字在几千年的历史演变中,出现过甲骨文、金文、籀文、小篆、隶书、楷书、草书、行书等多种字体。前四种属于古文字,后四种属于今文字。甲骨文是刻在龟甲、兽骨上的文字,又叫"卜辞文字""契文"或"殷墟文字",内容多为占卜记录,为公元前14世纪到前11世纪间殷商时期的文字。甲骨文是现在能见到的最早的数量最多而又成系统的古文字,既反映了汉字的原始性,又反映了汉字的成熟性。金文是铸刻在青铜器上的文字,又叫"钟鼎文",主要指西周时期青铜器上的文字。籀文又称"大篆",是春秋战国时期通行于秦国的文字。大篆的主要特点是笔画趋于线条化,结构趋于整齐,不像殷周文字那样接近图画形体,这为汉字方块化打下了初步基础。小篆是大篆的对称,也叫秦篆,是秦始皇统一六国后采用的标准字体,是在大篆的基础上发展而来的。小篆同大篆的区别在于字式简化:一是去繁复,二是趋简易。小篆的产生为汉字隶变准备了条件;隶书产生于秦,是在战国时代秦国文字简俗字的基础上形成的。隶书在汉字发展史上占有重要地位,它是古文字演变为现代汉字的转折点。楷书又称"真书""正书",它产生于汉末,由隶书楷化而成,魏晋南北朝已很通行,并一直沿用至今,成为历代书写、印刷标准。汉代的草书,是草率的隶书,是与汉隶平行的一种字体。后经文人加工,流行于汉章帝时代的草书,称为章草。今草成熟于东晋,特点是打破隶书偏旁和结构,上下字往往牵连相通,书写简易快速,但不易辨识。唐代出现了以张旭、怀素为代表的狂草,只能作为书法艺术欣赏,使用价值不大。行书产生于东汉,由隶书书写简化而来,是介于草书与正式字之间的一种流畅的手写体。近于楷书而不拘谨,近于今草而不放纵,笔画虽连绵但各字独立,清晰易认。这种字体最为适宜,从晋朝到现在,一般手写都用行书。(邢本)

3.汉字的造字法

汉字的造字法指汉字的构造方法。一般地说,古代汉字有象形、指事、会意、形声四种造字法。象形就是用描绘事物形状来表示字义的造字法;指事就是用象征性符号或在象形字上加提示符号来表示字义的造字法;会意是用两个或几个部件合成一个字,把这些部件的意义合成新字的意义。会意字有异体会意字、同体会意字两类。形声是指由表示字义类属的部件和表示字音的部件组合成新字。(黄本)

关于古代汉字的造字法,历来有所谓“六书”之说,指的是象形、指事、会意、形声、假借、转注。六书之中,真正的造字方法是象形、指事、会意和形声。象形就是比照事物的形体,描画实物的形状。指事是用抽象的符号组成,或者在象形符号上加指示性符号。会意是用两个或两个以上的图形汇合成字。形声是一个表意成分和一个表音成分合起来组成新字。(胡本)

汉字的造字法:汉字的造字法可以归为两类。一类是不带表音成分的象形、指事、会意,一类是带表音成分的形声。象形是描摹事物的形状。指事是用象征性符号或在象征性符号的基础上加提示性符号来表示无法模拟的客观事物或抽象概念。会意是用两个或两个以上的字作为意符结合起来表示一个新的意义。形声是用表示意义类属的字作形符,再取一个读音相同或相近的字作声符。(邢本)

4.形旁和声旁的作用与局限

形旁的作用和局限:形旁的主要作用是表示字的意义类属,帮助了解和区别字的意义;形旁的表意功能有很大的局限性。首先,由于社会的发展,客观事物的变化,有些形旁的意义不好理解。其次由于字义的演变,假借字的存在,形旁也不好理解。另外,由于字形的变化,有的形旁不好辨认了,或位置特殊。

声旁的作用和局限:声旁的主要作用是表示读音,大约有 1/4 的形声字声旁和整个字的读音完全相同。有些形声字同声旁的读音不完全相同,但也有一定的规律,可以帮助区别形似字。声旁的表音作用有很大局限性。首先由于古今语音大演变等原因,大约有 3/4 的形声字的声旁同整个字的读音不完全相同。其次,有的声旁不容易分辨出来。另外,有些声旁现在不单用,一般人不知道它的读音。(黄本)

形旁和声旁的作用:首先,对形旁的表意作用和声旁的表音作用不能作简单化的理解,我们说形声字的形旁表意,声旁表音,这主要是指形旁、声旁在造字时的作用。到了今天,人们认字时,形旁和声旁起作用的情况就不那么单纯了。其次,在现代汉字里,形声字的形旁已经不完全表示字义的类属,声旁不能准确表示字音了。此外,形旁、声旁的实际效用还由于其他一些原因而有所削弱:比如形声字的组合方式、结构部件没有明显的差别,人们不易准确无误地判定形旁和声旁。又比如一部分形旁在字形中没有固定的位置,影响人们对形旁、声旁的判定。形旁、声旁的表意、表音作用在现代汉字中虽然有所弱化,却并未消失。尤其是形旁,能类化字义,提供想象的线索,以帮助认字和记忆,还能区分同音字,提高字形的区别率;声旁也能给猜读字音提供参考信息,给研究汉语语音史提供有益的材

料。(胡本)

5.汉字信息处理

汉字信息处理,有广义、狭义两种不同的理解。广义的汉字信息处理即汉语信息处理,就是使用计算机对汉语的形、音、义等进行的处理,也就是通常所说的中文信息处理。根据发展阶段和主要任务的不同,中文信息处理可以分为字处理平台、词处理平台、句处理平台三个层次。目前字处理平台的任务已基本解决,正处在由词处理平台向句处理平台过渡的阶段。狭义的汉字信息处理是指用计算机对汉字所表示的信息进行的操作和加工,是中文信息处理的一个重要的组成部分。中文信息处理的首要问题就是汉字的信息处理,这是汉语的独特任务。汉字信息处理是中文信息处理的第一步,在很长一段时间里,中文信息处理的主要任务都是汉字的信息处理,因此,有人干脆把中文信息处理称为汉字信息处理。汉字信息处理系统主要包括输入、存储、加工和输出等模块。随着计算机的日益普及和网络的快速发展,汉语的信息处理面临新的挑战和机遇,内容也日益丰富。书报的自动编辑和排版,办公自动化,图书、情报资料的自动编目和检索,机器翻译,中文信息的检索和自动提取,网络办公,机器自动问答等,企业管理,医疗诊断,电脑因特网上的操作等,都离不开汉字的信息处理。只有不断提高汉字信息处理的水平,才能改变我国信息化水平后进的现状,确立我国在中文信息处理领域的国际领先地位,在世界高新科技竞争中占据一席之地。(黄本)

汉字编码是把一个个汉字变化成便于计算机使用的代码的设计。各代码字经过键盘输入计算机以后,在计算机内转换成二进位码,找到对应的数字化的字模,输出整个汉字。汉字编码和汉字的字序排列法中的号码法有共同之处。例如电报用一组组四位数码代表一个个字,四角号码根据字的四角的形状编订各字的数码,这些都可以看作是汉字编码的前奏。目前汉字编码方案有几百种,在机器上实验或被采用的方案也有几十种。当前的任务是尽快进行优选,选出供不同用户需要使用的几种定型化的方案。这些方案应该无同码字,操作方便易学、输入和处理效率高、存储节省、传输可靠、设备经济适用,而又便于分清词的界限。(胡本)

人类已经进入信息网络时代。一个国家语言信息处理的水平和处理的量,标志着这个国家现代化、信息化的发展水平。用计算机来处理文字所包含的信息,就是"语言信息处理";用计算机来处理汉语信息,就是汉语信息处理。汉字是记录汉语的法定文字,中文信息处理离不开汉字,必须让计算机接受和处理汉字。汉字信息处理经过语言文字学家和计算机科学家的长期努力,已经取得了许多成就。汉字的信息处理主要包括汉字的计算机输入和输出。目前汉字输入的主要方式有三种:汉字键盘输入、汉字字形识别输入和汉字语音识别输入。为提高汉字信息处理的效率和质量,必须加强汉字自身的研究。首先必须加强汉字规范化和标准化的研究。如果汉字不规范,字形不标准,也难以输入或输出。其次要加强汉字属性研究,如字音、字序、笔画、笔顺、部首、部件、结构、编码等,为计算机提供尽可能多的关于汉字的各种信息,从而提高计算机进行汉字信息处理的效率。(邢本)

三 巩固练习

(一)名词解释

1.文字。
2.汉字。
3.甲骨文。
4.金文。
5.篆书。
6.楷书。
7.行书。
8.草书。
9.笔画。
10.部件。
11.部首。
12.合体字。
13.象形。
14.指事。
15.会意。
16.形声。
17.六书。
18.四定。

(二)选择题

A.单项选择

1. 从文字体系上看,汉字属于(　　)。
A.表意体系的文字　　B.表意兼表音体系的文字
C.象形文字　　D.图画文字
2. 汉字的第一次规范化字体是(　　)。
A.甲骨文　　B.金文　　C.大篆　　D.小篆
3. 以下对隶书描述正确的是(　　)。
A.异体字较多　　B.主要在秦代使用
C.笔形是平折方直的,缺少波磔变化

D.是古文字演变为今文字的转折点

4.“今隶”指的是(　　)。

A.古代的隶书　　B.汉代的隶书　　C.秦代的隶书　　D.现代的隶书

5.“赤”是(　　)。

A.象形字　　B.会意字　　C.指事字　　D.形声字

6.“恭”是(　　)。

A.象形字　　B.指事字　　C.会意字　　D.形声字

7.“赶”的结构模式是(　　)。

A.左右结构　　B.上下结构　　C.包围结构　　D.独体字

8. 下列汉字中是象形字的选项是(　　)。

A.上　　B.完　　C.臣　　D.末

9. 下面都属于指事字的是(　　)。

A.体、三　　B.本、从　　C.虫、森　　D.甘、朱

10. 下列汉字中是会意字的选项是(　　)。

A.大　　B.信　　C.止　　D.访

11. 下列汉字中是形声字的选项是(　　)。

A.巾　　B.叶　　C.舟　　D.讲

12. 下面哪个字属于亦声字(　　)。

A.政　　B.绳　　C.环　　D.甭

B.多项选择

1. 关于汉字的特点说法正确的有(　　)。

A.汉字是方块结构　　B.汉字具有超时空性

C.汉字是表音体系的文字　　D.汉字分化同音词能力强

2. 以下关于大篆说法正确的有(　　)。

A.指秦始皇统一六国后推行的标准字体

B.石鼓文属于大篆

C.异体字基本没有了

D.指春秋战国时代秦国的文字

3. 甲骨文又称(　　)。

A.殷墟文字　　B.卜辞　　C.殷契　　D.钟鼎文

4. 以下关于楷书的说法正确的是(　　)。

A.从隶书演变而来　　B.异体字较多

C.又称正书　　D.通用时间最长

5. 草书包括(　　)。

A.章草　　B.今草　　C.行草　　D.狂草

6. 以下汉字属于框架结构的有(　　)。

A.国　　B.巫　　C.爽　　D.凶

7. 下列简体字使用草书楷化的简化方法的是(　　)。

A.汉　　B.长　　C.为　　D.书

8. 以下汉字的笔画是四画的是(　　)。

A.火　　B.丑　　C.比　　D.万

9. 合体字主要来源于古代的(　　)。

A.象形字　　B.指事字　　C.会意字　　D.形声字

10. 以下属于会意字的有(　　)。

A.涉　　B.切　　C.析　　D.武

11. 以下哪些汉字与声旁的读音完全不同(　　)。

A.厅　　B.灯　　C.叮　　D.玎

12. 下列成语写法正确的有(　　)。

A.走头无路　　B.阴谋诡计　　C.滥芋充数　　D.卑躬屈膝

(三)判断题

1.汉字的本质特性是音节文字。

2.部件是合体字的结构单位,它大于笔画而小于独体字。

3.合体字都是由两个或更多部件构成的,如:擒、赏、轰、氛等。

4.偏旁和部首的区别在于,所有的汉字都有部首,而偏旁只有形声字才有。

5.会意字在汉字中所占的比例最大。

6."些"这个字的第二笔是竖。

7."弗""凹"二字的笔画数都是5笔。

8.许慎《说文解字》是分析甲骨文写成的。

9.在汉字发展史上,汉隶具有划时代的意义,因为它使汉字基本摆脱了象形的特点。

10.汉字的整理只包括简化笔画和精简字数。

(四)问答分析题

1.汉字是怎样产生的?你怎样认识"仓颉造字"说?

2.简述汉字的作用。

3.怎样理解汉字有一定的超时空性?

4.汉字形体演变的趋势是怎样的?

5.为什么说汉字形体演变是朝着简化易写的方向发展的?

6.笔画的组合方式有哪些?举例说明。

7.什么是部件?可以如何分类?

8.合体字的主要结构类型有哪些?

9.什么是偏旁？什么是部首？两者有何区别？
10.什么是笔顺？基本规则是什么？
11.现行汉字的造字法有几种？举例说明。
12.什么是异体字？为什么要整理异体字？
13.为什么说汉字的构造有音化趋势？
14.怎样正确对待汉字的前途问题？
15.整理汉字包括哪些内容？
16.汉字的标准化包括哪些内容？为什么要加强汉字标准化？
17.有人说汉字"是天下第一不方便的器具",又有人说"汉字是科学、易学、智能型、国际型的文字"。请谈谈你的看法。
18.请举例说明形声字意符和声符的作用和局限性,并谈谈在现代汉字学习中应该如何利用意符和声符的作用。
19.简化字和繁体字相比,它们的差别主要有哪些方面？试举例说明。
20.错别字由哪些原因造成？应该怎样克服写错别字现象？
21.近年来汉字输入研究取得了很大进展,主要表现在哪些方面？
22.我国在精简字数方面已经取得了哪些成绩？
23.笔画序的五条规则是什么？举例说明。
24.汉字编码的方法概括起来主要可以分为哪些类型？评价汉字编码方案优劣的标准是什么？
25.形声造字为什么会成为汉字造字的主要方法？
26.现代造新字基本不用象形造字法,会意造字法用得也不多,这是什么原因？
27.用现代汉语写的文章在用字的范围方面有什么特点？为什么会产生这种现象？

(五)事实分析题

1.改正下列各字在造字法上分析的错误。

(1)步(象形)　(2)寸(会意)　(3)旦(象形)　(4)甘(会意)

(5)石(指事)　(6)荆(会意)　(7)尖(形声)　(8)采(象形)

2.写出下列汉字的繁体字:会、敌、处、机、党、爱、医、书、帘、惊。
3.写出下列繁体字的简化字:愛、發、醜、會、經、塵、鞏、積、劃、鄰、廟
4.按笔顺写下列汉字:凹、凸、火、根、年、九、北、母、米。
5.分析下列汉字的末级部件:嵌、拉、霏、固、湖。
6.分析下列各组同声旁异形旁的形声字,看它们的字义同形旁有什么联系。

(1)赌睹　(2)瞠膛　(3)胳赂　(4)渴谒喝

(5)溢谥隘　(6)苔笞　(7)沾玷　(8)抠枢怄

7.下列简化字是用什么方法简化的:伞(傘)、众(衆)、窜(竄)、飞(飛)、韦(韋)、卜

（萄）、龟（龜）、风（風）。

巩固练习参考答案

（一）名词解释

1.文字是记录语言的书写符号系统，是最重要的辅助性交际工具，是人类社会进化到文明时代的重要标志。

2. 汉字是记录汉语的书写符号系统。它是汉族人的祖先在长期社会实践中逐渐创造出来的，是世界上起源很早的文字之一。汉字是世界通行的文字中历史悠久而又体制特殊的一种文字。

3.甲骨文主要是商代王室刻在卜问用过的龟甲、兽骨上的记录，是公元前1300多年到前1100多年间的通行字体。由于刻划在龟甲、兽骨上而称为甲骨文。（胡本）

甲骨文指通行于殷商时代刻写在龟甲、兽骨上的文字。（黄本）

甲骨文是殷商时代的汉字形体，因刻在龟甲、兽骨上而得名。也称殷墟文字。（邢本）

4.金文是铸在青铜器上的文字。铸在青铜器上的文辞称为铭文，文字称为金文。（胡本）

金文主要指通行于西周的铸或刻在青铜器上的文字。又叫钟鼎文。（黄本）

金文是商代、西周以至春秋战国时代钟鼎等铜器上的汉字形体的总称，通常主要指西周铜器上的文字。（邢本）

5.篆书包括大篆和小篆，大篆是春秋战国时期的秦国文字，小篆是秦统一中国后在大篆的基础上整理后的秦国文字。（胡本）

广义的大篆指先秦所有的古文字，包括甲骨文、金文、籀文和春秋战国时代通行于六国的文字。狭义的大篆只指春秋战国时代秦国的文字，一般以籀文和石鼓文为典型代表。小篆是在大篆的基础上整理简化而成的，典型代表是泰山刻石。（黄本）

大篆起于西周晚年，是春秋战国时期通行于秦国的汉字形体。小篆是大篆的对称，也叫秦篆，在大篆的基础上省改而成。（邢本）

6.楷书又叫真书，是现代通行的字体。楷书是由隶书演变来的，萌芽于西汉，成熟于东汉末，魏晋以后就大大流行，直到现在仍然是汉字的标准字体。（胡本）

楷书又叫真书、正书，是从隶书发展演变来的，兴于汉末，是通行时间最长的标准字体。（黄本）

7.草书共有三种：章草、今草和狂草。章草是就隶书加以变化的，起于汉代；今草是章草的继续，是楷书的快写体，从东汉末年流传至今；狂草是在今草的基础

上任意增减笔画,恣意连写,兴于唐代。(胡本)

草书有三种,章草在东汉章帝时盛行。今草产生于东汉末,是从章草变化来的。狂草是唐代产生的。(黄本)

草书形成于汉代,由隶书草化发展而成。从汉到唐经历了章草、今草、狂草几个阶段。(邢本)

8.行书是介于今草和楷书之间的一种字体,可以说是楷书的草化或草书的楷化。行书大约实在东汉末年产生的。(胡本)

行书产生于东汉末,是一种介于楷书和草书之间的字体。(黄本)

行书产生于东汉,由隶书写法简化而来,是介乎草书与正体字之间的一种流畅的手写体。(邢本)

9.笔画是构成汉字字形的最小单位。从落笔到起笔所写的点、线叫一笔或一画。笔画的具体形状称笔形。传统汉字基本笔形有八种,即点、横、竖、撇、捺、提、折、钩,又称"永"字八法。现代汉字有五种基本笔形,即横、竖、撇、点、折,又称"札"字法。前四种是单一笔形,后一种是折笔形,又称复合笔形。(黄本)

汉字的笔画是现行汉字成形的最小单位。书写时从落笔到笔提起,叫"一笔"或"一画"。笔画是由点和线构成的,点和线的具体形状就叫笔形。(胡本)

汉字的最小构形单位是笔画。笔画是指构成汉字字形的各种形状的点和线。在书写过程中,从落笔到起笔所构成的点和线就是一个笔画。现行汉字的笔画系统以五种基本笔画为基础构成,它们是横、竖、撇、点、折。前四种是单一笔画,后一种是复合笔画。(邢本)

10.部件是由笔画组成的具有组配汉字功能的构字单位,一个合体字由两个或两个以上的部件构成。(黄本)

部件是汉字合体字中由一个以上笔画构成可以独立书写的组字单位。不过有时也包括某些合体字作一次切分而产生的笔画。(胡本)

汉字的基本结构单位是构字部件。部件是由笔画组成的具有组配汉字功能的构字单位。(邢本)

11.部首是字书中各部领头的部件或笔画,具有字形归类作用。(黄本)

部首是字典中为了给汉字分类而确定的字类目标,是从分析字形结构而产生的。字典中大多数部首都是由汉字中有表意作用的偏旁充当的。(胡本)

部首是具有字形归类作用的偏旁,是专为汉字分类检索而设立的部目,即字书、字典、词典中各部的首字。字典中大部分部首都是由汉字中有表意作用的偏旁充当的 。(邢本)

12.由两个或两个以上末级部件构成的字是合体字,如"材、星、适"。(邢本)

13.象形是比照事物的形体,描画实物的形状。如"火、首、贝"。(胡本)

象形就是描绘事物的形状的造字法,如"月、雨、口"。(黄本)

象形是勾画出事物的形象特征,如“山、水”。(邢本)

14.指事是用抽象的符号组成,或者在象形符号上加指示性符号,如“上、三、本”。(胡本)

指事就是用象征性符号或在象形字上加提示符号来表示某个词的造字法,如“上、下、刃”。(黄本)

指事是采用象征性符号或在象形符号基础上加提示性符号,如“上、下”。(邢本)

15.会意是用两个或两个以上的图形会合成字,如“从、花、兵”。(胡本)

会意就是用两个或几个部件合成一个字,把这些部件的意义合成新字的意义的造字法,如“武、休、取”。(黄本)

会意是用两个或两个以上的字作为造字单位来组字,会合它们的意义以显示所造字的意义,如“析”表示以斧(斤)破木。(邢本)

16.形声是一个表意成分和一个表音成分合起来组成新字,如“江、问、郊”。(胡本)

形声就是由表示字义类属的部件和表示字音的部件组成新字的造字法,如“洋、芬、沐”。(黄本)

形声是以形旁和声旁组合的方式造字,形旁表示意义类属,声旁表是字音,如“肚、瓷”。(邢本)

17.汉字的造字法指汉字的构造方式。一般地说,古代汉字有象形、会意、指事、形声四种造字法,转注和假借是用字法。现行汉字和古汉字相比,又有一些特殊情况。(黄本)

关于古代汉字的造字法,历来有所谓的“六书”之说,指的是象形、会意、指事、形声 转注、假借。六书之中,真正的造字方法是象形、会意、指事和形声。(胡本)

【补充资料:传统分析汉字结构,有“六书”的说法。“六书”之名始见于《周礼》。《周礼·地官·保氏》:“保氏掌谏王恶,而养国子以道,乃教之六艺。一曰五礼,二曰六乐,三曰五射,四曰五驭,五曰六书,六曰九数。”这里没有说出六书的具体内容,只是作为教国子六艺的一部分,大概是识字的科目。首次说出六书内容的,是东汉班固袭西汉末刘歆《七略》而作的《汉书·艺文志》,它说:“古者,八岁入小学,故周官保氏掌养国子,教之六书,谓象形、象事、象意、象声、转注、假借,造字之本也。”班固明确指出六书是象形、象事、象意、象声、转注、假借等六种造字方法。汉末郑玄《周礼注》引刘歆再传弟子郑众的解释:六书,象形、会意、转注、处事、假借、谐声也。对六书解释最详细的汉代学者是许慎,许慎是刘歆再传弟子贾逵的学生。许慎作《说文解字》,他说:“周礼八岁入小学,保氏教国子,先以六书。一曰指事,指事者,视而可识,察而见意,上下是也;二曰象形,象形者,画成其物,随体诘诎,日月是也;三曰形声,形声者,以事为名,取譬相成,江河是也;四曰会意,会意者,比类合谊,以见指撝,武信是也;五曰转注,转注者,建类一首,同意相授,考老是也;六曰假借,假借者,本无其字,依声托事,令长是也。"班固、郑众、许慎三家对六书的解释,虽然名称用字及次序有所不同,因其同出一源,基本思想和内容是一致的。这是汉儒古文经学派对汉字造字理论的认识。这一理论认识因许慎作有《说文解字》,用它分析了 9 353 个篆文汉字,对后世的影响很大,一直是后代学者分析汉字所遵循的标准。汉字现代研究六书的名称和次序分别取之于许慎的名称和班固的次序。

班固	象形	象事	象意	象声	转注	假借
许慎	指事	象形	形声	会意	转注	假借
现代	象形	指事	会意	形声	转注	假借

清代学者对六书是造字之本提出了质疑,提出了"四体二用"说,即象形、会意、指事、形声四种造字法,转注和假借是用字法。】

18."四定"是汉字标准化的要求,即定量、定形、定音、定序。定量,是指规定汉字的数量;定形,是指规定汉字的标准字形;定音,指规定汉字的标准读音;定序,指的是确定汉字的排列顺序。

(二)选择题

A.单项选择

1.A 2.D 3.D 4.B 5.B 6.D 7.C 8.C 9.D 10.B 11.D 12.A

B.多项选择

1.ABD 2.BD 3.ABC 4.ACD 5.ABD 6.BC 7.BCD 8.ABC
9.CD 10.ACD 11.AB 12.BD

(三)判断题

1.× 一个汉字代表一个音节,但不能说汉字是音节文字,因为音节文字是一个符号表示一个音节。 2.√ 3.√ 4.× 部件又称偏旁,是由笔画组合成的具有组配汉字功能的构字单位。部首是字书中各部的首字,具有字形归类作用。
5.× 形声字在汉字中所占的比例最大。 6.× "些"字第二笔是横。
7.√ 8.× 许慎《说文解字》是分析篆书写成的。 9.× 10.×

(四)问答分析题

1.文字在人类文化发展到一定阶段时才出现,是为了满足日益复杂的交际需要而创造出来的。汉字是汉族人的祖先在长期社会实践中逐渐创造出来的。汉字是汉族人的祖先在长期社会实践中逐渐创造出来的。许多汉字起源于图画,在原始的绘画记事的基础上逐渐形成。古代文化遗址出土的文物上有些重复出现的简单符号,同古代汉字有某些相同之处,也可能是古代汉字的前身。萌芽时期的原始汉字可能是分散的,不成系统的。经过整理,图形或符号完全同语言中的词一致起来,并能够记录汉语,这样汉字就逐步成熟了。现在能看到的殷商的甲骨文,距今有3 000多年的历史,已经是相当成熟的汉字了。

我国历史上流传着汉字是仓颉一个人创造出来的说法,甚至把汉字神秘化,这显然是不正确的。实际上,文字是为了满足日益复杂的交际的需要,在原始的画画记事的基础上,人们共同创造出来的。文字一般起源于图画。萌芽时期的原始文字可能是分散的、不成系统的。经过整理,图形或符号同语言中的词完全固定下来,并能够代表语言用来记事,这样文字就逐步成熟了。如果仓颉确有其人,他可能就是搜集和整理汉字的名人之一。(黄本)

2.①汉字对我国社会的发展,国家的统一,对汉语的发展,都有重要的作用。中华民族创制的光辉灿烂的古代文化,都靠汉字记载下来,传播四方,流传到现在,成为中华民族和全世界人民共同的宝贵财富。②现在,汉字是国家法定的通用文字。我国各少数民族为了参与国家大事,同汉族人民相互学习,交流经验,也在学习和运用汉字。在我国社会主义建设中,也已经发挥并将继续发挥重要的作用。③汉字也曾被我们的邻国越南、朝鲜、韩国、日本借去,用于记录各自的民族语言,至今,日本还在使用部分汉字。新加坡、马来西亚先后发布实施同我国完全一致的《简化字总表》,把汉字作为国家适用的正式文字之一。因此,汉字对保存这些国家的文化遗产,对促进我国同这些国家的交往和文化交流,也有重要作用。汉字还是联合国的六种工作文字之一,在国际交往中正发挥着越来越重要的作用。(黄本)

3.由于表意文字有不直接表音而能表意的特点,因而汉字具有一定程度的超时空性。古今汉语的语音虽然变化很大,但是汉字的字义的变化不是很大,所以有一定文化基础的人尚可阅读两千年前写的古书。汉语方言的分歧主要表现在语言上,同一个汉字在不同方言区常常有不同的读音,读起来常常听不懂,但是由于字义不同,所以写下来不同的读音,读起来常常听不懂,但是由于字义很少不同,所以写下来大体可以进行交际。汉族的历史悠久,方言分歧很大,表意体系的汉字能在不同历史时期,不同方言之间起到交际工具的作用。汉字有这种打破时间、空间限制的特点,使它在加强汉民族内聚力方面能做出一定的贡献。

4.汉字形体演变的趋势是笔画线条化、字形符号化、结构规范化。

5.汉字的形体总体朝着简化易写的方向发展,主要表现在四个方面:①从图画性的象形文字逐步变成不象形的书写符号,如"鱼、鸟"古文字像鱼、鸟的样子,现在不像了。②笔形从类似绘画式的线条,逐步变成横、竖、撇、点、折的笔画。③许多字的结构和笔画逐步简化,如"书"在小篆中是从聿者声,现在变成了草书楷书化的独体字。④甲骨文、金文都是异体繁多,小篆、隶书、楷书的异体字减少了。

(黄本)

6.笔画的组合有三种方式:相离,如"三、川";相接,如"人、刀";相交,如"十、九"。

7.部件是笔画组成的具有组配汉字功能的构字单位。根据不同的标准,部件可以分成不同的类型。①按照现在能否独立成字划分,部件可以分为成字部件和非成字部件两类。②按照笔画的多少划分,可以分为单笔部件和多笔部件两类。③按照能否再切分成小的部件划分,可以分为单一部件和复合部件两类。单一部件是最小的不能再切分的部件,又称基础部件、单纯部件、末级部件。复合部件是能够再切分出两个或两个以上单一部件的部件,又称合成部件。④按照部件切分出的先后划分,可以分为一级部件、二级部件、三级部件等。

8.合体字的主要结构类型有三种:上下结构、左右结构、内外结构。

9.偏旁是由笔画构成的组成汉字的基本结构单位。部首是具有字形归类作用的部件,是字书中各部的首字。偏旁不一定是部首。

10.书写汉字时笔画的先后顺序叫笔顺。笔顺的基本规则是,先横后竖,先撇后捺,从上到下,从左到右,从外到内,从外到内后封口,先中间后两边。

11.现行汉字的造字法主要有四种,即象形、指事、会意、形声。象形字如"田、井、雨、伞、网"等。指事字如"一、二、三、刃"等。会意字如"明、泪、众、林、从"等。形声字如"沐、湖、梧、桐、视、鸦"等。古代汉字中的象形字(如"牛、马")、指事字(如"甘、朱")、会意字(如"东、韦")形声字(如"布、服")等,现在不容易看出是象形、指事、会意、形声等造字法了。

12.异体字是音同、义同而形体不同的字,如"冰(氷)、耻(恥)"等。这类异体字较多,它们是不折不扣的赘疣,没有任何积极作用,只会增加人们的负担。这在学习和应用中会浪费时间和精力,在印刷、打字等工作中浪费物质财富。这类异体字必须整理。

13.汉字虽然至今仍属于表意文字体系,但是却产生了大量形声字。殷商时代,形声字直占当时汉字的20%左右,东汉的《说文解字》形声字占所收9 353个字的80%以上,清代的《康熙字典》形声字占90%。形声字的大量增加,成为汉字发展的主流。许多新造字基本上是形声字,如"钴、镳、氧、钡"等。现在人们还会用形声字造字法简化汉字,如"邮(郵)、忧(憂)"等。形声字造字法的广泛应用,表明汉字有音化的发展趋势。

14.关于汉字发展的前途问题,周恩来同志在1958年《当前文字改革的任务》的报告里指出:"至于汉字的前途,它是不是千秋万代永远不变呢?还是要变呢?它是向着汉字自己的形体变化呢?还是被拼音文字所代替呢?它是为了拉丁字母式的拼音文字所代替,还是为另一种形式的拼音文字所代替呢?这个问题我们现在还不忙做出结论。但是文字总是要变化的,拿汉字过去的变化就可以证明。"

周恩来同志这段话今天仍然有指导意义。汉字的前途到底如何,能不能实现拼音化,什么时候实现,怎样实现,那都是将来的事情,不属于当前文字改革的任务。这个问题非常复杂,要作出确切的结论,还需要在长期的实践中进行更多深入的科学研究。(黄本)

15.汉字整理包括两个内容:一个是简化笔画,一个是精简字数。①简化笔画。按照约定俗成、稳步前进的原则,1956 年,国务院公布了《汉字简化方案》,方案中简化字分四批推行。经过几年的实践,于 1964 年总结、归纳成《简化字总表》。1986 年重新公布时又对个别字做了调整。汉字简化取得了明显的效果。首先是减少了笔画数目。其次,减少了通用汉字的字数。另外,有些形声字改换声旁,表音更准确,有些字简化后部件更便于称说。②汉字整理的另一个内容是精简字数,主要是废除异体字。1955 年,文化部和文改会(注:国家语言文字工作委员会前身)公布了《第一批异体字整理表》(后经过数次调整);1965 年,文化部和文改会公布了《印刷汉字字形表》,共收通用的印刷字体 6 196 个;1988 年 3 月,国家语言文字工作委员会、国家新闻出版署发布了《现代汉语通用字表》,收字 7 000 个。2013 年 6 月 5 日,国务院发出关于公布《通用规范汉字表》的通知,国务院同意教育部、国家语言文字工作委员会组织制定的《通用规范汉字表》,并予公布。《通用规范汉字表》公布后,社会一般应用领域的汉字使用以《通用规范汉字表》为准,原有相关字表停止使用。《通用规范汉字表》是《中华人民共和国国家通用语言文字法》的配套规范,是现代记录汉语的通用规范字集,体现着现代通用汉字在字量、字级和字形等方面的规范。该表共收录汉字 8 105 个。(参照黄本)

整理汉字包括简化笔画、精简字数和整理字形等内容。①精简笔画。新中国成立以来,汉字整理工作是有组织进行的。经过简化,部分汉字的笔画简省了将近一半,大大便利了学习和书写。精简字的笔画不仅能便于书写,对计算机处理汉字也有一定的意义。然而,也不应该走向另一个极端,认为汉字的笔画越少越好。笔画越少,字与字之间容易雷同,会影响阅读的效率。②精简字数。汉字数量很多,即使是通用汉字、常用汉字,也还有几千个,一字多形(异体字)的情况严重,增加了学习和用字的困难。整理异体字,要根据从俗和从简相结合的原则进行。③字形整理。1965 年,中国文字改革委员会和文化部向印刷出版单位发布了《印刷通用汉字字形表》,规定了 6 196 个字的标准印刷字体,使印刷用的铅字字形接近手写楷书,从而建立了汉字印刷字形的规范。习惯上,人们把《印刷通用汉字字形表》公布的标注字形称为新字形,把以前的印刷字形叫旧字形。(胡本)

16.汉字标准化,要求对汉字进行四定,即定量、定形、定音、定序。定量,是指规定汉字的数量;定形,是指规定汉字的标准字形;定音,指规定汉字的标准读音;定序,指的是确定汉字的排列顺序。由于汉字在长期的使用中存在字形的字音、字量、字需的分歧和混乱,为使汉字更好地发挥其交际职能,更准确无误地传递信息,更有效地为社会服务,书写使用汉字就必须有一个统一的标准,必须注重汉字的标准化和规范化。尤其是随着信息时代的到来,社会对汉字提出了更高的要求,其中最重要的就是实现现代汉字标准化。现代汉字的标准化可为我国的语文教育、对外交流、出版印刷、新闻通讯、多种文字机器、汉字的计算机信息处理等,提供用字的标准和规范。(综合黄本、胡本、邢本)

17.和其他文字(主要是拼音文字)相比,汉字有以下特点:①汉字与汉语相适应。②汉字是形音义的统一体,便于独立使用,负载较多的文化因素。③汉字有一定的超时空性,便于华夏民族的统一和华夏文明的发展。④汉字数量多,字形结构复杂,学习汉字在一定程度上存在难写、难读、难记、难用等困难。⑤在转写、翻译等方面用于国际交流存在一定困难。我们要充分发挥汉字的优点,同时要设法弥补汉字的缺陷,使汉字适应现代化的进程,更好地服务于全人类。(参考邢本)

18.汉字是成熟的文字,采用的构字方法主要是表意和表音。汉字的理据性主要表现为用意符(又称形旁、形符)来表意,用音符(又称声旁、声符)来表音。从构造上考察,古今汉字的不同集中表现在汉字发展的形声化趋势上。现行汉字是对古代汉字的继承和发展,其中形声字的比例已达90%,是形声字占绝对优势的文字体系。形声字的声符跟所记录的语素的读音相联系,因而比没有表音成分的象形字、指事字和会意字优越得多。同一意符加上不同的声符就可以造出意义相关而读音不同的一大批汉字;反过来,同一声符加上不同的意符也可以造出一大批读音相同或相关的一组汉字。

但是,由于古今字音的演变,相当一部分形声字的声旁已丧失了表音功能,如"诣、颁、都"等;由于古今字义的演变,一些形声字的形旁也失去了表意作用,如"牺牲"本义是指供祭祀用的牲畜或供盟誓、宴享用的牲畜,今义多指放弃、舍弃、损害一方的利益,更多时候指为坚持信仰而死,"牛"就没有表意作用了。

适当运用汉字形体演变的知识,了解形旁在古时的形体和意义,有利于对字义的理解和辨析。例如,用"扌(手)"作形旁的字,一般同手的动作行为有关系,如"扎、打、扔、拣"等,又如用"劳"作声旁的形声字,在通用字中有"捞、崂、痨"等,这些字可以通过形旁了解其意义类属。

声旁的主要作用是表示读音,大约有1/4的形声字声旁和整个字的读音完全相同。虽然大部分形声字同声旁的读音不完全相同,但也有一定的规律,通过他们读音的特点可以帮助区别形似字。例如,用"仑"作声旁的字,一般读lun(论、轮、伦);用"仓"作声旁的字,韵母一般有ang(怆、枪、枪)。了解这个情况,"伦—伧、抡—抢"等的辨别,就不困难了。另外,学习普通话可以利用声旁类推法纠正方音。例如有的方言n、l不分,只要记住有关n读音声旁和l读音声旁的代表字,就可以类推分清字音,用它们组成的的形声字的读音也就分清了。(例略)

19.简体字用简体方法写出的汉字，一般指经过简化并由国家正式公布使用汉字；繁体字是已有简化字代替的汉字，例如“禮”是“礼”的繁体字。【(《现代汉语词典》(商务印书馆，2012 年第 6 版)】

从繁简字字形差别的角度来看，二者的差异主要表现在三个方面：第一种，局部删除，如務—务、豐—丰、婦—妇；有的字局部删除后，还有小的变形，如麗—丽。第二种，偏旁更换，如態—态、艦—舰、慶—庆。第三种，全部更换，如萬—万、靈—灵。(胡本)

20.错别字也可简称错字。错字，指写得不成字，规范字典查不到的字。别字，又叫“白字”，指把甲字写成乙字。因为写“别”的也是写错的，通常所说的写错字也包括写别字在内。产生错别字的原因有主观的，也有客观的。主观原因是自己不重视，认字不细心，不会写也不查字典，粗枝大叶，草率从事。客观原因是汉字本身很复杂，难认、难写、难记。

要想避免写错别字，必须注意汉字的字形、字音和字义。

注意字形：有些形似字是声旁相同、形旁不同的形声字，要注意辨析不同形旁的意义(如“孤、狐、弧”)；有些形似字不是形声字，要抓住特点，进行比较(如“戊、戌、戍、戎、戒”)；有些错字是受相似的偏旁的影响而写出来的，而有些则是因为受上下字影响(部件同化)写错的，应该注意。注意字音：有些同声旁的形声字读音相同或相近，因此可以用声旁来辨别错别字(如“段、叚”)。注意字义：有些词，通用的是引申义，原意已不常用，要了解词的原意，才能辨清错误在哪里(如将“提纲”误作“题纲”)；有些成语来自古代的寓言或历史故事，不了解它的出处，就容易写错(如将“滥竽充数”误作“滥芋充数”)；同时，还要注意形声字的声旁，记住多音多义字(如“担”)，掌握多音同义字(如“巷”)，记住《审音表》规定的读音。(黄本)

使用汉字的规范化包括正确书写字形，不写错字、别字，不写被废止的繁体字、异体字，不写不合规范的简化字，不写旧字形等，也包括正确地读字音，不错读、乱读字音等。

错字是指不成字的字，别字是把甲字当作乙字来写。同错别字相对的是规范的正字。决定一个字是否规范，以正字为衡量的依据。

写错别字有主观方面的原因，也有客观方面的。主观原因是对正确写字的必要性缺乏足够的认识，认为写字是小事，一点一画不必斤斤计较；或者认为文字只要记音，形和义都无所谓；等等。这些看法都是错误的。还有的人没有仔细分辨字的形、音、义的细微差别，不注意字出现的不同环境，这样也容易写错别字。写错别字的客观原因是，汉字数量多，结构复杂，有些偏旁、部件或字形之间很相似，汉字的形、音、义三者的关系复杂，声旁不能准确表音等。写错字主要有三种情况：受相近偏旁、部件的影响而错写偏旁、部件，常常结合在一起的双音词中的一个字受另一个字偏旁的影响而误，弄错字的笔画，误写笔形。写别字主要有两种情况：形近而误（如将“糜烂”误作“靡烂”），意近而误（如将“阴谋诡计”误作“阴谋鬼计”）。此外，还有些别字是由于方言语音中同音，写字人误用而造成，如上海话中“有”和“又”误用现象比较常见。（胡本）

21.汉字输入是指利用汉字的形、音或相关信息等多种方式把汉字输送到计算机中去的过程。汉字输入技术是汉字信息处理的关键一环。其方法有三种：汉字识别输入、语音识别输入和汉字键盘输入。①汉字识别输入可分为联机手写、印刷体和手写识别三种。其中联机手写识别技术已经达到商业化程度，广泛运用于电脑、手机等机器设备，识别正确率在 90% 左右。印刷体汉字字形自动识别的技术，也已达到实用的阶段。②语音识别输入方法已经开始走向实用，处于国际领先地位的有 IBM 公司和中国科学技术大学、清华大学等高校和研究机构。③汉字键盘输入技术经历了三个发展阶段，即字处理阶段、词处理阶段和句子处理阶段。目前正处在第三个阶段。

22.精简字数是汉字整理的重要内容。我国在精简字数方面已经取得的成绩有：①整理异体字。1955 年 12 月，文化部和文改会公布了《第一批异体字整理表》，该表的字数共经过 6 次调整。至 2013 年《通用规范汉字表》的《规范字与繁体字、异体字对照表》，共确定 794 组，共计 1 023 个异体字，其中 43 个异体字在特定用法上是规范字，这样，实际淘汰了 980 个异体字。②更改生僻地名用字。从 1956 年到 1964 年，全国有 8 个省和自治区的 35 个地区和县经国务院批准，更改了生僻的地名用字，共精简生僻字 30 多个。③统一计量单位名称用字。1977 年，文改会和国家标准计量局发布了《关于部分计量单位名称统一用字的通知》，共精简旧译名字 20 多个。④研制《通用规范汉字表》。2013 年，国务院公布了《通用规范汉字表》。全表共收入通用规范汉字 8 105 个，既能满足一般用字需要，也能满足信息化时代与大众生活密切相关的专门领域的用字需要，是最新的通用字字表，具有替代《现代汉语通用字表》（1988 年）的功能。（黄本）

23.笔画序根据笔画数和笔形的顺序编排汉字。其规则有五条（后三条为 1999 年新增），分别为：①笔画数规则，即按笔画数从少到多排列。②笔顺规则，即同笔数的字按笔顺逐笔比较笔形定序，首笔笔形相同，再按第二笔的笔形顺序，以此类推。具体而言，关于笔形的顺序，有不同的主张，常见的有三种顺序，即“札字法”“丙子法”和“江天日月红法”，第一种顺序用得较多。③主附笔形规则，主笔形先于附笔形，如子孑、刀乃、夂么、丸及。④笔顺组合关系规则，相离先于相接，相接先于相交，如八人、几丸；另外有先短后长等定序法，如未末。⑤结构方式规则，左右结构优先于上下结构，上下结构优先于包围结构，字形比例小的先于字形比例大的，如旯旭。根据这五条规则，基本上解决了笔画法定序的问题。

24.汉字编码的方法概括起来主要有字形编码法（形码）、字音编码法（音码）

和形音结合编码法(形音码或音形码)三类。①字形编码。将汉字分解为部件或笔画,并按规定的顺序排列、用相应的字母数字等符号替代,按一定的规则取舍的符号组合,就是字形编码。具体又分为笔画式编码和字根代码类。②拼音编码。可分为全拼音式和压缩拼音式。③形音结合编码。有形音码和音形码两类,分别以形或音为主。评价汉字编码方案优劣的标准是易学、易记和易用。(黄本)

25."汉字是意音文字"这种说法不够严谨,准确地说汉字属于表意体系的文字。人类造字记录语言,可以只从语义入手,也可以只从语音入手。从记录语义入手,用符号(字形)直接表示语义,造出义符,以义符带音,即间接表音,这种用义符直接表语义的文字,叫义符文字,即表意文字,如汉字和埃及古文字。从记录语音入手,用符号直接表示语音(音素或音节),造出音符,凭音符得义,即表音文字。其中由音符直接表示音素的称为音素文字,如英文;由音符直接表示音节的称音节文字,如日文假名。汉字形声字的形旁是义符,声旁是音符,形声字也能从某种程度上表示字的音和义,因此有人据此说"汉字是意音文字"。应该说,形声字的形旁和声旁合起来整个表示语素之义。其形旁只表示语素之义类,是类义符,声旁表语素之音类,是类音符,要一音一符,才是真音符。声旁本身来自义符,假借义附表音类,又不是专门表某音,有的声旁还可兼作形旁。所以,汉字的形声字的音符不同于表音文字的字母,汉字不是意音文字,是属于表意体系的文字。(黄本)

26.在20世纪整整一百年里,汉语文本历经左起横排、采用新式标点、采纳阿拉伯数目字等几次变化,方便了人们对于书面语的使用,适应了社会的发展。汉语文本的改革与完善,是通过一代又一代语言学家、教育家的努力,在政府的支持下实现的,是经过长期论证和实践才得以完成的。目前,汉语文本又面临新的挑战,来自于新的时代——信息时代的挑战。信息时代要求我们必须解决信息技术对汉语文本提出的新要求,否则我们将无法与信息时代的发展同步。

汉语文本与信息时代产生矛盾的一个重要方面就在于汉语文本的书写不分词,词与词之间没有空格,而计算机检索、理解、分析和处理中文的书面语,几乎都要以词为单位。这种没有词的界限的文本,计算机处理起来,首先就要解决分词的问题,找出词与词之间的界限,然后才可以做其他方面的工作。因而,信息时代对汉语文本提出的最基本的要求就是解决汉语文本的分词问题。

汉语文本不分词书写有长远的历史渊源。汉语文言文是不分词书写的,因为古代汉语单音节词居多,基本上一个字就是一个词,一个词就是一个字,二者大体对应,所以文言文本身不存在分写、连写的问题。可是后来随着汉语双音化的发展,汉语字与词的关系就发生了很大的变化,不再是"字就是词,词就是字"了。多音节词的增加,打破了词与字之间原来的那种大体整齐的对应关系,但是文字的书写方式并没有随之做出相应的改变,给人脑和电脑都带来了词的切分问题,甚至形成词与词之间的语义交叉,如我们举的上例。如果说人脑通过回视、分析语境能够解决词的切分问题,可是,目前电脑的理解能力还远远赶不上人脑。

汉语文本的这个问题对于拼音文字来说是不存在的,因为拼音文字在书写上词与词之间留有空档,作为词的界限,这就自然地为电脑的文字处理打下了基础。所以文本分词的问题是一个有中国特色的问题。

为了解决汉语文本给信息时代的发展带来的困难,几年来,信息界、语言学界从几个方面进行了研究和论证。有的从技术方面入手,解决中文文本的自动分词问题;有的从人的角度,提出分词连写、拼音化的途径。这些研究都取得了一定的成果,但都或多或少存在着一些弊端。从计算机角度着手,研究计算机的自动分词问题,这是目前国内计算机学界以及语言学家从事的主要工作之一。但是这项研究不仅成本极高而且最为关键的问题是它达不到100%的准确率。汉语的自动分词存在切分歧义等影响自动分词效果的关键问题。从计算机角度解决汉语文本的分词问题,对硬件要求高,技术难度大,前景不甚乐观。有鉴于此,一些语言学家转向汉语文本本身,提倡词式书写。有学者认为,这是汉语书面语改革的继续和发展,是时代发展的需要。

从理论上说,用汉字实行词式书写确实能解决计算机自动分词中所遇到的种种问题,无论是交集性歧义、多义性歧义及未登录词所造成的问题都能得到很好的解决。可是如果把汉字式词式书写贯彻到实践中就会遇到重重困难。首先,分词书写的汉语文本看上去不美观,对读者来说不适应,还有可能以为计算机的排版系统出了毛病。然而问题还不仅仅如此,最重要的问题是汉语的"词"是语言学界到目前还没有彻底解决的问题,汉语的"词"与"语素""短语"经常会产生混淆。把这个语言学家还没有解决的难题,交到非汉语专业的人手中,其困难可想而知。其次,采用分词书写会对写作思路产生干扰。

有学者认为,要解决汉语文本给信息技术的发展带来的困难,最有希望成功和最能彻底解决问题的办法就是使用辅助性质的汉语拼音文字系统,实行双语双文,同时实行汉字书写与拼音化书写,在计算机上实行"文字的双轨制"——既可使用汉字,又可使用汉语拼音。(黄本)

【参考许林杰《汉语文本分词问题的形成原因和解决途径》(《山东行政学院学报》,2002年第3期)】

27.文字记录语言,语言都有音。形声字有一个构字成分与被记录的语言单位的读音相联系,这样,语言的任何一个单位就都可以根据被记录语言的读音而找到一定的声旁。语言单位都有义,根据被记录的语言的意义类别而找一个形旁也是不难的。正因为这样,形声造字法被人们广泛应用,成为汉字主要的造字法。(胡本)

28.象形造字法造字必须描绘客观事物的形状,客观世界中有形状可供描摹的事物是有限的,到一定的时候,就难以继续大量造字。会意字造字法从几个实物图形的会和中,间接表示字的意义,有一定的主观假定性,因此,造字不容易,认字也不容易。所以现代汉字会意字造字法也用得不多。(胡本)

29.汉字总字数很多,通用汉字的数量也不少,可是人们写作时经常使用的汉字数量却要少些。有关部门根据文艺作品、新闻通讯和杂志、口语资料、自然科学和技术、社会科学和哲学五个方面的材料做了抽样统计,发现用现代汉语写的文章用字比较集中。大致说来,如果一个人掌握了出现频率较高的950个字,那么,就能覆盖一般书报中90%的字;掌握了3 800个字,就能覆盖99.9%的字。1985年,北京语言学院语言研究所对1979年至1980年出版的全国通用的中小学语文课本中使用现代汉语书写的文章的词汇进行了统计,其中使用频率最高的100个字,能覆盖全部被统计材料用字的44.33%,1 000个字能覆盖全部被统计材料用字的78.57%。汉语用字之所以如此集中,是同现代汉语词汇中大量语词都由常用的字作为构词成分而构成这一情形分不开的。

汉字用字集中的情况给我们一个重要的启示,学习和掌握汉字,必须牢牢抓住出现频率高的那些常用字,这是汉字学习和使用的重点。(胡本)

(五)事实分析题

1.(1)步(会意)　(2)寸(指事)　(3)旦(指事)　(4)廿(指事)

(5)石(象形)　(6)荆(象形)　(7)尖(会意)　(8)采(会意)。

2.會、敵、處、機、黨、愛、醫、書、簾、驚。

3.爱、发、丑、会、经、尘、巩、积、划、邻、庙。

4.略。

5.嵌——山、甘、欠;拉——扌、立;霏——雨、非;固——囗、古;湖——氵、古、月。

6.(1)赌、睹:赌,赌博,意义同表示钱财的形旁“贝”有联系。睹,看见,意义同形旁“目”有联系。

(2)瞠、膛:瞠,瞪着眼,意义同形旁“目”有联系。膛,胸膛,体腔,意义同形旁“月”有联系。

(3)胳、赂:胳,胳膊,意义同形旁“月”(肉)有联系。赂,贿赂,意义同表钱财的形旁“贝”有联系。

(4)渴、谒、喝:渴,口干想喝水,意义同形旁“氵”(水)有联系。谒,拜见,意义同形旁“讠”(言)有联系。喝,吸食液体饮料或流质食物,意义同形旁“口”有联系。

(5)溢、谥、隘:溢,充满而流出来,意义同形旁“氵”(水)有联系。谥,我国古代在最高统治者或其他有地位人死后,给他另起的称号,意义同形旁“讠”有联系。隘,险要的地方,意义同形旁“阝”(阜,土山)有联系。

(6)苔、笞:苔,隐花植物一种,意义同形旁“艹”有联系。笞,用竹板或鞭、仗打,意义同形旁“竹”有联系。

(7)沾、玷:沾,浸湿,意义同形旁“氵”(水)有联系。玷,白玉上面的污点,意义同形旁“王”(玉)有联系。

(8)抠、枢、怄:抠,用手指或细小的东西挖,意义同形旁“扌”(手)有联系。枢,门上的转轴,意义同形旁“木”有联系。怄,故意惹人恼怒,或使人发笑,逗弄,意义同形旁“忄”(心)有联系。

7.伞(傘):保留轮廓。众(衆):构成新会意字。窜(竄):构成新形声字。

飞(飛):保留特征。韦(韋):草书楷化。卜(蔔):异音代替。

龟(龜):保留轮廓。风(風):换用简单符号。

四　真题精粹

(一)填空题

1.如果以造字法的角度看,“天”应该属于(　　)字。(2016年,北京大学)

2.汉字的主要特点是它属于(　　)体系的文字。(2021年,北京语言大学)

3.从造字法来看,“瓜、侧、面、肉”都属于(　　)造字法。(2019年,北京语言大学)

4.“颐”字共有13画,第七画是(　　)。(2015年,北京师范大学)

5.现行汉字的结构单位有两级:一是笔画,二是(　　)。(2016年,北京师范大学)

6.根据笔顺规则,汉字“乃”的第一笔是(　　)。(2016年,中国人民大学)

7.现代汉字的标准化应做到“字有定量,字有定形,字有定音,(　　)”即我们常说的“四定”。(2020年,对外经济贸易大学)

8.汉字“儿”的笔画组合方式是(　　)。(2016年,厦门大学)

9.合体字是由两个或两个以上的(　　)构成的。(2017年,复旦大学)

10.从造字法上来看,“采”是(　　)字。(2020年,首都师范大学)

(二)选择题

1.以下对隶书描述正确的一项是(　　)。(2019年,北京大学)

A.异体字较多　　B.主要是秦代使用

C.笔形是平折方直的,缺少波磔变化　　D.是古文字演变为今文字的转折点

2.从汉字形体演变史来看,打破古汉字象形传统,奠定现代汉字基础的是(　　)。(2016年,上海外国语大学)

A.小篆　　B.楷书　　C.行书　　D.隶书

3.汉字“涵”的组合结构属于(　　)。(2016年,山东大学)

A.上下组合　　B.左右组合　　C.包围组合　　D.框架组合

4.下面第一笔是点(　　)。(2023年,北京师范大学)

A.常　　B.办　　C.脊　　D.尖

5.下列采用“符号代替”简化方法的是(　　)。(2019 年,北京师范大学)

A.赵 鸡　B.斗 专　C.长 声　D.灶 环

6.“恭”是(　　)。(2015 年,中山大学)

A.象形字　B.会意字　C.指事字　D.形声字

7.下边各组中都是会意字的是(　　)。(2023 年,华东师范大学)

A.清 志 洛　B.社 引 妇　C.切 捧 折　D.休 从 男

8.“凹凸”这两个字的笔画一共是(　　)。(2017 年,南京大学)

A.16　B.14　C.12　D.10

9.下列成语中有错别字的是(　　)。(2022 年,厦门大学)

A.惹是生非　B.如法炮制　C.委屈求全　D.涣然冰释

10.“衡”的声旁是(　　)。(2020 年,重庆大学)

A.鱼　B.行　C.大　D.角

(三)汉字能力题

1.填空题(2019 年,上海外国语大学)

(1)“豇”的形旁是(　　)。　(2)“词”的声旁是(　　)。

(3)“凶”是(　　)结构。　(4)“火”的第二笔是(　　)。

(5)“凸”有(　　)笔。

2.修改错别字

(1)委屈求全。　(2)直接了当。　(3)出寄制胜。

(4)妄费心机。　(5)默守成规。

真题精粹参考答案

(一)填空题

1.会意　2.表意　3.象形　4.竖折/竖弯　5.部件　6.横折折折钩　7.字有定序　8.相离　9.部件　10.会意

(二)选择题

1.D　2.D　3.C　4.C　5.A　6.D　7.D　8.D　9.C　10.B

(三)汉字能力题

1.填空题

(1)豆　(2)司　(3)半包围结构　(4)短撇　(5)5

2.修改错别字

(1)委曲求全　(2)直截了当　(3)出奇制胜　(4)枉费心机　(5)墨守成规

第三章　词　汇

一　本章要点

语汇概说
语汇与语汇学
熟语
语汇的构成
基本语汇和非基本语汇
古语语汇、方言语汇、外来语汇
行业语、隐语、阶级习惯语
熟语
语汇的发展
社会发展与语汇变化
新词创生
旧词消亡和复出
语汇学
语汇系统
语汇单位
语素
词
词的构成
单纯词
合成词
短语词和离合词
缩略形式和缩略词
词义
词义的性质和类型
词义的发展
多义词、同音词、同形词
同义词、反义词、类义词
词典
字典和辞典
词典的特点和类型
常用检字法
固定短语
语汇规范
词汇规范标准
词汇规范原则

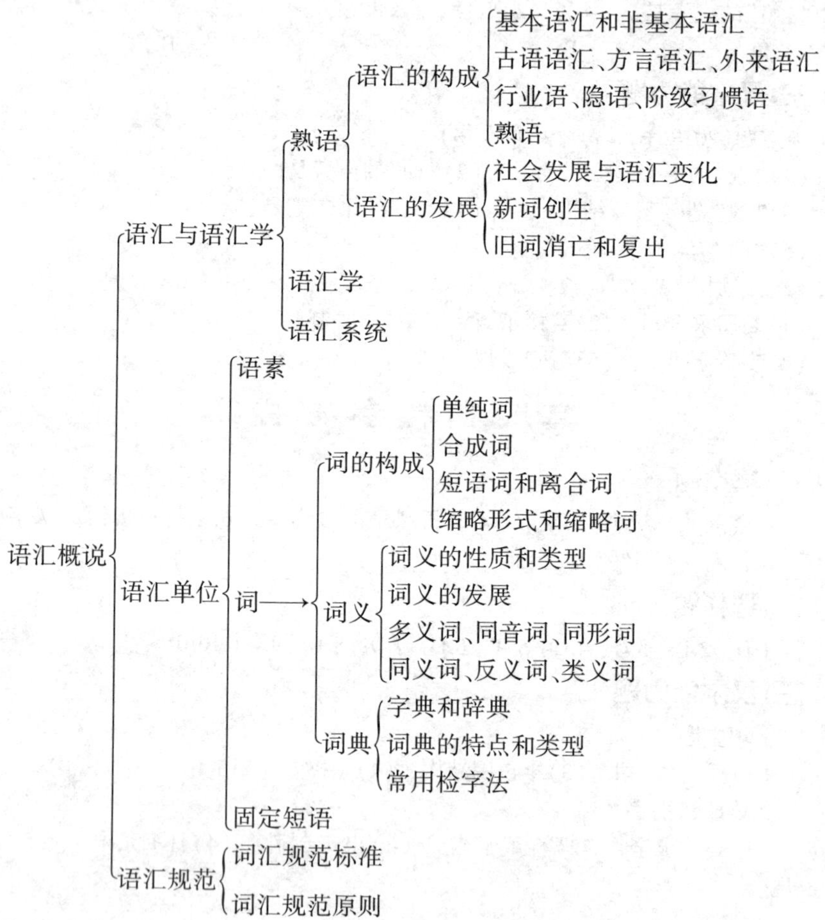

二 知识点精讲

(一)基本概念

1.语汇

词汇又称语汇,是一种语言里所有的(或特定范围的)词和固定短语的总和。例如汉语词汇、英语词汇或一般词汇、基本词汇、文言词汇、方言词汇等,还可以指某个人或某个作品所用的词和固定短语的总和,如“老舍的词汇”“《鲁迅全集》的词汇”等。(黄本)

词汇是语言的建筑材料,是语言中的词和词的等价物(固定词组)的集合体。词汇也可以指某一个人所掌握的或者某一部著作里所使用的词语的总和。词汇不但包括语言中所有的词,也包括一些固定词组,如成语、歇后语等。(胡本)

语汇,也称作词汇,是一种语言里所有的语汇成分——语素、词和短语的总汇。语汇系统具有三种主要性质:体系性、层级性、开放性。(邢本)

2.语汇单位

语汇单位有语素、词、固定短语和略语。(黄本)

语汇单位有语素、词和固定短语。(胡本、邢本)

3.语素

语素是语言中最小的音义结合体。(黄本)

语素是最小的语音语义结合体,是最小的语言单位。(胡本)

语素是最小的语音语义结合体,是构成词的语言单位。(邢本)

4.词

词是语言中最小的能够独立运用的有音有义的语言单位。(黄本)

词是代表一定的意义,具有固定的语音形式,可以独立运用的最小的结构单位。(胡本)

词是具有一定的语音形式的、能够独立运用的、最小的语言单位。(邢本)

5.联绵词

连绵词指两个音节连缀成义而不能拆开的词。其中有双声的,有叠韵的,有非双声叠韵的。(黄本)

读出来是两个音节,写下来是两个汉字,但只是表示一个意义。汉语的双音节语素主要有连绵词和音译的外来词。连绵词(也叫连绵字),这是古代汉语的遗留。从两个音节的构造来看,可以分成双声连绵词、叠韵连绵词和非双声叠韵连绵词。(胡本)

联绵词指两个不同的音节连缀成一个语素构成的词。根据音节之间的结构关系,连绵词可以分为双声联绵词、叠韵联绵词和非双声叠韵联绵词。双声联绵词——两个音节声母相同,叠韵联绵词——两个音节的韵母或韵腹和韵尾相同,

非双声叠韵联绵词——两个音节的声母、韵母都不相同。(邢本)

6.叠音词

叠音词由两个相同的音节相叠构成(如“猩猩、姥姥”)。重叠后仍只是一个双音语素,是单语素词,不是词的形态的变化。(黄本)

叠音词是由两个相同音节连缀成的一个语素构成的词(如“茫茫、快快”)。(邢本)

7.音译外来词

外来词也叫借词,指的是从外族语言里借来的词。照着外语词的声音对译过来的,一般叫音译词。(黄本)

借用外国或不同民族的词,按照它们的声音形式翻译过来,叫作音译。在进行音译的时候,由于语音系统的不同,不可能翻译得同原来词语的声音一模一样,常常只用一些近似的形式代替。(胡本)

音译词是按外族词的发音用同音、近音汉字转写的词。(邢本)

8.固定短语

固定短语是词跟词的固定组合,一般不能任意增减、改换其中部分的成分。(黄本)

词组又叫“短语”,是大于词的语言单位,是两个或两个以上的实词构成而不成句子的语言单位。(胡本)

短语又叫词组,是比词高一层级的语言单位。短语可分为自由短语和固定短语两类。固定短语分为两大类:专名短语和熟语。熟语主要包括成语、惯用语和歇后语。有的认为还包括谚语。(邢本)

9.缩略形式

缩略语是语言中经过压缩和省略的词语。为了称说简便,人们常把形式较长的名称或习用的短语划短,成为缩略语。缩略语课分为两类:简称和数词略语。(黄本)

对于表示事物意义的词组抽取其中几个成分构成简称,通过词组缩减构成新词。简称的常见形式有以下几种:从全名中取中心成分、省减两个并列成分中的共同语素、抽取词组中的某些成分、标数概括。(胡本)

为了称说方便,使事物称谓中的成分进行有规律的节缩或省略叫缩略。缩略以后的语言单位叫缩略形式,又叫简称。常见的方式有提取式、共素式、标数式。(邢本)

10.词义

词义是词的意义,包括词汇意义和语法意义,即词的内容。词义具有概括性、模糊性和民族性。(黄本)

词义,即词的意义,是词的声音形式所负载的信息内容,表现为词的各种用法。词义是人主观世界和客观世界相互作用的产物，同时又与语言世界（词语的形式结构、词语的系统联系及词语的使用功能）密切相关。（邢本）

11.义位

义位，又称义项，是由特定的词形表示的、能独立运用的、概括的、固定的语义单位，是词义存在的基本形式。义位一般指词的义位，有时也指语素和熟语的意义。这里所讲的义位，主要是词的义位。义项是词的理性意义的分项说明。（黄本）

一个能独立运用的概括而固定的词的意义单位叫作义位。（邢本）

12.义素

义素是构成词义的最小意义单位，又叫词的语义成分或语义特征。（黄本）

13.多义词

有两个或两个以上义项的词叫多义词。（黄本）

每个词都具有一定的意义，一个词的意义可以是单一的，也可以是多种的。根据词所包含的意义多寡的不同，可以把词分为单义词和多义词两种。包含多种意义的词是多义词。（胡本）

一个词如果有两个或两个以上互相关联的义位，这个词就是多义词。（邢本）

（1）本义。

本义是词的最初意义。（邢本）

（2）基本义。

有的词有几个义项，几个义项之间的地位并不是平等的，其中至少有一个义项是基本的、常用的，叫做基本义。（黄本）

基本义是词在现代最常用、基本的意义。（胡本）

基本义是词在现代最常用最主要的意义。（邢本）

（3）引申义。

在基本义的基础上经过推演发展而产生的意义是引申义。（黄本）

引申义是基本意义转化、发展出来的意义。（胡本）

引申义是通过事物之间的相关性联系派生出来的意义。（邢本）

（4）比喻义。

借用一个词的基本义来比喻另一种事物，这时所产生的新的意义是比喻义。（黄本）

比喻意义是通过词的比喻用法产生出来的引申意义，是通过基本意义的借喻而形成的。（胡本）

比喻义是通过事物之间的相似相联系派生出来的意义。（邢本）

14.同音词

同音词是语音相同而意义之间并无联系的一组词，是多词同音现象。（黄本）

同音词是几个词具有相同的语音形式,意义上缺乏联系,缺乏共同的基础。一般称为纯粹的同音词(如“打水”中的“打”和“打今儿起”中的“打”)。(胡本)

同音词指语音形式完全相同而意义没有联系的一组词。同音词必须是声、韵、调完全相同。同音词根据字形的异同可以分为两类:同形同音词和异形同音词。(邢本)

15.同形词

同形词是指书写形式相同而意义没有联系的一组词。同形词包括读音相同的和读音不同的两种情况。(邢本)

16.同义词

意义相同或相近的词组成的语义场叫同义义场,义场中的每个词叫同义词。同义词可以分为等义词(两个词不论从哪一方面来看,意义都相同,在语言中通常可以换用,如“演讲”和“讲演”)和近义词(从义项上看,有至少一个重要义项相同,但两者在意义和用法上都有细微的差别,如“坚决”和“坚定”)。(黄本)

语言中用不同的语音形式来表示相同或相近的意义,就产生了词的同义现象。凡是意义相同或相近的词,就叫同义词。意义几乎完全相同,在一般情况下可以任意互相替代,是一种完全的同义词(或称“等义词”);虽然意义相同,但并不完全相等,有种种细微的差别,应用上也不能任意替换,是一种不完全的同义词(或称“近义词”“条件同义词”)。一般所说的同义词,包括上面这两种。(胡本)

同义词是指义位相同或相近的一组词。同义词有宽、严两种情况。严格的同义词是指概念意义完全相同的一组词,即所谓的等义词;较宽的同义词是指概念意义基本相同但又有细微差异的一组词,即所谓的近义词。平时人们所说的同义词,往往指的就是近义词。根据构词语素的同异,同义词可分为三类:同素逆序同义词、语素部分相同的同义词、语素完全不同的同义词。(邢本)

17.反义词

两个意义相反或相对的词可以构成反义义场,这两个词互为反义词。(黄本)

反义词是语言中词汇意义相互矛盾、对立的词。反义词在意义上经常是相互排斥、相互对立的。(胡本)

反义词是指意义相反或相对,同时又属于相同的意义范畴的一组词。反义词是客观事物的矛盾对立在语汇中的反映。反义词可以分为两类:正反反义词、两极反义词。(邢本)

18.同素词

同素词是由相同的语素构成的一组词。其中注意:有少数同素词的语素读音有轻声音变现象;同素词不都是同义词;语素义各不相关,不能构成同素词。(黄本)

19.类义词

狭义的类义词是指属于同一个语义场、表示同类概念的而没有上下义、同义或反义关系的一组词。需要注意:①词与词之间的类义关系,是就词的某一义位来说的。②词与词的类义关系,有的比较密切,有的比较疏远。③类义词必须是表示同类概念、属于同一语义范畴的词。(黄本、邢本)

20.语义场

语义场是语义的类聚,既有相同义素又有区别义素的一组词的相关语义聚合为一个语义场。(黄本)

语义场是含有共同义素的词语组成的集合。语义场就是通过不同词之间的对比,根据它们词义的共同特点或关系划分出来的类。由共同义素聚合在一起的词语形成一个语汇网络,彼此之间具有纵横关系。纵向的关系体现语义场的层次性;横向的关系体现了语义场的依存性。另外,语义场还有相对性。值得注意:第一,一组词语只有具有共同的语义特征和不同的语义特征,才能构成一个语义场。第二,构成一个语义场至少要有两个不同的词语。

语义场包括二元义场、多元义场。(邢本)

21.语义场类型

(1)类属语义场。类属义场的成员同属于一个较大的类。

(2)顺序义场。顺序义场的各成员按照某种固定的顺序排列。

(3)关系义场。关系义场一般有两个成员组成,两者处于某种关系的两端,相互对立、相互依靠。(黄本)

22.上下义词

在概念意义上有包含和被包含关系的一组词就是上下义词。上下义词所表示的概念是属种关系。上下义词是就两个词之间的相互关系而言的,词与词的上下义关系具有相对性。词与词的上下义关系具有可传递性。上下义词的类型可以分为以下两种:直接上下义词和间接上下义词。注意:

(1)表示上下级、上下辈的词不是上下义词。

(2)表示整体和部分关系的词不是上下义词。(黄本)

23.语境

语境就是语言单位出现时的环境。一般分为上下文语境和情境语境(又叫社会现实语境)。(黄本)

24.基本词汇和一般词汇

词汇中最主要的部分是基本词汇,它和语法一起构成语言的基础。基本词汇是基本词的总和,它有三个特点:稳固性、能产性和全民常用性。语言中基本词汇以外的词汇是一般词汇,包括古语词、方言词、外来词、行业语、隐语等。一般词汇有很大的灵活性。(黄本)

普通话词汇里,有些词是全民族使用得最多的,一般的生活中最必需的,意义最明确的,为一般人所共同理解,几乎用不着什么解释的。这样的词是词汇中最主要的成分,叫作基本词。基本词的集合体叫作基本词汇,是词汇的基础。基本词汇的性质,可以从全民性、稳固性、作为构造新词的基础三个方面来考察。词汇里基本词汇以外的词语构成一般词汇。一般词汇的成分,除了由古代语言继承下来的非基本词外,依据不同的来源,又可以分为新造词、古语词、方言词,以及来自别的民族语言及社会习惯语中的词。(胡本)

基本语汇是全民使用最多、日常交际最必需的、意义最明确、为人们共同理解的语汇成分的总和。构成基本语汇的单个词是基本词。从动态的角度看,基本语汇有四个特点:全民性、常用性、稳固性、能产性;从静态的角度来看,则表现为,单音节基本词占优势,具有多义性,在感情色彩上一般表现为中性。非基本语汇又称一般语汇,是指全民性和稳固性较差,不常用的词和绝大部分固定短语。(邢本)

25.古语语(汇)

古语词包括一般所说的文言词和历史词,它们来源于古代文言著作。文言词所表示的事物和现象还存在于本民族现实生活中,但由于为别的词所代替,一般口语中已不大使用;表示历史上的事物或现象的古语词,一般叫作历史词,在一般交际中不使用,在叙述历史事物或现象时,才使用它们。(黄本)

古语词是指现代汉语中少用而多见于古代文献的词,因为它们是从许多文言文中流传下来的,是古代汉语的书面语词。(胡本)

古语语汇是带有明显的古代社会生活印记的语汇。它包括历史语汇和文言语汇。古语语汇是现代汉语中继承了古代的基本语汇之外的古代汉语中的语汇。(邢本)

26.方言语(汇)

方言词是普通话从各方言中吸取来的词。(黄本)

方言词是指流行在方言地区而没有在普通话里普遍流行的词。(胡本)

方言语汇是某个地区使用的带有地方色彩的语汇。(邢本)

27.外来语(汇)

外来词也叫借词,指的是从外族语言里借来的词。根据外来词的吸收方式和构造,大致可以将其分为四类:音译、半音译半意译或音意兼译、音译前后加注汉语语素及借形(字母外来词)。(黄本)

外来词是指本民族语言从外国或其他民族语言里吸收过来的词。外来词的吸收,也叫词语的借用。外来词也叫借词。现代汉语借用借来的外来词,主要的有三种形式:音译的外来词、音译兼表义的外来词及从日本文中吸收过来的外来词。(胡本)

外来语汇是从外族语汇中吸收进来的语汇,也称作借词或外来词。汉语吸收外来语汇的主要方式有译音、译音兼译义、半译音半译义、译音加类名、借形和字

母词。(邢本)

28.行业语

行业语是各种行业应用的词语,或者叫“专有词语”,其中的术语对发展科学文化有十分重要的意义。行业语也是丰富普通话词汇的源泉之一。某些行业词语,特别是科学术语,在一定的条件下可以取得全民性,在专门意义之外又获得了一个一般的意义,从而成为普通话词汇。(黄本)

行业语是各种行业上应用的词语,是各种职业和某些特殊生活的专门用语。行业语及其他用语同科技上的专门术语是有区别的:专门术语有全民族的共同性,有些更是国际性的,通行于全世界;行业用语及其他用语大抵为一定的集团服务,不是全民性的。行业语及其他用语和专门术语也有相同的性质:它们都跟方言词不同,有超地域性;都是依附于民族共同语存在的,都不能发展成为独立的语言;都是专门性的,每一个词语总有一个特定的意义,趋向于单义性。(胡本)

行业语是某个专门学科和某个行业内通行的语汇。它包括和各个学科的专业术语和各个行业的行业用语。随着科学技术的普及,有些行业用语已逐渐为人们所熟悉,行业语如果为全民所使用,就有可能成为通用语,有的意义还可能泛化。行业语的引申泛化,由单义到多义,并最终进入全民语言生活,使语言的词汇不断得到丰富和发展。(邢本)

29.隐语

隐语是个别社会集团或秘密组织中的一种只有内部人懂得的特殊用语。隐语一般是用赋予现有普通词语以特殊的含义的办法构成的。(黄本)

隐语也叫“黑话”,是个别社会集团或秘密组织的内部成员使用的对外保密的特殊词语。隐语往往是为了掩饰某种不能公开的特殊活动而使用的。它一般是夹用在话语当中,多用于对话接头、考察识别。(阶级习惯语则是社会某一阶级或阶层内使用的特殊用语。)(邢本)

30.熟语

熟语又叫习用语,是人们常用的定型化了的固定短语,是一种特殊的词汇单位。熟语具有丰富的内容与精练的形式,概括了人们的认识成果,源远流长,运用普遍,极富于表现力,充实了词汇的宝库。熟语包括成语、惯用语和歇后语。(黄本)

词汇当中,除了许多独立运用的词之外,还有一些固定词组为一般人所经常使用的,也作为语言的建筑材料和词汇的组成部分,这些总称熟语。熟语的范围相当广,包括惯用语、成语、歇后语、谚语、格言等。(胡本)

熟语是由词和语素构成的,具有整体意义的,为人们习用的定型化了的短语,也称固定短语。熟语主要包括成语、惯用语、歇后语,还有谚语和俗语。熟语在结构上大多是短语形式,有的还是句子形式,但在作用上大都相当于一个词。(邢本)

31.成语

成语是一种相沿习用、含义丰富、具有书面语色彩的固定短语,具有意义整体性、结构凝固性以及风格典雅性的特点。成语来源广泛,有神话寓言、历史故事、诗文语句、口头俗语等。成语以"四字格"为基本形式,也有极少数非"四字格"的。(黄本)

成语是一种固定词组,同惯用语的性质相近,常常作为完整的意义单位来运用,而比惯用语更为稳定。成语的来源,主要可以分作从书面上来的和从口头上来的两大类。从构造上讲,可分作联合式的和非联合式两大类,并具有两个特点:第一,汉语中的成语有多种多样的类型,而绝大多数都是由四个字组成的"四字格",呈现出汉语词汇的一种特色;第二,成语类型的丰富多彩,正式说明汉语词汇是极其丰富的,汉语里的修辞手段也是极丰富和发达的。(胡本)

成语是一种相沿习用、形式简洁而意义精辟的固定短语。成语具有结构的凝固性、意义的整体性、使用的沿习性的特点。成语主要来源于各类故事、诗文语句、口头熟语,绝大多数成语由四个字组成。(邢本)

32.谚语

谚语是群众口语中通俗精练、含义深刻的固定短语。(黄本)

谚语是一般人在口头上流传的通俗的话,有很多是劳动人民的精练语言。谚语能成为独立的句子来说明一种意思。(格言同谚语的形式没有多大区别,也是一般人所流传使用而又作为行为的规范,多数是具有教育意义的。)(胡本)

谚语是在民间流传的通俗简明而又含义深刻的定型语句。它是人们对自然和社会规律认识的结果,是人们对生产生活等方面经验的总结。谚语内容丰富,范围广泛,有关于生产实践方面的,主要是农谚和气象谚;关于社会斗争方面的,主要是讽颂谚和劝诫谚;关于风土人情方面的,主要是风土谚;关于生活经验方面的,主要是生活知识谚。谚语简明通俗,生动形象,含义深刻,富于生活气息。它可以表现民族文化传统,反映地理环境特征和地域民俗风情,是人们在口语交际和文艺作品中经常运用的一种语言形式。(邢本)

33. 歇后语

歇后语是由近似于谜面、谜底两个部分组成的带有隐语性质的口头固定短语。前一个部分是比喻或说出一个事物,像谜语里的"谜面";后一部分像"谜底",是真意所在。两部分之间有间歇,间歇后的部分常常不说出来,让人猜想它的含义,所以叫歇后语。包括喻意歇后语和谐音歇后语。说话写文章能恰当地运用歇后语,可使语言生动活泼,饶有趣味,给读者留下鲜明深刻的印象,收到较好的表达效果。同时,运用歇后语要选取内容健康的,抛弃内容低俗落后的。对于内容健康的歇后语,也要根据作品所要表达的意思和语言环境恰当地使用,不能滥用,有的也不宜在庄严的场合里使用。(黄本)

歇后语可以说是另一种形式的成语。把一个成语的意义分作前、后两部分说出来,前一部分是个比喻或隐语,后一部分是意义的解释。平常说话时,可以把它的前一部分比喻或隐语单独说出,而把后一部分解释省去,让人家去体会、猜测,所以叫歇后语。依据修辞的方法来分,歇后语主要有比喻的和双关的两类。歇后语往往很形象,用得恰当,能使人感到生动有趣,但用得太滥,也会使人讨厌。有些歇后语,带着封建意味、迷信色彩、庸俗的低级趣味,应当剔除不用。还有一些地方色彩过于浓厚的,也应当根据语言规范化的原则来选择使用。(胡本)

歇后语是由近似谜面和谜底两部分构成、中间有间隙、生动形象而俏皮的定型短语。歇后语按其特点可分为喻义类和谐音类。运用歇后语,可以使语言生动形象,通俗活泼,富于生活情趣;还可以给话语增添某种气氛和色彩;有时用前部分,使话语显得委婉含蓄。需要注意的是,有些反映旧习俗、讥笑生理缺陷、歧视妇女的趣味低级的歇后语,应当予以排斥。(邢本)

34.俗语

俗语是在民间流传的反映人们社会生活经验的通俗简练的定型语句。俗语和谚语有些交叉,因此有人把它们合在一起,统称“谚语”,也有人称作“俗谚”。俗语强调的是人生经验和对生活的体验,更能体现浓重的口语色彩和浓烈的生活气息。(邢本)

35.惯用语

惯用语是指口语中短小定型的短语,大都是三字的动宾短语,也有其他格式的。简明生动,通俗有趣,是惯用语的主要特征。惯用语与成语有一定的相似性,但相比之下口语色彩浓、含义单纯。(黄本)

惯用语是一般人所熟悉的现成的固定词组,常常作为完整的意义单位来运用。但是有些可以拆散开来,插进一些别的词语,它们的固定性并不很强。惯用语有很大的精练性,多数是表义准确、形象生动的。对于惯用语的使用,也必须根据语言规范化的原则。方言性过强的或有庸俗意味的,应该少用或不用。(胡本)

惯用语是结构相对稳定,具有整体意义,口语色彩较浓的习用性定型短语。惯用语大多是利用生活中的事例通过比喻、引申形成整体意义。在结构上,惯用语以三字格为主,四字格、五字格的很少。惯用语具有鲜明的时代感,现在常用的惯用语大多来源于口语。惯用语通俗生动,生活气息浓郁,而且幽默风趣,是群众乐于使用的一种语言形式。(邢本)

36.词典和字典

词典和字典是解疑释惑、提供知识资料的工具书。它的功用,一般来说有三个方面:第一,是帮助识字的启蒙工具,是进一步学习语文的工具,又是促进语言文字规范化的重要工具。第二,是学习科学技术知识的“顾问”,是普及科学知识的工具。第三,是知识资料的汇编,是科研中的“宝山”。词典和字典的类型,大

体说来有三类:语文词典、字典,专科词典,百科词典。(黄本)

词典和字典是把语言中的词和所用的字,按照一定的原则,有系统地编纂起来,并逐条加以注释和说明的。由于汉字的特性,字和词之间有矛盾,因而字典和词典各有其使用价值。字典以字为收集的对象,主要的功用是为了查字,所以注释的重点在讲明各字的读法、写法、意义和用法。词典以词语为收集对象,主要的功用是为了查考词语。一般使用的语文词典,实际上兼有字典性质的。使用词典的,同时也在使用字典。我国的词典和字典大致可以分做三大类:过去"义书""类书"的编排,很多依据于"义类";"字书"是依据汉字的形体结构来排列的,注释也侧重于字形的分析;"音书"是依据字或词的读音来排列的。从不同的用途来分,词典又有语文词典和专科词典两大类。(胡本)

词典,是收集语汇加以解释供人查检参考的工具书,也作辞典。词典是工具书(也称辞书)的一种。词典又称为释义著作,其主要任务是解释字、词、语、句。词典是以"词"为单位收录的,也收"字",只是把"字"作为单音节词收录。词典主要包括五个部分:前言、凡例、索引、正文、附录。词典的特点为资料性、查考性、检索性。词典的类型有通科性词典、专科性词典、百科性词典。汉语字典是以方块汉字为单位,按一定的方式排列,注明读音、意义和用法的语文工具书。当今的"字典",仍属于"词典"的范畴。只有专门收录汉字各种形体(如甲骨文、金文等),或收录书法艺术"字"的,才是真正专门性的"字典"。现在几种通行的字典有《康熙字典》《中华大字典》《新华字典》《现代汉语规范字典》等。(邢本)

(二)重难点剖析

1.语素的分类

语素是最小的有音又有义的语言单位,可以依据不同的标准分出不同的类型:既有词汇意义又有语法意义的语素叫实语素,只有语法意义没有词汇意义的语素叫虚语素;按音节的多少,可分为单音节语素和多音节语素;从构词能力为标准,可分为成词语素和不成词语素(又分为不定位语素、定位语素)。(黄本)

为了了解语素和词的关系,有必要给语素分类。分类的标准是:①按音节的多少,可分为单音节语素、多音节语素;②按是否能够独立成词分为自由语素和不自由语素;③按成词时的位置是否固定,可分为定位语素和不定位语素。(胡本)

语素可以从不同的角度分类。根据语音形式,语素可以分为单音节语素、双音节语素和多音节语素;根据组词能力,语素可以分为自由语素、半自由语素和不自由语素。自由语素和半自由语素相当于有人说的词根,不自由语素相当于有人说的词缀。(邢本)

2.词的分类

(1)单纯词。

由一个语素构成的词叫作单纯词。单纯词包括多音节和单音节。多音节单纯

词包括联绵词、叠音词和音译外来词,其中联绵词包括双声词、叠韵词等。(黄本)

单纯词是由一个语素构成的词,按音节的多少,单纯词可以分为单音节单纯词和多音节单纯词。单音节单纯词是由一个单音节语素构成的词;多音节单纯词是由多音节语素构成的词,包括连绵词、叠音词象声词和音译词。(胡本、邢本)

(2)合成词。

1)合成词定义。

合成词是由两个或两个以上的语素按照一定的结构方式和语义关系组合而成的词。(胡本、邢本)

2)合成词的构成方式。

合成词的构成方式分为两种。一种是不定位语素连接定位语素构成的合成词,可分为三类:定语语素在前的、定位语素在后的、在一个不定位语素的前后都有定位语素的;另一种是不定位语素相互融合构成的合成词,包括联合式、附加式、补充式、陈述式、支配式。(胡本)

合成词可以分为复合式合成词和附加式合成词两大类。复合式合成词分为联合式、偏正式、补充式、动宾式、主谓式和重叠式。附加式合成词分为前加式、后加式。(黄本、邢本)

3.字和语素

汉语的语素在口头上用音节表示,在书面上用汉字表示。汉字是记录语言的符号,是书写单位。语素和汉字的关系主要有以下几种情况:一素一音一字、几素一音一字(同形同音字)、几素一音几字(异形同音字)、几素几音一字、一素几音一字、一素几音几字。(邢本)

4.确定词的方法

在词的定义中,用能否“独立运用”(单说单用)来区分语素和词,用是不是“最小的”(不能扩展)来区分词和短语。①区别词和语素的方法就是“剩余法”,句子中的自由语素只要不与别的语素组词,便都是能够独立运用的单位——词,黏着语素单用时也可以是词。②区别词和短语的方法叫“扩展法”,如果可以分离的,中间往往能插入别的造句成分(即“扩展”),就不是词。(黄本)

常用的确定词的方法:①能够单用,能够单独回答问题的,是词。②把一句话、一个句子中可以单说、可以充当句法成分的单位提开,剩下来能单说而又不是一个词的组成部分的,是词。虚词就是用这个方法来确定的。③用扩展法来检查,某一语言单位中间不能插入别的成分的是词。(胡本)

常用的确定词的方法有以下几种:①直判法。②提取法。③扩展法。(邢本)

5.词义的性质

(1)词义的概括性。一般的词指的都是整类的事物或现象。

(2)词义的模糊性。词义的模糊性指的是词义的界限有不确定性,它来源于词所指的事物边界不清。

(3)词义的民族性。同类事物不同民族的语言用什么词、用几个词来表示，可以不同,词义概括的对象范围也可以不同,它体现了民族性。(黄本)

词义的各种性质是互相关联的,往往表现为对立统一关系。以下主要从词义的来源和作用、词义表达和理解等方面阐述词义的基本性质。①词义的客观性与主观性。词义是对客观事物的反映,因而具有客观性;词义不等于客观对象,而是人们对所指对象的概括认识。②词义的概括性与具体性。一般的词指的是整类事物或现象;作为在具体话语中的词的意义,具有具体性。③词义的明确性与模糊性。明确性指的是词义的界限、范围很清楚;客观事物中有很多事物相互之间的界限本来就不清楚,人的认识也有模糊的一面。④词义的稳固性与变异性。一个词的意义一旦为人们约定俗成,成为全体社会成员的共识,就不可有个人任意改变;社会在向前发展,一些词的意义也在发生改变。(邢本)

6.词义的类型

语汇意义可分为概念义和色彩义。①概念义是指词义中同表达概念有关的意义部分,又叫理性义或主要意义。②色彩义也称附属义,它附着在词的概念义之上,表达人或语境所赋予的特定感受。包括:感情色彩,表明说话人对有关事物的赞许、褒扬的感情;语体色彩,又叫文体色彩,有些词由于经常用在某种语体中,便带上了该语体所特有的色彩;形象色彩,是对事物形象的概括。(黄本)

词义首先可以分为语言意义和语用意义两大类:语言意义,是指词在语言系统中的概括而固定的意义;语用意义,是指词在具体使用时的具体临时意义。语言意义又可分为语汇意义和语法意义两类:语汇意义,是词在语汇系统中的独立意义;语法意义是词在语法系统中的关系意义。语汇意义主要包括三种:①词的概念意义,又称为理性意义、指称意义等,它是客观事物区别性特征在人脑的概括反映。②词的色彩意义,指词语概念意义之外的主要同交际环境有关的意义,包括情感色彩意义、形象色彩意义和语体色彩意义。③词的含蓄意义,又称内涵意义,是指说话人对所指对象委婉含蓄的评价,它反映人们对事物非本质的偶有性质的主观认识。(邢本)

7.词义的发展

词义的发展主要表现在以下三个方面:①词义的扩大,即扩大了原词语所概括的对象范围,由扩大部分形成新义,构成新词。②词义的缩小,即指词概括的对象范围缩小。缩小后,原来词义一般不用了,或只在特定的场合下使用。③词义的转移,即原用来指甲类事物的,后通过某种联系,转用来指乙类事物。(邢本)

8.同音词产生的原因

①造词时语音形式偶合;②语音演变的结果;③意义演变结果;④借用外来词的结果。(胡本)

①词的数量增多;②语音演变的结果;③意义演变结果;④借用外来词的结果。(邢本)

9.同音词的作用

同音词在语言中可以用来构成同音双关的修辞手法,加强语言的生动形象的表达能力。(胡本)

同音词在语言中可以用来构成同音双关的修辞手法,增强语言的表现力;可以表现说话人的机智,取得特殊效果。(邢本)

10.同音词和多义词区别

同音词和多义词都是用同一语音形式来表示不同的意义内容。但多义词指的是一个词具有几个不同的意义,这些意义之间有一定联系;同音词则是几个意义不同的词具有相同的语音形式,它们在意义上没有联系。(胡本、邢本)

11.同义词的作用

①可以使语言的表达精确、严密。②可以使语体风格鲜明。③可以使文句生动活泼,富于变化。④可以使语气委婉。⑤同义词连用,可以加强语势,使语意完足。(黄本)

①同义词能精细地反映出事物之间的细微差别,表达出人们对客观事物的各种不同的情感态度;②同义词可以帮助避免用词重复,从而使一篇作品的语言更加生动而富有变化,达到更好地修辞效果;③同义词可以满足修辞上的讳饰、婉曲的需要,构成"委婉语"或"禁忌语";④同义词连用可以加重口气,达到修辞上的强调目的,有时则进而构成具有特殊色彩的成语。(胡本)

①恰当选用同义词,可以表达出不同的意味、情态、话语风格和色调;②变换使用同义词,可以使语言富于变化,避免呆板;③连用同义词,可以使意义鲜明突出,增强语言表达气势。(邢本)

12.同义词辨析

①从词义的性质和范围上来辨析:感情色彩不同,语义轻重不同,范围大小不同,具体和概括的区别,适应对象不同。②从词的用法上来辨析:词的配合关系不同,词性和句法功能不同。③从语体风格上来辨析:口语和书面语的不同,普通用语和特殊用语的不同。(胡本)

①从意义上辨析:范围不同,程度不同,侧重点不同。②从功能上辨析:搭配对象不同,句法功能不同。③从色彩上辨析:感情色彩或语体色彩不同。(邢本)

13.反义词的作用

在句子中的作用:①在句子中,反义词经常被用作修辞上对比、映衬的手段,从而是文章具有更加鲜明的色彩和更加强烈的说服力;②在句子中,反义词连用,往往可以构成一种表面上矛盾,实际上含着深刻的哲理的语句,这种语句表现得更加含蓄,同时也更富有感染力;③由于反义词现象的存在,在特定的语言环境

中,就允许利用类比新创一个反义词,构成一种特殊的修辞手法,这种表现方法往往带有幽默、嘲弄意味。(胡本)

在成语中的作用:①某些反义词在成语中连用,表意上往往比单用的更加丰富。②由于反义词和同义词交叉复合,表意极为丰富生动。(胡本)

14.语境对词义的影响

①语境使词义单一化。②语境使词义具体化。③语境增加临时性意义。④语境表现出词义的选择性。(黄本)

15.义素的基本性质

①义素是最小的语义单位,是义位的组合成分,一个义位可以分析为若干个义素的组合;②义素是没有特定语音形式的抽象的意义单位;③义素是比较一组相关的词而分析出来的相互区别的语义特征。(黄本、邢本)

16.义素分析

义素分析就是把词的义位分解为若干义素的组合。从义素分析的角度分析词义的方法叫义素分析法。

义素分析的原则包括对等性原则、系统性原则、依存性原则、简明性原则。

义素分析的基本模式包括:

(1)名词模式:{名词}=【属性1、属性2、属性3、属性4……属性n、类】

(2)动词模式:{动词}=【主体、方式、动作、客体、因果】

(3)形容词模式:{形容词}=【范围、方面、程度、性状】(参考黄本)

17.词汇系统的性质

①体系性。语汇是一个有序的集合,这个集合中的各种秩序显示了语汇系统的体系性。语汇网络的联系虽然错综复杂,但并不混乱。相反,是井然有序的。语汇网络的每一个网结发生变化,就会带来有关网眼的相应变化。②层次性。语汇成分不是处在同一平面上,而是处在不同的层级上。语汇成分大致可以分为语素、词和固定短语三个层级。语素是词汇的基础层级,是构词材料。词是高于语素的一个层级,是语汇的主体层级,数量最大。固定短语又是高于词的一个层级,它是以词为基础构成的。三个层级互有联系又各有特点。③开放性。词汇是一个开放的集合,其成员是难以枚举的。语素依据一定的构词法能够自由地生成新词,词依据一定的语法规则和语义关系也能较自由地生成固定短语。人们根据现实交际的需要可以较自由地创造新词语,淘汰旧词语,吸收古代词语和外来词语。由于词汇成员经常有进有出,因而语汇系统、语法系统具有更大的开放性。(邢本)

18.基本语汇与一般语汇关系

①一般词汇对于社会的发展变化反应非常敏感。随着社会的发展,科学技术、文化教育的进步,人类认识能力的提高,新词不断产生。以基本词为基础构造

出来的新词,大部分首先成为一般通用词。②一般词汇中有些词,随着社会生活的发展,它们所表示的事物和概念在长时期中同人们的生活关系非常密切,具有全民性、稳固性、作为构造新词的基础三个特点,就能进入了基本词汇。③原来属于基本语汇的某些词,随着社会的发展,它们所表示的事物和概念在人们的社会生活中已经变得不很重要,甚至变成了过时的东西,这些词就退出基本词汇,变成一般词汇中的词。基本词汇是词汇的基础,一般词汇又可以充实和丰富基本词汇。由于语言不断地发展变化的,因此,基本词汇和一般词汇的界限不是一成不变的。(胡本)

基本语汇和非基本语汇是相互依存的。一方面,基本语汇是全民必需的,同时他还是语汇系统的核心和基础,是创造新词、不断丰富非基本语汇的源泉;另一方面,不同地区、不同职业、不同文化层次的人们,需要运用非基本语汇来满足各种交际需要,基本语汇和非基本语汇在历史发展中又是可以相互转化的。(邢本)

19.基本词汇的特点

①稳定性。基本词汇所标志的事物和概念都是十分稳定的,因此其具有稳固性。说基本词汇有稳固性,并不是说基本词汇是一成不变的,有的古代基本词不再成为现代汉语基本词,它们已为新词所取代。②能产性。用基本词作为语素创造出来的新词,最易于让人们理解和接受,最便于流传,所以那些千百年流传下来的基本词,变成了构成新词的基础,它们一般具有很强的构词能力。③全民常用性。全民常用性是说它为全民族所共同理解,流行地域广,使用频率高。它的使用,不受阶级、行业、地域、文化程度等方面的限制。(黄本)

20.成语的特征

①意义的整体性。成语表意上与一般固定短语不同,它的意义往往并非其构成成分意义的简单相加,而是在其构成成分的意义的基础之上进一步概括出来的整体意义。②结构的凝固性。成语的结构形式一般是定型的、凝固的。它的构成成分和结构形式都是固定的,不能任意变动次序或抽换、增减其中的成分。③风格典雅性。成语通常来自古代文献或俗语,其语体风格庄重典雅。(黄本)

21.成语运用应该注意的问题

①必须理解成语的意义。要了解成语的意义,就应当分析其结构,并且推究其来源以及意义的变化。②必须了解成语的用法。有些成语字面上相差不多,可是在意义上和感情色彩上却有很大的差别,不能相互混用。③必须采用成语的一般通行形式。在运用成语时,必须注意它的定型性,采用合于规范的形式,不能任意地加以拆散和变动。④必须注意成语的写法。要规范地运用成语,还必须把其中的每个字写得正确,以避免引起误会或闹笑话。(黄本)

22.新造语汇的特点

新造语汇是适应当代社会需要而产生的新词语。新词创生的主要特点:①社会生活越活跃的领域,创生的新词语越多,而且推行快,影响大。②根据某个新词或原有旧词的格式,用"仿拟"的方式造出新词,形成系统性的新词语。③缩略词非常多,表现也十分活跃。④新的"西文字母词"十分活跃。(邢本)

23.新词创生原则和方式

创造新词应遵循以下原则:①为一般人所普遍使用。②适应社会需要,反映社会发展。③能够明确地表达意义。新词创生主要有新造和引进两种方式。(黄本、邢本)

24.语汇的发展变化

现代汉语词汇是古代、近代汉语词汇的继续和发展。随着社会的不断发展与进步,随着人们的实践领域的不断扩展,词汇在不断发展变化,主要表现在大量新词不断地产生,有一些旧词则被闲置;同时,词的语义内容和词的语音形式也不断地发生变化。具体表现为,新词的产生、旧词的隐退和复出、词义的演变(词义的演变有以下几种途径:词义扩大、词义缩小、词义转移)。(黄本)

构成语言的语音、语汇、语法三要素中,语汇是最活跃的因素。语汇随着社会的发展而发展,处在不断的变动之中。社会的变化,经济的发展,科学技术的进步,生产方式的变更,这些都会在语汇中得到迅速反映;社会如果变动得快速频繁,新词往往就会大量涌现。语汇的发展适应社会的需要:首先,新事物的出现,需要创造新的词语来指称;其次,社会的发展,使得人们的某些观念也发生了变化,某些词语也因此而产生出新的意义,还有的词语在感情色彩上发生了变化,另有一些过去很少或已经废弃不用的旧词,随着社会的需要而"恢复生机",或"死而复活",重新启用;再次,社会生活节奏的加快,促成了词语内部结构的变化,一个突出的表现是,产生了大量的简缩词,现代汉语语汇以双音节词占优势,一般不超过四音节,多音节词语往往通过简缩的形式回到双音节的模式。(邢本)

25.语汇的规范

现代汉语词汇的规范化工作,自1955年全国现代汉语规范问题学术会议以来,经过广大语文工作者的努力,取得了一定的成绩。词汇规范化要做四方面工作:一是调整词汇系统内历史传承下来的不规范现象,主要是对异形词、义序词的整理;二是维护现有词语使用的规范;三是对吸收的方言词、外来词、古语词的规范(规范时主要应该考虑掌握以下三个原则——必要性、普遍性、明确性,如在外来词的规范方面,不要滥用外来词,统一外来词的汉字书写形式,吸收外族概念应尽量采用意译方式);四是对生造词的规范。(黄本)

语汇规范化,就是按照语汇内部规律对某些语汇成分进行人为调节,引导语汇向着更完善、更精确、更丰富的方向发展。普通话语汇的规范标准是以北方方言(官话)语汇为基础,以北京话语汇为核心。语汇规范主要有三个原则:①普遍性原则。这个原则是指把一般普遍应用的或使用频率较高的词语吸收到普通话语汇中来。②需要性原则。这个原则是指把能反映当前社会发展,能适应语言表达上的需要的词语吸收到普通话中来。③明确性原则。这个原则是指选择意义明确的,已经为全民所了解或容易为全民所了解的词语作为普通话的词语。上述三个原则不是孤立的,而是互有联系的。只有全面地应用于规范工作中,才能得到真正规范的普通话语汇。(邢本)

26.词典和字典的功用

词典和字典是解疑释惑、提供知识资料的工具书。它的功用,一般来说有三个方面:第一,是帮助识字的启蒙工具,是进一步学习语文的工具,又是促进语言文字规范化的重要工具。第二,是学习科学技术知识的"顾问",是普及科学知识的工具。第三,是知识资料的汇编,是科研中的"宝山"。(黄本)

一般人在学习过程中,觉得有一些字和词的读音、写法、意义不太清楚,需要查考词典和字典,把正确的读音、写法和意义弄明白。所以词典或字典都是学习文化和语言规范的必要工具。(胡本)

词典的功用是多方面的。词典被人们称作"无声的老师""案头的顾问",其主要功用有四:①识字、了解词义,借以解决学习中的疑难字词。②帮助了解有关图书的内容、作者、背景等方面的知识。③提供所需要的多种参考资料,以及学习、工作、生活中的所需要的一般知识和专业知识。④为研究课题提供文献索引,了解已有的研究成果和相关参考资料,提供丰富的学术信息与研究动态。(邢本)

27.释义方式

长期以来,人们在具体释义的实践过程中创制出多种方法,主要有以下几种:①指示法。解释某词时指出(指示)所代表的事物,让人们知道词的所指也就解释了词的意义。这是最基本的启蒙性的释义方法。②定义法。用简练的语言对词语所反映的概念的本质特征做确切的说明。这是辞书中主要的释词方法。③以词释词法。利用同义词或否定反义词进行解释。④描绘法。对一些表示状态行为的词用话语描述它们的样子。⑤分解法。先分析词的构成成分的意义再综合讲解。⑥入境法。联系一定的语境来解释词义。(黄本)

解释词义的方式,大体上有以下几种:①用同义词、反义词或词组来解释。②用描写、说明的方式。③用逻辑上为概念下定义的方式。④解释意义并且指明出处。以上所说的解释词义的四种基本方式,是词典编纂工作中常用的。事实上,各种方式可以根据需要综合运用,以求达到尽可能解释得准确、贴切、全面的目的。(胡本)

28.检字法

检字法是排列和查检字词的方法。除了字典、词典以外,检字法还用于图书目录、资料索引、人名表、地名表以及其他工具性的备检查的簿册和卡片等。通行的汉字检字法有两类,即按字形检字法和按音检字法。前者包括部首法、笔画法、

号码法、笔顺法、号码法等,后者包括注音字母顺序法和汉语拼音字母顺序法。(黄本)

常用检字法:①部首检字法。按照汉字部首编排查检汉字的方法叫部首检字法。②笔画笔形检字法。按笔画数的多少及起笔的类型为序来编排检字的方法,叫笔画笔形检字法。③四角号码检字法。根据方块汉字四角的不同笔形,用四个阿拉伯数字作为代码,按左上、右上、左下、右下的顺序将四个数字列出,再按代号指示去查寻正文的字词。④音序检字法。按汉字读音拼写字母的顺序来编排检字的方法,叫音序检字法。上述四种常用的检字法中,部首检字法是最古老的检字法,笔画笔形检字法是最易学的检字法,四角号码检字法是最快捷的检字法,音序检字法是最先进的检字法。(邢本)

三 巩固练习

(一)名词解释

1.词义。
2.单音词。
3.多音词。
4.叠韵词。
5.单纯词。
6.合成词。
7.派生词。
8.复合词。
9.概念意义。
10.色彩意义。
11.外来词。

(二)判断题

1.“星星”“爷爷”“偏偏”都是重叠式合成词。
2.多义词和同音词都是用同一语音形式表示多个意义。
3.现代汉语中单音节的词都是单纯词。
4.一个词可能会有好几个反义词。
5.“撤回”是补充式合成词。
6.部件是合体字的结构单位,它大于笔画而小于独体字。
7.不成词语素在任何时候都不能是词,而成语语素在任何时候都是词。
8.“美、混沌、姥姥”不都是单纯词。
9.词汇是语言三要素中最活跃的部分。
10.裁判、鲜艳、教授、爱情这几个词语都属于联合式合成词。

11.单纯词是由一个词素构成的词,而合成词则至少也由一个语素构成。
12.表示人的名词只有加"们"才可以表示群体。
13.音素是构成音节的最小的有意义的单位。
14.词根都是自由语素。
15."东"和"西"处于极性反义义场,"曲"和"直"处于互补反义义场。

(三)选择题

1.下列都是词的一组是(　　)。
A.美丽、江湖、葡萄、黑板　　B.校园、特点、坎坷、小狗
C.黄牛、红人、白菜、黑板　　D.红脸、白布、红娘、新房
2."巧克力"这个词是(　　)。
A.一个语素,多个音节,三个字,一个词根
B.一个语素,多音节词,三个字,三个词根
C.三个语素,多音节词,三个字,三个词根
D.三个语素,多音节词,三个字,一个词根
3.下列名词属于音译词的是(　　)。
A.石榴、木乃伊、芭蕾舞、浪漫主义　　B.茉莉、拷贝、吉他、巧克力
C.奥林匹克、沙发、马克思主义、啤酒　　D.X 光、经济、拷贝、吉他
4."进步"的构词方式是(　　)。
A.联合　　B.偏正　　C.述宾　　D.补充
5."精卫填海"这一成语来源于(　　)。
A.诗文语句　　B.历史故事　　C.神话传说　　D.口头俗语
6.下列哪个意义属于引申义?(　　)
A.跑步　　B.关系　　C.科学堡垒　　D.骨肉亲情
7.从词汇属性上看,下面哪个词与其他三个词不一样?(　　)
A.姥姥　　B.爸爸　　C.饽饽　　D.皑皑
8.下列四组反义词中,与其他不同的一组是哪一组?(　　)
A.生—死　　B.男—女　　C.冷—热　　D.反—正
9."汗颜、冲凉"分别属于(　　)。
A.方言词、外来词　　B.古语词、方言词
C.古语词、外来词　　D.外来词、方言词
10.汉语普通话中的"盖儿"(　　)。
A.两个音节　　B.一个音节　　C.一个语素　　D.两个词
11.下列词的意义变化途径不同的一项是(　　)。
A.走　　B.金　　C.涕　　D.闻
12.下列各组中,两个都是区别词的一组是(　　)。

A.长期、潜在　　B.固有、生动
C.民营、新颖　　D.精装、亲自

13.“我们、他们、你们”中的“们”都是(　　)。
A.结构助词　　B.成语语素　　C.人称代词　　D.定位语素

14.“马上”的构词类型是(　　)。
A.偏正式　　B.主谓式　　C.联合式　　D.述补式

15.下列成语属于兼语结构的是(　　)。
A.负荆请罪　　B.狼心狗肺　　C.胸有成竹　　D.引狼入室

16.汉语方言中分歧最明显的是(　　)。
A.语音　　B.词汇　　C.语法　　D.使用群体的认同

17.下列词语中,(　　)不是基本词汇。
A.牛　　B.衣服　　C.酒　　D.葡萄

18.“老师、学生”属于(　　)义场。
A.顺序　　B.关系　　C.类属　　D.层次

19.下列词语中,(　　)不是叠韵联绵词。
A.彷徨　　B.薜荔　　C.尴尬　　D.蹁跹

20.下列哪个词语是从日本借来的(　　)。
A.资本　　B.沙发　　C.百姓　　D.葡萄

(四)简答分析题

1.用“/”将下列句子中的语素划分开。

(1)经过了一段崎岖的山路以后,便在我们面前敞开了一片广阔的原野,一片用望远镜都看不到边际的原野,这就是古之所谓塞外。

(2)关于这一点,从呼和浩特和包头这两个蒙古语的地名可以得到说明。呼和浩特,蒙古语的意思是青色的城;包头的意思是有鹿的地方。

(3)他触目伤怀,自然情不能自已。

2.将下列语素按类别填入表中。

阿　机　定　编　世　外　香波　尴尬　胡同　安乃近　歇斯底里

语音形式类 / 组词能力类	单音节语素	双音节语素	多音节语素
自由语素			
半自由语素			
不自由语素			

3.下列各例中的“字”含义有无不同。

(1)这个字写错了。

(2)这句话中的这个字用得不恰当,换个字好不好?

(3)文从字顺各识职。(韩愈诗句)

4.用"/"将下列句子中的词划分开:

(1)科学工作者在寻访防止作物病虫害的有效途径时,是不会放过任何一个新的发现的。

(2)四叔家里最重大的事件是祭祀,祥林嫂先前最忙的时候也就是祭祀,这回她却清闲了。

(3)由蒙昧的群居到社会组织的形成,是人类发展史上的一个非常重大的飞跃。

5.有不少当代小说常常运用一些方言词语,有些用得较好,有些则用得过多泛滥,影响理解。请举一些例子谈谈方言词语在文艺创作中的积极作用和消极作用。

6.基本语汇有什么特点?基本语汇和非基本语汇的关系如何?

7.古语词汇在表达上各有什么作用?试举例说明。

8.吸收外来词有哪些方式?试举例说明,并谈谈你对外来词的看法。

9.比较下列成语和谚语、俗语,说明它们的区别:

(1)孤掌难鸣;一个巴掌拍不响。

(2)见异思迁;这山望着那山高。

(3)饮水思源;喝水不忘挖井人。

(4)口腹蜜剑;口里甜蜜蜜,心里一把剑。

(5)一曝十寒;三天打鱼,两天晒网。

(6)吹毛求疵;鸡蛋里挑骨头。

(7)以蠡测海;海水不可斗量。

(8)相形见绌;不怕不识货,就怕货比货。

10.试分析成语"高山流水""杯水车薪""盲人瞎马""望洋兴叹"的字面义和真实义。

11.从文学作品中收集成语、歇后语或谚语的若干用例,分析它们在表达上的作用。

12."他学英语很用功,坚持每天记住15个词汇。"这话对不对?为什么?

13.用"替代法"证明"驼绒"是两个语素,"骆驼"是一个语素。

14.指出下面复合式合成词的类型。

痛快　造假　房间　革命　照明　人民　司令

飞快　解剖　石林　开关　领袖　美好　雪白

功用　用功　无论　丝毫　伟大　民主　民生

15."强人"一词有什么语义色彩?为什么现代汉语中有"女强人",没有"男强人"?

16.试就下面一组词进行义素分析。

伯伯　　叔叔　　姑姑

17.辨析下列各组同义词。

夸大—夸张　　持续—继续　　鼓励—怂恿　商量—商榷

周密—严密—精密　　铲除—拔除—根除

18.什么是成语和惯用语？二者在意义、结构和用法上有哪些区别？

19.字典与词典有什么不同？

20.试分析后缀“-热”是如何产生的,并联系其他新的后缀谈谈你的看法。

21.谈谈你对使用“小姐”一词的看法。

22.从多义词的产生到使用多义性的排除,看义项同语境的关系。

23.能否把语言中所有的词的词义都通过义素分析进行统一的说明？这样做有何利弊？

24.什么是反义词的不平衡现象？试以“重—轻”“团结—分裂”为例加以说明。一般说“王安忆是女作家”,却只说“梁晓声是作家”,形成“作家—女作家”的对立,这也是不平衡现象吗？

25.什么是情境语境？什么是语言语境？两种语境在交际过程中相互之间有无影响？

26.你怎样看待汉语中的字母词？

27.分词连写规则对于词典里确定词形有什么作用？

巩固练习参考答案

(一)名词解释

1.词义是词的意义,包括词汇意义和语法意义,即词的内容。(黄本)

词义,即词的意义,是词的声音形式所负载的信息内容,表现为词的各种用法。词义是人主观世界和客观世界相互作用的产物,同时又与语言世界密切联系。(邢本)

2.单音词是由一个单音节的成词语素构成的词,也叫单音节单纯词。如:手、树、词、跑、看。(邢本)

单音词就是由一个音节构成的词。(胡本)

3.多音词(也叫复音词)是由两个或两个以上音节构成的词。(胡本)

4.两个音节的韵母或韵尾相同。(邢本)

指两个音节的“韵”相同的联绵词。(黄本)

5. 由一个语素构成的词叫作单纯词。单纯词包括多音节和单音节。多音节单纯词包括联绵词、叠音词和音译外来词,其中联绵词包括双声词、叠韵词等。(黄本)

由一个语素构成的词叫作单纯词。(胡本)

单纯词是由一个语素构成的词,按音节的多少,单纯词可以分为单音节单纯词和多音节单纯词。单音节单纯词是由一个单音节语素构成的词;多音节单纯词是由多音节语素构成的词,包括连绵词、叠音词、象声词和音译词。(邢本)

6.由两个或几个语素按一定的结构方式组合而成的词叫合成词。(邢本)

由两个或两个以上的语素构成的词,叫合成词。(黄本)

由几个语素组合构成的词叫作合成词。(胡本)

7.以实语素为词根加上词缀构成的词叫作派生词。(邢本)

不定位语素连接定位语素构成的合成词就是一般所说的派生词。(胡本)

8.由两个或以上不相同的词根结合在一起构成的词。从词根和词根之间的关系看,主要有五种类型:联合型、偏正型、中补型、动宾型和主谓型。(黄本)

由不同的不定位语素相互融合起来构成的合成词,就是一般所说的复合词。这类合成词是现代汉语中最主要的、最能产的构词格式,汉语的合成词绝大部分是由这一形式构成的。按照这类合成词中语素结合方式的不同,可以把它分为如下的几个主要类型:联合式、附加式、补充式、陈述式、支配式。(胡本)

由两个或几个词根结合而成的词叫复合式合成词,也叫复合词。按照结构关系的不同,可以把复合词分为以下几类:联合式、偏正式、补充式、动宾式、主谓式和重叠式。以上六种复合词,从构词方式上看,前五种属于句法构词,后一种属于词法构词。(邢本)

9.概念意义,又称理性意义、指称意义、逻辑意义等,它是人们对词所指对象的区别性特征的概括认识。(邢本)

词义中同表达概念有关的意义部分,也叫理性义。(黄本)

10.色彩意义,指由词体现出来的反映说话人对所指对象或有关现象的主观态度及各种感情。大体上分为褒义和贬义两类。(邢本)

色彩意义是附着在词的理性义之上表达人或语境所赋予的特定感受。(黄本)

11.外来词是指本民族语言从其他民族语言里吸收过来的词。(胡本)

外来词也叫借词,指的是从外族语言里借来的词。(黄本)

(二)判断题

1.√　2.√　3.×　4.√　5.×　6.√　7.√　8.×　9.√　10.√　11.×　12.×　13.×　14.√　15.×

(三)选择题

1.A　2.A　3.B　4.D　5.C　6.B　7.B　8.C　9.B　10.B　11.B　12.A　13.D　14.A　15.D　16.A　17.D　18.B　19.C　20.A

(四)简答分析题

1.(1)经/过/了/一/段/崎岖/的/山/路/以/后,便/在/我/们/面/前/敞/开/了/一/片/广/阔/的/原/野,一/片/用/望/远/镜/都/看/不/到/边/际/的/原/野,这/就/是/古/之/所/谓/塞/外。

(2)关/于/这/一/点,从/呼和/浩特/和/包头/这/两/个/蒙古/语/的/地/名/可/以/得/到/说/明。呼和/浩特,蒙古/语/的/意/思/是/青/色/的/城;包头/的/意/思/是/有/鹿/的/地/方。

(3)他/触/目/伤/怀,自/然/情/不/能/自/已。

2.语音形式类

语音形式类 组词能力类	单音节语素	双音节语素	多音节语素
自由语素	编　定	胡同　香波　尴尬	安乃近　歇斯底里
半自由语素	机 世 外		
不自由语素	阿		

3.(1)中的"字"是指文字,具体指单音节语素;

(2)中的"字"指的是词语;

(3)中的"字"指的是文中的句子或者短语。

4.(1)科学/工作者/在/寻访/防治/作物/的/有/效/途径/时,是/不/会/放/过/任何/一/个/新/的/发现/的。

(2)四叔/家里/最/重大/的/事件/是/祭祀,祥林嫂/先前/最/忙/的/时候/也/就是/祭祀,这/回/她/却/清闲/了。

(3)由/蒙昧/的/群居/到/社会/组织/的/形成,是/人类/发展/史/上/的/一/个/非常/重大/的/飞跃。

5.方言的积极作用:①方言是不同地域文化的载体,铺垫文化底色。在中国文学中,许多创作将地方方言融入其中。如老舍,他于1925年在伦敦写的《老张哲学》,几乎是20世纪20年代最好的北京口语教本。老舍在创作中强调保持原汁原味的口语化方言,用文字构建展现北京世俗风物和历史文化全景,表现了纯粹的"京味儿"和北京精神文化意蕴。还有"山药蛋派"的领军人物赵树理,他在《小二黑结婚》等文学作品中成功地运用了晋东南地区方言,表现了鲜明的民族化、群众化艺术风格。②方言具有文学研究功能。在文学方言的接受中,一方面以它生动的、深刻的魅力吸引着广大读者,另一方面从专业接受者的角度,方言有着突出的资料价值。③方言是作品中"情感激发"的手段。方言的使用能够拉近文学作品和读者之间的情感距离,使读者产生亲切感。

方言的消极作用:①不利于语言规范化使用。在正式的场合,我们倡导使用标准的普通话,避免使用方言。如若在文学作品中频繁地使用方言,不仅不利于文学思想的传播,而且会使人们之间产生交际障碍,从而影响文学作品的传播。②滥用方言可能是文章流于低俗。如文学作品中出现低俗的骂人的语句则会使文章难登大雅,显得粗鄙不堪入目。举例略。

6.基本语汇的特点:

①稳定性。基本词汇所标志的事物和概念都是十分稳定的,因此其具有稳固性。说基本词汇有稳固性,并不是说基本词汇是一成不变的,有的古代基本词不再成为现代汉语基本词,它们已为新词所取代。②能产性。用基本词作为语素创造出来的新词,最易于让人们理解和接受,最便于流传,所以那些千百年流传下来的基本词,变成了构成新词的基础,它们一般具有很强的构词能力。③全民常用性。全民常用性是说它为全民族所共同理解,流行地域广,使用频率高。它的使用,不受阶级、行业、地域、文化程度等方面的限制。(黄本)

基本语汇和非基本语汇的关系:

①一般词汇对于社会的发展变化反应非常敏感。随着社会的发展,科学技术、文化教育的进步,人类认识能力的提高,新词不断产生。以基本词为基础构造出来的新词,大部分首先成为一般通用词。②一般词汇中有些词,随着社会生活的发展,它们所表示的事物和概念在长时期中同人们的生活关系非常密切,具有全民性、稳固性、作为构造新词的基础三个特点,就能进入了基本词汇。③原来属于基本语汇的某些词,随着社会的发展,它们所表示的事物和概念在人们的社会生活中已经变得不很重要,甚至变成了过时的东西,这些词就退出基本词汇,变成一般词汇中的词。基本词汇是词汇的基础,一般词汇又可以充实和丰富基本词汇。由于语言不断地发展变化的,因此,基本词汇和一般词汇的界限不是一成不变的。(胡本)

基本语汇和非基本语汇是相互依存的。一方面,基本语汇是全民必需的,同时他还是语汇系统的核心和基础,是创造新词、不断丰富非基本语汇的源泉;另一方面,不同地区、不同职业、不同文化层次的人们,需要运用非基本语汇来满足各种交际需要,基本语汇和非基本语汇在历史发展中又是可以相互转化的。(邢本)

7.古语词汇在表达上的作用:①可使语言简洁匀称。例如:这次文代会闭幕时……我在茶会上与叶圣陶同志幸会。叶老眉须皓白,满头霜雪,而精神矍铄。这个例句,由于成功地使用了"眉、须、矍铄"等文言词汇,不仅使语言简洁,而且使意思表达得准确、生动、有力,富于节奏感。②可以表达庄重严肃的感情色彩。例如"铭记、教诲、瞻仰、拜谒"等词,在语言表达上,都可以表示庄重严肃的情感色彩。③可以表达幽默、讽刺等意义。例如:半年前,他被落实了政策,名画家的桂冠重新戴在头上。家里的客人渐渐多起来。……他整天迎进送出,开门关门,忙得不亦乐乎。(冯骥才《雕花烟斗》)

8.吸收外来词的方式:外来语汇是从外族语汇中吸收进来的语汇,也称作借词或外来词。汉语吸收外来语汇的主要方式有译音、译音兼译义、半译音半译义、译音加类名、借形和字母词。(黄本、胡本、邢本)

对外来词的看法:外来词是由于汉语同别的民族语言相互接触而产生的,它使得普通话词汇更加充实和丰富起来。毛泽东曾经说过:“要从外国语言中吸收我们所需要的成分,我们不是硬搬或滥用外国语言,是要吸收外国语言中的好东西,于我们适用的东西。”如果某些事物在我们语言里已经有适当的词语来代表,就不必搬用别的民族语言成分了。硬搬或滥用外国语言,是会损害我们祖国语言而造成混乱的。所以吸收外来词,一方面要求词语形式的调和,另一方面又必须根据语言规范化原则。

9.俗语、谚语和成语都是汉语中的约定俗成的语言形式,二者关系密切。“约定俗成”这一成语,就包含着俗、成二字。但从学习的角度来看,它们还是各有特点的。

以上各组例句,前后谚语、俗语和成语的意思相同,前者为成语,后者为俗语。它们区别主要体现在:①俗语以形象为主体,成语以精练为特色。②俗语多为完整的句子,长短不一,运用时可以变通;成语多为四个字的稳定结构,形式整齐。③俗语流行于人民群众的口头上,文字上保持着通俗的特点;成语多用作书面语,文字上趋向典雅。

从这一比较中,可以从主要方面做出界定:俗语是以形象为主体的通俗的口语,它的结构形式相对稳定,而在实际运用中可以灵活变通。这是俗语的主要内涵,就外延来说,它跟成语难免有交错的情况。俗语虽然以形象为主体,但也不排除精练;成语虽然以精练为特色,但也不排除形象。成语虽然绝大多数是四字结构,但也有一些是由四个以上的字组成的;俗语句式虽然长短不齐,但也有少量是由四个字组成的。俗语虽然多为口语,但已广泛进入文学作品,甚至哲学、科技图书中也经常用到;而随着人们教育水准的提高,成语在口语中也经常使用。

俗语是口语型的,成语是书面语型的。俗语、谚语和成语也有一定联系。从以上这些语例来看,它们兼有俗语和成语的某些特点,看来俗语辞典、成语辞典都可以收录,好在这种情况并不算多。俗语和成语,有时候也可能互相转化,并同时存在。俗语语句结构如果趋向整齐,就有可能转化为成语;成语如果增加形象化的成分,就有可能转化为俗语。俗语转化为成语,仍然可以保持它的形象性;成语转化为俗语,如果缺少形象,就要加以补充,往往转化为歇后语。俗语与成语,二者既有联系,又有区别。俗语有俗语的优点,成语有成语的长处。俗语使得描写生动活泼,成语使得论述铿锵有力,都值得很好学习。

10.高山流水　字面义:水从高山上留下来。

真实义：比喻知己或知音。也比喻乐曲高妙。

字面义：用一杯水去救一车着了火的柴草。

杯水车薪　真实义：比喻力量太小，解决不了问题。

盲人瞎马　字面义：盲人骑着瞎马走路。

真实义：原比喻情况危险或不了解情况就盲目行动，处于极其危险的情况中。后比喻乱闯瞎撞，非常危险。

11.成语言简意赅，使用得当，可以使语言简洁，增强语言表达效果。反义成语对比使用，可以形成鲜明的对照，增强表达效果。例如："对于他们，第一步需要的还不是'锦上添花'，而是'雪中送炭'。"（毛泽东《在延安文艺座谈会上的讲话》）"锦上添花"和"雪中送炭"对照作用十分鲜明，使人对事物的性质有深刻理解。连用同义成语可以增强表义的力度。例如："金褥子，真有你的！你不但放长线钓大鱼，而且一箭双雕、一石二鸟，一条线拴两蚂蚱。"（刘绍棠《黄花闺女池塘》六）上例连用了"一箭双雕"和"一石二鸟"两个同义成语，强调了"一举两得"的意思。

谚语是群众口语中通俗精练、含义深刻的固定短语，它揭示客观事理，是大众智慧的结晶，富有教育意义，深为人们喜闻乐道。例如在贾平凹《浮躁》中英英说："你把什么老了？嫩得掐出水的人，你就是不打扮！人是衣裳马是鞍，你打扮得风流了，也有男子好娶你！""人是衣裳马是鞍"比喻人要漂亮就要善于打扮。我们知道，衣裳和人的关系微妙得很。衣裳更是一把双刀剑：穿得好搭配得妙，不仅能给整体加分，还会成为潮流榜样；而一不留神没合适就出了门，不仅露怯，还会被刻薄的人挖苦个没完。因此，这个谚语运用得非常通俗、贴切，富有生活气息。

12.这句话说错了，"词汇"应改成"词"。词汇是词和固定短语的集合体，而不是个体，一般不跟专用量词搭配，特别不能跟表示个体的量词"个"搭配。这句话实际上是指记住了英语词汇中的15个词，而不是15个词汇。

13."驼绒"中的"驼"和"绒"都可为已知语素所代替，也可跟已知语素组合，如：

（1）驼绒　平绒　呢绒　鸭绒；

（2）驼绒　驼毛　驼峰　驼铃。

（1）组说明"驼"被"平、呢、鸭"替换，"绒"可跟上述语素组合，（2）组说明"绒"可以被"毛、峰、铃"替换，所以"驼""绒"是两个语素。"骆驼中的"驼"不能被替换，也就是说"驼"不能跟任何其他语素组合，它不具备语素资格。由于语言中同一层次的单位才能组合，语素不能跟非语素组合，所以在这里"驼"也不是语素，"骆驼"只能算是一个语素。

14.痛快（偏正）　造假（动宾）　房间（中补）　革命（动宾）　照明（中补）

人民(联合) 司令(动宾) 飞快(偏正) 解剖(联合) 石林(偏正)
开关(联合) 领袖(联合) 美好(联合) 雪白(偏正) 功用(联合)
用功(动宾) 无论(偏正) 丝毫(联合) 伟大(联合) 民主(主谓)
民生(偏正)

15.现代汉语中“强人”指才能出众、成就显赫的人,因此有褒义色彩。同时他又特指商业等领域中的杰出人才,并带有一定的行业色彩。但是在古代或近代的汉语中“强人”的意思却是强盗,且绝大多数为男性,直到现在用“强人”指男性时仍然容易跟“强盗”产生联想。而“女强人”则是一个新起的词,不容易产生这种联想。

从现代汉语构词规律来看,指人的名词中指男性的多为无标记成分,习惯上不在前面加“男”,如不说“男警察”“男作家”……所以也排斥说成“男强人”。

16.伯伯 [±父系血缘][+长辈][+男性][+长于父]
叔叔 [±父系血缘][+长辈][+男性][-长于父]
姑姑 [+父系血缘][+长辈][-男性][±长于父]

17.夸大—夸张 :都表示“言过其实”的意思。但“夸大”含有故意不实事求是,把事情往大方面说的意思,是贬义词。“夸张”通常指语言中的一种修辞或创作启发想象突出某些特征的一种表现手法,是中性词;“夸张”后面一般不带宾语。

持续—继续:都有“延续不断”的意思。但“持续”含有整个过程已知没有中断的意思,而“继续”含有前后接起来的意思;“继续”能作名词用,表示跟某事有连续关系的另一件事情。

鼓励—怂恿:都有鼓动、促使别人干什么的意思。但感情色彩不同,“鼓励”是褒义词,“怂恿”是贬义词。

商量—商榷:都有“交换意见”的意思。但是语体风格色彩不同,“商量”多用于口语,“商榷”要庄重一些,多用于书面语,指为了解决较大、较复杂的问题而交换意见。

周密—严密—精密 :都有“细密,没有漏洞”的意思。但它们的侧重点各有不同。“周密”是考虑问题细致周到的意思;“严密”是结合得很紧,没有间隙的意思;“精密”是精确、准确度高的意思。

铲除—拔除—根除:都表示除掉某种有害东西的意思。但三者在语义轻重程度上不同。“铲除”还可能留着根;“拔除”是不留根,语义重些;“根除”是彻底除掉的意思,语意更重,更有力。

18.成语是一种相沿习用、形式简洁而意义精辟的固定短语。惯用语是一种意义整体化了的、短小定型的习惯用语。

区别:成语具有意义凝练、具有书面色彩、长期使用、结构凝固等特点。而惯用语则只有上面的“结构凝固”的特点。除此之外,惯用语口语色彩比较浓厚。

19. 词典和字典是解疑释惑、提供知识资料的工具书。它的功用，一般来说有三个方面：第一，是帮助识字的启蒙工具，是进一步学习语文的工具，又是促进语言文字规范化的重要工具。第二，是学习科学技术知识的“顾问”，是普及科学知识的工具。第三，是知识资料的汇编，是科研中的“宝山”。词典和字典的类型，大体说来有三类：语文词典、字典，专科词典，百科词典。（黄本）

词典和字典是把语言中的词和所用的字，按照一定的原则，有系统地编纂起来，并逐条加以注释和说明的。由于汉字的特性，字和词之间有矛盾，因而字典和词典各有其使用价值。字典以字为收集的对象，主要的功用是为了查字，所以注释的重点在讲明各字的读法、写法、意义和用法。词典以词语为收集对象，主要的功用是为了查考词语。一般使用的语文词典，实际上兼有字典性质的。使用词典的，同时也在使用字典。我国的词典和字典大致可以分做三大类：过去“义书”“类书”的编排，很多依据于“义类”；“字书”是依据汉字的形体结构来排列的，注释也侧重于字形的分析；“音书”是依据字或词的读音来排列的。从不同的用途来分，词典又有语文词典和专科词典两大类。（胡本）

词典，是收集语汇加以解释供人查检参考的工具书，也作辞典。词典是工具书（也称辞书）的一种。词典又称为释义著作，其主要任务是解释字、词、语、句。词典是以“词”为单位收录的，也收“字”，只是把“字”作为单音节词收录。词典主要包括五个部分：前言、凡例、索引、正文、附录。词典的特点为资料性、查考性、检索性。词典的类型有通科性词典、专科性词典、百科性词典。

汉语字典是以方块汉字为单位，按一定的方式排列，注明读音、意义和用法的语文工具书。当今的“字典”，仍属于“词典”的范畴。只有专门收录汉字各种形体（如甲骨文、金文等），或收录书法艺术“字”的，才是真正专门性的“字典”。现在几种通行的字典有《康熙字典》《中华大字典》《新华字典》《现代汉语规范字典》等。（邢本）

20.后缀“—热”属于新词创生的新造方式。词缀造词非常活跃，如“—型”“—感”“—观”等。“—热”族词如：汉语热、出国热等。

类似利用新后缀造词的现象，说明词汇随着社会的发展而发展，词汇的发展适应社会的需要。新词创生的特点：①在社会生活活跃的领域，创生的新词语多，而且推行快、影响大；②根据新词或旧词的格式，以“仿拟的”方式造出新词，形成系列性的新词语“词族”。

“新后缀”词的运用应符合既有的表达习惯和语言规范，不能流于低俗。

21.造成“小姐”一词嬗变的原因是方面的，包括内因和外因。社会的发展是语言发展的基本条件。语言是人类最重要的交际上具，它存在于运用之中。运用中的活语言是社会成员之间最重要的联系纽带，因而它和社会的发展息息相关。

外因：①社会的进步推动语言的发展。“小姐”一词的嬗变正是社会制度变化、经济发展的反映。宋、元、明、清时期都属封建社会,等级制度在社会中占重要地位。称呼语直接反映了所处的社会地位。宋时用小姐来称呼身份卑微的女性;到了元、明、清时,只有富贵人家的未婚女才能被称为“小姐’;新中国成立后,生产力水平明显提高,封建制度瓦解了,“小姐”一词的使用范围扩大了,没有了等级色彩;改革开放后,新一代的年轻女性比以往任何时候都更活跃、更积极地投入到社会主义现代化建设中去,这就需要用一个恰当的称呼语去指称她们;20世纪90年代后期,随着生活的变化,尤其是色情业的滋生蔓延,汉语的“小姐”常常成为“性服务者”的代名词,“小姐”一词在某些场合成为禁忌语。②不同的社会的联系、交往、接触也必然会推动语言的发展。随着国际交往的日益增多,东西方文化相互交流与融合,以及中外文明的相互渗透,外交场合中的通用称呼语“小姐”(Miss)“先生”(Mr.)渐渐深入到国人的言语交际中,人们的思想观念进一步更新,礼貌用语日趋雅致,于是起用雅称,迫使“同志”“师傅”“姑娘”等词渐渐被淘汰,听起来高雅脱俗的“小姐”“先生”等称呼语横空而出。当然在与西方文化的接触中,西方的生活方式也不可避免地被引入。③社会称谓的缺位性为“小姐”一词的嬗变提供了可能。社会语言学指出:“一个社会在任何时期都需要有人们所喜闻的社交称呼语,问题在于由谁来填补空位。”

从“小姐”的嬗变我们可以看出语言发展的特点。语言是人类最重要的交际工具,这种性质决定它的发展只能是渐变的,而且系统内部的各个组成部分的发展速度是不平衡的。渐变性和不平衡性是语言发展的两大特点。①我们先从“小姐”的嬗变来看语言发展的渐变性与社会生活的关系,语言处在不断的翻新变化之中。语言的演变只能采取渐变的方式,不允许突变。从宋到目前,“小姐”的词义变换数次,宋时多指身份卑微的官婢、乐妓等,有贬义义素。到了元、明、清时期,“小姐”专指富贵人家的未婚女子,地位上升了,转而变为褒义义素。现代看来,褒、贬义素同时存在。可以看出,“小姐”一直在变,但是年轻、未婚、女性等基本义素一直保留在“小姐”的词义中,只是感情色彩和词的外延发生了一些变化。所以说语言的发展具有渐变性。②再从“小姐”的嬗变来说明语言发展的不平衡性。语言系统的各个组成部分与社会发展的联系有很大不同,联系最直接的是词汇,词汇对社会发展的反映最灵敏,变化比较快。

“小姐”一词的嬗变,是语言发展的结果,反映了语言发展的特点。既符合语言经济性的原则,也会增加语言交际者的负担,也反映了几千年来人们传统理论观念的突破,人们价值观念和思想观念的变化和解放。

【参考裴奇、武晶晶《“小姐”一词的嬗变及原因》(《安徽文学(下半月)》2007年第04期)】

22.一个词的义项是从该词出现的语境中分析概括出来的。如果一个义项就可以解释该词在所有语境中出现的意义,这个词便只有一个义项,便是单义词;如果必须用两个或两个以上义项才能解释该词在各种语境出现的意义,这个词便有了多个义项,成了多义词。一个词虽然有几个义项,但在某一具体语境中只能有一个义项适用,需要排除其他义项,否则会产生歧义。例如:“他的担子不轻。”孤立地看,这句就话有歧义,不知道指的他挑的东西不轻,还是他的身上的责任不轻。所以,多义词的产生和使用中多义性的排除都依靠语境,语境在这里起决定作用。(黄本)

23.义素是构成词义的最小意义单位,又叫词的语义成分或语义特征。义素分析是指把同一语义场的一群词集合在一起,从义素的角度进行分析、对比与描写。义素分析随着语义学的兴起越来越受到人们的重视,它可以帮助我们准确地掌握、解释、理解语义。从这个意义上讲,可以把语言中所有词的词义都通过义素分析进行统一的说明。但在一般情况下,总是在一些相关的词(同一语义场)中进行,只有相关的词才可以比较,才更容易选择使用的语素,更有价值。不是说单个词不可以作义素分析,而是说单个词的义素分析显示不出与其他词的关系以及分析的意义。(黄本)

24.意义相反或相对的两个词的相关语义构成反义义场,这两个词互为反义词。反义场中的词总是相对的,但是两个词之间的语义范围、使用频率并不相等,这样就形成反义词的不平衡现象。有些由形容词构成的反义词,两个词对“~不~”这个格式反应不一样。如“重—轻”“团结—分裂”,一般提问题说“重不重”(“团结不团结”),只有在设想或担心其轻(分裂)时,才问“轻不轻”(分裂不分裂)。

反义词是就词和词的关系说的,不是就词和短语的关系说的。例如“好”和“不好”、“作家”和“女作家”不构成反义语义场,因为“不好”“女作家”是短语。所以,“作家—女作家”的对立不是不平衡现象。因为在传统观念中,作家通常包含“男性”义素,所以用来指称女性时则使用“女作家”,用以突出其女性身份。(黄本)

25.情境语境指说话时的人物、背景,包括说、听双方,牵涉到的人或物,时间处所、社会环境以及说听双方的辅助性交际手段(包括表情、姿态、手势等非语言因素)。上下文语境指与本词有关系的前后词语,或本句话前后的语句。两种语境在交际过程中相互间是有影响的。总的说来,情境语境越具体,上下文语境的作用就越小。反之,情境语境越一般化,上下文语境的作用就越大,越需要用更多词语对情境语境作详尽的介绍。(黄本)

26. 我国改革开放以来,字母词语的数量越来越多,虽然在绝对数量上字母词语所占的比重并不大,但是在日常生活中使用频率较高,涉及的范围较广。所谓字母词是指现代汉语中的外语原形词及其缩略形式以及字母加汉字形式。字母词既包括外来词,也包括中国国内社会利用西文字母创造的词。字母词从构成成分的角度可分为纯粹由西文字母构成的字母词，由阿拉伯数字和西文字母混合而成的字母词，由汉字和西文字母混合而成的字母词，由阿拉伯数字、西文字母和汉字混合而成的字母词（如4S店）。字母词语对汉语系统的影响：①积极影响：字母词语的出现克服了汉语在表达某些新事物上的缺陷，字母词语使汉语书写体系更加丰富，字母词语的出现促使普通的汉语词汇与之展开了“竞争”。②消极影响：字母词在汉语当中存在一定的滥用现象，字母词有时造成句子的表意不明，字母词的读音和书写形式也存在不规范现象。这些方面的分歧会对电视、广播、报纸等行业在使用字母词语时造成混乱，也给人们的交流带来一定的麻烦。字母词也接受汉语语言规律的支配：①字母词接受汉语的语法支配；②字母词接受汉语的修辞规律支配，如随着信息时代的到来，产生了一个代表词语“e”，e时代、e学校、e元、e书等也随之产生，仿佛一切都有了信息化的色彩；③汉语努力使字母词语的意义明朗化；④汉语尽可能对字母词语进行字形改造；⑤汉语主动创造新的字母词语。

【参考刘涌泉《关于汉语字母词的问题》（《语言文字应用》，2002年第1期）】

27.分词连写规则，对于词典里确定词形有重要作用。字母拼写的形式就是把词的单位观念体现出来：音节连写的就是复音词；分写的就是词组；音节和音节中间加短横的，就是结合较松的复音词。（胡本）

四 真题精粹

（一）名词解释

1.语素。（2020年，北京师范大学）

2.复合词。（2019年，中国人民大学）

3.义素。（2023年，北京外国语大学）

（二）填空题

1.语言学中，把由词根、语素和词缀组合起来构成的词称为（　　）。（2016年，北京大学）

2.代词可以分为人称代词、指示代词和（　　）三种。（2018年，北京大学）

3.“热腾腾”“冷嗖嗖”这一类词都属于（　　）形容词。（2016年，北京大学）

4.词义的演变包括词义的扩大、缩小和（　　）。（2021年，北京大学）

5.词义包括（　　）和感情色彩、形象色彩、（　　）、形象意义等附加意义。（2019年，北京师范大学）

6.从意义和作用划分，词可以分为（　　）和（　　）两类。（2016年，北京师范大学）

7.“龟缩”的构词法是（　　）。（2021年，北京语言大学）

8.从构词能力来看，“牛”属于（　　）语素。（2024年，北京语言大学）

9.根据两词根之间的结构关系,“眼热”属于(　　)式复合词。(2016年,中国人民大学)

10.一个词的词汇意义主要包括它的理性意义和(　　)。(2019年,中国人民大学)

11.惯用语以三个音节为主,大多是(　　)结构。(2016年,对外经济贸易大学)

12.(　　)构成一个词的词干。(2021年,对外经济贸易大学)

13.语汇意义的主体是(　　)。(2021年,对外经济贸易大学)

14.意义实在,在合成词内位置不固定的成语语素和不成语语素叫作(　　)。(2016年,山东大学)

15.我们通过扩展法或插入法来区分词和(　　)。(2016年,山东大学)

16.“老鼠”“老人”都是合成词,从构词法角度看,前一个“老”是(　　),后一个“老”是(　　)。(2016年,上海外国语大学)

17.“咖啡、果汁、可乐”可以提取的共同义素是(　　)。(2023年,上海外国语大学)

18.“内蒙古呼伦贝尔的马奶子和葡萄干儿放哪儿了?”有(　　)个语素(　　)个词。(2016年,上海外国语大学)

19.汉语词类划分标准主要依据词的组合能力和(　　)能力。(2019年,厦门大学)

20.“和平统一”短语的构造方式是(　　)。(2016年,厦门大学)

21.“东方明珠香港”“船长老王”属于(　　)短语。(2023年,广东外语外贸大学)

22.外来词中的“CEO、KTV、DNA”属于(　　)。(2023年,华东师范大学)

23.义素分析的基本原则是(　　)原则、(　　)原则和简明性原则。(2024年,南京师范大学)

(三)选择题

1.“犹豫”“徘徊”“迟疑”“踟蹰”这四个词语中,一共含有的语素数量是(　　)。(2016年,北京大学)

A.4个　　B.5个　　C.6个　　D.7个

2.“什么?”从语法单位的角度来说属于(　　)。(2020年,北京大学)

A.语素　　B.词　　C.短语　　D.句子

3.麦克风是(　　)个语素。(2016年,北京师范大学)

A.1　　B.2　　C.3　　D.4

4.以下哪个选项与“真—假”的形式相同?(　　)(2017年,北京语言大学)

A.胖—瘦　　B.男—女　　C.大—小　　D.生—死

5.下列各组词中,两词所含语素个数相同的一项是(　　)。(2016年,中国人民大学)

A. 骆驼 老虎　　B.星星 稍稍　　C. 马虎 大意　　D.蜜蜂 蝴蝶

6.下列与其他三项短语结构类型不同的一项(　　)。(2016 年,中国人民大学)

A.密密麻麻　　B.婆婆妈妈　　C.犹犹豫豫　　D.花花绿绿

7.(　　)是单纯词。(2019 年,对外经济贸易大学)

A.书　　B.收入　　C.粉笔　　D.马路

8.下列属于联绵词的是(　　)。(2016 年,对外经济贸易大学)

A.逍遥　　B.恐惧　　C.得失　　D.饥馑

9."打草稿"的"打"表示"书写"的意思,这个意思是(　　)。(2023 年,对外经济贸易大学)

A.本义　　B.基本义　　C.比喻义　　D.引申义

10.下列语言单位中属于缩略语的是(　　)。(2016 年,山东大学)

A.五岳　　B.五花肉　　C.五线谱　　D.五大三粗

11."文科—理科—医科—工科"这一组词属于语义场中的(　　)。(2021 年,山东大学)

A.类属义场　　B.顺序义场　　C.关系义场　　D.同义义场

12.成语"身外之物"和"火中取栗"的结构属于(　　)。(2016 年,山东大学)

A.并列结构　　B.偏正结构　　C.主谓结构　　D.动宾结构

13.普通话"画儿"的读音包含(　　)。(2019 年,厦门大学)

A.1 个音节、1 个语素　　B.1 个音节、2 个语素

C.2 个音节、1 个语素　　D.2 个音节、2 个语素

14.下列各项中都是离合词的是(　　)。(2016 年,厦门大学)

A.生病、帮忙、结婚　　B.关心、请假、鞠躬

C.看见、放心、迟到　　D.后悔、推动、点头

15."密"的基本义是(　　)。(2021 年,首都师范大学)

A.关系近,感情好

B.事物之间距离近,事物的部分之间空隙小

C. 秘密

D.精致、细致

16."啤酒"属于哪种外来词?(　　)(2020 年,北京师范大学)

A.音译　　B.意译　　C.音译加意译　　D.字母词

17.普通话中的"色拉油"是(　　)。(2023 年,北京语言大学)

A.三个音节三个语素　　B.两个音节三个语素

C.三个音节两个语素　　D.两个音节两个语素

(四)简答分析题

1.举例说明汉语单纯词的类型。(2016 年,北京大学)

2.举例说明“一直”和“总是”的异同。(2016年,北京大学)
3.同义词辨析。(2019年,北京师范大学)
(1)明明——明显;
(2)对于——关于。
4.什么是离合词?请指出它的语法结构类型。(2016年,北京语言大学)
5.请写出下列各组合成词的构词法,复合式合成词请直接说明具体的构词类型。(2016年,山东大学)
通宵 冲淡 碰壁 好歹 运离 面熟 软化 立秋 命大 狐疑
6.举例说明语素义相加基本等于词义的词。(2016年,暨南大学)
7.什么是义素分析?请举例说明。(2021年,武汉大学)
8.请说明同音词和多义词的联系和区别,并举例。(2023年,北京外国语大学)

真题精粹参考答案

(一)名词解释

1. 语素是语言中最小的音义结合体。(黄本)

语素是最小的语音语义结合体,是最小的语言单位。(胡本)

语素是最小的语音语义结合体,是构成词的语言单位。(邢本)

2.复合词:由两个或以上不相同的词根结合在一起构成的词。从词根和词根之间的关系看,主要有五种类型:联合型、偏正型、中补型、动宾型和主谓型。(黄本)

由不同的不定位语素相互融合起来构成的合成词,就是一般所说的复合词。这类合成词是现代汉语中最主要的、最能产的构词格式,汉语的合成词绝大部分是由这一形式构成的。按照这类合成词中语素结合方式的不同,可以把它分为如下的几个主要类型:联合式、附加式、补充式、陈述式、支配式。(胡本)

由两个或几个词根结合而成的词叫复合式合成词,也叫复合词。按照结构关系的不同,可以把复合词分为以下几类:联合式、偏正式、补充式、动宾式、主谓式和重叠式。以上六种复合词,从构词方式上看,前五种属于句法构词,后一种属于词法构词。(邢本)

3.①义素是最小的语义单位,是义位的组合成分,一个义位可以分析为若干个义素的组合;②义素是没有特定语音形式的抽象的意义单位;③义素是比较一组相关的词而分析出来的相互区别的语义特征。(黄本、邢本)

(二)填空题

1.合成词 2.疑问代词 3.状态 4.转移 5. 概念义、语体色彩 6.实词、虚词 7. 偏正 8.成词 9.主谓 10.色彩义 11.动宾 12.词根 13.概念义 14.

词根 15.短语 16. 词根、词缀 17.可饮用的液体 18. 11,10 19.充当句法成分 20.联合 21. 并列 22.缩略词 23.对等性 、系统性

(三)选择题

1.B 2.D 3.A 4.BD 5.B 6.C 7.A 8.A 9.D 10.A 11.A 12.B 13.B 14.A 15.C 16.C 17.C

(四)简答分析题

1.由一个语素构成的词叫单纯词。单纯词包括多音节和单音节(如“天、江”)。多音节单纯词包括联绵词、叠音词(如“猩猩”)和音译外来词(如“葡萄、歇斯底里”),其中联绵词包括双声词(如“参差”)、叠韵词(如“彷徨”)和其他(如“蝴蝶”)等。(黄本)

单纯词是由一个语素构成的词,按音节的多少,单纯词可以分为单音节单纯词和多音节单纯词。单音节单纯词是由一个单音节语素构成的词(如“人、牛”);多音节单纯词是由多音节语素构成的词,包括连绵词(又可分为双声连绵词——如“琉璃”、叠韵连绵词——如“蹉跎”、非双声叠韵连绵词——如“芙蓉”)、叠音词(如“茫茫”)、象声词(如“砰砰、叽叽喳喳”)和音译词(如“沙发、蒙太奇、柴可夫斯基”)。(邢本)

2.“一直”表示动作行为或状态持续不变。所谓持续不变有三种情况:第一,表示动作行为或状态的持续是不间断的。如果是动作,一般是在较短的时间内,如“他上午一直在写小说,没有休息过”指的是不停地写;如果是状态,可用在较长的时段,如“我一直爱着他”;第二,表示间断性的持续,即表示在一段时间里,相同的情况反复出现。例如“这几年,他一直在家写小说,没有出来过”,表示“写小说”这种活动持续出现。第三,表示在相同的场合,某种相同的情况持续反复地出现。

“总是”表示的是动作行为或状态的反复出现,不能表达不间断的持续。

“一直”强调持续,“总是”强调反复多次。

3.明明,副词,表示显然这样,确实如此,加强语气。用“明明”的小句前或后常有反问或表示转折的小句。如“他明明醒了,却装着不吭声”,用在主语前,如“明明屋子里很干净,他却嫌脏”。

明显,形容词,清楚地显露出来,容易让人看出或感觉到。如“很明显他是故意的”。“明显”着重于“显”,清楚地显露,使人容易识别或感觉,如“目标明显、明显标志”,“明显”一般指具体事物,如“字迹很明显”。

对于,着重指出对象。这种对象是当事人采取某种态度或存在某种情况所涉及的对象,如“对于我们的学习方法,老师很满意”,老师的态度是“满意”,满意的对象是“我们的学习方法”。“对于”可以放在主语前,也可以放在主语后。

关于,着重指出范围,介绍所关系到的事物,有标明话题的作用。如“关于这

件礼物,有一个很感人的故事”。

“关于”组成的介词短语有提示性,一定要放在主语前;“对于”组成的介词短语放在主语前后都可以。“关于”还可以做定语,如“我爱看关于中国文化的书籍”;“关于”还可以做书名或文章的题目,如“关于中国教育的问题”,“对于”没有这样的用法。

4.现代汉语里有一种“离合词”,这种词的两个语素之间可以插进别的成分。如:理发——理了一次发。应该认为,合的时候是一个词,分的时候是两个词(中间插入其他语素或词)。它们的存在是合理的,因为找不到恰当的同义形式代替它们。但这种情况是有限度的,不能任意类推。(黄本)

某些合成词往往可以拆开,在中间插进别的成分,例如:理发——理一次发。把词拆开来,插进别的成分构成词组,并不是词的本质特点,不是每个词都可以这样拆散的。它的范围有限,只是少数的支配式和补充式的合成词才容许这样,而且插进去的词也有限制。(胡本)

离合词是指结构比较松散、可以拆开使用的词。构成词的语素结合在一起时是词,拆开使用、插入别的语言成分时便是短语。这类词主要是具有可分离性的动宾式合成词。例如:帮忙——帮过忙/帮什么/帮不了你的忙。拆离词语要遵循需要性原则。把某些联合关系的合成词当作动宾关系的合成词拆开使用,主要是出于表达上的需要。(邢本)

5.通宵(动宾)　冲淡(中补)　碰壁(动宾)　好歹(联合)　运离(中补)　面熟(偏正)　软化(附加式)　立秋(动宾)　命大(主谓)　狐疑(偏正)

6.词义等于语素义的直接组合:这一般是出现在两个或两个以上的语素构成的词中。如:高大,又高又大。国策,国家基本政策。看重,很看得起。研究,研究制造。

两个同一语素组合成词,其语素义基本重合,词义和两个语素义相近,两个语素原来的意义相同或相近,共同表达一个同原语素相同或相近的意思。如:种类、道路、盗窃、声音、缺乏。“种”和“类”在这里的意义相同,共同表达一个相同的意思。

两个反义语素组合成词,其语素义并列保留,词义是两个语素义相加。牝牡:牝是雌性的兽,后也指雌禽;牡是雄性的兽,后也指雄禽。组合成并列复合词后,词义仍然保留语素义,是两个语素义的相加,指雌雄两性的禽和兽。

简缩语素而来,这部分词可直接还原,因而可直接由语素义推导词义。如北大:北京大学。利用缩略语构造出来的新词与原来的词语只有形式上的区别,意义上基本无差。人们初次接触这类新词时就易懂易用,剔除赘言,保留有效交际所必需的成分。

7. 义素分析就是把词的义位分解为若干义素的组合。从义素分析的角度分析词义的方法叫义素分析法。

义素分析的原则包括对等性原则、系统性原则、依存性原则、简明性原则。

义素分析的基本模式包括：

(1)名词模式：{名词}=【属性1、属性2、属性3、属性4……属性 n、类】

(2)动词模式：{动词}=【主体、方式、动作、客体、因果】

(3)形容词模式：{形容词}=【范围、方面、程度、性状】(参考黄本)

8.多义词：有两个或两个以上的义项的词是多义词，多义词几个意义之间有联系。如“宽”的义项，横的距离大：马路很宽；使松缓，放宽：心宽了一半；不严厉，不苛求：对他要从宽处理；宽裕宽绰：生活越来越好，手头必过去宽多了。

同音词：是语音相同而意义之间并无联系的一组词，是多音词现象。如“别”的义项，别离：别了我的母校；卡住或绷住：别上发卡更漂亮；不要，不用：别闯红灯，很危险的。

第四章　语　　法

一　本章要点

语法概说
语法和语法体系
语法
抽象性
稳固性
递归性
民族性
语法学
语法系统
语法单位
语素
词
词类的划分
实词
虚词
词类的误用
短语
结构类
关系类短语
标志类短语
功能类
名词性短语
动词性短语
形容词性短语
句子
单句
句型
句类
陈述句
疑问句
祈使句
感叹句
复句
联合复句
偏正复句
句法成分
主语和谓语
动语和宾语
定语
状语
补语
中心语
独立语
语法规范
检查、修改语病
标点符号

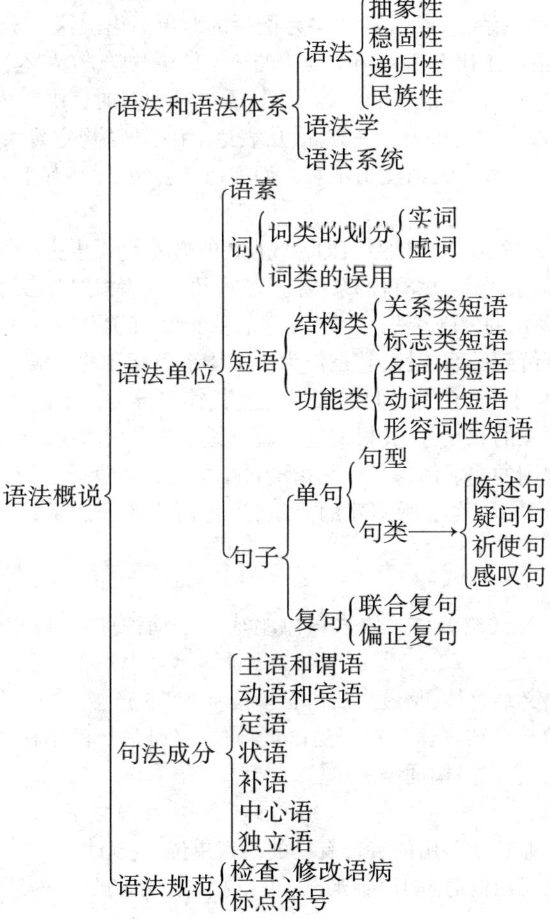

二 知识点精讲

(一)基本概念

1.语法

语法是语言三要素之一。语音是语言的物质外壳,词汇是语言的建筑材料,语法是语言的组合法则,专指组成词、短语、句子等有意义的语言单位的规则。笼统来说,语法是语言的结构规律。语法这个术语有两个含义,一个是指语法规律,即客观存在的语法事实;一个是指语法学(知识或理论),即语法学者对客观语法事实的说明,带有主观性。(黄本)

语法是语言结构的规律,是语言要素之一。语法所反映的是语言单位(语素、词、词组、句子)之间的各种关系,它以语言结构为概括的对象。语法这个术语也用在另外一个意义上,它指的是研究语言结构规律的科学即语法学。(胡本)

语法是语言的要素之一。作为语言的结构规则,语法对人们的言语行为(话语表达和话语理解)具有极大的约束力。一方面,从表达上讲,语法规定着人们怎样组织句子;另一方面,从理解上讲,语法指示着人们如何领会句子。(邢本)

2.语法体系(系统)

语法体系有两个含义:一个是指语法系统,即客观存在的语法事实、语法规律的系统性。另一个是指语法学体系,即语法学说的系统性。它是语法学者根据自己的观点在研究和解释语法事实时所用的分析方法、分类术语等的系统性。(黄本)

语言的语法构造具有鲜明的系统性,它是作为一个体系而存在的。语法构造的单位如语素、词、词组、句子等,它们之间的关系是有规律可寻的。语法体系还可指语法学家对于语法现象的观点,及其根据这些观点做出的一切阐述。(胡本)

语法系统是指语言规则的构成体系。一是指语言结构规则本身的系统,这是语法的自然系统;一是指研究语言学所构建的系统,这是语法的表述系统。(邢本)

3.语素

语素是语言中最小的音义结合体。语素可以组成合成词,有的可以单独成词。(黄本)

语素是最小的语音语义结合体,是最小的语言单位。(胡本)

语素是语言中最小的音义结合体。它既是语汇单位,又是最小的语法单位。语素包括实语素和虚语素,它们是构词语法单位。(邢本)

4.词

词是语言中最小的能够独立运用的有音有义的语言单位。(黄本)

词是代表一定的意义、具有固定的语音形式、可以独立运用的最小的结构单位。(胡本)

词是具有一定语音形式的、能独立运用的、最小的语言单位。(邢本)

5.短语

短语是由语法上能够搭配的词组合起来的没有句调的语言单位,又叫词组。它是大于词而又不成句的语法单位。简单短语可以充当复杂短语的句法成分,短语加上句调可以成为句子。

词组成短语的语法手段是语序和虚词。语序是词语排列的前后顺序。直接组合的靠语序,语序不同,语法意义往往不一样。

短语可以从多种角度去观察,从而分出各种不同的类别。最重要的有两种分类:一种是结构类,这是向内看的分类,主要看构成短语的词与词之间的结构关系,看出主谓短语等结构类。另一种是功能类,这是向外看的分类,凭它进入更大的短语里担任职务的能力,即充当句法成分的能力相当于哪一类词,可以看出名词性短语等功能类。(黄本)

从广义说,词和词的组合都可以叫作词组。按照内部的不同结构方式,词组主要有偏正词组、后补词组、动宾词组、主谓词组、联合词组、同位词组、连动词组、兼语词组以及数量词组合方位词组。根据语法功能,词组可以分为名词性词组和非名词性词组等类型。(胡本)

短语是介于词和句子之间的一种语法单位。首先,从构成上看,它是由词组合而成的。其次,从作用上看,它是造句材料,是构件单位。

短语可以从各种不同的角度分类。主要有两种分类,一种是结构类,而根据结构成分之间语义关系是否明显,可以把短语分为关系类短语和标志类短语。关系类短语指结构成分之间有明显语义关系的短语。它又可以分为成分配对式和依次排列式两类。前者主要包括主谓短语、动宾短语、偏正短语和正补短语,后者主要包括联合短语和同位短语;标志类短语指结构成分之间语义关系比较模糊,只从语表上找出标志的短语。这类短语的命名,有的利用前面一个结构成分作为标志,如能愿短语、介词短语,有的利用后面一个结构成分作为标记,如“的”字短语、比况短语、方位短语,有的利用前后两个结构成分作为标志,如数量短语、指量短语。另一种是功能类,根据短语的性质和功能,可以把短语分为名词性短语、动词性短语、形容词性短语等。(邢本)

6.句子

句子是具有一个句调、能够表达一个相对完整的意思的语言单位,句子前后有隔离性停顿。(黄本)

句子是语言的基本运用单位。一个句子不仅具有一定的结构成分和结构方式,为了适应具体环境中的实际需要,它还必须有特定的语调。(胡本)

句子是由短语或词构成的,能够表达一个意思完整、体现说话人一种特定意图的语法单位。(邢本)

7.词类

词类是词的语法性质的分类。划分词类的目的在于说明语句的结构规律和各类词的用法。分类的依据是词的语法功能、形态和意义三方面,就汉语来说,语法功能是主要依据,形态和意义是参考的依据。三者合称为词性。(黄本)

给词分类,可以用不同的标准。不同的标准决定于不同的目的。语法上区分词类的目的是为了指明词的外部结构关系,说明语言的组织规律,因此,分类的基本根据是词的语法功能。(胡本)

词,可以从不同的角度、依据不同的标准加以分类。语法上所说的词类,是指词的语法分类。词的语法分类,根据的是词的语法特征。词的语法特征包括词的形态、组合能力、造句功能三方面表现出来的特征。(邢本)

8.实词和虚词

实词指有词汇意义和语法意义,能够充当句法成分的词,可以细分为名词、动词、形容词、区别词、数词、量词、副词、代词以及特殊实词拟声词、叹词。没有词汇意义仅有语法意义,不能充当句法成分的词叫虚词,可以细分为介词、连词、助词、语气词。(黄本)

词的语法功能首先表现在能不能单独充当句法成分。能够单独充当句法成分的是实词,不能单独充当句法成分的是虚词。实词有名词、动词、形容词、数词、量词、副词、代词,虚词有连词、介词、助词、语气词、叹词和象声词。(胡本)

实词是表示实在意义,能够充当句子的基干成分的词,有名词、动词、形容词、数词、量词、代词几类。虚词是意义比较虚灵,不能充当句子基干成分的词,有副词、介词、连词、助词、拟音词几类。(邢本)

9.主谓短语

主谓短语是指由两个成分组成,前面被陈述部分是主语,表示要说的是谁或是什么;后面被陈述的部分是谓语,说明主语怎么样或是什么。陈述关系用语序而不用虚词表示。(黄本)

主谓词组由两个部分组成,它们之间有陈述和被陈述的关系。(胡本)

主谓短语由两个部分组成,前主后谓,组成部分之间有陈述和被陈述的关系。(邢本)

10.动宾短语

动宾短语由有支配、涉及关系的两个成分组成,前面起支配作用的部分是动语,表示动作行为;后面被动作支配的部分是宾语,表示做什么、是什么。支配关系用语序而不用虚词表示。(黄本)

动宾词组由两个部分组成,它们之间有支配和被支配等关系。(胡本)

动宾短语由两个部分组成,前动后宾,组成成分之间有支配和被支配的关系。(邢本)

11.偏正短语

偏正短语由有修饰关系的两部分组成,修饰部分在前面,叫修饰语,被修饰部分在后面,叫中心语。可再分为定中短语和状中短语两种。定中短语由定语和名词性中心语组成,其间的修饰关系有时用“的”作定语的标记;状中短语由状语和动词、形容词中心语组成,其间的修饰关系有时用“地”作状语的标记。(黄本)

偏正词组由两个部分组成,前一部分是定语或状语,后一部分是中心语。两部分之间有修饰和被修饰的关系。(胡本)

偏正短语由两部分组成,前偏后正,偏的部分是定语或状语,正的部分是中心语,两部分之间有修饰和被修饰的关系。“定心”式偏正短语,正的部分一般是名词,“状心”式偏正短语,正的部分一般是动词或形容词;偏正之间有时用“的(地)”作标志。(邢本)

12.中补(后补、正补)短语

中补短语由有补充关系的两个成分组成,前面被补充的部分是中心语,由谓词充当;后面补充部分是补语,也由谓词充当,起述说的作用,能回答“怎么样”的问题。有的补语前头有助词“得”作标志。(黄本)

后补词组由两个部分组成,后一部分补充说明前一部分。(胡本)

正补短语由两个部分组成,前正后补,正的部分是中心语,补的部分是补语,组成部分之间有补充和被补充的关系。(邢本)

13.联合短语

联合短语由语法地位平等的两项或者几项组成,其间是联合关系,可细分为并列、递进、选择等关系。有时用“和、并、或”等连词表示。(黄本)

联合词组由两个或更多的组成部分组成,组成部分之间的关系,有的是并列的,有的是选择的。(胡本)

联合短语由两个或几个部分组成,组成部之间有并列、递进或选择等关系。(邢本)

14.连(动)谓短语

连谓短语由多项谓词性词语连用,谓词性词语之间没有语音停顿,没有上述五种基本机构关系,也不用任何关联词语。(黄本)

连动词组由两个以上的动词连用,它们之间没有主谓、联合、动宾、偏正、补充等关系。(胡本)

连动短语由两个或几个部分组成,述说同一对象。(邢本)

15.兼语短语

由前一动语的宾语兼作后一谓语的主语,即动宾短语的宾语和主谓短语的主语套叠,合二为一,形成有宾语兼主语双重身份的一个“兼语”,直接包含兼语的短语叫兼语短语。(黄本)

一个动宾词组和一个主谓词组套在一起，动宾词组的兼语兼作主谓词组的主语。（胡本）

由三部分组成，中间部分既是前部分的宾语，又是后部分的主语。（邢本）

16.同位短语

多由两项组成，前项和后项的词语不同，所指是同一事物。前项后项共作一个成分，因前后语法地位相同，故名同位短语；又因前后项有互相说明的复指关系，故又叫复指短语。（黄本）

由两部分组成，两部分同位复指，指称同一对象。（邢本）

17.方位短语

由方位词直接附在名词性成动词性词语后面组成，主要表示处所、范围或时间，具有名词性。（黄本）

由两部分组成，后部分是方位名词。（邢本）

18.量词短语

由数词或指示代词加上量词组成，可分为数量短语和指量短语两组。数量短语由数词加量词组成，指量短语由指示代词、疑问代词加（数）量词组成。（黄本）

由两部分组成，后部分是量词。量词短语又可分为数量短语和指量短语。"量"可以是物量，也可以是动量。（邢本）

19.介词短语

由介词附着在名词等词语前面组成。介词短语常修饰谓词，用来标明动作的工具、方式、因果、施事、受事、对象等多种语义成分或语义格。（黄本）

由两部分组成，前部分是介词。（邢本）

20.助词短语

由助词附着在词语上组成，包括"的"字短语、比况短语和"所"字短语等。（黄本）

由两部分组成，后部分是助词。包括"的"字短语和比况短语。（邢本）

21.多义短语

只有一个意义的短语叫单义短语，不止一个意义的短语叫多义短语。形成多义结构的主要原因是语言结构有限而意义无穷，用有限的结构表达无穷的意义便会产生一个语言结构表达多种意义的现象。包括两类，一类是结构关系不同的多义短语，一类是语义关系不同的多义短语。（黄本）

形式上是一个词组，实际上是两个或两个以上不同类型的词组交叉在一起，这个词组就是多义的。多义词是词的特点，单义词在词汇中是少数。词组的情况不同一些，一般是单义，但也有多义的。多义词组同多义词一样，在具体的上下文当中通常只表示一种意义，但是在某些句子当中也有两可的情况，这就是所谓歧义现象了。（胡本）

有的短语只有一种意思,这是单义短语;有的短语包含两种或几种意思,这是多义短语。(邢本)

22.施事主语

主语表示发出动作、行为的主体,叫施事主语。这种主谓句的语义结构是“受事+动作”。从语法关系上看,这里所说的施事,是广义的施事,既包括动作的发出者,也包括不能发出动作的事物。(黄本)

23.受事主语

主语表示承受动作、行为的客体,也就是动作、行为所涉及的对象,叫受事主语。这种主谓句的语义结构是“受事+动作”。(黄本)

24.中性主语

中性主语是指主语表示非施事、非受事的人或事物,又叫非施受主语。除此以外,主语还有其他语义内容,比如可以表示动作结果、工具、原因和处所等。(黄本)

25.受事宾语

受事宾语表示动作、行为直接支配、涉及的人或事物,包括动作的承受着、动作的对象。(黄本)

26.施事宾语

施事宾语表示动作、行为的发出者、主动者,可以是人或自然界的事物。(黄本)

27.独立语

独立语是句子的特殊成分。所谓独立和特殊,在于它身在句内,又与句内的其他成分不发生结构关系,无配对的成分。它和句内的语气词、语调等被称为“零碎”。独立语是由于语用或表达的需要才出现在句内的,在表意上有其特定的作用,根据其作用大致可以分为四种:插入语、称呼语、感叹语、拟声语。(黄本)

句子中有一些词语,不同别的成分发生结构关系,位置一般比较灵活,这就是独立成分。独立成分在结构上不是非有不可,但在表意上它却不是可有可无的。独立成分主要有以下一些作用:表示招呼、应答或感叹,引起对方注意,表示对情况的估计和推测,表示特定的口气,表示某一消息或情况的来源,表示总结,表示对某一问题的意见和看法。(胡本)

独立语是结构相对独立、位置比较灵活的成分。结构上,它不跟别的成分发生关系;位置上,它既可以位于句首,也可以置于句末,还可以插在句中。根据性质和作用不同,可以把独立语分为四类:插说语、呼应语、感叹语、象声语。(邢本)

28.单句

单句是由短语或词充当的、特定的语调、能独立表达一定意思的语言单位。(黄本)

单句具有表意上的完整性和结构上的独立性。所谓表意完整,是指单句能够体现说话人的某种特定意图:或者说明一件事情,或者提出一个问题,或者表示一种请求,或者抒发一种情感。所谓结构独立,是指单句不被别的句子所包含。(邢本)

29.句型和句类

句型是句子的结构类,即根据句法成分的配置格局分出来的类。汉语的句型主要分为主谓句和非主谓句两类。句类是句子的语气类,即根据全句语气语调分出来的类。句子根据语气可以分为四种类型,即陈述句、疑问句、祈使句和感叹句。(黄本)

句子可以从不同的角度进行分析。按照句子的语气,可以分为陈述句、疑问句、祈使句和感叹句,一般称之为句类。按照句子的结构和格局,可以分为单句、复句,主谓句、非主谓句,一般称之为句型。(胡本)

句型是从结构角度划分出来的类。句类是从语气的角度划分出来的类,是语气类。(邢本)

30.连谓句

连谓短语充当谓语或独立成句的句子叫连谓句。(黄本)

连动句是由连动短语充当谓语或由连动短语直接构成的句子。连动句的突出特点是,各连动项述说同一主语,中间没有停顿,它们可以分别连着主语单说。(邢本)

31.变式句

在交际中出于修辞或语用上的需要,故意减省了句法成分或调换成分的位置,这些变化了的句型叫变式句。变式句可分为省略句和倒装句。(黄本)

32.复句

复句是由两个或两个以上意义上相关、结构上互不作句法成分的分句加上贯通全句的句调构成的。复句前后有隔离性停顿,书面上用句号或问号、叹号表示。复句的各分句间一般有句中停顿,书面上用逗号、分号或冒号表示。(黄本)

复句是包含两个或两个以上分句的句子。跟单句相比,复句具有以下四个特点。

第一,从构成成分上看,复句由两个或两个以上的分句构成,单句通常是由两个或两个以上的句子成分构成。

第二,从组合手段上看,构成复句的甲分句和乙分句往往由特定的关系词语来联结,构成单句的甲成分和乙成分之间一般不用关系词语。

第三,从构成成分之间的联系看,复句中各分句之间都存在一定的关系:或是因果关系,或是并列关系,或是转折关系等。

第四,从语气上看,构成复句的各个分句可以使用相同的语气,也可以使用不

同的语气。(邢本)

33.紧缩句

紧缩句是分句间没有语音停顿的特殊复句。紧,是紧凑,指语气上紧,隔开分句的语音停顿没有了;缩,是缩减,指结构上有些词语被压缩掉了。(黄本)

紧缩句是指分句间的停顿取消了,有些词语省去了。(胡本)

紧缩句在语音上是紧缩的,取消了句中停顿;有的在结构上也是有所缩略的,取消了句中的某些成分。形式上近似单句,但语义上包含复句关系。(邢本)

34.句群

句群也叫句组,它由前后连贯共同表示一个中心意思的几个句子组成。(黄本)

句群又叫句组或语段,是指由两个或几个在结构上有密切联系的句子组合而成的表述一层意思的语法单位。句群有三个基本特点,一是句群由两个或几个句子构成,二是构成句群的句子在结构上有密切联系,三是句群要表述一层意思。(邢本)

35.标点符号

标点符号是辅助文字记录语言的符号,是用来表示语句的停顿、语气或表示词语的。标点符号和文字是构成现代书面语言的两大组成部分。(黄本)

标点符号是书面语言里不可缺少的辅助工具,它可以帮助读者分清结构,辨明语气,正确地了解文意。标点符号包括点号和标号两大类。点号有句号、问号、叹号、冒号、分号、逗号和顿号。标号有引号、括号、破折号、省略号、专名号、书名号、着重号和音界号。(胡本)

标点符号是书面语中不可缺少的部分,用来表示停顿、语气以及词语的性质和作用。(邢本)

(二)重难点剖析

1.语法的性质

语法具有比较明显的抽象性、稳固性和民族性。

(1)抽象性:语法是从众多具体的语法单位里抽象出其中共同的组合方式、类型及如何表达语义的规则。如汉语里的“看、说、写、学、讨论”这些词可以说成“看看、说说、写写、学习学习、讨论讨论”,从中抽象出一条词的变化规律:有些动词可以重叠表示少量或者短时。这一语法意义是通过重叠这一语法手段表示出来的。

(2)稳固性:语法的变化比起语音、词汇来要缓慢得多。很多语法手段和语法格式经历千百年而不变。如汉语把词序和虚词当作重要的语法手段,古今如此。

(3)民族性:每种语言都有明显的民族特点,不仅表现在语音和词汇上,同时也表现在语法上。不同语言的语法有同有异,既有共性也有个性,个性是特点之所在。如俄语用词形变化(形态)表示词的句法功能,语序就比较自由;而汉语里的词没有表示句法功能的形态变化。(黄本)

语法具有抽象性、稳固性、递归性和民族性。

(1)抽象性:从与具体词语、句子的关系看,语法具有抽象性。语法不是研究某个具体的词语或者句子的含义,而是研究某类词语或者某类句子所反映出来的共同的结构规律。任何一种语言的语法都是从许许多多具体的词语和句子里边抽象出来的。

(2)稳固性:从语言现象的历史演变看,语法具有稳固性。任何事物都在不断地发展演变,语言也不例外,语法的变化比起语汇、语音要缓慢得多。

(3)递归性:从语言规则的使用看,语法具有递归性。“递归”是从数学借来的术语。语言的结构规则是有限的,但可以重复使用,不断地进行同功能单位的替换。比如,现代汉语里有主谓、动宾、偏正、正补、联合等句法结构,这些结构中的每一部分都可以用同功能的短语去替换。

(4)民族性:从与外族语言的比较看,语法具有民族性。世界上各种民族语言都有自己的语法系统,彼此间有同有异,有的差异很大。(邢本)

2. 语法的两种含义及它们的区别与联系

人们平时所说的“语法”,实际上有两个含义。比如:

(1)说话写文章要合语法。

(2)今天我们开始学习语法。

前一句,“语法”是指语言的结构规则本身;后一句,“语法”是指研究语法规则的科学,即“语法学”。语法和语法学之间有着密切的联系,但是它们并不是一回事。语法作为语言的结构规则,它是一种客观存在;语法学是对客观存在的语言结构规则的反映,它带有一定的主观性。由于研究对象、研究方法、研究目的等方面的不同,语法学形成了各种不同的种类。①从研究对象看,如果着眼于时限,有历时语法和共时语法;如果着眼于范围,有普遍语法和语别语法。历时语法是对不同时期的语法作历史的考察;共时语法是对某一时期的语法作断面的考察;普遍语法以各种语法以各种语言为对象,总结适用于各种语言的普遍法则;语别语法是以某一具体语言为对象,概括某一具体语言的特有法则。②从研究方法看,有比较语法、描写语法。比较语法着力揭示不同语言的语法异同,描写语法着力刻画某种语言的语法构造。③从研究目的看,有理论语法和教学语法。理论语法又称专家语法,目的在于描写事实,阐明规律;教学语法又称学校语法,目的在于讲解法则,指导运用。(邢本)

3.语法单位

语法单位主要有四级:语素、词、短语、句子。它们都是语言中的音义结合体。

(1)语素是语言中最小的音义结合体。语素可以组成合成词,有的可以单独成词。

(2)词是最小的能够独立运用的语言单位,是组织短语和句子的备用单位。一部分词加上句调可以单独成句。

(3)短语是由词组成的、没有语调的语言单位,是造句的备用单位。大多数短语可以加上句调成为句子。

(4)句子是具有一个句调、能够表达一个相对完整的意思的语言单位,句子前后有隔离性停顿。(黄本)

语法单位是指有意义的语言单位。汉语的语法单位包括语素、词、短语、句子和句群。它们是不同级别或不同性质的五种语法单位。

(1)语素是语言中最小的音义结合体。它既是语汇单位,又是最小的语法单位。语素包括实语素和虚语素,它们是构词语法单位。比如,"我们"的"我"是实语素,"们"是虚语素,它们一起构成"我们"这个词。

(2)词是最小的能够自由运用的语法单位。跟语素一样,词也既是语法单位,同时又是语汇单位。

(3)短语又叫词组,是由两个以上的词按照一定的规则组合而成的语法单位。

(4)句子是由短语或词构成的,能够表达一个完整意思、体现说话人一种特定意图的语法单位。一个句子既可以由一个短语构成,也可以由一个词组构成。

(5)句群是由两个以上的句子构成的语法单位。

语素、词、短语、句子和句群,这五种语法单位可以分为三级。这五种三级语法单位之间的关系可以这样来图示(见图4-1):

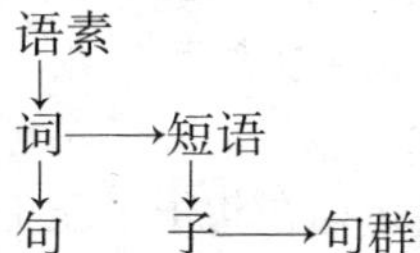

图4-1　五种三级语法单位之间的关系(邢本)

4.划分词类的依据

划分词类的目的在于说明语句的结构规律和各类词的用法。分类的依据是词的语法功能、形态和意义三方面。

(1)词的语法功能,即词的分布功能,主要是指实词在语句里充当句法成分的能力,即词的职位。能作主语、宾语,就是能居主位(主语的位置)、宾位(宾语的位置)。实词都能当句法成分,只是不同类的词会充当不同的句法成分。实词的语法功能还指词与词的组合能力。这有两种表现:①实词与另一些实词的组合能力,包括这一类能不能跟另一类组合,用什么方式组合,组合后发生什么关系,等等。②虚词依附实词表示没有作句法成分的功能,但有依附实词表示语法意义的能力,即与什么实词结合,表示什么语法意义等。

(2)词的形态可分两种:其一指构形形态,例如重叠;其二指构词形态,例如加词缀。

(3)词的意义,这里指语法上同类词的概括意义或意义类别。名词表示人或物的名称,动词表示动作行为等。功能、形态、意义三者是一个统一体的不同表现。分类标准的运用要注意分清主要和次要。汉语划分词类,语法功能是主要的,形态和意义是次要的。(黄本)

给词分类,可以用不同的标准。不同的标准决定于不同的目的。语法上区分词类的目的是为了指明词的外部结构关系,说明语言的组织规律,因此,分类的基本根据是词的语法功能。词的语法功能首先表现在能不能单独充当句法成分。能够单独充当句法成分的是实词,不能单独充当句法成分的是虚词。实词的语法功能表现在词与词的组合能力上。哪些词可以同那些词组合,怎么组合,组合起来表示什么关系;哪些词不能同哪些词组合:这里表示出实词的不同类别。虚词的不同语法功能表现在它同实词或词组的关系,能同哪些实词或词组发生关系,发生什么样的关系:这里表示出虚词的不同类别。(胡本)

词的语法分类,根据的是词的语法特征。词的语法特征包括词的形态、组合能力、造句功能三方面表现出来的特征。

(1)形态:形态是指构词和构形的语法形式。现代汉语里,构词的语法形式包括前缀和后缀。它们有构成新词的作用,并且往往有标记词类的作用。构形的语法形式,也就是词的变化方式。现代汉语里,构形的语法形式有两种。一种是重叠式:把词或语素重叠起来表示某种语法意义;一种是粘附式:把具有词尾性质的助词粘附在实词后边表示某种语法意义。

(2)组合能力:组合能力是指某类词可以跟一些什么词发生组合关系,不能跟一些什么词发生组合关系。

(3)造句功能:造句功能是指词在句子中能不能充当句法成分,能充当什么句子成分。划分词类时,形态、组合能力和造句功能这三个方面的特征都起作用。不过,它们所起作用的大小程度不完全一样。汉语不是形态发达的语言,汉语里词类的语法特征主要表现在组合能力和造句功能这两个方面,尤其突出地表现在组合能力这一方面。(邢本)

5.短语的功能类

短语有两方面的功能:一方面是作句法成分,所有短语都能充当一个更大的短语里的组成成分;另一方面是成句,大部分短语加上句调就能独立成句。短语的功能是凭它能相当于哪类词的功能决定的。功能相当于名词的叫作名词性短语;功能相当于谓词的叫作谓词性短语,通常以动词、形容词为中心。主谓短语的功能类凭该短语的谓词中心的词性而定,谓语中心是动词、形容词的,可归谓词性短语,谓语中心是名词性的词,该主谓短语为名词性短语。(黄本)

短语的功能类最基本的三种，即名词性短语、动词性短语和形容词性短语。某些短语在功能上有不同于基本功能类的的地方，但它们可以附属于基本功能类。①名词性短语，也叫体词性短语。性质上是名词的，功能上跟名词相当，经常充当主语、宾语。这类短语有同位短语、"的"字短语、方位短语、定心式偏正短语、名量词构成的量词短语和由名词构成的联合短语等。②动词性短语整体功能相当于动词，主要充当谓语。这类短语有动宾短语，连动短语、兼语短语、能愿短语、由动词构成的联合短语、以动词为中心的偏正短语和正补短语等。③形容词性短语整体相当于形容词，经常充当定语和谓语，这类短语有比况短语、由形容词构成的联合短语、以形容词为中心的偏正短语和正补短语等。（邢本）

6.短语的层次分析的切分条件

第一，从结构上看，切分的配对成分必须是个语法单位。即语言中允许有的，如词或短语或是短语的等价物，包括它的省略形式。第二，从功能上看，切分出的配对成分必须有语法关系，或者习惯上能组合，搭配。第三，从意义上看，切分出的配对成分每个都有意义，加起来也有意义，而且符合整体的原义。（黄本）

第一，切分出来的两个直接成分都有意义。第二，切分出来的两个直接成分要能搭配在一起。第三，切分出来的两个直接成分搭配起来表示的意义等于整个组合的意义。（邢本）

7.名词及其语法特征

名词表示人或事物或时地的名称。名词有专有名词、普通名词、时间名词、处所名词、方位名词这几种。

语法特征：①经常放在动词前后分别作主语和宾语，例如"牛吃草"；多数能作定语和带定语，例如"（柳树）叶子""（河边）柳树"。名词一般不能作补语。②前面一般能够加上表示名量的数量短语，一般不能加副词。例如能说"一个人"，不能说"不人"。③一般不能用重叠式表示某种共同的语法意义。亲属称谓以及其他少数词，例如"妈妈""哥哥"和"星星"等，这些都是构词的语素重叠，不是构形的形态变化。④经常用在介词后头，组成介词短语，例如"[用事实]讲话""[被人]发现"。⑤汉语名词单数、复数同形。部分指人名词（和代词）在表示复数时，可加后缀"们"，如"朋友们""你们"。加"们"之后不能再受数量短语修饰。（黄本）

名词的语法特征：①能用数量词组修饰。②不能用"不"修饰。③能用在介词后边，组成介词结构。④经常用作主语和宾语。（胡本）

名词可以分为人物名词、时地名词和方位词三类。语法特征：①一般能受表示物量的数量短语修饰，不能受副词的修饰。②能直接用在介词后边，一起组成介词短语。（邢本）

8.动词及其语法特征

动词表示动作、行为、心理活动或存在、变化、消失等。有动作动词，心理活动动词,存在、变化、消失动词,判断动词,能愿动词,趋向动词,形式动词。动词的语法特征:①多数能作动语带宾语,能作谓语或谓语中心(核心),如“他来了”。②动词能够受副词“不”修饰,只有少数表心理活动的动词和一些能愿动词能够前加程度副词,例如能说“很怕他”“很喜欢他”。③能构成“V 不 V”式并带宾语表示提问,如“看不看书”。④动词多数可以后带“着、了、过”等表示动态。⑤有些动作行为动词可以重叠,表示短促动作的动量小或时量短或尝试、轻松等意义,限于表示可持续的动作动词。(黄本)

动词的语法特征:①能用副词“不”或“没有(没)”修饰。②大部分动词能带宾语。③动词常常加“了”“着”“过”“起来”“下去”,或重叠的方式表示“时态”。④经常用作谓语。(胡本)

动词表示动作行为或变化。可以分为十小类:行为他动词、行为自动词、心理活动动词、行止动词、使令动词、有无动词、比似动词、判断动词、能愿动词、趋向动词。动词的语法特征:①许多动词能带上动态助词“着、了、过”。②一般能进入“X 不 X”的格式,并且大多数能带宾语。③某些动词可以按 AA 式或 ABAB 式重叠,重叠后表示动量,附加“一下”或“反复多次”的意思。(邢本)

9.形容词及其语法特征

形容词表示形状、性质和状态等,分为性质形容词和状态形容词两类。形容词的语法特征:

(1)形容词常作定语和谓语或谓语中心语,例如“太阳红-红太阳”。多数形容词能够直接修饰名词,少数性质形容词能够直接修饰动词,作状语,例如“快走”。通常要重叠或者加助词“地”,才可以作状语,例如“慢慢地”“得意地笑着”。一部分形容词也能作补语,例如“看清楚”。

(2)形容词不带宾语,但是有些性质形容词兼属动词,作动词时能带宾语。例如“端正态度”(使态度端正),有致使义,这样用时叫“使动词”。这种词,前加程度副词时是形容词,不能带宾语;后带宾语时不能前加程度副词。这些词兼属形容词和动词。

(3)性质形容词大都能受程度副词修饰,例如“很简单”。性质形容词的重叠式和状态形容词,或者因为是表情态的,或者因为本身带有某些程度意义,不能再受程度副词修饰。

(4)有些性质形容词可以重叠,即以形态变化表示性状程度的加深或适中,重叠后不能前加副词“很”,因重叠就表示程度加深了。

单音节重叠式:AA 或 AA 的、AA 儿,如

早早、长长的、绿绿的、好好儿、慢慢儿

双音节重叠式:AABB,或 AABB(的)、AABB 儿,如

清清楚楚 高高兴兴(的) 痛痛快快儿

(5)有些单音节性质形容词可带上叠音词缀或其他词缀,这时用法同状态形容词,例如“红彤彤”“亮堂堂”,不能加“很”。

(6)状态形容词如“雪白”“漆黑”“血红”,本身已表示特定状态和程度,而且程度较深,不能加“很”或重叠。但他们可以作词的重复,表示强调,属于修辞的反复格,如“漆黑漆黑(的)”,不算构形重叠。(黄本)

形容词的语法特征:①一般能用副词“不”和“很”修饰,如“不冷”“不骄傲”。②能修饰名词,如“新书”。③有些形容词能修饰动词,如“大嚷大叫”。(胡本)

形容词表示性质状态。可以分为普通形容词和非谓形容词:

(1)普通形容词:这类形容词主要的功用是充当谓语或中心语。

(2)这类形容词不能受程度副词的修饰,不能重叠,也不能直接充当谓语。它们的主要功用是充当定语;如果出现在谓语部分,则必须用于“是……的”之间。形容词的语法特征:①一般能受程度副词的修饰,一律不能带宾语。②许多形容词可以按 AA 或 AABB 的方式重叠,重叠后强调度量,附加“很”或“相当”的意思。(邢本)

10.区别词及其语法特征

区别词表示人和事物的属性或区别性特征,有区分事物的分类作用。区别词往往是成对成组的。区别词的语法特征:

(1)能直接修饰名词和名词短语,作定语;多数能带“的”形成“的”字短语。例如“西式服装、大型轿车、男的、全的”。

(2)不能单独作主语、谓语、宾语。但是,组成联合短语或成双对比后可以作主语、谓语、宾语。例如“公私不分”“他不男不女”。还有,组成“的”字短语常作主语、谓语、宾语,例如“小型的我不要,我要中型的”。

(3)不能前加“不”,否定时前加“非”。(黄本)

11.数词及其语法特征

数词表示书目或次序。分基数词和序数词:

(1)基数词:表示书目的多少。可分为序数词(零或 0、一至九)和位数词(十、百、千;万、亿、万亿、兆),两种基数可以组成复合数词。基数词可以组成表示倍数、小数、分数、概数的短语。

(2)序数词:表示次序前后。一般是在基数前加前缀“第”或“初”组成,例如“第一、第五”。有时可用“甲、乙、丙、丁”或“子、丑、寅、卯”等表示序数。

数词的语法特征:

(1)数词通常要跟量词组合成数量短语,才能作句法成分,例如“十位老师、走一趟”。数词一般不直接跟名词组合,但是古汉语以“数·名”直接组合为常,现代也仍然保留某些古汉语说法,例如“一草一木”。这种数名短语,有一部分中间可不加量词,例如“两姐妹、三兄弟、四小龙、七昼夜”。这种组合在语义上是强调它是一个整体。

(2)数量短语通常用作定语或补语、状语。如“一片浮云”。

(3)“俩”“仨”是“两个”“三个”的合体数量词,意义和功能相当于数量短语,后头不能加量词“个”。只用于口语,例如“俩人”“哥儿俩”“仨瓜俩枣”。

(4)倍数只能用来表示数目的减少。表达数目的增减是用原来的数目作基准,不是用增减后的数目作基准。表达数目的增减有一套习惯用语。(黄本)

数词是用来表示数目的。数目可以用一个数词表示,如“一”“五”,也可以用数词词组表示。数词或数词词组后边加上助词“第”“初”表示次序,如“第十五(排)”,“初”后边的数词限于一至十。数词或数词词组后边加上助词“多”“把”或加上方位词“以上”“以下”表示概述。如“一百五十块(多钱)”。数词和量词的组合称为数量词组。数量词组常与别的词语组合在一起,形成偏正、补充等关系。(胡本)

数词表示书目。①基数词:表示书目的多少。基数词大多是表示确定书目的“定数词”;少数是表示不确定书目的“概数词”。②序数词:表示跟数目有关的序列。典型的序数词形式是“第+基数”,如“第一、第二”。有时表序数不用“第”,但实际上隐含着“第”,如“二哥、四楼”。(邢本)

12.量词及其语法特征

量词表示计算单位。可分为名量词和动量词两大类。名量词表示人和事物的计算单位,如“一个人”。动量词表示动作次数和发生的时间总量,如“看三次”。量词的语法特征:

①量词总是位于数词和名词之间,数词和量词组成数量短语,作定语、状语或补语、宾语等,如“(一个)人”“[一把]拉住”。②单音量词大都可以重叠,重叠后表示每一、逐一、多,能单独充当定语、状语、主语、谓语,不能作补语、宾语。③量词有时单独作句法成分。如“馒头论个,油条论条”。④什么量词能与什么名词组合,在普通话和方言里各有自己的习惯,有的相同,有的不相同。例如,普通话说“一个人”、“一头(口)猪”,有的方言说“一块人”“一根猪”。(黄本)

量词可以分作物量词和动量词两种。能跟同一个名词或动词配合的常常不止一个量词,不同的量词适应不同的要求。(胡本)

量词表示计算数量时所用的单位。可以分为物量词和动量词。物量词是表示计算人或事物数量的单位,其中有的是法定单位(度量衡单位),更多的是习用单位。动量词是表示计算行为数量的单位,其中有的是专用的,如“次、回、趟、遍”;更多的是借用的,如“画一笔、切一刀”,这里的“笔、刀”本来是名词,这里借用作动量词。量词的语法特征:①能同数词组合,并且一般跟数词结合使用。如“一尺、两斤”。②单音量词可以重叠,重叠后表示“每”,或者强调“多”。重叠后的量词单独充当句子成分。如“条条大路通罗马”。(邢本)

13.副词及其语法特征

副词常限制、修饰动词、形容词性词语，表示程度、范围、时间等意义。副词的语法特征：

①副词都能作状语，几乎都能修饰动词，近半能修饰形容词。个别程度副词“很、极”还可以作补语。②副词一般不能单说，只有“不、没有、也许、有点儿、当然、马上、何必、刚好、刚刚、的确”等在省略句中可以单说。③部分副词能兼有关联作用。有单用的，有成对使用的，例如“打得赢就打”“越说越快”。(黄本)

副词的基本用途是修饰动词或形容词，副词的语法功能是修饰动词或形容词，但不能修饰作主宾语的名词(这一点区别于形容词)。程度副词主要用来修饰形容词，有时也修饰动词，如“他对她很了解”。情状副词用来修饰动词。语气副词常用来作全句的修饰语，其余的或用来修饰动词，或用来修饰形容词，大多兼有这两种功能。有些副词有关联作用，能够把动词、形容词或者词组、句子组合在一起。如“越做越好”“又酸又苦”。(胡本)

副词经常修饰动词或形容词，表示程度、范围、时间等意义。如“很、都、还”等。

副词的语法特征：①能修饰动词或形容词，一般不能修饰名词。②能充当状语，而且绝大多数只能充当状语，只有极少除了充当状语之外，还可以充当补语，如“很高兴、高兴得很”，因此，副词具有纯状语性。(邢本)

14.代词及其语法特征

代词能起代替和指示作用。它能跟所代替、所指示的语言单位的语法功能大致相当，即所代替的词语能作什么句法成分，代词就作什么成分。如果按句法功能划分，代词可以分为代名词、代谓词、代数词、代副词。

(1)代名词，它的功能同名词大体相同，分为四种：①一般代名词，包括人称代词、疑问代词、指示代词；②处所代词；③时间代词；④数量代词。

(2)代谓词，它的功能同谓词大体相当，如“怎么、这样、那样”等。

(3)代数词，它的功能同数词大体相当，如“多少、几”。

(4)代副词，它的功能同副词大体相同，如“这么、那么”。

代词的语法特征：①人称代词可以分为第一人称代词、第二人称代词、第三人称代词和其他代词。第一人称代词指说话人一方。第二人称代词“你、你们”指听话人一方。第三人称代词“他、他们”指对话双方外的第三方，还可以称代事物。反身代词“自己、自个儿”，用来复指前面的名词或代词。②指示代名词用来指代人，也用来指事物。“这”为近指，“那”为远指。“这、那”等有指示和替代作用。③疑问代名词的主要用途是表示有疑而问(询问)或无疑而问(反问、设问)。(黄本)代词代替实词和词组，按照不同的作用，我们把代词分为三小类：人称代词、疑问代词、指示代词。(胡本)

代词指代某种对象,如“我、你、这、那、谁、什么”等。可以分为三类,人称代词、指示代词和疑问代词。人称代词的称代对象限于人或物,而且一般称代人,称代物的只有“它”。指示代词和疑问代词的指代和求代对象,既可以是人或物,也可以指时间、处所、行动、性状、数量、程度和方式。代词可以活用。比如人称代词有时变换使用,或变换人称,以第二人称代指第一人称,或以第一人称指第二人称;或变换单复数,以单数形式表复数,或以复数形式表单数。(邢本)

15.拟声词及其语法特征

拟声词是模拟声音的词,又叫“象声词”,例如“哓、叭、叮当”。拟声词描摹声音时,给人一种如闻其声的音响效果。它有修辞作用,能使语言具体、形象,给人以如临其境的实感。拟声词经常在口语和文学作品里使用。

拟声词可以作状语、定语、谓语、补语、独立语等,也可单独成句。作状语最常见,有时要后加“地”,有时后加“一声”。(黄本)

象声词是摹拟声音的词,如“乒乓”“哗啦”。(胡本)

拟音词模拟感叹声、呼应声或某种声响。可分为叹词和象声词两类。叹词是表示感叹和呼应的声音。象声词是表示物体的音响或动物的叫声。其语法特征表现在经常独立使用,不和任何词发生结构关系,有时也可以进入句子,跟别的词发生结构关系,临时用作名词、动词或形容词。当用作别类词时,通常加上引号。(邢本)

16.叹词及其语法特征

叹词是表示感叹和呼唤、应答的词,例如“唉、啊、哼、哦”。叹词常用作感叹语(独立成分),也可单独成句,从它能作句法成分(独立语)和独立成句看,它同只依附实词表示语法意义的虚词不同,但它一般不与实词发生结构关系。可见它是一种特殊的实词。(黄本)

叹词包括表示感叹和应答的词。这些词在句当中的位置比较灵活,通常不同其他实词发生特定的关系,也不充当一般的句法成分,但是它们能独立成句,所以是一种特殊的词类。(胡本)

叹词是拟音词的一种,表示感叹或呼应的声音。(邢本)

17.介词及其语法特征

介词,依附在实词或短语前面共同构成“介词短语”,主要用于修饰、补充谓词性词语。介词常常充当语义成分(格)的标记,标明跟动作、性状有关的时间、处所、方式、原因、目的、施事、受事、对象等。介词短语常作状语,少数可以作补语和定语。(黄本)

介词有下列语法特点:①不能单独充当谓语,即使带上名词也不能充当谓语,这是它跟动词的区别。②介词经常附着在名词、代词、动词(主要是名词)前边,组成介词结构。介词结构的用途是作动词或形容词的修饰语。③“在”“向”“于”

"到""给""自"等可以直接附着在动词或其他词语后边,构成一个整体,相当于一个动词。(胡本)

介词用在名词或别的词语前边,一起组成"介宾短语",作动词或形容词的附加成分,表示时间、处所、方式、范围、对象、被动等意义。可分为涉形介词和涉动介词两类。涉形介词构成的介宾短语主要跟性质状态发生联系,涉动介词构成的介宾短语主要跟动作行为发生联系。语法特征:①能用在单个名词前边,组成介宾短语。②组成的介宾短语一般不能充当谓语,介词不能成为谓语中心。(邢本)

18.连词

连词起连接作用,连接词、短语、分句、句子等,表示并列、选择、递进、转折、条件、因果等关系。(黄本)

连词的作用是连接。从连接的成分来看,有的是词或词组,有的是分句。从连接的方式来看,有的表示联合关系,有的表示偏正关系。每个连词必定连接一定的成分并表示一定的关系。(胡本)

连词用来连接两个或几个语言单位,帮助表达某种关系。可以分为词语连词和句间连词两类。连词的语法特征:①具有纯连接性。②具有双向性或多向性。③连接分句时,可以出现在主语前边。(邢本)

19.助词

助词的作用是附着在实词、短语或句子后面表示结构关系或动态等语法意义,可以分为结构助词、动态助词、尝试助词、时间助词、约数助词、比况助词和其他助词这几类。(黄本)

助词的共同特定是附着在词或词组上边,表示一定的附加意义。助词大都念轻声。(胡本)

助词附着在词语或句子上面,表示某种语法意义。助词的语法特征表现在,具有高度附着性,帮助词语或句子表示某种附加的语法意义,有结构助词、动态助词、语气助词、复数助词、比况助词这五类。(邢本)

20.语气词

语气词的作用在于表示语气。主要用在句子的末尾,也可以用在句中主语、状语的后面有停顿的地方,它本身念轻声。语气词的语法特征:①附着在全句后面或句中词语的后面有停顿的地方。②语气词常常跟句调一起共同表达语气,有的语气词可以表达多种语气。(黄本)

语气词的作用是附着在整个句子的末了,表示语气。(胡本)

语气助词:附着在句子末尾,或用在句中,表示某种语气。(邢本)

21.词的兼类和借用

(1)词的兼类。

词的兼类是某个词经常具备两类或几类词的主要语法功能。即在甲场合(位次）里有甲类词的功能，在乙场合里有乙类词的功能，不是说在同一场合（位次）里有甲、乙两类词的功能。兼类词一定要读音相同，词义有联系而失去了联系或意义无关的词不是兼类词。（黄本）

所谓兼类，并不是指某个词在具体语句中同时具备甲类和乙类的特点，恰恰相反，指的是某个词在具体语句中同时具备甲类词的特点而不具备乙类词的特点，在另一场合具备乙类词的特点而不具备甲类词的特点。（胡本）

同形异类，是指词的形式相同，但实际上属于不同的词类，在甲语法环境中是A类，在乙语法环境中是B类，在丙语法环境中是C类。同形异类也称“兼类”。所谓同形异类，其实是就语言（静态）层面而言的。从言语（动态）层面来说，一个同形异类词一旦进入具体的句子，它的类属就确定了下来。属A类的，就不会再是B类或C类；属B类的，就不会再是A类或C类。（邢本）

（2）词的借用。

甲类词临时借用乙类词，叫作“借用”。借用分两种，一种是属于无修辞作用的借用。如“一船人”“一车红薯”里的“船”“车”，这是名词临时借用来作量词。（黄本）

甲类词在特定的条件下，为了修辞上的需要，偶尔用作乙类词，这是活用。例如鲁迅的一篇杂文《中华民国的新“堂·吉诃德”们》中有“这一切等等，确是十分“堂·吉诃德”是名词，这里活用作形容词。活用不属兼类，也不改变原来的词性。（胡本）

词类活用，是指A类词临时借用作B类词，不属于同形异类。（邢本）

22. 动词、形容词单独作谓语的条件

（1）动词单独作谓语的条件：①用在对话里。②用在复句的分句里，特别是在先行句和后续句里，例如“你来，我就走！”③用在对比、排比句里。④常常要加上一定的语气词或动态助词。

（2）形容词单独作谓语的条件：①在对话里，提问句和问答句都可以这样用。②用在复句的分句里，主要是对比句或是先行句、后续句里。③有时在句末要有语气词。

23. 主语的构成材料

根据主语构成材料的不同，可将主语分为名词性主语和谓词性主语。名词性主语由名词性词语充当，包括名词、数词、名词性的代词和名词性短语，多表示人或事物。谓词性主语由谓词性词语充当，包括动词、形容词、谓词性的代词、动词性短语、形容词性短语。这是以动作、性状或事情作陈述的对象。（黄本）

名词、人称代词、名词性词组充当的主语是最常见的；时间名词、处所名词也可以作主语；动词、形容词作主语；动宾词组、主谓词组、“的”字结构作主语；动词或形容词带上名词或人称代词充当的定语，整个词组就是名词性的了，这种名词

性词组也常作主语。(胡本)

主语的构成材料,最常见的是名词或名词性短语。在一定的条件下,动词、形容词以及谓词性短语也可以充当主语。(邢本)

24.谓语的构成材料

谓语通常由谓词性词语充当,在一定的条件下也可由名词性词语充当。(黄本)

从材料上看,谓语有四种:①名词性谓语。这类谓语句口语性较强。②动词性谓语。这类谓语最典型的,也最活跃。③形容词性谓语。这类谓语也比较活跃。④主谓谓语。这是比较特殊的一类谓语。(邢本)

25.主语和谓语的语义类型

主语的语义类型:主语和谓语的语义关系很复杂。当谓语表示动作时,主语可以是动作的发出者、主动者,即施事,也可以是动作的涉及者、被动者,即受事。当谓语不表示动作时,主语既非施事,也不是受事,可以说是中性的。概括起来,主语可粗分为施事、受事和中性三大类。

谓语的语义类型:谓语的语义类型主要看谓语对主语的作用,可以分为三类。第一类着重于叙述,叙述主语所做的或与主语有关的一件事情,这主要由动词性词语充当。因此,有人把叙述性的句子叫叙述句。第二类着重于描写,即描写主语的性状,这主要由形容词性词语(这里包括形容词性的主谓短语)充当。有人把描写性的句子叫描写句。第三类着重于判断说明,即说明主语的类属或情况。这种句子叫判断句。(黄本)

主语的语义类型:从语义上看,主语有三种,施事主语、受事主语、中性主语。中性主语表示跟施、受无关的与事、工具等,或表示描写、判断、说明的对象。

谓语的语义类型:从语义上看,谓语有的是说明性的,有的是判断性的,有的是叙述性的,有的是描写性的,有的是评议性的。(邢本)

26.宾语的构成材料

从构成材料上看,宾语分为名词性宾语和谓词性宾语两种。名词性宾语可由数量短语、"的"字短语充当等。谓词性词语充当宾语有一定条件,只能出现在能带谓词性词语的动语后边。(黄本)

从材料上看,宾语最常见的是名词和名词性短语,非名词性词语有时也可以充当宾语。它们充当宾语时,一般要求动语是行止动词或心理活动动词,或者表示言说、认知等意义的动词。(邢本)

27.宾语的语义类型

宾语和动语的语义关系很复杂,可粗略分为三种:受事宾语、施事宾语、中性宾语(包括结果宾语、处所宾语、时间宾语、工具宾语、方式宾语、原因宾语、目的宾语、类别宾语、存在宾语等)。受事宾语表示动作、行为直接支配、涉及的人或事

物,包括动作的承受着、动作的对象。施事宾语表示动作、行为的发出者、主动者,可以是人或自然界的事物。(黄本)

从语义上看,宾语大体有三类,受事宾语(表示动作的承受者)、施事宾语(表示行为动作的发出者)、中性宾语(跟施受无关的宾语,包括处所宾语、工具宾语、与事宾语、判断宾语等)。(邢本)

28.定语的语义类别

从定语的表义作用看,可以分为限制性定语和描写性定语两大类。限制性定语一般能回答"哪一种或哪一类的、多少、何时何地"等问题。限制性定语是对中心语所指的事物范围加以限制,使中心语事物在其性质、特征上能与同类的事物区别开来。它的作用主要是给事物分类,使语言增加准确性、严密性。一般说来,名词性词语、动词性词语和区别词做定语多是限制性的,表示人或事物的领有者、时间、处所、环境、范围、用途、质料、数量、性质、属性、来源等。描写性定语一般回答"什么样的"问题。描写性定语多数在语义上对中心事物加以描写或形容,它的作用主要是描绘人或是事物的性质、状态,突出其中本来就有的某一特性,使语言增加形象性、生动性。描写性定语多用状态形容词和性质形容词的重叠式、拟声词充当。多数描写性定语和所有限制性定语的语义指向是"顺行指向",即指向后头的中心语;少数描写性定语的语义指向是"逆向指向",即指向中心语前头的人,而不是指向中心语。(黄本)

29.定语和助词"的"的关系

定语和中心语的组合,有的必须加"的",有的不能加"的",有的可加可不加。加不加"的",涉及定语的词类,也可能涉及定语和中心语的音节的多少,以及期间的语义关系。下面从词类的角度来叙述。①单音节形容词作定语,通常不加"的",例如"红花、绿叶、新课本、好主意"。如果用"的"形成平行格式,就有强调描写的作用,例如"好的主意、新的课本"。双音节形容词作定语,常常加上"的"字,特别是用描写状态的词,例如"晴朗的天、干净的水"。加或不加有时取决上下文音节的协调与否。有时为了避免"的"用得太多,在不致发生歧义的情况下,"的"可以不用。②名词作定语,有时可以直接修饰中心语,例如"桦树皮、语法论著"等,这是把定中短语用作一种名称。不然就必须加"的"。一些单音节名词作定语必须加"的",例如"人的性格、水的深度"。双音节名词作定语而中心语是单音节的,也常常加"的"。用不用"的"都可以的话,一般讲究音节的调整,读起来顺口不顺口,例如"洪湖水,浪打浪"。有时候不加"的"影响定语的性质和意思。加"的"表领属关系,不加"的"表性质、属性。③动词作定语,有两种情况。一种是直接修饰中心语,组成一种名称。例如"活鱼、死狗",这是单音动词作定语,中心语用具体名词;"压缩饼干、使用情况"等,这是双音动词作定语。这种结构,有些从语义关系上看前后两部分很难构成动宾关系,特别是中心语为抽象名词的,有一些可能构成动宾关系而仍然不用"的",如"学习文件"。另一种情况是一般要用"的",甚至必须用,例如"写的字""编的草帽"。④短语作定语,一般要加"的",例如"非常新颖的设计、有抱负的青年"。没有重叠成分的量词短语后面不加"的"。(黄本)

单音节形容词修饰名词,可以用"的",也可以不用"的";形容词前边带上状语,"的"就非用不可,例如"很高的山";动词修饰名词,用不用"的",有很大的灵活性。从句法角度讲,当然应该注重用与不用在结构和意义上的区别。用"的"与不用"的"可以区分偏正关系和联合关系、偏正关系和动宾关系、偏正关系和同位关系。一般地说,不用"的",整个词组结合得非常紧密;用上了"的",前边词语的修饰性就更加明显了。总之,"的"的作用主要表现在两个方面:一是区别偏正关系与其他关系,一是强调前边词语的修饰性和领属性。(胡本)

30.多层定语的顺序

多层定语的排列次序比较复杂,从外层算起,一般次序如下:①表示领属关系的词语;(表示"谁的?")②表示时间、处所的词语;(表示"什么时候?什么地方?")③量词短语或指示代词;(表示"多少?")④动词性词语和主谓短语;(表示"怎么样的?")⑤形容词性词语;(表示"什么样的?")⑥表示质料、属性或范围的名词、动词。(表示"什么?")(黄本)

多层定语的顺序:领属→时地→指别→数量→行为→断定→含义→性状……(邢本)

31.状语的构成材料、语义类别

状语不只是由副词充当,还可以由时间名词、动词(能愿动词)、形容词(特别是表示状态的形容词)充当;介词短语、量词短语和其他一些短语也可以作状语。

状语的语义类别可粗分为限制性和描写性两类。限制性状语用来表示时间、处所、程度、否定、方式、手段、目的、范围、对象、数量、语气等。描写状语是从性质和状态方面对事物加以描写或形容,在语法结构上也是修饰谓词性成分,在语义指向上有些是描写动作状态,指向谓词性成分,有些是描写动作者的情态,指向名词性成分,就是说语法结构和语义关系都不是一致的。(黄本)

从材料上看,状语经常由副词、形容词性词语、介词短语、方位短语等来充当。重叠的物量短语、名词连用构成的联合短语、少数动词也可以充当状语。它们充当状语时都要带"地"。

从语义上看,状语有的表示性态、程度或语气,有的表示时地、数量或否定等。(邢本)

32.状语和助词"地"的关系

助词"地"是状语的书面标志。状语后面加不加"地"的情况很复杂。单音节副词做状语,一般不加,有些双音节副词加不加"地"均可。单音节形容词作状语比较少,也大都不能加"地"。对音节形容词有相当一部分加不加都可以,也有少数不能加,如"肯定要落后",还有少数必须加,如"轻巧地划着小船"。至于代词、表示时间或处所的名词、能愿动词、方位短语和介词短语作状语,都不加"地"字。(黄本)

33.多层状语的顺序

多层状语的大致次序是,条件、时间、处所、语气、范围、否定、程度、情态、对象。①表示时间的名词(指明何时,限制性状语);②表示处所的介词短语(指明何地,限制性状语);③表示范围的副词(指明什么范围,限制性状语);④表示情态的形容词(指明怎样,描写性状语);⑤表示对象的介词短语(指明同谁,限制性状语)。(黄本)

34.补语的语义类别

补语的语义类别有以下几种情况。①结果补语:表示因动作、行为导致的结果。结果补语常用的是形容词,少数用动词和动词短语。结果补语前头不用助词"得"。结果补语的语义指向并不都是指向它的中心语,有的是指向主语或宾语,而有的也指向泛指的或在上下文中出现的人或物。②情态补语:表示由于动作、性状而呈现出来的情态。中心语和补语中间常用助词"得"。情态补语的作用有两种:有的用作描写,用状态形容词或谓词性短语;有的用作评价,只用性质形容词。这两种补语的语义分别表示施事、受事或动作的某种状态。补语前有时用"个""得"。用"个"字,中心语后面有可能加上"了";用"得"字的补语在一定的语境里可以省去,如"把你美得",这种句子表示的是,或者有无须或无法形容的意味,让对话者自己体会。③趋向补语:表示事物随动作而移动的方向,都用趋向动词充当。趋向动词"起来""下去""下来""上""下",有时有引申义,例如"笑起来"的"起来"表示开始,"笑下去"的"下去"表示继续,这种用法的趋向动词已经虚化成了动态助词,虚词不化句法成分,不算补语。④数量补语:分为两种。一种动量补语,由表动量的量词短语充当,用来表示动作发生的次数,例如"打我一下";另一种是时量补语,用表示时间的量词和加数词组成的数量短语充当,或用"数量名"短语充当,用来表示动作持续的时间,也就是时量、时段,或者表示动作实现以后所经历的整段时间(时段)。⑤时地补语(介词短语补语):多用介词短语来表示动作发生的时间和处所,包括表示动作的终止点。⑥可能补语:由动词、形容词充当。可能补语有两种。一种是用"得"或"不得"充当,表示有无可能进行。另一种是在结果补语或趋向补语和中心语之间插进"得/不"(轻声),表示动作的结果、趋向可能不可能实现。⑦程度补语:很少,限于用"极、很"和虚义的"透、慌、死、坏、多"等,表示达到极点或很高程度,也可以用量词短语"一些、一点"表示很轻的程度。中心语主要是性质形容词,也可能用某些能前加"很"的动词。(黄本)

补语的语义类别有以下几种情况:①不能用“得”的。主要是数量补语。数量补语一般表明动作的次数或动作延续的时间。②必须用“得”的。必须用“得”的补语是情态补语。情态补语是说明与动作有关事务的状态。③用“得”(不)与不用“得”(不)构成平行格式。包括结果补语和趋向补语。将不用“得”(不)的形式成为基本式,把用“得”(不)的形式称为可能式。(胡本)

补语的语义类别有以下几种情况。从语义上看,补语有的是表示结果、趋向、数量、程度或处所,有的是表示可能、评判或时间等。(邢本)

35.补语与宾语的辨认以及位置关系

(1)分辨动词后的成分是补语还是宾语,主要是看标记、关系和词性。①看标记。就是看有无助词“得”,有就是补语。可插入助词“得”也是补语。②看关系。可用提问法,看动词后的词语能回答什么。能回答“V 什么?”的是宾语,能回答“V 得<怎么样>”的是补语。③看词性。宾语可由名词性和谓词性的成分充当,以名词为主。补语限于由谓词性成分充当,例外就是表时间(时段)的名词性成分,如“我等了你三个小时”和“我浪费了三个小时了”,用“把”字提宾法来鉴别,能用到“把”字提到动词前的是宾语,否则就是补语。

(2)宾语和补语的位置关系。补语和宾语可以在动词后共现,它们排列的顺序有 4 种:①动+补+宾;②动+宾+补;③动+补+宾+补;④动+宾+补+宾(黄本)。

补语与宾语的辨认以及位置关系:补语和宾语都可以在中心语后边出现,有时还可以同现。宾语和补语的位次有三种情况:一是宾语在前,补语在后;二是补语在前,宾语在后;三是宾语插入在补语中间。(邢本)

36.独立语的类别及作用

独立语是由于语用或表达的需要才出现在句内的,在表意上有其特定的重要作用,根据其作用大致可分为以下四种:

(1)插入语。插入语的作用是使句子表意严密化。补足句意,包括说话者对话语的态度,或引起听话者的注意。①有的插入语表示肯定或强调的口气,表明说话者那种不容置疑的态度。有的又点明特别值得注意的内容,以加深听话者的印象。通常用“毫无疑问、不可否认、不用说、十分明显、尤其是、主要是、特别是”等。②有的表示对情况的推测和估计,口气比较委婉。对所说事情的真实性不作完全的肯定,留有重新考虑的余地,通常用“看来、看样子、说不定、算起来、我想、充其量、少数点”等。③有时候,为了表示消息来源会使用“听说、据说”一类的字眼。④有时说话者希望听话一方接受自己的见解,又不愿意用一种强调的语气,就会用“请看、你想、你瞧、你说”一类字眼来引起对方的注意。⑤有的是表示总括性的意义,点明下文是对上文归总而来的结论,或者指出由此及彼,说明另外的事情。这种词语有承上启下的作用,能使上下文更好地连接起来。⑥有些表示注释、补充、举例,通常用“也就是、包括、正如”等来表示。⑦有的表示对语意的附带说明,常用“严格地说、一般地说、不瞒你说、说句笑话”等。

(2)称呼语。称呼语用来呼唤对方,引起注意。

(3)感叹语。感叹语用叹词表示感情的呼声,如惊讶、感慨、喜怒哀乐等感情和应对等。

(4)拟声语。拟声语由拟声词构成,模拟事物的声音,给人以真实感,以加强表达效果。(黄本)

句子中有一些词语,不同别的成分发生结构关系,位置一般比较灵活,这就是独立成分。独立成分在结构上不是非有不可,但在表意上它却不是可有可无的。独立成分主要有以下一些作用:①表示招呼、应答或感叹,常用名词、叹词等表示。②引起对方的注意,一般用“你看、你瞧、你想、你听”等词语来表示。③表示对情况的推测和估计。表示对情况推测的含有保留口气,常用“看来、看起来、想起来、想来、看样子、说不定”等词语表示。表示对情况估计的,有的是往“大、多”等方面的估计,有的是往“小、少”等方面的估计。常用“充其量、大不了、少说、往少里说、少说一点”等词语来表示。④表示特定的口气。特定的口气,这里主要指肯定、强调的口气。常用“毫无疑问、没问题、不用说、不可否认、说真的、说实在的、老实说、不错”等词语来表示。⑤表示某一消息或情况的来源,常用“听说、据说、相传、据报道”等词语来表示。⑥表示总括,常用“总之、总而言之、总的来说、一句话”等词语来表示,它们在句中有承上启下的作用。⑦表示对某一问题的意见和看法,常用“我想、我看、依我看”等词语来表示。(胡本)

独立语是结构相对独立、位置比较灵活的成分。根据性质和作用的不同,可以把独立语分为四类:

(1)插说语:插在句子中间表达某种附加意思(表提醒、范围、举例、根据、估计、肯定、解释、关联)。

(2)呼应语:表示称呼、招呼或应答。

(3)感叹语:表示强烈的感情和语气。

(4)象声词:模拟自然界的声响。(邢本)

37.句子成分分析法和层次分析分析法

(1)句子成分分析法,因最早从句子里分析出主语、谓语(述语)、宾语等句子成分而得名,又简称“成分分析法”。句子成分分析法认为要找出短语主体词或中心词。

层次分析的特点是任何短语和实词都可作一定的句法成分。层次分析法最能反映语言结构的层次性。(黄本)

(2)直接成分分析法(层次分析法)。复杂短语的分析,一是划分结构层次,二是指明结构类型。层次分析法要求由大到小、由外到里地层层切分,直到单词为止。在进行层次切分的时候,要注意满足以下三个要求:第一,切分出来的两个直接成分都有意义。第二,切分出来的两个直接成分要能搭配在一起。第三,切分出来的两个直接成分搭配起来表示的意义等于整个组合的意义。(邢本)

38.主谓句的三个小类以及每一个小类的作用

从谓语核心看,主谓句可以分为动词谓语句、形容词性谓语句和名词性谓语句。动词性词语充当谓语的句子叫动词谓语句,主要用来叙述人或物的动作行为、发展变化等,因而叫叙述句。形容词性词语充当谓语的句子叫形容词谓语句,主要用来描写人或物的形状、性质、特征等,所以又叫描写句。名词性词语充当谓语的句子叫名词谓语句,主要用来判断或说明事物的种类数量、时间性质、特点、用途等。(黄本、胡本)

39.主谓谓语句的定义及类型

主谓短语充当短语的句子叫主谓谓语句。从全句的主语(称为大主语)和主谓短语里的主语(称为小主语)是施事还是受事以及其间的关系等方面来看,大体有下面五种:①大主语是受事,小主语是施事,全句的语义关系是,受事//施事——动作。例如,"这件事大家都赞成。"②大主语是施事,小主语是受事,全句的语义关系是,施事//受事——动作。例如,"他什么书都看过。"③大主语和小主语有广义的领属关系。例如,"他一想态度和蔼。"④谓语里有复指大主语的复指成分。例如,"这孩子,我也疼他。"⑤大主语前暗含一个介词"对、对于、关于"等。大主语如果加上介词,就变成句首状语了。例如,"这件事中国人的经验太多了。"(黄本)

主谓谓语句是由一般的主谓句转换而形成的,主要有三种类型。①把主谓句中某一动词的宾语或宾语的某一部分提到句首。试比较:我没有听到过这个故事。→这个故事我没有听到过。②另一种主谓谓语句是有相对应的非主谓谓语句。试比较:大家的斗志昂扬。→大家斗志昂扬。③由全句的修饰语中减去介词"关于""对于"等构成的。(胡本)

主谓谓语句是由主谓短语充当主语的句子。为了区别,下面把全句的主语、谓语分别叫大主语和大谓语,把作谓语的主谓短语的主语、谓语分别叫小主语和小谓语。从语义上联系看,主谓谓语句主要有以下几种情况:①大、小主语之间具有领属关系或整体与部分的关系。②大主语是小谓语中动词所表动作的施事、受事、与事、工具等。③大主语表示论说的方面或范围,大谓语就这一方面或范围进行论说。这类主谓谓语句的大主语,一般可以在前边加上"关于、对于"之类的介词,或用在"在……方面""在……上"之类的介词结构中间。(邢本)

40."把"字句定义及特点

"把"字句是指在谓语中心词前头用介词"把"或"将"组成介词短语作状语的一种主谓句,意义上多表示对事物加以处置。"把"字句又叫处置式。所谓处置,是指谓语中的动词所表示的动作对“把”字引出的受事施加影响,使它产生某种结果,发生某种变化,或处于某种状态。“把”字句有四个特点:①动词前后常有别的成分,动词一般不能单独出现,尤其不能单独出现单音节动词。通常后面有补语、宾语、动态助词,至少也有动词的重叠式。但是如果动词是动补型双音节词,就可以单独出现。②“把”的宾语一般说在意念上是有定的、已知的人或事物,因此前面常带上“这、那”一类修饰语。如果用无定的、泛指的词语,常是泛说一般的道理。③谓语动词一般都有处置性,就是动词对受事要有积极的影响。因此,不及物动词、能愿动词、判断动词、趋向动词和“有、没有”等不能用来作谓语。④“把”字短语和动词之间一般不能加能愿动词、否定词,这些词只能置于“把”字之前。(黄本)

“把”字句中,介词“把”的作用,是把动词支配的对象提到动词前边,以强调动作的结果。使用“把”字句应该注意地方:①一般地说,“把”字句中的动词,应该是能带受事宾语的,这个动词必须在意念上须管得着“把”后面的词语。②“把”字句里,动词的前后通常总有些别的词语。③“把”字后边的词语跟相关的动词应该尽量靠近,尤其不宜用否定副词或助动词把它们隔开。以上是“把”字句的一般用法,“把”还可以构成另一种句式,即“把甲当(当作、作为、说成、看作……)乙”。这种句式要求“把”字后面的词语(甲)与“当作”之类的后边的词语(乙)意思上属于同一性质,同一范畴。(胡本)

“把”字句是以“把”字介词短语作状语的句子。“把”字句成立要受到一定的条件限制:第一,由“把”字组成的介词短语在句中作状语,状语所修饰的中心语一般是表动作行为的及物动词,不能表示感知、存在、能源、趋向等的动词。第二,状语中心语一般不能是一个孤零零的动词,尤其不能是单音节动词,除非是在韵文里。它的前后要有别的成分,至少也要有动态助词“了”,或者是重叠动词。第三,否定副词和能愿动词一般用在“把”字之前,不能用在动词之前。第四,“把”字后面一般是名词性词语,表示有定的、被处置或受影响的人或事物。(邢本)

41.“被”字句定义及特点

“被”字句是指核心动词前面,用介词“被(给、叫、让)”引出施事或单独用“被”表示被动的主谓句。它是受事主语句的一种。“被”字句表示受事主语“被处置”,被处置的结果对数带有遭受、不如意的语用色彩,少数是如意的和中性的。如同“把”字句一样,“被”字句也有自己的构成和应用条件:①动词一般是有处置性的,跟“把”字句里的动词差不多。动词后面多有补语和别的成分,如果只用一个双音动词,前面就要有能愿动词、时间词语等状语。②主语所表示的受事必须是有定的。如果没有特定的语境,就不能说。③能愿动词和表示否定、时间等的副词只能置于“被”字前。(黄本)

“被”字句是以“被……”作状语的句子,用介词“被”引进施事(主动者),同时指明主语是受事(被动者)。“被”字句的一些特点:①在口语里,常用“叫(教)……”或“让……”代替“被……”,但“叫”和“让”有时并不表示被动。而“为……所”是文言文里常用的格式。②“被……”修饰的中心语有时是一个动宾结构。这时,句子的主语和动词的宾语在意念上有领属关系。③有时候,“被”不引进施事,只是直接用在谓语动词前边,与动词结合在一起,指明动作的方向。(胡本)

“被”字句是谓语用“被”字表示被动的句子。“被”字句有的是用“被”字引进施事,有的是直接将“被”用在动词前面,表示被动。“被”字句所带有的一些特点:①“被”+“被+名”的介词短语后边,一般要求用包含完结意义的动词性词语。②如果“被”字句用于假设语境,或者“被”字前边用有“可能、必将、已经”等词语,或者“被”字与中心语之间用了助词“所”,那么“被”字后边也可以出现不包含完结意义的动词。③“被”字句是用“被”作标记的被动句。“被”字句的主语一定是受事,但是主语是受事的句子不一定就是“被”字句。(邢本)

42.兼语句定义及类型

兼语短语处于句子核心位置的句子叫兼语句。根据兼语前一动词的语义,常见的兼语句有以下几种:①使令式。前一动词有使令意义,能引起一定的结果,常见的动词有“请、使、叫、让、派、催、逼、求、托、命令、吩咐、动员、促使、发动、组织、鼓励、号召”等。②爱恨式。前一动词常是表示赞许、责怪或心理活动的及物动词,它是由兼语后面的动作或性状引起的,前后谓词有因果关系。常见的动词有“称赞、表扬、夸、笑、骂、爱、恨、嫌、喜欢、感谢、埋怨”等。③选定式。前一动词有“选聘、称、说 ”等意义,兼语后头的动词有“为、做、当、是”等。④“有”字式。前一动词用“有”、“轮”等表示领有或存在等。(黄本)

兼语词组充当谓语的句子叫“兼语式”。兼语式的特点:①动词大都含有使令、促成的意义,常用“使”“叫”“让”“请”“命令”“派”“禁止”等。②动词所表示的动作,多半是兼语陈说部分的原因,而兼语陈说部分则是动作要达到的目的或要产生的结果。③兼语和兼语陈说部分有陈述和被陈述的关系。(胡本)

兼语句有不同的类型,常见的有以下几种:①“使令”式。兼语前边的动词是包含“使令”意义的动词,兼语后边的成分表示目的或结果。②“爱恨”式。兼语前边用带“爱”“恨”意义的富于感情色彩的动词性词语,兼语后边的成分表示原因。③“有无”式。兼语前边用“有”或“没有”,兼语后边的成分述说有关事物的情况。(邢本)

43.双宾句定义及特点

有指人和指事物双层宾语的句子叫双宾句。离动词近的叫近宾语(与事宾语或间接宾语),一般指人;离动词远的叫远宾语(受事宾语或直接宾语),一般指事或物。双宾句的特点:①动词要有“给出”“进取”“询问”“称说”。②近宾语一般指人,回答“V谁”的问题,靠近动词,前面物语音间歇,常见由代词、名词充当;远宾语一般指事物,也可以指人,回答"V什么"的问题,远离动词,前面可以有语音间歇或逗号,一般比较复杂,可以由词、短语、复句形式充当。③双宾句有时可变换为非双宾句同义句,变换之后,宾语离位,句子就都不再是双宾句。(黄本)

双宾句是一个动词后边连用两个宾语的句子。靠近动语的一个宾语叫近宾语,不靠近动语的一个宾语叫远宾语。双宾句有三个特点:①双宾句一般一个指人,回答"谁"的问题,一个指物,回答"什么"的问题。通常是近宾指人,远宾指物。②动词一般都含有"给予"的意义。③两个宾语能分别跟动语构成动宾关系。(邢本)

44.存现句定义、条件及特点

存现句是语义上表示何处存在、出现、消失了何人或何物;结构上一般有三段,即处所段+存现动词+人或物段;语用上用来描写景物或处所的一种特定句式。存现句可分为存在句和隐现句两种。存在句是表示何处存在何人或何物的句式。隐现句是表示何处出现或消失何人或何物。作为存现句要满足的三个条件:①前段是处所段,可以同时出现时间词语。②中段是不及物动词或"有""是"。存在句的动词常带助词"着",也带"了";隐现句的动词常带趋向补语和"了"。③后段必有存现宾语。存现宾语大都有施事性或不确指性,有的兼而有之。(黄本)

存现句是说明人或事物的存在、出现或消失的句子。它的基本格式:某处存在着(出现了/消失了)某人或某物。存现句的三个特点:

(1)主语具有方所性。存现句的主语一般是由表示方位处所的名词性词语充当,表示人或事物存现的方位或处所。

(2)动词具有存现性。存现句的带宾动词表示存在、出现或消失的意义。表示存在意义的动词有三种情况:①用"有"或"是"直接表示存在。②动词带"着",既叙述存在,又表明存在的方式。③动词带"满"再带"了",表示已经普遍存在。表示出现或消失意义的动词也有三种情况:①"出现、发生、走、跑、死、少"等动词带"了"表示出现或消失。②趋向动词带"了",表示出现③动词带趋向动词,表示出现,通常不用"了"。

(3)宾语具有不定性。存现句的宾语大多是施事,而且一般是不确指。(邢本)

45.变式句定义及类别

在交际中出于修辞和语用上的需要,故意减省了句法成分或调换句法成分的位置,这些变化了的句型叫变式句,变化前的句子叫原句。变式句可分为省略句和倒装句。①省略句,即在一定的语境里,为了语言的经济原则,说话时往往会省去句中某个句法成分,即省去已知信息的成分。如果离开了这样的语境,意思就不清楚,必须添补一定的词语才行,这就是省略。包括对话省和因上下文而省两种。②倒装句。调换原句的句法成分位置的变式句叫倒装句。倒装句调换了位置的成分,可以恢复原位而句法成分不变。有主谓倒置和定语、状语后置两种。(黄本)

46.句子的语气类型

(1)陈述句。陈述事实而带有陈述语气、语调的句子叫陈述句。它可带的语气词有"了、的、嘛、呢、罢了、啊"等,表示略有区别的陈述语气。

(2)疑问句。具有疑问句调、表示提问的句子叫疑问句。疑问句根据提问的手段和语义情况,可以分为四类:是非问、特指问、选择问、正反问。

(3)祈使句。要求对方做或不要做某事的句子叫祈使句。它可以分为两大类:一类是命令、禁止,一类是请求、劝阻。这两类句子都用降语调,但在语气词等的运用上略有不同。

(4)感叹句。带有浓厚的感情和感叹语气的句子叫感叹句。它表示快乐、惊讶、悲哀、愤怒、厌恶、恐惧等浓厚的感情。感叹句一般用降语调,句末都用叹号。(黄本)

47.单句和短语的区别

(1)句子有特定的语气、句调,可分为陈述句、疑问句等;短语没有特定的语气、句调,因此没有陈述短语、疑问短语等。

(2)短语有主语、状语、谓语、补语、定语、宾语等8个配对成分;句子也有8个配对成分,还多出独立语这种语用成分,共9个。

(3)句子有成分的倒装和省略,有倒装句、省略句,短语没有倒装短语、省略短语等。

(4)句子是交际单位,短语没有。(黄本)

48.复句的意义类型

根据分句间的意义关系划分,复句可以分为联合复句、偏正复句两大类。复句内各分句间意义上平等、无主从之分的叫联合复句,又叫等立复句,可分为并列、顺承、解说、选择、递进五小类;复句内各个分句间意义有主有从,也就是有正句有偏句之分的叫偏正复句,又叫主从复句,可分为条件、假设、因果、目的、转折五小类。正句即主句,是句子的正意所在;偏句是从句,意义从属于正句。(黄本)

一个复句包含几个分句。分句与分句之间有一定联系,这种联系是通过一定的语法手段——语序和关联词语——来表示的。按照分句之间的联系,可以把复句分为联合复句和偏正复句。联合复句是由两个或两个以上的分句平等地连接起来的,分句之间的联系是并列的,分不清主次,有并列、连贯、递进、选择四种关系;偏正复句是由偏句和正句构成的,正句是全句的正意所在,偏句从种种关系上去说明、限制正句,有因果、转折、条件、让步四种关系。(胡本)

复句可以从不同的角度进行分类。比如,根据分句之间的关系不同,复句可

以分为因果类复句、并列复句和转折类复句;根据结构层次的不同,复句可以分为单纯复句和多重复句。(邢本)

三 巩固练习

(一)名词解释

1.语法。
2.语法单位。
3.实词。
4.虚词。
5.句型。
6.语素。
7.短语。
8.句子。
9.独立语。
10.句类。
11.主谓谓语句。
12."把" 字句。
13."被"字句。
14.双宾句。
15.变式句。
16.存现句。
17.复句。
18.句群。
19.标点符号。

(二)判断题

1.名词有时能受副词的修饰,如"很淑女"。
2.连词是指在词语之间起连接作用的虚词。
3.副词能且只能充当状语。
4.某些动词重叠后表示动量,有"很"或"相当"的意思。
5.短语"吃的、穿的、用的"是简单的"的"字短语。
6."那一位"是量词短语。
7.短语"明天晴天"和"明天是晴天"都是主谓短语。
8.短语"石头似的"和"像石头似的"都是比况短语。
9."我一下车就看见他了。"是连动句。
10."教育局给我校两个英语教师。"是双宾句。

11.“轮到你值班了。”是单纯的兼语句。

12.多重复句是包含两个或几个分句的复句。

13.“不是……而是……”是表示转折关系的关系词语。

14.“即使……也……”是表示假设关系的关系词语。

15.分句和分句之间的联系是通过一定的语法手段——语序和关联词语——来表示的。

(三)选择题

A.单项选择

1.下列双音节语言单位是两个语素的是(　　)。

A.徘徊　　B.缱绻　　C.蝙蝠　　D.人民

2.“他不和我商量”与“他和我是同学”中的两个“和”的词性分别是(　　)。

A.连词、介词　　B.介词、连词　　C.连词、连词　　D.介词、介词

3.下面各组中,两个都是动词的是(　　)。

A.任性 任意　　B.可能 可爱　　C.帮助 援助　　D.难看 观看

4.下列在普通话中只能当作一个词的单位是(　　)。

A.非普遍性　　B.不理想　　C.要不要　　D.非常好

5.下面是连谓短语的是(　　)。

A.笑着说　　B.上山采药　　C.大声说　　D.不买菜

6.下面哪个不是多义短语?(　　)

A.修路　　B.高两米　　C.学习文件　　D.学生宿舍

7.下列各动宾短语中动宾的语义关系为“动作——结果”的是(　　)。

A.晒衣服　　B.刷油漆　　C.跑材料　　D.包饺子

8.下列句子中数量短语作宾语的一句是(　　)。

A.好笔多买几支　　B.好书多读几遍

C.好花多看几眼　　D.好房子多住几天

9.“中国人民志气高。”这句话的主语是(　　)。

A.志气　　B.人民　　C.中国人民　　D.中国人民志气

10.下列句子哪句是紧缩句?(　　)。

A.请他来开会　　B.我们边聊边学

C.借本书看看　　D.我心里越急,手越是不听使唤

11.“我、你、他”是(　　)。

A.指示代词　　B.疑问代词　　C.人你代词　　D 名词

12.“他在黑板上写字”的“在”是(　　)。

A.动词　　B.副词　　C.介词　　D.方位词

13.“着、了、过”是(　　)。

A.结构助词 B.动态助词 C.其他助词 D.语气词

14.“哎哟”是( )。

A.拟声词 B.语气词 C.叹词 D.助词

15.“今天星期日”是( )。

A.主谓短语 B.述宾短语 C.述补短语 D.偏正短语

16.“彻底解决”是( )。

A.主谓短语 B.述宾短语 C.述补短语 D.偏正短语

17.“去打电话”是( )。

A.主谓短语 B.连动短语 C.兼语短语 D.同位短语

18.“明代医药家李时珍”是( )。

A.主谓短语 B.联合短语 C.偏正短语 D.同位短语

19.“你的到来”是( )。

A.体词性句法结构 B.谓词性句法结构

C.加词性句法结构 D.主谓短语

20.“小张写了一篇文章”中的“小张”是( )。

A.施事主语 B.受事主语 C.中性主语 D.谓词性主语

21.“跑跑有益健康”中的“跑跑”是( )。

A.施事主语 B.受事主语 C.中性主语 D.谓词性主语

22.“主张赶快去”中的“赶快去”是( )。

A.施事宾语 B.体词性宾语 C.谓词性宾语 D.受事宾语

23.“问他一件事”中的“一件事”是( )。

A.近宾语 B.双宾语 C.远宾语 D.补语

24.“累得要命”中的“要命”是( )。

A.可能补语 B.趋向补语 C.情态补语 D.程度补语

25.“我认识他,那位连长”中的“那位连长”是( )。

A.宾语 B.同位语 C.复说语 D.插说语

26.“这条鱼,往少里说,也有二斤”中的“往少里说”是( )。

A.复说语 B.状语 C.插说语 D.同位语

27.下列句子中的( )是名词句。

A.春天。 B.为人民服务。 C.不行。 D.他来。

28.下列句子中的( )是形容句。

A.真奇怪! B.快跑! C.好香的茶! D.嗯。

29.“明天国庆节”是( )。

A.动词谓语句 B.形容词谓语句

C.主谓谓语句 D.名词谓语句

30.“今天冷极了”是(　　)。

A.动词谓语句　　B.形容词谓语句

C.主谓谓语句　　D.名词谓语句

31.“山上都是苹果树”是(　　)。

A.动词谓语句　　B.形容词谓语句　　C.主谓谓语句　　D.名词谓语句

32.“你的想法,我认为很奇怪”是(　　)。

A.动词谓语句　　B.形容词谓语句　　C.主谓谓语句　　D.名词谓语句

33.“他推开门走了出去”是(　　)。

A.连动句　　B.兼语句　　C.存现句　　D.“把”字句

34.“老张介绍我去见局长”是(　　)。

A.连动句　　B.兼语句　　C.存现句　　D.“把”字句

35.“教室里坐着三个人”是(　　)。

A.连动句　　B.兼语句　　C.存现句　　D.“把”字句

36.“老张把他叫走了”是(　　)。

A.连动句　　B.兼语句　　C.存现句　　D.“把”字句

37.“只要A,就B”是(　　)。

A.因果复句　　B.假设条件　　C.目的复句　　D.让步复句

38.“即使A,也B”是(　　)。

A.因果复句　　B.假设条件复句　　C.目的复句　　D.让步复句

39.“我越学越爱学”是(　　)。

A.倒装句　　B.紧缩句　　C.省略句　　D.复句

40.“小张为什么没有来?”是(　　)。

A.是非问　　B.特指问　　C.选择问　　D.正反问

B.多项选择

1.下列几组词语中,都是副词的是(　　)。

A.大肆、放肆　　B.连忙、帮忙　　C.明明、恰恰　　D.何尝、何必

2.下列各句中,“的”是结构助词的有(　　)。

A.我是外来的　　B.我是喜欢的

C.我昨天到的武汉　　D.这是我买的书

3.下列各句中,“在”为副词的是(　　)。

A.他在车上　　B.他在车上看书

C.他在看书　　D.他在认真看书

4.下列短语中,属于正补短语的有(　　)。

A.买一本　　B.读一遍　　C.分两队　　D.来一次

5.下列短语中,属于动宾短语的有(　　)。

A.浪费了三天时间　B.等了三天时间

C.考得不错　D.觉得不错

6.下列各句中,补语的语义指向动作的受事的是(　　)。

A.他把衣服洗干净了　B.他洗衣服洗累了

C.他把衣服洗了两遍　D.他洗破了一件衣服

7.下列句子中,属于主谓谓语句的有(　　)。

A.他身体很好　B.他哥哥很好

C.我知道他身体很好　D.他的确身体很好

8.“请勿吸烟!”是(　　)。

A.动词性非主谓句　B.动词性主谓句

C.连动句　D.祈使句

9.下列复句关系词语中,表示假设关系的有(　　)。

A.即使……也……　B.万一……就……

C.不是……而是……　D.既然……那么……

10.下列复句关系词语中,表示选择关系的有(　　)。

A.宁可……也……　B.与其……不如……

C.不是……就是……　D.就算……也……

11.主语按语义类型可以分为(　　)。

A.施事主语　B.受事主语　C.中性主语

D.谓词性主语　E.时间处所主语

12.宾语按功能可分为(　　)。

A.体词性宾语　B.名词宾语　C.形容词宾语

D.谓词性宾语　E.主谓短语宾语

13.下面补语属于结果补语的有(　　)。

A.弄明白　B.站起来　C.吃个痛快

D.砸碎　E.扫干净

14.句子的特殊成分包括(　　)。

A.复说语　B.独立语　C.拟声语

D.插说语　E.呼叫语

15.非主谓句包括(　　)。

A.名词句　B.动词句　C.形容词句

D.省略句　E.独语句

16.主谓句包括(　　)。

A.名词谓语句　B.动词谓语句　C.形容词谓语句

D.主谓谓语句　E.连动句

17.联合复句包括(   )。

A.并列复句 B.连贯复句 C.递进复句

D.选择复句 E.条件复句

18.偏正复句包括(   )。

A.因果复句 B.假设条件复句 C.转折复句

D.让步复句 E.递进复句

19.表示假设条件的复句类型有(   )。

A.只要A,就B B.如果A,就B C.无论A,都B

D.因为A,所以B E.既然A,就B

20.句子的变化包括(   )。

A.倒装 B.省略 C.紧缩

D.换位 E.扩展

21.句子的语气一般分为(   )。

A.陈述 B.疑问 C.祈使

D.感叹 E.否定

22.疑问句可以分为(   )。

A.是非问 B.特指问 C.反复句

D.选择问 E.正反问

23.“搭配不当”的情况有(   )。

A.主谓搭配不当 B.述宾搭配不当

C.修饰语与中心语搭配不当 D.定语与中心语搭配不当

E.中心语与补语搭配不当

24.属于偏正结构的短语有(   )。

A.非常安静 B.语法学习 C.借书看

D.躺着不动 E.从哪里来

25.下列语句中的“的”不属于结构助词的是(   )。

A.我昨天进的城 B.我会告诉你的

C.新买的自行车 D.遇到一个不讲理的

E.他是这么说的

26.下列语句中的“了”不属于动态助词的是(   )。

A.我已经吃了饭 B.去年上了大学

C.明天我下了班和你去 D.你都大学生了

E.我在北京住三年了

27.下列语句中的“在”不属于介词的是(   )。

A.我在家 B.他在黑板上写字

C.把东西放在桌子上　　D.他在看书
E.在家要孝顺父母

28.下列句子中不属于介词“跟”的有(　　)。
A.我跟他一起去的　　B.你跟他要
C.谁跟谁都没关系　　D.你抽空跟他谈谈
E.你快跟着我走

(四)问答分析题

1.什么是语法体系？对语法学体系的分歧应采取什么态度？
2.举例说明语法的抽象性和稳固性。
3.举例说明语法的递归性。
4.划分汉语实词、虚词的依据是什么？
5.名词能受数量词组修饰,这是不是等于说能受数量词组修饰的都是名词？
6.名词不能用副词修饰。我们语言中有“山不山,水不水”“最前线”“最下层”“昨天已经中秋了”“今天才星期三”之类的说法,应该如何解释？
7.“二”和“两”都是数词,它们的用法有什么区别？
8.我们可以说“五十多公尺”,不能说“十五多公尺”;可以说“万把块钱”,不能说“三万把块钱”。这当中有规律可循吗？
9.“点”和“些”都是表示不定量的量词,为什么我们可以说“我一点也不知道”,不说“我一些也不知道”？
10.“班长做事认真”“他劳动积极”能不能看作连动式？为什么？
11.形容词如何分类？各有什么特点？
12.如何理解短语的特征？
13.试举例说明汉语组成短语的语法手段。
14.短语和词的关系如何？
15.句子和短语有哪些主要差别？
16.什么词语可以充当主语、宾语？什么词语可以充当谓语？
17.什么词语可以充当定语、状语、补语？三者各修饰或补充什么成分？
18.主谓短语和联合短语能或不能充当哪些句法成分？试说明并举例。
19.兼语式是什么样的句式？基本特点是什么？举例说明兼语式有哪些类型？
20.连动式是什么样的句式？基本特点是什么？
21.什么是双宾语句？有什么特点？
22.什么是定语？怎样分类？
23.什么是状语？怎样分类？
24.什么是补语？怎样分类？
25.“把”字句是什么样的句式？基本特点是什么？

26.“被”字句是什么样的句式？基本特点是什么？

27. 什么是存现句？有哪些特点？

28.什么是复句？跟单句相比，复句有哪些特点？

（五）事实分析题

1.“冷清”“热闹”“洁白”等是形容词，能受程度副词的修饰，例如“十分冷清，很冷清”“特别热闹，非常热闹”“很洁白，特别洁白”；“雪白”“笔直”“冰凉”“深绿”“金黄”“浅红”“白茫茫”“金灿灿”“绿油油”等也都是形容词，但却不能受程度副词的修饰，为什么？

2.在现代汉语中，可以说“小心点儿、轻点儿、谦虚点儿”，但是却不能说“大意点儿、伟大点儿、胆小点儿”。请再举些实例，并从中概括出能这样说的形容词的特点。

3.为什么“漂亮”和“美丽”同属于性质形容词，“漂亮”可以重叠为“漂漂亮亮”，而“美丽”不能重叠为“美美丽丽”呢？

4.副词有时也跟名词或名词结构组合，如：“最前头”“最底层”“今天才星期二”“院子里净杂草”“再一个问题”“很淑女”“特现代”。通过观察这些说法是否可以断定“副词能够修饰名词”？你怎么看待这些现象，说明理由。

5.“我跟他去过”这句话可以有不同的理解。请分别加上适当的词把不同的意思都固定下来，并说明各个意思中“跟”的词性。

6.改正下列句中实词方面的错误，并说明理由。

①在工厂、农村、学校我见闻了许多英雄，他们都在自己的岗位上，为实现社会主义现代化而忘我地工作着。

②小梅干活很卖力气，咱村的大人小孩没有一个不说她劳动不积极的。

③世界稀有雉类，和大熊猫一样获得中国国宝称誉的四川鹧鸪近年成倍减少，目前仅有两千多只，因此筹建四川鹧鸪保护区已迫在眉睫。

④于无足轻重的东西中见出更高度的深刻意义。

⑤这些女孩真是又漂亮又智慧。

⑥思维这个词，可以分广义和狭义两种使用。

⑦包装可以，但不能太包装。

⑧几乎所有的窗都明亮着不疲惫的眼。

⑨实行新的管理制度以来，优质品率由过去的百分之八十提高了百分之九十。

⑩天天的朋友站在他爸爸身边。

7.改正下列句子中虚词方面的错误，并说明理由。

①今年又是一个丰收年，粮食产量超过去年的 12.5%。

②这个山区的变化，对于我们都是非常了解的。

③在改善学生生活上，我们学校采取了一些措施。

④窗前有一个小菜园,种有苋菜、豆角、黄瓜和许多种蔬菜。

⑤本校职工或学生出入校门要凭工作证和学生证。

⑥我代表学校向新同学致以亲切地慰问。

⑦即使做超级明星的目标达不到,高级的业余爱好,也可以比一般人拥有了较充实的人生。

⑧广大农村正在掀起了一个科学种田的新高潮。

8.举例说明下列各组代词的区别。

(1)哪、那;(2)你、您;(3)他、它;(4)我们、咱们。

9.指出下列各句中疑问代词的活用情况。

(1)他对谁都客客气气。

(2)他好像在地上寻找着什么。

(3)你要我去哪儿,我就去哪儿。

(4)他告诉我,怎样怎样才能打开销路。

(5)我什么都不知道。

(6)什么便宜我买什么。

(7)我哪儿都不想去。

(8)大家争论不休,睡也没说服睡。

(9)假期里,我大概要到哪儿旅游一下。

(10)妇女们在议论着哪儿哪儿又出了新鲜事。

10.判断下面句子中的“和”“跟”“同”“与”分别是介词还是连词。

(1)小王和小张一起在灯下读语法书。

(2)他的胳膊跟腿在车祸中都受了伤。

(3)没工夫同你多说,咱们法庭上见。

(4)车快启动了,我不得不和同窗四载的兄弟们说再见。

(5)实际上,她与此事毫无瓜葛。

(6)我国政府领导人民同不法分子和犯罪分子进行了长期的斗争,取得了显著的效果。

(7)我们要坚持开展批评与自我批评。

(8)老人家待他跟亲生儿子一样。

(9)他和大家讲他过去的经历。

(10)我们的地里种的是豆角跟西红柿。

11.指出下面划线的词在词性上、作用上的不同,说明理由。

(1)a.两个人<u>过</u>日子,哪能不磕磕碰碰的呢?

b.王教授去<u>过</u>欧洲。

(2)a.面包和牛奶都会有<u>的</u>。

b.他的表兄是一个修路的。

(3)a.宝宝近来更可爱了。

b.不客气,我的确吃过了。

12.指出下列划线的词的词性。

(1)a.妈妈给我一件礼物。

b.他给老师鞠了一躬。

(2)a.他一月只挣八百多块钱。

b.你看他老人家多有精神。

(3)a.市郊新见建了一所学校。

b.我们不要为表面现象所迷惑。

(4)a.只用了个把月就修好了这条路。

b.这个小区保安把门。

(5)a.他用公家的钱买车。

b.别扔,这东西总会有点用。

(6)a.这雨连下三天三夜。

b.他连工具都自己带来了。

(7)a.别走那么快,我跟不上。

b.有什么事跟我说。

(8)a.我帮他管帐。

b.我们管他叫老狐狸。

(9)a.这个镇子三面临山。

b.她临走前还来找过我。

(10)a.这两件事不能相提并论。

b.工资论天计算。

(11)a.大家赶天黑再走。

b.他把羊赶出了庄稼地。

(12)a.放学后,我在门口等你。

b.等你有了工作,日子就好过了。

(13)a.他手里拿着一把扇子。

b.你不要拿我开玩笑。

(14)a.昨晚,我替他值班。

b.你放心,我替你做主。

(15)a.他借了一笔外债。

b.他借着微弱的灯光看书。

(16)a.我这封信请你代笔。

b.他请代我向你的父母问好。

(17) a.他在乡下的房子坐东朝西。

b.他丢下饭碗就朝打麦场走去。

13.下面的词有的是时间名词,有的是时间副词。试对它们加以判断。

早上　平时　向来　时常　马上　现在　目前　即将　最近　立刻　刚刚

14.判断下面各组词的词性。

(1)已经、曾经;(2)目前、当前;(3)现在、正在;

(4)着手、着重;(5)不惜、不甘;(6)必然、竟然;

(7)初级、初步;(8)平常、往常;(9)难道、难怪;

(10)急性、急忙;(11)毕竟、究竟;(12)从来、以来;

(13)关心、耐心;(14)突然、忽然;(15)故意、刻意。

15.指出下面句子中作定语的短语的结构类和功能类。

恒心,是攀登高峰的通天梯。

虚心,是金色秋天的丰收者。

诚心,是友谊园里的艳丽花。

信心,是理想王国的信天使。

耐心,是获得甜果的自豪家。

真心,是秉公办事的执法官。

宽心,是健康长寿的灵芝草。

妒心,是身体内部的毒瘤。

灰心,是时代洪流的淘汰者。

躁心,是前进路上的绊脚石。

私心,是走向深渊的大祸根。

16.词的兼类和词的活用一样吗?指出下面各组句子中划线的词属于这两种情况中的哪种情况。词的兼类要指出兼的是什么词性的词,词的活用要指出活用作什么词性。

(1) a.长期以来,我们两国人民的关系都很密切。

b.这条公路的建成密切了我们两国人民之间的关系。

(2) a.我永远也不会、不能、不敢相信我的叔祖父正爷,曾经绅士过。

b.他很绅士地做了个恭请的动作。

(3) a.这是性质不同的两类矛盾。

b.矛盾着的事物在一定的条件下可以互相转化。

c.究竟去还是不去,我心里很矛盾。

(4) a.我们的某些行政部门也太官僚了!

b.既然这么说,我今天就官僚一回。

(5)a.这个问题必须从根本上解决。

b.你失败的最根本的原因就是你的虚飘、不踏实。

c.你根本就不知道我此刻的心情。

(6)a.他的身体比原来好多了。

b.啊呀！原来是自己人呀！

(7)a.那人说话简直太牛了。

b.其实,你最后没有必要牛那一下子的。

(8)a.你不要把净水弄脏了。

b.瞧,院子里净杂草。

(9)a.我的家乡物产丰富,风景优美。

b.我们应当通过实践,丰富工作经验。

(10)a.他们这样的做法,的确十分阿Q。

b.在知道结果之前,我很阿Q了一阵子。

17.下列短语都是多义短语,试分析它们内部结构层次和结构关系的不同。

(1)他的哥哥和妹妹的三位朋友;

(2)热爱人民的军队;

(3)三个报社的记者和编辑;

(4)看打乒乓球的小学生;

(5)对售货员的意见;

(6)照顾孩子的妈妈;

(7)反对用人唯亲的程××;

(8)讨厌酗酒和赌博的女人。

18.改正下列病句,并说明理由。

(1)农民军以惊人的迅速紧了肚带,先把重伤号扶上战马,跟着全上了马……

(2)一盏盏灯光闪耀。

(3)我国的文言散文,受孕于先秦诸子的历史散文和哲理散文,胚胎于两汉的历史经传,因而一开始就具有密切联系实际、忠实反映现实的现实主义精神。

(4)陶渊明在《桃花源诗并记》中,理想一个和平、宁静、没有一切矛盾斗争的极乐世界。

(5)我拎了行李刚下汽车,就你拿提包,我背棉被,一下子就两手空空了。面对着这一切,我只觉得一股暖流直涌心头。

(6)胡萝卜有许多优点,它的适应性强,病虫害少和便于贮运。其次是含有多种营养,食用方法多。

(7)记录的数字必须准确无误,任意扩大和缩小数字,都会使生产受到损失。

(8)对古代文学遗产应该运用历史唯物主义的观点和阶级分析的方法,剔除其中的糟粕,批判地吸收了对我们有用的东西。

(9)这样放纵的制造工作,对于平常只是修修配配的车间,是否能完成任务,这是一个严峻的考验。

(10)预计在今年年底以前,将有五十多万万千瓦左右的发电设备陆续投入生产。

19.请指出下列短语的结构类型。

经济繁荣　实行民主　安定团结　健康成长　绿化祖国　决定因素

后悔当初　能够坚持　干劲足　互相支持　有把握　身体内部　真面目

细致地考虑　唱得好听　奋斗目标　外边冷　为了方便　很面熟　说不清

光辉的典范　木头似的　前进路上　领导带头　破除迷信　无限美好

一个单位　电子技术　创造精神　秉公办事　健康长寿　追究起来

请老师讲课　马上打电话请医生　关于他的问题　出门上街买菜去

20.“他走了一个钟头。”这句话有两种解释:一是指他在路上已经有一个钟头,一是指他离开某地已经有一个钟头。这里的歧义是由什么原因造成的?

21.指出下列句子的宾语和补语及它们的语义类别。

(1)阳光火一般地喷下来,我热得气都喘不过来。

(2)他的话说到我的心坎里了。

(3)这批汉代简册的发现,具有极其重要的意义。

(4)这些见解道出了古代东方学术精神和希腊科学精神的深刻差别。

(5)树上掉下一个苹果来。

(6)老雷找到了他的同学。

(7)我们走进了昨天还是威风凛凛的大门。

(8)这是已经是下午三点多钟了。

(9)我们左右张望了一下。

22.指出下列句子属于哪种句类,如果是疑问句指出小类名。

(1)下雪了吗?

(2)他不会说出真相的。

(3)书包里装的是什么呢?

(4)你愿意不愿意干这个工作呢?

(5)快往屋里搬东西吧!

(6)他难道会说这种糊涂话吗?

(7)你来取呢,还是我送去呢?

(8)我好不容易才找到你呀!

(9)给他两块钱上街买冰棍儿吃。

(10)有什么事儿瞒着我呢?

23.指出下列句子中的主语语义类型。

(1)风卷着雪花狂暴地扫荡着田野、村庄。

(2)这暗示压住了她的幻想和激奋。

(3)她的乌黑的头发被风吹得象一团乱草。

(4)她的聪明颖悟在伙伴中是有名的。

(5)炕跟下堆着一床蓝布被子。

(6)没多久,一盘土豆就烧好了。

(7)两只水鸟在水草边梳理那晃眼的羽毛。

(8)我们跑丢了一只猫。

(9)所有的办法都试过了。

(10)一吨等于两千斤。

(11)奋斗就是生活。

(12)这把刀子切牛肉。

(13)她的脸色冷峻得与她的年龄极不相称。

(14)这样的好机会,你可别错过了。

(15)擦破的皮肤很容易感染。

24.分析下列各句的谓语,指出它们的所属类型。

(1)新来的校长四十来岁。

(2)灯光亮得使人们的眼睛都睁不开。

(3)整个荷花淀全震荡起来。

(4)那棵老树上结的梨又大又甜。

(5)我的房东性格开朗豪爽。

(6)她坐在船上从水里捞菱角。

(7)自相矛盾是论证问题之大忌。

(8)她看不起这几个人为几个钱出卖灵魂。

(9)每人一本。

(10)门前老槐树上的枯枝,不时地喀嚓一声折落下来。

(11)他的经验比我丰富。

(12)这本书我已看过几遍了。

(13)迎面送来的雪山寒气,立刻使人感到秋天凉爽。

(14)友谊和比赛友谊更重要。

(15)四大娘把那鹅黄色坚韧的纸儿糊得很平贴。

(16)他们都怀着十分希望十分恐惧的心情来准备这春蚕的大搏战。

(17)老通宝气得脸都紫了。

(18)这人脸皮很厚。

(19)这个问题我认为可以讨论。

(20)山上净石头。

25.指出下列句子的句型(主谓句和非主谓句及其小类)。

(1)窗下一幅繁华的街景。

(2)他给我们以武器。

(3)有一头张牙舞爪的大熊隐藏在野树林子里。

(4)这种野兔子,我一次能捕获两三只。

(5)你们应该把情况汇报上去。

(6)大家故意不给他水喝。

(7)勤劳让你有钱花。

(8)部长同志,请你转告师长,我是一名八路军战士,不是你的客人。

(9)你把那杯茶端给我喝。

(10)从南口经居庸关到八达岭,尽是崇山峻岭。

(11)他们在渺无人烟的野草丛林间披荆斩棘种下果木。

(12)大厅里弥漫着一种森严气氛。

(13)施工之前,我就主张把图纸改成一条线,加两条线。

(14)多少年来,那捆他用生命换来的教科书和指导员没说完的话,一直激励着我前进。

(15)别忘了带雨伞。

(16)我,你还信不过吗?

(17)当心油漆!

(18)伍子胥过韶关一夜白了头。

(19)我在学校门口看小学生匆匆忙忙回家吃饭。

(20)天哪!

26.把下列句子变换成别的格式的句子。

(1)小伙子们嗓子喊哑了。

(2)谁都能估价出诚实和忠厚的分量。

(3)你认识刚才进去的那个人?

(4)我耳边响起了一个洪亮的声音。

(5)墙上挂着横幅。

(6)战火把这个村的树木烧尽了。

(7)我把纸糊了窗户了。

(8)“非典”被我们战胜了。

27.指出下面各个句子的主语和谓语,并说明各是由哪种短语充当。

(1)阴山以南的沃野是游牧民族进入中原的跳板。

(2)昨夜的一场春雨,浇得柳树吐出了无数嫩芽。

(3)工程的质量管理,我真是门外汉。

(4)我们的国家有几千年的历史。

(5)他做的飞机模型比我做的好。

(6)生命和健康是我们战胜一切敌人而建设伟大的社会主义祖国的资本。

(7)一个思想僵化、粗枝大叶的人,很难写得出生动活泼、严密周到的文章来。

(8)先进人物的特点在于他们总是把集体利益放在个人利益之上。

(9)现状和习惯往往束缚人的头脑。

(10)洒满月光的溪面浮着一层薄薄白雾。

(11)翠翠同爷爷坐在溪边吹着迎亲送女的曲子。

(12)一年三百六十五天。

(13)历史上著名的美人妲己当时大致就应这么打扮。

(14)衣服的发展反映了当时的生产发展。

(15)当年红军二方面军长征渡金沙江时总指挥贺龙写的一封信已经在云南丽江纳西族自治县发现。

28.下列句子,哪些是连动式?哪些是兼语式?哪些是这两种形式的套用?哪些不属于这两种形式?

(1)这些孩子下山卖山货赚钱交学费。

(2)风景美丽的西双版纳,吸引了成千上万的有志气有抱负的知识青年进入橡胶园。

(3)请同志们摸一下这家公司用钱的底。

(4)老师讲的故事使我们都流下了眼泪。

(5)她欢快地挎起小篮子越过小水沟朝我跑过来。

(6)在落魄的诗人眼中,秋天就是一派萧索凄凉的景象。

(7)父亲鼓励邵华去江陵农村参加“四清”。

(8)我有几个朋友在国外读书。

(9)法官拿出几份证据叫被告辨认。

(10)小宝先把灯芯草剪成碎末子,又把采来的野花揉碎。

(11)他摇了摇头没出声。

(12)你赶快向领导汇报开上车赶过去到银河体育场接那位世界冠军去。

(13)玉生站起来腾出一把椅子让他坐下。

(14)来宾要求新郎报告恋爱经过。

(15)大家都认为他太狂妄。

(16)泽潭叔叔率领赣南独立师转战在武夷山。

(17)冯有梅引着徐国梁走出村来。

(18)营业员跑过来从书架上取下一本小说让小李看。

(19)小王请求我们允许他来这儿参加工作。

(20)我请他派一个人送这个孩子回家。

29.“来”和“去”可以动词出现在连动式里,如“他们来听戏”“他们去听戏”;也可以是趋向动词充当趋向补语,如“他向我跑来”“我向他跑去”。“正月来是新春”不是连动式,“来”是助词。下列用有“来”“去”的句子哪些是连动式?哪些不是?

(1)我们要用正确的观点来理解这次会议的精神。

(2)参观的同志朝村外走去。

(3)他这次要用经济手段去赢取。

(4)这句话我什么时候说来?

(5)各条战线传来了振奋人心的消息。

(6)他去听报告了。

(7)我来拿一本书。

30.下列“把”字句用得对不对?说明原因。

(1)在征服那座著名的高山的过程中,他们把困难遇到不少。

(2)在他的妻子刚去世的几个月里,他经常把酒麻痹自己的神经。

(3)他的行径如此地卑劣,我真后悔当时把他的事情没揭发出来。

(4)各级政府把党的政策应该很好地贯彻下去。

(5)他脸上显现出守财奴特有的那种贪婪,急忙把钱数,迅速揣进口袋。

(6)希望你把这个问题考虑,我们以后有时间再详细谈一谈。

(7)我们要把这种文化交流当作增进我们两国友谊的机会。

(8)年轻的一代把父母的付出不能看作是理所当然,从而心安理得地加以接受。

(9)实际上,这篇文章把这个问题涉及引起了社会的普遍关注。

(10)现在不刻苦学习,将来怎么能把生活的重担挑?

(11)虽然她只来看过我一次,但我却能把她那种母性的温柔感觉到。

(12)该市把旅游资源的开发当作增长经济的规律。

(13)起初,我们车间的一些老工人不重视技术革新,总是把自己的经验来指导年轻人开机床。

(14)在监狱里,他拼命干活,试图把自己犯下的罪恶洗刷。

(15)他拿到学位后,很快回到了炮火连天的国内,他把自己的青春愿意献给祖国。

31.下列“被”字句用得对不对?请分别说明原因。

(1)1966—1976年,教育系统一片混乱,许多合理的规章制度被消亡了。

(2)每天都是天刚麻麻亮的时候,这家商店的门就被打开了。

(3)他的一生遭受了很多磨难,但他被困难没有吓倒,终于迎来了今天的辉煌。

(4)经过了十几轮的演讲竞争,小林终于被当选为系主任。

(5)一进院子,我们便看到一串串红辣椒被悬挂在屋檐下,仿佛在向我们炫耀主人那红火的日子。

(6)农人怕牛踩坏了庄稼,只允许牛在地头吃草,一旦它进入庄稼地,便被赶。

(7)山上林木葱茏,野花斗妍,恰似一幅浓墨重彩的山水画,我被这美景深深陶醉了。

(8)陈主任是一位受党多年教育的老干部,他被糖衣炮弹不会轻易击中的。

(9)警察看到那歹徒抢东西就追,最后,歹徒被警察逼进一条死胡同,抓住了歹徒。

(10)因为多年来他一直被领导不重视,所以拿到博士学位后,他就离开了原单位。

(11)我们对这个园子的土地进行清理平整,被种上了各种蔬菜。

(12)他接受了那个工程队的贿赂,终日担心被遭受惩罚。

(13)落后就会被挨打,这是我们民族一百多年来得到的血的教训。

(14)这阵子发生了这么多的事,尽管他做出了很大的努力,这些事情也不能被理出个头绪来。

(15)凉风习习,杨柳依依,湖边的景色美不胜收,但他们的目光还是被划船吸引。

32.根据存现句的结构特点,判断下列句子是不是存现句。

(1)院子里种着几种名贵花木。

(2)她眼睛里立即闪现出了一片绿洲。

(3)从对面匆匆地跑过来一个人。

(4)柱子上雕刻着许多小动物。

(5)这根绳子上曾经晾过孩子们的衣服。

(6)靠南墙有一张木椅。

(7)村外一片繁忙的景象。

(8)这个小棚是他们家的仓库。

(9)山上掉下去几块大石头。

(10)书房里十分清净雅致。

(11)水溪边,顿时少了女人们的踪迹。

(12)蓝天上漂浮着几朵白云。

(13)黑洞洞的屋里令人毛骨悚然。

(14)在山脚下走着几个行路人。

(15) 山顶上是一座小水库。

33. 指出下面句子宾语的语义类型。

(1) 翠翠同爷爷在吊脚楼下避雨。

(2) 一锅饭可以吃十个人。

(3) 山头上长着小小竹子。

(4) 那篇描写西伯利亚农人生活的动人作品引起了读者无言的哀戚。

(5) 平地有装满了谷米的平斗。

(6) 天上不断落下的黄豆大的雨点狠狠地砸着甲板。

(7) 山上篁竹在朦胧的月光下成为黑色。

(8) 在翠翠的梦中,母亲一个人在半山上竹篁里砍竹子。

(9) 过吴县时,几个有着许多可贵见识的青年军官燃起了我熄灭已久的希望。

(10) 学校的周围是新建的住宅区。

(11) 在最后的接力赛中,我们班绰号叫"巴士"的同学跑第一棒。

(12) 原来,你在这里躲清静呀!

(13) 那在溪边浣衣的女子,双眸就像两潭深秋的池水。

(14) 几百种草药蒸发的香味就长年笼罩着做了一辈子郎中的干爹的院子。

(15) 东村刚请的塾师姓上官。

(16) 壮如牯牛的小黑在省球队打后卫。

(17) 我那干爹除了算命卖卜以外,原来还是个出名草头医生。

(18) 当我得到了这样一位干爹时,我的命运自然也就添了一个注脚。

(19) 在戏班里,那黑脸小嘴高鼻梁的青年妇人唱老旦。

(20) 杂货堆里那个圆形大木桶里面,正睡了一对大小相等仿佛孪生的孩子。

34. 下面的动词和宾语的搭配是否合适？若有问题,请指出并加以改正。

(1) 我们校园里到处充满了和呈现出昂扬的学习热情和一派刻苦钻研的景象。

(2) 戏剧是一种综合的舞台艺术,它借助文学、音乐、舞蹈、美术等艺术手段塑造舞台艺术形象,揭示和反映社会矛盾和现实生活。

(3) 教学方法的改革势在必行,以教师为中心的教学方法会把我们的学生培养成缺乏自主和创新精神,那将是我们教育的失败。

(4) 他写这篇文章的目的就是要提倡社会主义的荣辱观。

(5) 那些坦诚的语句,那些无畏的呐喊,那些对人类精神的思考,唤醒和鼓起了我们的期望和勇气。

(6) 他在学生时代所进行的大量的阅读,为他以后从事文学创作打下了坚实的基础知识。

(7) 马上就要毕业了,同学们都非常留连自己生活和学习了四年的校园。

(8) 我们执法部门的执法不能缺损公平公正的原则。

(9)夜深了,教练员和运动员还在研究明天采取措施打赢日本队。

(10)由于天气不好,大赛组委会决定暂时停止水上项目。

(11)工程师和施工工人一起讨论提高工程质量。

(12)为了搞好科研,我们学校挂钩了另外几个学校,经常在一起进行一些课题合作。

(13)我从小到大一直渴望一个出国旅游的机会。

(14)那就要谴责和依法严肃惩处肇事者,医治和保护受害者的安全和健康。

(15)面对少数不法商人的哄抬物价,政府感到一些强制措施的必要。

35.怎样判别双宾语?下列句子中,哪句带有双宾语?哪句没有?为什么?

(1)我们大家都骂他老狐狸。

(2)我问他哪种办法好。

(3)我赔了他一辆自行车。

(4)我借了他两次钱。

(5)他告诉我今天停电。

(6)我收了他一辆自行车。

(7)昨天,他给公司买了纸和笔。

(8)公司捐给学校两辆汽车。

(9)总理致电日本首相。

(10)我们称他为老黄牛。

36."大家都称他小鲁班"和"大家都称他是小鲁班"这两个短语中,动词"称"后面的宾语部分是否都能算作双宾语?

37.定语可以表示领属、时地、指别、数量、指别、行为、断定、涵义、性状等。请指出下列句子中定语的语义类型。

(1)我现在已是五个儿女的父亲了。

(2)他们只用一天时间就到达了目的地。

(3)六月里,淀水涨满,有无数的船只运输银白雪亮的席子出口。

(4)白洋淀的水面像无边的跳荡的水银。

(5)我劝你不要相信那些没有根据的说法。

(6)在创作中,我们要全面地贯彻"百花齐放,百家争鸣"的方针。

(7)目前的形势不容乐观。

(8)汽车在弯曲的山路上慢慢地爬行。

(9)鹅毛大雪纷纷扬扬。

(10)热得难受的气候令人窒息。

(11)塘中的月色并不均匀;但光与影有着和谐的旋律,如梵婀玲上奏着的名曲。

(12) 我读到此处,在晶莹的泪光中,又看到那肥胖的,青布棉袍,黑布马褂的背影。

(13) 我和娘说,把我前年在家穿的那身棉袄裤给了她吧。

(14) 一张小小的脸,如正开的桃李花;脸上并没有笑,却隐隐地含着春日的光辉,像花房里充了蜜一般。

(15) 刚一走进他的房间,就看到水泥地板上堆着一摞一摞的书。

38.指出下列句子中状语的语义类型。

(1) 从居庸关到呼和浩特大约有一千多里的路程,火车都在这个广阔的高原上奔驰。

(2) 要写一篇报告,我们就必须用简单的、明确的语言,不慌不忙、有条有理地去写。

(3) 昨儿晚上,他一宿都没睡好,这腊月雪,一层层压满他心里。

(4) 在回家的路上,小伙子的眼睛像七月的枣儿一样红了圈。

(5) 过铁道时,他先将橘子散放在地上,自己慢慢爬下,再抱起橘子走。

(6) 至于纸花,它的作用和古壁画的粉本,印花布用的皮板片,反而有些相通,都只是完成某种艺术设计的稿子。

(7) 按照乡村爱美的习惯,生色折枝花鸟,实在比挑花图案更符合多数人对于美的要求。

(8) 大姐到久一点儿,似乎各样事情都熟悉,第二天一早引我去牛栏边看睡着比猫还小的白羊,牛栏里正歪起颈项在吃奶的牛儿。

(9) 我的心猛然地跳了一下,像点着的焰火一样,从心灵深处喷出了感激的漫天灿烂的火花。

(10) 他们能自由地在铜胎上粘成山水、花鸟、人物种种图画,当然也能按照美术家的设计图样工作。

(11) 矮墙上又蓬蓬地长着狗尾草。

(12) 汉代的霍去病,为了国家的生存和强盛,在戎马中度过了一生。

(13) 在我们中国,自从 1840 年鸦片战争以来,不少的先进人物曾经想使我们的国家变成独立富强的国家,使我们的社会变为一个理想的社会,但是都没有成功。

(14) 她或许听到了些什么,脸色阴沉沉地走了进来。

(15) 对于他们的卖国行径,人们长期以来不遗余力地进行了鞭挞。

39.除了副词,还有一部分非副词,包括名词、动词、形容词以及数量词也可以充当状语。指出下列句子中划线的状语是由什么词性的词充当的。

(1) 在那些人当中,他大学毕业。

(2) 她坐在一群女人中间,炫耀地展示着她颈项上那条亮煌煌的钻石项链。

(3)面对大家的夸奖,他只是谦逊地笑着。
(4)赵县长三进省城,终于拿到了一笔项目基金。
(5)贵生也不客气,端起那杯酒,一口喝下。
(6)新来的林部长倒也不拿架子,偶然地也和同志们打打纸牌。
(7)别小看他,将来他必有出息。
(8)说到这里,王老五故意提高嗓门,生怕隔壁的人听不到。
(9)你别怪他,他跑了一天没找到工作,难免心情焦躁。
(10)我们不能形式主义地看问题。
(11)好久不见他了,这天晚上他突然出现,着实让我很高兴。
(12)文艺演出要在上午九点钟才开始,可是,一清早广场上就挤满了想看节目的人。
(13)母亲看着葡萄一串串地挂在架子上,高兴得合不拢嘴。
(14)看着因她而憔悴不堪的母亲,她自责地流下了眼泪。
(15)当初,谁的话你都听不进去,而今出了问题,你该后悔了吧。
(16)你不要向我打听他的消息,他许久没有到我这里来了。
(17)末了,他笑着说:“还是我请你们吧。”
(18)听了我们的方案,他认可地点点头。
(19)刚才他还在这里干活,这会儿也不知哪里去了。
(20)你不要急着走嘛,咱们屋里谈。

40.指出下列句子中补语的语义类型。

(1)战士们眼睁睁看着一夜的心血,不过一顿饭的工夫,就被毁得干干净净,都气愤万分。
(2)人们都知道自己生在何出,却不知道死在何方。
(3)月亮升起来,院子里凉爽得很,干净得很。
(4)女人的手指震动了一下,想是叫苇眉子划破了手。
(5)眼下这事儿再耽搁不得了,得立刻解决。
(6)手榴弹把敌人那只大船击沉,一切都沉下去了,水面上只剩下一团烟硝火药气味。
(7)又要马儿不吃草,又要马儿走得好。
(8)屠户与其他买肉人,见到他这种神气,必笑个不止。
(9)他扫了一眼那个小孩,觉得在哪里见过似的。
(10)两个小伙子张罗着把对联贴到大门的两侧。
(11)这种病真折腾人,人折腾瘦了,家也折腾穷了。
(12)她顺手从水里捞上一棵菱角来,菱角还很嫩很小,乳白色,顺手又丢到水里。

(13)这种蘑菇看得,吃不得。

(14)山那边的情况我熟悉,还是我去好一点。

(15)翻过了山,天开始下雨,路坏透了。

41.表示时间和处所的短语既可以作宾语又可以作补语。试判断下列句子中划线的部分是宾语还是补语。

(1)时间已经过去四五年了,这件事我还是难以释怀。

(2)你没到过我们这个读书沙龙?它已经成立两三年了。

(3)这趟车经过天安门广场吗?

(4)他糊糊涂涂钻进了一个杂耍场,情绪相当混乱。

(5)那肥大的荷叶下面,有一个人的脸,下半截身子长在水里。

(6)他浪费了两个钟头,也没把他那辆老爷车修好。

(7)熬了半夜,才听列车员说:"本次列车将于凌晨四时十三分到达北京。"

(8)她回忆起,当时他们住在北京,一到星期天就去逛颐和园,日子过得温馨又浪漫。

(9)老板,我干了两个钟头了,让我歇歇吧。

(10)这件事发生在2004年。

42.句子修饰语中,常见的有"在……中(上、下)"的形式,这些是用来表示空间和时间的,但也有引申的用法。请分别举例说明。

43.将下列句子变换成另一种格式的句子。

(1)风浪会随时吞噬掉风浪中行船的人。

(2)战火把这个村的树木都烧尽了。

(3)蓝天上飞着几只云雀。

(4)万绿丛中闪耀着赭红色屋顶和鹅黄色屋顶。

(5)这根绳子曾经晾过孩子们的衣服。

(6)窗外响起了鸟儿们唧唧喳喳的啼叫声。

(7)你认识刚才进去的那个人?

(8)谁都能估价出诚实和忠厚的分量。

(9)姑娘们的眼睛都熬红了。

(10)我没有听到过这个故事。

44.用句式变换的方法使下列有歧义的句子含义明确。

(1)他的字写得好。

(2)他们能考虑安排这些事情。

(3)他在汽车上画画。

(4)对面山上架着炮。

(5) 她是去年生的小孩。

45.下列每组句子的两种说法都正确吗？说明理由。

(1)a.游记中关于蝴蝶会是他根据别人的叙述写下来的。

b.游记中关于蝴蝶会的盛况是他根据别人的叙述写下来的。

(2)a.在我们进行研究调查的过程中,我们发现这个地方的问题的确很严重。

b.在我们进行研究调查中,我们发现这个地方的问题的确很严重。

(3)a.省委、省政府认真总结了造成这种落后状态的经验教训,明确树立起依靠科学技术的思想,加快解决这一突出矛盾。

b.省委、省政府认真总结了造成这种落后状态的经验教训,从指导思想上,明确树立起依靠科学技术,加快解决这一突出矛盾。

(4)a.担任艰苦的工作正是我们锻炼自己的好机会。

b.艰苦的工作正是我们锻炼自己的好机会。

46.下列句子均有成分搭配不当的毛病,试改正并指出各属于哪种成分搭配不当。

(1)他们一直遭到了和将要遭到了人们的憎恶、咒骂;咒骂之不足,人们还通过许多文学艺术作品,对他们进行了不遗余力的鞭挞。

(2)所以,树立远大理想,对每一个人来说,都是一个重要的问题。

(3)现在,有的地方,妇女的发髻上插着三支短剑似的装饰品,那是明代妇女准备星夜和突然来袭的倭寇搏斗的装束。

(4)老师问清了原因,沉思了少许,慢慢地踱到我身旁。

(5)参加这次大会的代表都是由各条战线上的先进工作者组成的。

(6)这次抗洪救灾,普通群众表现出十分可贵的舍己为人的英雄气概,被中央慰问团誉为“抗洪八勇士”就是以这种英雄气概谱写的一曲凯歌。

(7)为适应改造老专业、建设和发展新专业的要求,我校要建立新的规章制度等一系列工作。

(8)这次在工厂最后一天的劳动,是同学们最紧张、最愉快、最有意义的一天。

(9)这件事振奋人们为夺取更大的胜利而充满信心。

(10)宣传动员市区居民不要饲养鸡鸭,不要随地吐痰,做好传染病的防治工作。

47.下列句子有成分残缺和多余的毛病,请指出是哪种成分的残缺和多余。

(1)对悠远的地球发展史来说,经过一百万年只是一个很短暂的时间;但和人类有文字记载的历史相比毕竟是太远了。

(2)传说中的鲁班以及过去许许多多伟大的科学家,由于所生活的时代自然科学水平还很低,他们不会提出象我们今天所说的机械化、电气化、自动化来。

(3)大热天劳动,出汗多,身体里的水分和盐分消耗得也多,不随时补充上去,容易发生中暑。

(4)在这些一片片的“龙骨”上,记载了殷代的宗教、战争、农业、牧业、手工业、气象、政权组织以及文化生活等方面。

(5)据说,秦始皇每天批阅写在竹简和木片上的文书的文字,有一百二十斤重。

(6)在祖国宽广无边的无垠原野上,我的眼睛搜求着森林,我惊异地欢呼每一片幼林!

(7)蛙眼在极短时间内能敏捷地发现具有特定形状的运动目标,准确地确定目标的位置、运动方向和速度,并能选择最佳的攻击时刻。

(8)这个大罐如果冲入长江,奔出三峡,冲向葛洲坝,就很难想象会造成灾难。

(9)这个省的党政军民,在这次抗洪救灾向自然作斗争中,为了抢救国家物资和人民的生命财产,他们公而忘私,置个人安危于不顾,充分发挥了人定胜天的无比威力,打了一个大胜仗!

(10)现代著名剧作家曹禺在《雷雨》中的鲁侍萍是一个受损害、被侮辱、善良、自尊的劳动妇女形象。

48.下列句子均有毛病,指出是什么毛病,并加以改正。

(1)南方古猿处在人类最原始的蒙昧时代,已经本能地在生活中使用石块、木棒等天然工具,但一般地还不能制造工具。

(2)人眼还可以对比景物的周围,使人感知自身的运动和位置状态,确定物体的距离、形状和相对大小。

(3)这些杂交高粱产量高,而且比外国进口的杂交高粱更高的抵抗病虫害的能力,因此,受到了当地农民的欢迎,推广面积越来越大。

(4)在他们的心目中,土地不可思议地代表着上天的赏赐,代表了财富和权力!

(5)刚到早春时节,河边的柳树已长出嫩嫩的枝条在春风的吹拂下翩翩起舞。

(6)看完舞蹈“千手佛”,观众就为被舞者的精神所感染,使观众感到这个舞蹈的内涵博大精深,意蕴深远。

(7)为了争取高速度,我们必须狠抓科学技术的现代化,把国民经济用先进的科学技术搞上去。

(8)这次通俗歌曲大奖赛设在刚建成的金碧辉煌的演播大厅里举行的。

(9)因此,我们一方面加强培养人才的工作,另一方面要把现有的中年知识分子用好,充分把他们的积极性调动起来。

(10)封建时代民族之间的友好关系,不能像我们今天一样,通过共同的各族人民之间的阶级利益、经济基础和意识形态来建立。

49.指出下列句子哪些是单句,哪些是复句。

(1)敦煌艺术宝库的保存,使我们有可能来理解一千五六百年来的中国艺术的成长、演变和发展。

(2)蓝天,远树,金黄色的麦浪。

(3)亲眼去看,你就知道游艺会多么热闹。

(4)鲁迅是在文化战线上,代表全民族的大多数,向着敌人冲锋陷阵的最正确、最勇敢、最坚决、最忠实、最热忱的空前的民族英雄。

(5)车子出了村,上了大路。

(6)康藏公路和青藏公路的通车把幸福和繁荣带给了住在青藏高原的人们。

(7)国无论大小,都各有自己的长处和短处。

(8)刮了一夜的北风,竟然下起雪来了。

(9)在战争年代,人民对一身灰布制服,一件本色的粗毛线衣,或者自己打的一副手套、一双草鞋,都很有感情。

(10)天气暖和,下着小雨。

(11)时间就是生命,时间就是速度,时间就是力量。

(12)鲁迅先生小心到翻阅着方志敏同志利用敌人要他写“自白书”的笔墨写成的文稿:一篇《清贫》,一篇《可爱的中国》。

(13)由于骄傲,他在前进的道路上落后了。

(14)我们这样的国家,可以而且应该用“伟大的”这几个字。

(15)今夜搭不上你的车,恐怕要走上半夜哩。

(16)离别的歌声,是回忆的歌声,祝福的歌声,极为热烈的互相勉励的歌声。

(17)太好了,我请你喝饮料。

(18)桃花开了,杏花开了,柳毛子到处飞。

(19)他们在渺无人烟的野草丛林间披荆斩棘种下果木。

(20)生长在江南的同志们看到这些水墨画高兴得直鼓掌。

50.下列句子中加下划线的词连接的都是句子吗?如果不是,请指出其作用。

(1)<u>无论</u>亲戚、邻居,都没有说她闲话的。

(2)<u>无论</u>你去还是他去,我都支持。

(3)我们应该<u>并且</u>能够解决老教师的困难。

(4)我们能够把他请来,<u>并且</u>有办法让他在这里长期干下去。

(5)<u>只有</u>那些埋头苦干的人,才是中国的脊梁。

(6)<u>只有</u>大家一条心,才能克服困难向前进。

51.下列各句哪一句是单句?哪一句是紧缩复句?哪一句是复句?

(1)蓝天白云,歌声嘹亮。

(2)你不愿意我愿意。紧缩句

(3)无论谁,都不能不学习。

(4)你跑得再快也追不上他。

(5)只要你能爬起来,就应当战斗。

(6)我们非买新电脑不可。

(7)作者在这篇小说里,主要写一个农民。

(8)好书再贵也要买。

(9)为了祖国的繁荣昌盛,我们要努力工作。

(10)前进的道路越走越宽广。

52.下列句子中的关联词语有的使用不当(包括位置不当),请改正并说明理由。

(1)这次招聘人才,要么采取笔试,要么采取口试,校方还没有商量好。

(2)只要我们的同志尊重群众,群众才会尊重我们。

(3)他在工作中遇到困难的时候,不仅不灰心,不后退,而是迎着困难上。

(4)中国人民不但认识了加强世界人民大团结的重要意义,而且越来越多的国家和人民也都从自己的经验中认识了这一点。

(5)他向厂长建议,厂里的生产,管理一方面要严,销售一方面要抓紧。

(6)不是我想要什么,而是想看一看。

(7)无论我们走到什么国度,还是不会忘记我们伟大的祖国。

(8)纵然他将来当了大官,我们却不会巴结他。

(9)或者你去一趟,或者打个电话。

(10)他即使才 36 岁,也已经在球场上拼搏里 20 年。

53."即使……也""如果……就""只有……才""虽然……却"都是成对的关联词语。其中的"也""就""才""却"为什么归入副词,不归入连词?

54.用划线法分析下列的多重复句。

(1)有一些人怀念他们的过去,但是过去的东西是永远不会再来了,因此他们感到将来的渺茫,从不把希望寄托在将来。

(2)有些人背上虽然没有包袱,有联系群众的长处,但是不善于思索,不愿意用脑筋多思苦想,结果仍然做不成大事。

(3)他们虽然有着各种各样改造自然、改进人民生活的理想,但是由于那时的自然科学水平还很低,无论如何,他们不会提出像我们今天所说的电气化、机械化、自动化等计划来。

(4)如果他们还健康地活着,尽管报纸上不会这样大量地表扬他们,但是他们却能够为祖国和人民做出更多更大的贡献,这是毫无疑问的。

(5)这故事倒颇有效,男人听到这里,往往敛起笑容,没趣地走了开去;女人们却不独宽恕了她似的,立刻改换了鄙薄的神气,还要陪出许多眼泪来。

(6)尽管古代的一些作家,并不完全是唯物主义者,但是他们既然是现实主义者,他思想中就不能不具有唯物主义的成分,因而他们能够从艺术描写中反映出一定的客观真理。

(7)她久已不和人们交口,因为阿毛的故事是早被大家厌弃了的;但自从和柳妈谈了天,似乎又即传扬开去,许多人都发生了新趣味,又来逗她说话了。

(8)如果把自己看作群众的主人,看作高踞于"下等人"头上的贵族,那么,不管他们有多大的才能,也是群众所不需要的,他们的工作是没有前途的。

(9)因为这种幼稚的、低级的、庸俗的、不用脑筋的形式主义的方法,在我们党内很流行,所以必须揭破它,才能使大家学会应用马克思主义的方法去观察问题、提出问题、分析问题和解决问题,我们所办的事才能办好,我们的革命事业才能胜利。

(10)在内蒙人民的心中,王昭君已经不是一个人物,而是一个象征,一个民族友好的象征;昭君墓也不是一个坟墓,而是一座民族友好的历史纪念塔。

(11)我想这就和挑西瓜一样:有的看着好,可里边是生的;有的看样子很生,可里边却很甜。

(12)掌柜是一副凶脸孔,主顾也没有好声气,教人活泼不得;只有孔乙己到店,才可以笑几声,所以至今还记得。

(13)即使人们疑心,也只能怀疑他是新到城里来的乡下佬儿,大概不认识路,所以讲不出价钱来。

(14)他虽然没有很用力,可是因为铁烧得过了火,火星溅得特别多。

(15)虽然我把主要精力用于数学,但我并没有放弃古诗文的学习,时常写点诗,既丰富业余生活,又练了自己的文笔,对写论文也有很大帮助。

(16)只有四婶,因为后来雇佣的女工,大抵非懒即馋,或者馋而且懒,左右不如意,所以还提起祥林嫂。

(17)我们无论认识什么事物,都必须全面地去看,不但要看到它的正面,而且要看到它的反面,否则,就不能有比较完全的和正确的认识。

(18)成绩能够鼓励人,同时会使人骄傲;错误使人倒霉,使人着急,是个敌人,同时也是我们很好的教员。

(19)不管你学习和研究什么东西,只要专心致志,痛下功夫,坚持不断地努力,就一定会有收获。

(20)在周副主席的号召和影响下,整个村子的部队都搓米:有瓦片对瓦片搓的;有石头对石头搓的;有的干脆就用手搓,手上磨出了血泡,但仍然愉快地搓。

55.改正下列病句并说明理由。

(1)在那些艰难的日子里,不管他的身体有多差,生活条件再不好,精神压力有多大,他都坚持创作。

(2)尽管国外给了他怎样优厚的条件,他还是坚决地回到了祖国的怀抱。

(3)我们因为刚栽下的树苗能够成活,头顶烈日给它们浇水。

(4)为了他又同意了,所以会议如期举行。

(5)如果了解了同学们的想法,组织了丰富多彩的活动,加强了团结,我们班才能取得这样大的进步。

(6)他没受到多少教育,也不擅言辞,所以很能干,还不时得到大家的好评。

(7)那时,他很年轻,曾干过不少傻事,但在那样的环境下,多少年轻人的青春就断送在所干的这些傻事里!

(8)这部作品虽然写的是农民,却也深刻地表现了广大农民的愿望。

(9)如果干什么事,只有掌握了科学的方法,才可以收到事倍功半的效果。

(10)人们只有解放思想,努力学习,就可以掌握科学技术知识,并且有可能成为科学。

56.用“划线法”分析下列多重句群。

(1)阴山以南的沃野不仅是游牧民族的苑囿,也是他们进入中原地区的跳板。只要占领了这个沃野,他们就可以强渡黄河,进入汾河或黄河河谷。如果他们失去了这个沃野,就失去了生存的依据,史载“匈奴失阴山之后,过之未尝不哭也”,就是这个原因。在另一方面,汉族如果要排除从西北方面袭来的游牧民族的威胁,也必须守住阴山的峪口,否则这些骑马的民族就会越过鄂尔多斯沙漠,进入汉族居住区的心脏地带。

(2)从开始有人类社会以来,没有哪一个社会能与共产主义社会相比。什么理想也不能同共产主义这一更崇高更伟大的理想相比。我希望每一个同学都要有这个崇高的理想,把自己最好的年华贡献给这个崇高的伟大的共产主义事业。

(3)只要是本着搞好社会主义事业的精神,我们应该允许大家自由地议论。报纸应该大量刊登我们工作中的成绩,这是肯定的,因为不如此,就不能真实地反映我们的时代。但是,报纸也应该用一定的篇幅刊登我们工作中的缺点和错误,尽管这是一个指头的问题,也应该刊登。因为只有这样,才能全面地真实地反映我们的时代,更好地推动我们的工作。

(4)“满招损,谦受益”,这句格言流传到今天至少有两千多年了。这是普遍真理,任何地区、时代都适用的真理。但是,可惜得很,并不是所有的人都能从这句话受到教益。

(5)我在十八日早晨,才知道上午有群众向执政府请愿的事;下午便得到噩耗,说卫队居然开枪,死伤至数百人,而刘和珍君即在遇害者之列。但我对于这些传说,竟至于颇为怀疑。我向来是不惮以最坏的恶意,来推测中国人的,然而我还不料,也不信竟会下劣凶残到这地步。况且始终微笑着的刘和珍君,更何至于无端在府门前喋血呢?

(6)忽然间,一个最聪明的双喜大悟似的提议了,他说,“大船?八叔的航船不是回来了吗?”十几个别的少年也大悟,立刻撺掇起来,说可以坐了这航船和我同去。我高兴了。然而外祖母又怕都是孩子们,不可靠;母亲又说是若叫大人一同去,他们白天全有工作,要他熬夜,是不合情理的。

(7)另一方面,我们从事实际工作的同志,如果误用了他们的经验,也是要出毛病的。不错,这样的人往往经验很多,这是很可宝贵的;但是如果他们就以自己的经验为满足,那也很危险。他们须知自己的知识是偏于感性的局部的,缺乏理性的知识和普遍的知识,就是说,缺乏理论,他们的知识也是比较地不完全。而要把革命事业做好,没有比较完全的知识是不行的。

(8)说是菜园,其实是果园。那园里桃树杏树很多,还有海棠。每年春二三月,粉红的桃杏花开罢,不久就开绿叶衬托的艳丽的海棠花,很热闹。果实成熟的时候,杏是水杏,桃是毛桃,海棠是垂垂联珠,又是一番繁盛景象。

(9)事实上,辞章问题虽然是个形式问题,却不只是单纯的技巧,而是同作者的思想作风有密切关系的。语言的丰富多彩,往往就是思想的丰富多彩的反映。一个思想僵化、粗枝大叶的人,很难写出生动活泼、严密周到的文章来。因此,不从训练自己的思想着手来加强辞章修养,将很难有大的效果。反过来说,如果我们在写文章的时候总是严格地要求自己,尽最大的努力使文章形式作到准确而优美,那也会有助于我们的头脑日趋精密和活泼。

(10)语言,也就是说话,好象是极其稀松平常的事儿。可是仔细想想,实在是一件了不起的大事。正是因为说话跟吃饭、走路一样的平常,人们才不去想它究竟是怎么回事儿。其实这三件事儿都是极不平常的,都是使人类不同于别的动物的特征。别的动物都吃生的,只有人类会烧熟了吃。别的动物走路都是让身体跟地面平行,有几条腿使几条腿,只有人类直起身子来用两条腿走路,把上肢解放出来干别的、更重要的活儿。同样,别的动物的嘴只会吃东西,人类的嘴除了吃东西还会说话。

57.给下列几段文字加上标点。

(1)为什么回发生这样奇怪的事情　除了因为这群贵族是在亡命途中　不得不压抑着威风外　还有一个原因是　在他们心目中　土地代表着上天不可思议的赏赐　代表了财富和权力　他们知道　只要掌握了土地的所有权　就可以永无休止地榨取农民的血汗

(2)种菜是细致活儿　种菜如绣花　认真干起来也很累人　就劳动量说 一亩园十亩田　但是种菜是极有乐趣的事情　种菜的乐趣不只是在吃菜的时候　象苏东坡在　菜羹赋　里所说的　汲幽泉以揉濯　持露叶与琼枝

(3)毛主席在一九四一年五月所作的　改造我们的学习　的报告中　对于实事求是是做了最确切的解释　事实就是客观存在着的一切事物　是　就是客观事物的内部联系　即规律性　求　就是我们去研究　这里所说的实事求是　不但是我们大家公认为最好的学习态度 而且也是我们做好一切工作所必须的正确态度

(4)的确　即使在战争年月　生活中仍然是有美的图景的　这就在于你是否

能发现　是否能像这样给予艺术的表现

(5)这种个人主义的表现就是　某些人在解决各种具体问题的时候　常把个人利益摆在前面　而把党的利益摆在后面　或者他对于个人总是患得患失 计较个人利益　或者假公营私　借着党的工作去达到他个人的某种目的　或者借口原则问题　借口党的利益　用这些大帽子去打击报复他私人所怀恨的同志　讲到待遇　享受和其他个人生活问题　他总企图要超过别人　和待遇最高的人比较　孜孜以求之　并且以此夸耀于人

58.下列句子中用错的标点符号,并说明理由。

(1)“好了,别说了,”老王不耐烦地说:“你怎么能得理不让人呢?”

(2)《文学和出汗》《中国人失去自信心了吗》是鲁迅二、三十年代针对当时的反动文学观和反动舆论写的,所以采用揭微显隐的写法来“立刻给以反响和抗争,”语言的格调是冷嘲热讽,幽默隽永。

(3)女人鼻子有些酸,但她并没有哭,只说:“你明白我的难处就好了”。水生想安慰她。因为要考虑和准备的事情还太多,他只说了两句:“千斤的担子你先挑吧。打走了鬼子,我回来谢你”。

(4)贵刊《家教博览》专栏内刊登的“什么是学习障碍”一文,对家长和老师在教育孩子方面都有很大的启发。

(5)不是有许多人在讴歌那光芒四射的朝阳;四季常青的松柏;庄严屹立的山峰,澎湃翻腾的海洋吗?不是有好些人在赞美挺拔的白杨;明亮的灯火;奔驰的列车;崭新的日历吗?

(6)国家体委领导希望全体运动员“赛出水平、赛出风格,为国争光”。

(7)诸葛亮到底曾经隐居在哪里?这对今天的我们来说并不是一个必须弄清楚的问题。我们关键是要学习他那种“鞠躬尽瘁,死而后已”的精神。

(8)只有把那种坏的、不好的偏向去掉,正风才能建立起来。才能造成又有集中又有民主,又有纪律又有自由,又有统一意志,又有个人心情舒畅、生动活泼那样一种政治局面。

(9)当然,我们现在的社会,还只是共产主义社会的第一个阶段:社会主义社会。我们要过度到共产主义社会还要经过长时期的艰苦奋斗。

(10)暑假期间,我们在家属院后面的空地上开出了一个小菜园,里面种有茄子、辣椒、番茄、和豆角。

巩固练习参考答案

(一)名词解释

1.语法是语言三要素之一。语音是语言的物质外壳,词汇是语言的建筑材料,语法是语言的组合法则,专指组成词、短语、句子等有意义的语言单位的规则。笼统来说,语法是语言的结构规律。语法这个术语有两层含义,一个指语法规律,即客观存在的语法事实;一个指语法学(知识或理论),即语法学者对客观语法事实的说明,带有主观性。(黄本)

语法是语言结构的规律,是语言要素之一。语法所反映的是语言单位(语素、词、词组、句子)之间的各种关系,它以语言结构为概括的对象。语法这个术语,也用在另外一个意义上,它指的是研究语言结构规律的科学即语法学。(胡本)

语法是语言的要素之一。作为语言的结构规则,语法对人们的言语行为(话语表达和话语理解)具有极大的约束力。一方面,从表达上讲,语法规定着人们怎样组织句子;另一方面,从理解上讲,语法指示着人们如何领会句子。(邢本)

2.语法单位主要有四级:语素、词、短语、句子。它们都是语言中的音义结合体。①语素是语言中最小的音义结合体。语素可以组成合成词,有的可以单独成词。②词是最小的能够独立运用的语言单位,是组织短语和句子的备用单位。一部分词加上句调可以单独成句。③短语是由词组成的、没有语调的语言单位,是造句的备用单位。大多数短语可以加上句调成为句子。④句子是具有一个句调、能够表达一个相对完整的意思的语言单位,句子前后有隔离性停顿。(黄本)

语法单位是指有意义的语言单位。汉语的语法单位包括语素、词、短语、句子和句群。它们是不同级别或不同性质的五种语法单位。①语素是语言中最小的音义结合体。它既是语汇单位,又是最小的语法单位。语素包括实语素和虚语素,它们是构词语法单位。比如,“我们”的“我”是实语素,“们”是虚语素,它们一起构成“我们”这个词。②词是最小能够自由运用的语法单位。跟语素一样,词也既是语法单位,同时又是语汇单位。③短语又叫词组,是由两个以上的词按照一定的规则组合而成的语法单位。④句子是由短语或词构成的,能够表达一个完整意思、体现说话人一种特定意图的语法单位。一个句子既可以由一个短语构成,也可以由一个词组构成。⑤句群是由两个以上的句子构成的语法单位。

语素、词、短语、句子和句群,这五种语法单位可以分为三级。(邢本)

3.实词指有词汇意义和语法意义,能够充当句法成分的词,可以细分为名词、动词、形容词、区别词、数词、量词、副词、代词以及特殊实词拟声词、叹词。(黄本)

词的语法功能首先表现在能不能单独充当句法成分上边。能够单独充当句法成分的是实词,实词有名词、动词、形容词、数词、量词、副词、代词。(胡本)

实词是表示实在意义,能够充当句子的基干成分的词,有名词、动词、形容词、数词、量词、代词几类。(邢本)

4.没有词汇意义仅有语法意义,不能充当句法成分的词叫虚词,可以细分为介词、连词、助词、语气词。(黄本)

词的语法功能首先表现在能不能单独充当句法成分。不能单独充当句法成

分的是虚词,虚词有连词、介词、助词、语气词、叹词和象声词。(胡本)

虚词是意义比较虚灵,不能充当句子基干成分的词,有副词、介词、连词、助词、拟音词几类。(邢本)

5.句型是句子的结构类,即根据句法成分的配置格局分出来的类。汉语的句型主要分为主谓句和非主谓句两类。(黄本)

句子可以从不同的角度进行分析。按照句子的语气,可以分为陈述句、疑问句、祈使句和感叹句,一般称之为句类。按照句子的结构和格局,可以分为单句、复句,主谓句、非主谓句,一般称之为句型。(胡本)

句型是从结构角度划分出来的类。句类是从语气的角度划分出来的类,是语气类。(邢本)

6.语素是语言中最小的音义结合体。语素可以组成合成词,有的可以单独成词。(黄本)

语素是最小的语音语义结合体,是最小的语言单位。(胡本)

语素是语言中最小的音义结合体。它既是语汇单位,又是最小的语法单位。语素包括实语素和虚语素,它们是构词语法单位。(邢本)

7. 短语是由语法上能够搭配的词组合起来的没有句调的语言单位,又叫词组。它是大于词而又不成句的语法单位。简单短语可以充当复杂短语的句法成分,短语加上句调可以成为句子。词组成短语的语法手段是语序和虚词。语序是词语排列的前后顺序。直接组合的靠语序,语序不同,语法意义往往不一样。短语可以从角度去观察,从而分出各种不同的类别。最重要的有两种分类:一种是结构类,这是向内看的分类,主要看构成短语的词与词之间的结构关系,看出主谓短语等结构类。另一种是功能类,这是向外看的分类,凭它进入更大的短语里担任职务的能力,即充当句法成分的能力相当于哪一类词,可以看出名词性短语等功能类。(黄本)

从广义说,词和词的组合都可以叫词组。按照内部的不同结构方式,词组主要有偏正词组、后补词组、动宾词组、主谓词组、联合词组、同位词组、连动词组、兼语词组以及数量词组合方位词组。根据语法功能,词组可以分为名词性词组和非名词性词组等类型。(胡本)

短语是介于词和句子之间的一种语法单位。首先,从构成上看,它是由词组合而成的。其次,从作用上看,它是造句材料,是构件单位。短语可以从各种不同的角度分类。主要有两种分类,一种是结构类,而根据结构成分之间语义关系是否明显,可以把短语分为关系类短语和标志类短语。关系类短语指结构成分之间有明显语义关系的短语。它又可以分为成分配对式和依次排列式两类。前者主要包括主谓短语、动宾短语、偏正短语和正补短语,后者主要包括联合短语和同位短语;标志类短语指结构成分之间语义关系比较模糊,只从语表上找出标志的短语。这类短语的命名,有的利用前面一个结构成分作为标志,如能愿短语、介词短语,有的利用后面一个结构成分作为标记,如“的”字短语、比况短语、方位短语,有的利用前后两个结构成分作为标志,如数量短语、指量短语。另一种是功能类,根据短语的性质和功能,可以把短语分为名词性短语、动词性短语、形容词性短语等。(邢本)

8.句子是具有一个句调、能够表达一个相对完整的意思的语言单位,句子前后有隔离性停顿。(黄本)

句子是语言的基本运用单位。一个句子不仅具有一定的结构成分和结构方式,为了适应具体环境中的实际需要,它还必须有特定的语调。(胡本)

句子是有短语或词构成的,能够表达一个意思完整、体现说话人一种特定意图的语法单位。(邢本)

9. 独立语是句子的特殊成分。所谓独立和特殊,在于它身在句内又与句内的其他成分不发生结构关系,无配对的成分。它和句内的语气词、语调等被称为“零碎”。独立语是由于语用或表达的需要才出现在句内的,在表意上有其特定的作用,根据其作用大致可以分为四种:插入语、称呼语、感叹语、拟声语。(黄本)

句子中有一些词语,不同别的成分发生结构关系,位置一般比较灵活,这就是独立成分。独立成分在结构上不是非有不可,但在表意上它却不是可有可无的。独立成分主要有以下一些作用:表示招呼、应答或感叹,引起对方注意,表示对情况的估计和推测,表示特定的口气,表示某一消息或情况的来源,表示总结,表示对某一问题的意见和看法。(胡本)

独立语是结构相对独立、位置比较灵活的成分。结构上,它不跟别的成分发生关系;位置上,它既可以位于句首,也可以置于句末,还可以插在句中。根据性质和作用不同,可以把独立语分为四类:插说语、呼应语、感叹语、象声语。(邢本)

10.句型是句子的结构类,即根据句法成分的配置格局分出来的类。汉语的句型主要分为主谓句和非主谓句两类。句类是句子的语气类,即根据全句语气语调分出来的类。句子根据语气可以分为四种类型,即陈述句、疑问句、祈使句和感叹句。(黄本)

句子可以从不同的角度进行分析。按照句子的语气,可以分为陈述句、疑问句、祈使句和感叹句,一般称之为句类。按照句子的结构和格局,可以分为单句、复句,主谓句、非主谓句,一般称之为句型。(胡本)

句型是从结构角度划分出来的类。句类是从语气的角度划分出来的类,是语气类。(邢本)

11.主谓短语充当短语的句子叫主谓谓语句。从全句的主语(称为大主语)和主谓短语里的主语(称为小主语)是施事还是受事以及其间的关系等方面来看,大体有下面五种:①大主语是受事,小主语是施事,全句的语义关系是:受事//施事——动作。例如,“这件事大家都赞成。”②大主语是施事,小主语是受事,全句的语义关系是:施事//受事——动作。例如,“他什么书都看过。”③大主语和小主语有广义的领属关系。例如,“他一想态度和蔼。”④谓语里有复指大主语的复指成分。例如,“这孩子,我也疼他。”⑤大主语前暗含一个介词“对、对于、关于”等。大主语如果加上介词,就变成句首状语了。例如,“这件事中国人的经验太多了。”(黄本)

主谓谓语句是由一般的主谓句转换而形成的,主要有三种类型。①把主谓句中某一动词的宾语或宾语的某一部分提到句首。试比较:我没有听到过这个故事。→这个故事我没有听到过。②另一种主谓谓语句是有相对应的非主谓谓语句。试比较:大家的斗志昂扬。→大家斗志昂扬。③由全句的修饰语中减去介词“关于”“对于”等构成的。(胡本)

主谓谓语句是由主谓短语充当主语的句子。为了区别,下面把全句的主语、谓语分别叫大主语和大谓语,把作谓语的主谓短语的主语、谓语分别叫小主语和小谓语。从语义上联系看,主谓谓语句主要有以下几种情况:①大小主语之间具有领属关系或整体与部分的关系。②大主语是小谓语中动词所表动作的施事、受事、与事、工具等。③大主语表示论说的方面或范围,大谓语就这一方面或范围进行论说。这类主谓谓语句的大主语,一般可以在前边加上“关于、对于”之类的介词,或用在“在……方面”“在……上”之类的介词结构中间。(邢本)

12.“把”字句是指在谓语中心词前头用介词“把”或“将”组成介词短语作状语的一种主谓句,意义上多表示对事物加以处置。“把”字句又叫处置式。所谓处置,是指谓语中的动词所表示的动作对“把”字引出的受事施加影响,使它产生某种结果,发生某种变化,或处于某种状态。“把”字句有四个特点:①动词前后常有别的成分,动词一般不能单独出现,尤其不能单独出现单音节动词。通常后面有补语、宾语、动态助词,至少也有动词的重叠式。但是如果动词是动补型双音节词,就可以单独出现。②“把”的宾语一般说在意念上是有定的、已知的人或事物,因此前面常带上“这、那”一类修饰语。如果用无定的、泛指的词语,常是泛说一般的道理。③谓语动词一般都有处置性,就是动词对受事要有积极的影响。因此,不及物动词、能愿动词、判断动词、趋向动词和“有、没有”等不能用来作谓语。④“把”字短语和动词之间一般不能加能愿动词、否定词,这些词只能置于“把”字之前。(黄本)

“把”字句中,介词“把”的作用,是把动词支配的对象提到动词前边,以强调动作的结果。使用“把”字句应该注意:①一般地说,“把”字句中的动词,应该是能带受事宾语的,这个动词必须在意念上须管得着“把”后面的词语。②“把”字句里,动词的前后通常总有些别的词语。③把”字后边的词语跟相关的动词应该尽量靠近,尤其不宜用否定副词或助动词把它们隔开。以上是“把”字句的一般用法,“把”还可以构成另一种句式,即“把甲当(当做、作为、说成、看作……)乙”。这种句式要求“把”字后面的词语(甲)与“当作”之类的后边的词语(乙)意思上属于同一性质,同一范畴。(胡本)

“把”字句是以“把”字介词短语作状语的句子。“把”字句成立要受到一定的条件限制:第一,由“把”字组成的介词短语在句中作状语,状语所修饰的中心语一般是表动作行为的及物动词,不能表示感知、存在、能源、趋向等的动词。第二,状语中心语一般不能是一个孤零零的动词,尤其不能是单音节动词,除非是在韵文里;它的前后要有别的成分,至少也要有动态助词“了”,或者是重叠动词。第三,否定副词和能愿动词一般用在“把”字之前,不能用在动词之前。第四,“把”字后面一般是名词性词语,表示有定的、被处置或受影响的人或事物。(邢本)

13.“被”字句是指核心动词前面,用介词“被(给、叫、让)”引出施事或单独用“被”表示被动的主谓句。它是受事主语句的一种。“被”字句表示受事主语“被处置”,被处置的结果对数带有遭受、不如意的语用色彩,少数是如意的和中性的。如同“把”字句一样,“被”字句也有自己的构成和应用条件:①动词一般是有处置性的,跟“把”字句里的动词差不多。动词后面多有补语和别的成分,如果只用一个双音动词,前面就要有能愿动词、时间词语等状语。②主语所表示的受事必须是有定的。如果没有特定的语境,就不能说。③能愿动词和表示否定、时间等的副词只能置于“被”字前。(黄本)

“被”字句是以“被……”作状语的句子,用介词“被”引进施事(主动者),同时指明主语是受事(被动者)。“被”字句的一些特点:①在口语里,常用“叫(教)……”或“让……”代替“被……”,但“叫”和“让”有时并不表示被动。而“为……所”是文言文里常用的格式。②“被……”修饰的中心语有时是一个动宾结构。这时,句子的主语和动词的宾语在意念上有领属关系。③有时候,“被”不引进施事,只是直接用在谓语动词前边,与动词结合在一起,指明动作的方向。(胡本)

“被”字句是谓语用“被”字表示被动的句子。“被”字句有的是用“被”字引进施事,有的是直接将“被”用在动词前面,表示被动。“被”字句所带有的一些特点:①“被”+“被+名”的介词短语后边,一般要求用包含完结意义的动词性词语。②如果“被”字句用于假设语境,或者“被”字前边用有“可能、必将、已经”等词语,或者“被”字与中心语之间用了助词“所”,那么“被”字后边也可以出现不包含完结意义的动词。③“被”字句是用“被”作标记的被动句。“被”字句的主语一定是受事,但是主语是受事的句子不一定就是“被”字句。(邢本)

14.有指人和指事物双层宾语的句子叫双宾句。离动词近的叫近宾语(与事宾语或间接宾语),一般指人;离动词远的叫远宾语(受事宾语或直接宾语),一般指事或物。双宾句的特点:①动词要有“给出”“进取”“询问”“称说”。②近宾语一般指人,回答“V 谁”的问题,靠近动词,前面无语音间歇,常见由代词、名词充当;远宾语一般指事物,也可以指人,回答"V什么"的问题,远离动词,前面可以有语音间歇或逗号,一般比较复杂,可以由词、短语、复句形式充当。③双宾句有时可变换为非双宾句同义句,变换之后,宾语离位,句子就都不再是双宾句。(黄本)

双宾句是一个动词后边连用两个宾语的句子。靠近动语的一个宾语叫近宾语,不靠近动语的一个宾语叫远宾语。双宾句有三个特点:①双宾句一般一个指人,回答"谁"的问题,一个指物,回答"什么"的问题。通常是近宾指人,远宾指物。②动词一般都含有"给予"的意义。③两个宾语能分别跟动语构成动宾关系。(邢本)

15.在交际中出于修辞或语用上的需要,故意减省了句法成分或调换成分的位置,这些变化了的句型叫变式句。变式句可分为省略句和倒装句。(黄本)

16.存现句是语义上表示何处存在、出现、消失了何人或何物;结构上一般有三段,即处所段+存现动词+人或物段;语用上用来描写景物或处所的一种特定句式。存现句可分为存在句和隐现句两种。存在句是表示何处存在何人或何物的句式。隐现句是表示何处出现或消失何人或何物。作为存现句要满足的三个条件:①前段是处所段,可以同时出现时间词语。②中段是不及物动词或"有""是"。存在句的动词常带助词"着",也带"了";隐现句的动词常带趋向补语和"了"。③后段必有存现宾语。存现宾语大都有施事性或不确指性,有的兼而有之。(黄本)

存现句是说明人或事物存在、出现或消失的句子。它的基本格式:某处存在着(出现了/消失了)某人或某物。存现句的三个特点:

(1)主语具有方所性。存现句的主语一般是由表示方位处所的名词性词语充当,表示人或事物存现的方位或处所。

(2)动词具有存现性。存现句的带宾动词表示存在、出现或消失的意义。表示存在意义的动词有三种情况:①用"有"或"是"直接表示存在。②动词带"着",既叙述存在,又表明存在的方式。③动词带"满"再带"了",表示已经普遍存在。表示出现或消失意义的动词也有三种情况:①"出现、发生、走、跑、死、少"等动词带"了"表示出现或消失。②趋向动词带"了",表示出现。③动词带趋向动词,表示出现,通常不用"了"。

(3)宾语具有不定性。存现句的宾语大多是施事,而且一般是不确指。(邢本)

17.复句是由两个或两个以上意义上相关、结构上互不作句法成分的分句加上贯通全句的句调构成的。复句前后有隔离性停顿,书面上用句号或问号、叹号表示。复句的各分句间一般有句中停顿,书面上用逗号、分号或冒号表示。(黄本)

复句是包含两个或两个以上分句的句子。跟单句相比,复句具有以下四个特点。

第一,从构成成分上看,复句由两个或两个以上的分句构成,单句通常是由两个或两个以上的句子成分构成。

第二,从组合手段上看,构成复句的甲分句和乙分句往往由特定的关系词语来联结,构成单句的甲成分和乙成分之间一般不用关系词语。

第三,从构成成分之间的联系看,复句中各分句之间都存在一定的关系:或是因果关系,或是并列关系,或是转折关系等。

第四,从语气上看,构成复句的各个分句可以使用相同的语气,也可以使用不同的语气。(邢本)

18.句群也叫句组,它由前后连贯共同表示一个中心意思的几个句子组成。(黄本)

句群又叫句组或语段,是指由两个或几个在结构上有密切联系的句子组合而成的表述一层意思的语法单位。句群有三个基本特点,一是句群由两个或几个句子构成,二是构成句群的句子在结构上有密切联系,三是句群要表述一层意思。(邢本)

19.标点符号是辅助文字记录语言的符号,是用来表示语句的停顿、语气或表示词语的。标点符号和文字是构成现代书面语言的两大组成部分。(黄本)

标点符号是书面语言里不可缺少的辅助工具,它可以帮助读者分清结构,辨明语气,正确地了解文意。标点符号包括点号和标号两大类。点号有句号、问号、叹号、冒号、分号、逗号和顿号。标号有引号、括号、破折号 、省略号、专名号、书名号、着重号和音界号。(胡本)

标点符号是书面语中不可缺少的部分,用来表示停顿、语气以及词语的性质和作用。(邢本)

(二)判断改错

1.√　2.×　连词是指在词语或分句之间起连接作用的虚词。　3.×　副词“很、极、万分”既能充当状语又能充当补语。　4.×　某些动词重叠后表示动量,有“一下”或“反复多次”的意思。　5.×　短语“吃的、穿的、用的”是复杂的联合短语。　6.×　“那一位”是偏正短语。　7.√　8.√　9.×　“我一下车就看见他了。”是连贯关系紧缩复句。　10.√　11.√　12.×　多重复句是指复句包含了两个或两个以上的关系层次,而不是指包含了几个分句。　13.×　“不是——而是——”是表示并列关系的关系词语。　14.×　让步关系。　15.√

(三)选择题

A.单项选择

1.D　2.B　3.C　4.A　5.B　6.A 7.D　8.A　9.C　10.D　11.C　12.C　13.B　14.C　15.A　16.D　17.B　18.D　19.A　20.A　21.D　22.C　23.C

24.D 25.C 26.C 27.A 28.A 29.D 30.B 31.A 32.C 33.A 34.B 35.C 36.D 37.B 38.B 39.B 40.B

B.多项选择

1.CD 2.AD 3.CD 4.BD 5.AD 6.AD 7.AD 8.AD 9.AB 10.ABC 11.ABC 12.AD 13.ADE 14.AD 15.ABC 16.ABCD 17.ABCD 18.ABCD 19.ABC 20.ABC 21.ABCD 22.ABDE 23.ABC 24.ABE 25.ABE 26.DE 27.AE 28.AE

(四)问答分析题

1.语法体系有两个含义。一个是指语法系统,即客观存在的语法事实、语法规律的系统性,就是说,语法是各种规则交织成的整体,是自成系统的。另一个是指语法学体系,即语法学说的系统性。它是语法学者根据自己的观点在研究和解释语法事实时所用的分析方法、分类术语等的系统性。

语法学体系的分歧是由于语法学者观点不同,掌握的材料不一样,观察问题的角度、分析问题的方法不一致造成的,可见语法学体系带有主观成分。在科学研究中,分歧是在所难免的。我们应该通过对语法事实本身的深入研讨,逐渐缩小或部分消除分歧。(黄本)

2.语法的抽象性是指语法是从众多具体的语法单位里抽象出其中共同的组合方式、类型及如何表达语义的规则。例如汉语里的“看、说、写、学、讨论”这些词可以说成“看看、说说、写写、学学、讨论讨论”,从中抽象出一条词的变化规律:有些动词可以重叠表示少量或者短暂。

语法的变化比起语音、词汇来要缓慢得多。语法规则往往牵一发而动全身,整个语法系统就会跟着变化,这样使人们不习惯,交流思想就难以进行。例如,主语居于谓语之前,修饰语居于中心语之前,都是古今如此,很少有变化。

语法的稳固性并不限制语法的演变,新的语法规则总会逐渐产生出来。例如:“我作为一个语言工作者,有责任促进汉语规范化。”“中国现在不是,将来也不做超级大国。”这两句话有的用法在“五四”以前的白话文里是没有的,后来才慢慢在书面语中运用开来。(黄本)

3.语法的递归性就是指同样的结构规则可以反复运用,不断地进行同功能单位的替换。比如,现代汉语里,有主谓、动宾、偏正、正补、联合等句法结构,这些结构中的每一部分都可以用同功能的短语去替换。例如:小河清澈。→那条小河非常清澈。→我们村外的那条小河的确非常清澈。由于语法有了递归性,句法结构里的构成项就可以扩展成非常复杂的结构。

4.将功能作为主要依据,认为能够单独充当句法成分,意义是实在,即有词汇意义和语法意义的是实词;不能充当句法成分,只有语法意义的就是虚词。(黄本)

5.名词能受数量短语修饰,但这并不等于说能受数量短语修饰的都是名词,因为数量短语除了可以作定语修饰名词外,还可以作状语修饰形容词、动词,也就是说形容词、动词也能接受数量短语的修饰,例如:这棵树五米高。/饭要要一口一口地吃。

6.名词一般不受副词的修饰,但是名词可以充当句子中的谓语。名词作谓语主要是用来判断或说明事物的种类数量、时间性质、特点、用途,等等。名词性词语充当谓语一般是有条件的:①只能是肯定句,不能是否定句;②只能是短句,不能是长句;③一般只能是口语句式,不能是书面语句式;④限于说明时间、天气、籍贯、年龄、容貌、数量等的口语句式。这种名词性谓语的谓语中心名词进入主谓框架的谓语都有表述性,有的能够前加副词状语。(黄本)

7.①当单独用在"度量衡词"前时,除了量词"两"如"二两油"不能说成"两两油"外,其他量词用"二"用"两"都可以。如"二尺"和"两尺";②单独用在"张、个、条"等"专用量词"前就只能用"两"不能用"二",如说"两个"不说"二个"(例外是在专用量词"位"前面,"二位""两位"都通用)。(黄本)

8.助词"多、把、来"等经常附着在数词或量词后面,表示概数。题目中的"十五""三万"已经是确定的数目,不能再用表示概数的助词了。(胡本)

9.同:"一点"和"一些"都可以表示数量少。

异:(1)"一点"一般不用于可计数的事物,如可说"一些学生",但是不说"一点学生"。如果前面有"这、那"和"这么、那么"表示强调时则可以说"这么一点学生"。(2)"一点"可用于否定句,表示全部、完全,如"一点水都没有了",这里就不用"一些"。题目中不用"一些",用"一点"就是这个道理。

10.不能。用句式变换分析两个句子。"班长做事认真"可变换为"班长事做得认真"或者"班长认真做事",变换之后可以发现句子的意思没有改变,而句子中"认真"的语义指向却更加明显。"认真"的语义指向是"做",指做事情的状态,并不是直接与主语"班长"有直接的语义关系。连动句的每一部分的谓词性部分都可以直接与主语发生语义和语法上的关系,很显然,这里是不符合的,所以"班长做事认真"不是连动句。"他劳动积极"用同样的方法分析。

11.形容词表示性质状态。根据形容词内部语法特征的不同,可以大致分为两类:普通形容词和非谓形容词。普通形容词有两个突出的语法特征:①一般能受程度副词的修饰,一律不能带宾语。②许多形容词可以按 AA 或 AABB 的方式重叠,重叠后强调度量,附加"很"或"相当"的意思。非谓形容词不能受程度副词的修饰,不能重叠,也不能直接充当谓语。它们的主要功用是充当定语。(邢本)

(黄本把形容词分性质形容词和状态形容词,另外,词的分类中单列的区别词大致相当于非谓形容词;胡本没有明确指出形容词怎样分类,但指出了"有一部分形容词不能作谓语,可以叫非谓形容词。)

12.短语是介于词和句子之间的一种语法单位,它是由词组合而成的,而它本身又是造句材料,是构件单位。短语在各级语法单位中的地位,决定了它的特性。①组装性。短语具有组装性,这是相对于词来说的。虽然,词和短语都是构件语法单位,但语素构词是固定的,词是一种定型的材料。短语则不同,它是根据造句的需要由词临时组装而成的,除了固定短语之外,都不是固定的。②从属性。短语具有从属性是相对于句子来说的。短语的从属性体现在以下三个方面:第一,短语是造句的材料,是句子的构件。第二,短语的所有的结构类型都为句子的结构类型所包容。第三,绝大多数的短语都具有组合的临时性和可变性。一个一个的短语,究竟由哪个结构成分同哪个结构成分组合而成,完全取决于表述意旨的临时需要。

13.语序和虚词是组成短语主要运用的语法手段。语序是词语排列的前后顺序。直接组合的靠语序,语序不同,语法意义大不一样,例如"意义重大"和"重大意义"、"风光好"和"好风光",分别是主谓短语和偏正短语,是名词和形容词组合时语序不同。非直接组合靠虚词,例如"猎人和狗"与"猎人的狗",分别是联合短语和偏正短语,是虚词的不同。(黄本)

14.短语和词,既有一致性,又有差异性。这可以从两个方面来观察。①结构。短语和词的基本结构类型是一致的,结构成分之间都有联合、偏正、动宾、正补、主谓等关系。但由于短语比词大,结构层次比词复杂,因而,短语和词也有明显的差异性。其一,短语结构不紧密,可以扩展;词一般不能扩展。其二,短语内部的组合有语序和虚词两种手段,词内部语素的组合则只有语序一种手段。其三,词绝大多数是由两个语素构成,只有一个层次;短语大多不只包含两个词、两个层次。②功能。短语和词都有名词性的、动词性的和形容词性的,它们在性质上是相同的,功能上也相当,可以充当同一句子成分。但词和短语是两种不同的语法单位,因而,在功能上存在着差异。其一,词的主要功能是组成短语,短语的主要功能是构成句子。其二,词有实词和虚词之分;短语则只有相当于实词功能的语类,没有相当于虚词功能的语类。

15.句子和短语有联系。一般说来,一个句子减去句子语气就是短语;相反,一个短语加上句子语气就是句子。但它们又有明显的区别:①短语和句子是不同性质的语法单位。短语是是构句单位,句子是表述单位,短语通过一定的规则构成句子。②短语是静态的,不直接用于交际;句子是动态的,是用来表述意旨的,是在交际过程中形成的,是动态的。③短语不带句子语气,句子要有句子语气。句子语气在口语里表现为语调,在书面上表现为句末标点。④在短语内,不存在句法成分倒置现象;在句子中,相对待的两个句法成分有时可以倒置。这种倒置,往往是出于语用的需要。例如,主谓倒置、状心倒置等。

16.主语的构成材料:根据主语构成材料的不同,可将主语分为名词性主语和谓词性主语。名词性主语由名词性词语充当,包括名词、数词、名词性的代词和名词性短语,多表示人或事物。谓词性主语由谓词性词语充当,包括动词、形容词、谓词性的代词、动词性短语、形容词性短语。这是以动作、性状或事情作陈述的对象。

宾语的构成材料:从构成材料上看,宾语分为名词性宾语和谓词性宾语两种。名词性宾语可由数量短语、“的”字短语等。谓词性词语充当宾语有一定条件,只能出现在能带谓词性词语的动语后边。

谓语的构成材料:谓语通常由谓词性词语充当,在一定的条件下也可由名词性词语充当。动词单独做谓语的条件:①用在对话里。②用在复句的分句里,特别是在先行句和后续句里,例如“你来,我就走!”③用在对比、排比句里。④常常要加上一定的语气词或动态助词。形容词单独做谓语的条件:①在对话里,提问句和问答句都可以这样用。②用在复句的分句里,主要是对比句或是先行句、后续句里。③有时在句末要有语气词。主谓短语作谓语是汉语的一大特色。(黄本)

17.定语是名词性词语前边起修饰作用的成分,表示“谁(的)”“什么样(的)”“多少”等意思。定语的结构常带“的”。

状语是动词性和形容词性词语前边起修饰作用的成分,表示“怎么样(地)”“几时”“哪里”“多么”等意思,或者表示肯定、否定等,常带“地”。

补语是动词和形容词性词语后边起补述作用的成分,表示“怎么样”“多久”“多少次”等意思,常用“得”引出。(邢本)

18.本题不拟答案。

19.兼语句式,简称兼语式,是一个成分兼属宾语和主语的句式。这是一种通过动宾结构的延展造成兼语现象的句式。如,“帮助他”,这是动宾式;“帮助他学习”,这是兼语式。

兼语式的基本特点是包含有“兼语”成分。兼语成分对于前面的动词来说是宾语,对于后面的成分来说是主语。如“帮助他”是动宾,延展出“学习”就造成兼语现象:“他”既是“帮助”的宾语,又是“学习”的主语。正因为如此,凡是兼语式都可以分化出“动宾”和“主谓”两种结构。

兼语式的类型有“使令”式、“爱恨”式和“有无”式。“使令”式是兼语式的代表句式。①“使令”式。兼语前头用带“使令”意义的动词,兼语后头的成分表示目的或结果。如:老师的话使我们感动得流下了眼泪。②“爱恨”式。兼语前头用“爱”“恨”意义的富于感情色彩的动词或动词结构,兼语后头的成分表示原因。如:我恨他出卖了我。③“有无”式。兼语前头用“有”或“没有”,兼语后头的成分述说有关事物的情况。如:我有几个同学在国外读书。

20.连动句式,简称连动式,是针对同一主语连续使用动词或动词结构的句式。如:他低着头想问题。

连动式的基本特点有二:①连动短语用作谓语,或者用作非主谓句。一个连动短语,如果用在定语、状语等位置上,不构成连动式。如:星期一我们去游泳。/星期一去游泳的人不多。前一句"去游泳"用在谓语部分,是连动式;后一句,"去游泳"充当主语部分的定语,不是连动式,整个句子是一个主谓句式。②所有连动项在语义上针对同一主语。连动式中的每一项都可以连着主语单说,即便是一个主语后面有几个连动项,每一个连动项也还是能够连着主语单说,如:小王回家拿电话簿打电话找小李。→小王回家。V小王拿电话簿。V小王打电话。V小王找小李。

21.双宾句是一个动语后面连用两个宾语的句子。如:他给我两本书。双宾语的前一个宾语在意义上一般指人,可以叫指人宾语,或近宾语;后一个一般指物或事情,可以叫指物宾语,或远宾语。

双宾句有三个特点:①双宾语一般一个指人,回答"谁"的问题,一个指物,回答"什么"的问题。②双宾句的动语一般都含有"给予"的意义或隐含有"给出"的意义。③两个宾语能分别跟动语构成动宾关系。如:我送她一件礼物。→我送她。V我送一件礼物。

22.定语是体词性结构里中心语前边起修饰作用的成分。从定语的表义作用看,可以分为限制性定语和描写性定语两大类。限制性定语一般能回答"哪一种或哪一类的、多少、何时何地"等问题。限制性定语是对中心语所指的事物范围加以限制,使中心语事物在其性质、特征上能与同类的事物区别开来。它的作用主要是给事物分类,使语言增加准确性、严密性。一般说来,名词性词语、动词性词语和区别词做定语多是限制性的,表示人或事物的领有者、时间、处所、环境、范围、用途、质料、数量、性质、属性、来源等。描写性定语一般回答"什么样的"问题。描写性定语多数在语义上对中心事物加以描写或形容,它的作用主要是描绘人或是事物的性质、状态,突出其中本来就有的某一特性,使语言增加形象性、生动性。描写性定语多用状态形容词和性质形容词的重叠式、拟声词充当。多数描写性定语和所有限制性定语的语义指向是"顺行指向",即指向后头的中心语;少数描写性定语的语义指向是"逆向指向",即指向中心语前头的人,而不是指向中心语。(黄本)

23.状语是谓词性结构里心语前面起修饰作用的成分。如:认真考虑/一层层地叠压。

根据语义和语词性质,状语大体可以分为两类:①状况类状语——表示跟心语行为性状有关的状况。主要包括性态状语、幅度状语、程度状语、否定状语、因由状语、关涉状语和语气状语。②物体类状语——表示跟心语行为有关的时间、方所、数量以及人和事物等。主要包括时地状语、数量状语、事物状语。(邢本)

（黄本把状语分为限制性和描写性两类。限制性状语主要用来表示时间、处所、程度、否定、方式、手段、目的、范围、对象、数量、语气等。）

24.补语是谓词性结构里心语后面起补充作用的成分。如：长得高/睡得晚/激动万分。

根据语义和语词性质，补语大体可以分为两大类：①状况类补语——表示跟心语行为性状有关的状况，主要包括结果补语、趋向补语、可能补语、程度补语和评判补语；②物体类补语——表示跟心语行为性状有关的时间、方所、数量和对象、方式等，主要包括时地补语、数量补语和关系补语。

（黄本将补语分为结果补语、程度补语、状态补语、趋向补语、数量补语、时间处所补语、可能补语。）

25.基本特点表现在三个方面：①句子中出现“把”，“把”字后面用名词性词语表示有定的、被处置的或受影响的事物。如：把茶喝了/把情况谈谈/把房间打扫一下——“把”后边的“茶”“情况”和“房间”都是有定的、被处置的事物。而在“她把鸟儿吓跑了”中，“把”后的“鸟儿”是有定的、受影响的事物。②“把+名词”之类作状语，其后的动词一般不能单独出现，尤其不能出现单音节动词。它后面通常有补语、宾语、动态助词或者用动词的重叠形式。例如：我把钱一扔，转身就走。/我把钱交还失主。/我把钱清点一下。/我把钱寄出去。/我把钱收了。/我把钱数数。只有在特殊的场合下，比如在唱词里，才会出现“把钱扔”“把钱交”“把钱数”之类的用法。③“把”字句中若出现否定词“不、没”，一般用在“把”字前。例如我们一般说“昨天他没把论文交上去”。但是我们不说“昨天他把论文没交上去”。

26.“被”字句式简称“被”字句，是以介词“被”作为字眼标志的句式。基本特点表现在四个方面：①“被”字后面用名词性词语，表示实施动作的人或事物。如：书被他撕破了。/鱼被猫吃了。有时候，“被”字后面词语表示无生命的事物，但它被说话人主观地认定为动作的施行者。如：桥被水冲垮了。/树叶被风吹跑了。②“被+名词”之类作状语，对状心语一般是包含有完结意义的动词性词语。这些动词性词语后面多有补语或别的成分。如：自行车被我弟弟骑走了。/他被校长批评得垂头丧气的。③“被”字句的主语一定是受事主语。④能愿动词和表示否定、时间等的副词只能置于“被”字前。例如：一切丑恶的现象应该被消灭。/我们没有被困难吓倒。/这件事已经被人传出去了。

27.存现句式通常叫存现句，是说明人或事物的存在、出现或消失的句式。基本格局：

某处存在着（出现了/消失了）某人某物。

存现句的基本特点表现在三个方面：①主语的方所性。主语总是表示方所。如：山上有一座庙。/屋顶上站着一个人。/篮子里装满了苹果。②动词的存现性。有的表示存在意义,如:花瓣上有只蜜蜂。/小河边是一片树林。/院子堆满了粮食。有的表示出现或消失的意义,如:河面上漂来一只帆船。/东面的天空泛出一丝鱼肚白。/山梁上隐去了落霞的余晖。/水溪边,顿时少了女人们的踪迹。③宾语的施事性和不确指性。这两个特性必有其一,或者两者兼具。例如:柳树下站着一个人。"一个人"施事宾语,不确指,不能说成"柳树下站着这个人"。有时宾语不是施事,但一定是不确指的,例如:墙上挂着一串红辣椒。"一串红辣椒"不是施事,但它具有不确指性,不能说成是"墙上挂着这串红辣椒"。

28.复句是包含两个或两个以上分句的句子。跟单句相比,复句具有以下四个特点:①从构成成分上看,复句由两个或两个以上的分句构成,单句通常是由两个或两个以上的句子成分构成。②从组合手段上看,构成复句的甲分句和乙分句往往由特定的关系词语来联结,构成单句的甲成分和乙成分之间一般不用关系词语。③从构成成分之间的联系看,复句中各分句之间都存在一定的关系:或是因果关系,或是并列关系,或是转折关系等。单句中各成分之间也有关系,但不同于复句中分句之间的关系。从语法上看,它们或是陈述与被陈述的关系,或是修饰限制与被修饰限制的关系,或是补充说明与被补充说明的关系等;从语义上看,它们或是施事与动作的关系,或是受事与动作的关系,或是工具与动作的关系,等等。④从语气上看,构成复句的各个分句都可以使用相同的语气,也可以使用不同的语气。也就是说,一个复句不一定只有一种语气,它可以前分句为甲语气,后分句为乙语气,前后分句的语气不一致。单句一般只能有一种语气:或是陈述语气,或是疑问语气,或是祈使语气,或是感叹语气。

(五)事实分析题

1."冷清""热闹""洁白"这类形容词的突出特点就是具有程度性,有程度之别,所以可以受程度副词的修饰。而"雪白""笔直""冰凉""深绿""金黄""浅红""白茫茫""金灿灿""绿油油"这些形容词在构成上本身就含有程度的因素,即这些词的语表形式本身就含有程度深的意思,因而不能再受程度副词的修饰。这几个形容词又分为两类:"雪白""笔直""冰凉""深绿""金黄""浅红"是一类,它们的构成形式是"X+形",其中的X已经强调了程度;"白茫茫""金灿灿""绿油油"又是一类,它们是用ABB方式构成的形容词,其中的BB是叠音,既有摹状或拟音的作用,同时又强调了性状的程度,因此它们不能再接受程度副词的修饰。

2."小心点儿、轻点儿、谦虚点儿"这种说法,实际上是一种祈使句的肯定式,"小心""轻""谦虚"是形容词,这几个形容词能进入这种句式。其他的能进入这种句式的形容词还有很多,如:高、低、重、主动、热情、坚强、勇敢等。不能进入这一句式的形容词也不少,除了"伟大""大意""胆小"外,如"聪明""骄傲""自满""狡猾""悲观""罗嗦"等都不能进入这一句式。由此可以知道,凡是表示主观能控的性状,并且具有褒义或中性色彩的形容词都直接进入这一句式;凡是不表示主观能控的性状,或者具有贬义色彩的形容词都不能直接进入这一句式。所以,我们可以说“高点儿,低点儿、重点儿、主动点儿、勇敢点儿”,我们不说“聪明点儿、骄傲点儿、狡猾点儿、悲观点儿”等。

3.“美丽”的意思是形式、比例、布局、风度、颜色或声音上接近完美或理想的境界。“漂亮”的意思是(人)好看,有光彩;(物)色彩鲜明;光亮。在意义上,“美丽”本身就带有一定的程度,不能再用性质形容词的重叠形式来加深程度。

4.这些说法并不能断定副词能修饰名词。“最前头”“最底层”“今天才星期二”“院子里净杂草”“再一个问题”“很淑女”“特现代”这些都是副词的特殊用法,要受到特殊规律的制约。这些说法实际上可分作五种情况:①人物名词受“净”或“光”的修饰,共同用在方所词后边,表示某一地点普遍存在着某种人或事物。如:河边净石头。/房间里光书。/山上净树。②时间名词,在用作谓语直接对某个时点加以表述的时候,可以受某些实际上内副词或频率副词的修饰。如:今天已经星期五了。/明天才三号呢。/后天又中秋了。③名词带上数量词,前头可以用表示范围或频率的副词。如:才三块钱/共五十个学生/仅仅两本书/大约二十户人家/只一个鸡蛋。④某些方所名词可以受某些副词的修饰。最常见的是副词“最”的修饰,如:最前/最后/最底层/最前线。⑤还有一种“副词+名词”的用法,其中的名词一进入到这种结构中便活用为形容词。其中副词主要有“很、最、太、更、非常、特别、比较”等。例如:这地方的风景很诗情画意。(谓语)/她总是一副很淑女的形象。(定语)|她很母性地亲了亲孩子的脸。(状语)/他打扮得很潇洒很绅士。(补语)这类“副词+名词”在形容词性质上是形容词性的,它们可以用作定语、谓语、状语和补语,分布在形容词或形容词短语惯常分布的位置上,并且可以跟形容词短语并列使用。这类“副词+名词”不是副词能修饰名词,进入这类结构的名词受到特定语义条件限制,必须具有“异感性”,即能够从气质、样式、风格等方面反映出说话人的某种特异感觉。典型的名词一旦进入这种结构,便活用为形容词,属于“词性活用”现象。

5.第一种:我和他一起去过。这里的“跟”是连词。第二种:我跟着他去过。这里的“跟”是介词。

6.①“见闻”是指所听和所看到的事,是名词。在这里误用为动词。将“见闻”改为“见到”。

②否定不当。去掉“不说”中的“不”。

③“成倍减少”的说法错误,“减少”时不能用倍数,只能说减少或降低百分之几。

④搭配不当。“更高度的深刻意义”改为“更深刻的意义”。“高度”表示程度很高,前不能用副词修饰。

⑤“智慧”是名词,辨析判断、发明创造的能力。这里误用为形容词。可将

"智慧"改为"聪明"。

⑥"使用"是动词,这里误用为名词。将"使用"改为"用法"。

⑦"包装"可以作名词,也可以做动词。作名词,意思是包在商品外面的东西;作为动词,意思是把东西打捆成包或装入箱子等容器的动作或过程。第一个"包装"是名词的用法。第二个"包装"是动词的用法。作动词时,"包装"是不及物动词,不能单独出现,后面往往有别的成分。可以说"包装得太多"或"太多包装"。

⑧"明亮"是形容词,在句子中作谓语时,不能接宾语。将"明亮"改为"亮"。

⑨"百分之九十"是提高的最终结果,不是净增数,应该是"提高到"而不是"提高了"。

⑩"他"指代不明,既可以指"天天",也可以指"天天的朋友"。将"他"可以改为"天天"。

7.①助词"的"去掉。12.5%是比去年超过的数,不是去年丰收比例中的12.5%。

②"对于"的位置不当,应该放在"这个山区的变化"的前面,否则句子不完整。

③"在……上"中间加入的应该是名词性词语,而"改善生活"是动词性短语。将"上"改为"方面"或者在"生活"后边加上"的问题"。

④"和"作连词时,并列的是同类成分,而"蔬菜"与"苋菜、豆角、黄瓜"不是同类成分,是种和属的关系。将"和"改为"等"。

⑤"或"表示选择,二选一,与后面的"和"没有构成呼应,可以将"或"改为"和"。

⑥"地"是状语在书面语中的标志,这里应该用"的",形容词修饰名词,是定语。

⑦"了"作动态助词时,表示事情已经完结。与这里的句意不合,要去掉"了"。

⑧"正在"表示动作正在进行,"了"表示动作已经完结,两者相互矛盾,可以任意去掉一个。

8.(1)疑问代词"哪"和指示代词"那"以前都写作"那",这容易相混。"哪"表疑问,不确指,要求所指代的人或事物中选定;指示代词"那"一般所指是确定的。

(2)第二人称"你"指听话人一方。敬称用"您",如果用于不止一人的场合,书面语中可以出现"您们"的说法,但口语中一般用"您几位、您诸位"。

(3)第三人称代词"他"指对话双方以外的第三方,还可以称代事物,书面上为了分清人的性别和事物,称代男性用"他",称代女性用"她",称代事物用"它"。如果指称有男有女的一群,就用"他们"。"它"一般用来称代个体事物,也可以用来称代事物群体。

(4)“咱们”包括说话人和听话人双方,称为包括式用法,用于口语;“我们”和“咱们”在同一个场合出现时,“我们”只包括说话人一方的群体,排除听话人一方,称为排除式用法。例如说“我们走了,咱们再见吧”,其中“我们”是排除式,“咱们”是包括式。

9.(1)任指;(2)虚指;(3)游移指;(4)笼统指;(5)任指;(6)游移指;(7)任指;(8)游移指;(9)虚指;(10)笼统指。

10.(1)连词;(2)连词;(3)介词;(4)介词;(5)介词;(6) 介词、连词;(7)连词;(8)介词;(9)介词;(10)连词。

11.(1)a 中的“过”是动词,在句子中作动语。b 中的“过”是时态助词,表示曾经有过的经历。

(2)a 中的“的”是语气助词,起强调、肯定作用。b 中的“的”是结构助词,放在“修路”后面一起组成“的”字短语。这个“的”字不可缺少,因为加上“的”字,整个结构就相当于一个名词。

(3)a 中的“了”是语气词,表示陈述语气,肯定事情发生了变化。b 中的“了”兼有语气助词和时态助词两种作用,既表示动作完成又表述语气,肯定事情已经完成。

12.(1) a 动词,b 介词;(2) a 概数助词,b 副词;(3) a 量词,b 助词;
(4) a 助词,b 动词;(5) a 动词,b 名词;(6) a 副词,b 助词;
(7) a 动词,b 介词;(8) a 动词,b 介词;(9) a 动词,b 介词;
(10)a 动词,b 介词;(11)a 介词,b 动词;(12)a 动词,b 介词;
(13)a 动词,b 介词;(14) a 动词,b 介词;(15)a 动词,b 介词;
(16)a 动词,b 介词;(17)a 动词,b 介词。

13.时间名词:早上、平时、现在、目前、最近;
时间副词:向来、时常、马上、即将、立刻、刚刚。

14.(1)副词、副词;(2)名词、名词;(3)名词、副词;(4)动词、动词;(5)动词、动词;(6)形容词、副词;(7)区别词,名词;(8)形容词、名词;(9)副词、副词兼动词;(10)区别词、副词;(11)副词、副词;(12)副词、名词;(13)动词、形容词兼名词;(14)形容词、副词;(15)副词、副词。

15.(1)动宾短语,动词性短语;
(2)偏正短语,形容词性短语;
(3)方位短语,名词性短语;
(4)偏正短语,形容词性短语;
(5)动宾短语,动词性短语;
(6)偏正短语,动词性短语;

(7)联合短语,形容词性短语;

(8)方位短语,名词性短语;

(9)偏正短语,形容词性短语;

(10)方位短语,动词性短语;

(11)动宾短语,动词性短语。

16.词的兼类和词的活用不一样。词的兼类指某个词经常具备两类或几类词的主要语法功能。词类活用是出于表达上的需要,是作者为了取得某种特殊效果而对词语所作的一种临时的变通使用。

(1)"密切"是兼类词,在a句中作形容词,在b句中作动词用。

(2)"绅士"在这两句中的用法属于词类活用,在前一句中活用作动词,在后一句活用作形容词。

(3)"矛盾"是兼类词,在第一句中用作名词,在第二句中用作动词,在第三句中用作形容词。

(4)"官僚"在这里的用法是词类活用,在第一句中活用作形容词,在第二句中活用作动词。

(5)"根本"是兼类词,在第一句中用作名词,在第二句中用作形容词,在第三句中是副词。

(6)"原来"是兼类词,在前一句中用作名词,在下面一句中用作副词。

(7)"牛"在这里属于词类活用,在第一句中活用作形容词,在第二句中活用作动词。

(8)"净"是兼类词,在第一句中用作形容词,在第二句中用作副词。

(9)"丰富"是兼类词,在第一句中用作形容词,在第二句中用作动词。

(10)"阿Q"在这里的用法属于词类活用,在第一句中活用作形容词,在第二句中活用作动词。

17.本题不拟答案。

18.(1)形容词"迅速"误用为名词,应改为"速度"。

(2)句子缺乏谓语及定语"一盏盏"和中心语"灯光"搭配不当。句子可改为"一盏盏灯闪耀夺目"。

(3)名词"胚胎"误用成动词,应改为"于两汉的历史经传形成胚胎"。

(4)名词"理想"误用成动词,可将"理想"改为"幻想"或"想象"。

(5)句式杂糅。应改为"我拎了行李刚下汽车,你就帮我拿提包,背棉被。我一下子就两手空空了。面对着这一切,我只觉得一股暖流直涌心头"。

(6)连词使用有误。应改为"胡萝卜有许多优点,它的适应性强,病虫害少以及它便于贮运。其次是含有多种营养,食用方法多"。

(7)动语"受到"和宾语"损失"搭配不当。应改为"受到影响"。

(8)主语残缺以及误加了"了"。应改为"对古代文学遗产我们应该运用历史唯物主义的观点和阶级分析的方法,剔除其中的糟粕,批判地吸收对我们有用的东西"。

(9)定语"放纵"和中心语"制造工作"搭配不当。应改为"这样大型的制造工作,对于平常只是修修配配的车间来说,能否完成任务,这是一个严峻的考验。"

(10)"左右"多余,去掉即可。

19.经济繁荣(主谓短语)　实行民主(动宾短语)　安定团结(联合短语)

健康成长(偏正短语)　绿化祖国(动宾短语)　决定因素(偏正短语)

后悔当初(动宾短语)　能够坚持(能愿短语)　干劲足(主谓短语)

互相支持(偏正短语)　有把握(动宾短语)　身体内部(偏正短语)

真面目(偏正短语)　细致地考虑(偏正短语)　唱得好听(中补短语)

奋斗目标(偏正短语)　外边冷(主谓短语)　为了方便(介词短语)

很面熟(偏正短语)　说不清(中补短语)　光辉的典范(偏正短语)

木头似的(比况短语)　前进路上(偏正短语)　领导带头(主谓短语)

破除迷信(动宾短语)　无限美好(偏正短语)　一个单位(数量短语)

电子技术(偏正短语)　创造精神(偏正短语)　秉公办事(偏正短语)

健康长寿(联合短语)　追究起来(中补短语)　请老师讲课(兼语短语)

马上打电话请医生(偏正短语)　关于他的问题(介词短语)

出门上街买菜去(连动短语)

20.这句话的歧义不是由于词组的多义造成的,而是由于词的多义造成的。因为"走"可以解释"为"行走",也可以解释为"离开"。

21.(1)阳光火一般地喷<下来>,我热得<气都喘不过来>。(趋向补语,情态补语)

(2)他的话说到我的心坎<里>了。(中性宾语,时地补语)

(3)这批汉代简册的发现,具有极其重要的意义。(中性宾语)

(4)这些见道解<出>了古代东方学术精神和希腊科学精神的深刻差别。(趋向补语,受事宾语)

(5)树上掉<下>一个苹果<来>。(趋向补语,施事宾语,趋向补语)

(6)老雷找<到>了他的同学。(结果补语,受事宾语)

(7)我们走<进>了昨天还是威风凛凛的大门。(趋向补语,中性宾语)

(8)这已经是下午<三点多钟>了。(中性宾语,数量补语)

(9)我们左右张望了<一下>。(数量补语)

22.(1)疑问句,是非问句。

(2)陈述句,"的"表示确定语气。

(3)疑问句,特指问句。

(4)疑问句,选择问句。

(5)祈使句。

(6)疑问句,反问句。

(7)疑问句,选择问句。

(8)感叹句。

(9)祈使句。

(10)疑问句,特指问句。

23.(1)施事主语。(2)施事主语。(3)受事主语。(4)中性主语。

(5)中性主语。(6)受事主语。(7)施事主语。(8)中性主语。

(9)受事主语。(10)中性主语。(11)中性主语。(12)中性主语。

(13)中性主语。(14)受事主语。(15)中性主语。

24.(1)名词性谓语。(2)形容词性谓语。(3)动词性谓语。(4)形容词性谓语。(5)主谓谓语。(6)动词性谓语(连动短语作谓语)。(7)动词性谓语。(8)动词性谓语,(兼语短语作谓语)。(9)名词性谓语。(10)动词性谓语。(11)形容词性谓语。(12)主谓谓语。(13)动词性谓语,兼语短语作谓语。(14)主谓谓语。(15)动词性谓语。(16)动词性谓语,连动短语作谓语。(17)动词性谓语。(18)主谓谓语。(19)主谓谓语。(20)名词性谓语。

25.(1)主谓句,名词谓语句。(2)主谓句,动词谓语句。

(3)非主谓句,动词性非主谓句。(4)主谓句,动词谓语句(主谓谓语句)。

(5)主谓句,动词谓语句("把"字句)。(6)主谓句,动词谓语句(双宾句)。

(7)主谓句,动词谓语句(兼语句)。(8)主谓句,动词谓语句(兼语句)。

(9)主谓句,动词谓语句("把"字句套兼语句)。

(10)非主谓句,动词性非主谓句。

(11)主谓句,动词谓语句(连谓句)。

(12)主谓句,动词谓语句(存现句)。

(13)主谓句,动词谓语句("把"字句套连谓句)。

(14)主谓句,动词谓语句(兼语句)。

(15)非主谓句,动词性非主谓句(连谓句)。

(16)主谓句,动词谓语句(主谓谓语句)。

(17)非主谓句,动词性非主谓句。

(18)主谓句,动词谓语句(连谓句)。

(19)主谓句,动词谓语句(连谓句)。

(20)非主谓句,叹词句。

26.(1)小伙子们把嗓子喊哑了。

(2)谁都能把诚实和忠厚的分量估出价来。

(3)刚才进去的那个人你认识吗?

(4)一个洪亮的声音在我耳边响起。

(5)横幅挂在墙上。

(6)这个村的树木被战火烧尽了。

(7)纸被我糊了窗户了。

(8)我们战胜了"非典"。

27.(1)阴山以南的沃野||是游牧民族进入中原的跳板。(偏正短语||动宾短语)

(2)昨夜的一场春雨,||浇得柳树吐出了无数嫩芽。(偏正短语||正补短语)

(3)工程的质量管理,||我真是门外汉。(偏正短语||主谓短语)

(4)我们的国家||有几千年的历史。(偏正短语||动宾短语)

(5)他做的飞机模型||比我做的好。(偏正短语||偏正短语)

(6)生命和健康||是我们战胜一切敌人而建设伟大的社会主义祖国的资本。(联合短语||动宾短语)

(7)一个思想僵化、粗枝大叶的人,||很难写得出生动活泼、严密周到的文章来。(偏正短语||偏正短语)

(8)先进人物的特点||在于他们总是把集体利益放在个人利益之上。(偏正短语||动宾短语)

(9)现状和习惯||往往束缚人的头脑。(联合短语||偏正短语)

(10)洒满月光的溪面||浮着一层薄薄白雾。(偏正短语||动宾短语)

(11)翠翠同爷爷||坐在溪边吹着迎亲送女的曲子。(联合短语||连动短语)

(12)一年||三百六十五天。(量词短语||量词短语)

(13)历史上著名的美人妲己||当时大致就应这么打扮。(同位短语||偏短语正)

(14)衣服的发展||反映了当时的生产发展。(偏正短语||动宾短语)

(15)当年红军二方面军长征渡金沙江时总指挥贺龙写的一封信||已经在云南丽江纳西族自治县发现。(偏正短语||偏正短语)

28.(1)连动式。(2)兼语式。(3)兼语式。(4)兼语式。(5)连动式。

(6)既非连动式又非兼语式。(7)兼语连动交错式,先兼语后连动。

(8)兼语式。(9)连动兼语交错式,先连动后兼语。(10)既非连动式又非兼语式。

(11)连动式。(12)连动式。(13)连动兼语交错式,先连动后兼语。

(14)兼语式。(15)既非连动式又非兼语式。(16)连动兼语混合式。

(17)连动兼语混合式。(注意:连动兼语混合式与连动兼语交错式不同。所谓连动兼语交错式指句式中连动式和兼语式交错组合,有时先连动后兼语,有时先兼语后连动。所谓连动兼语混合式，指句式中混合了连动兼语两种格式的内容。)

(18)连动兼语交错式，先连动后兼语。(19)兼语连动混合式，先兼语后连动。

(20)多次兼语连用。

29.(1)邢本把"来"的这种用法当作准结构助词，胡本当作连动式。

(2)不是连动式，"去"趋向作补语。

(3)不是连动式，"去"作准结构助词。

(4)不是连动式，"来"是准时态助词。

(5)"来"作趋向补语。

(6)连动式。

(7)连动式。

30.(1)因为"把"字句中，介词"把"的作用是把动词支配的对象提到动词的前面，以强调动作的结果，所以"把"字句中的动词应该是能带受事宾语的，这个动词在意念上须管得着"把"后面的词语。在本句中，"遇到"是非动作性及物动词，不能用在该句式的谓语部分。

(2)"麻痹"有自己的宾语，管不着"酒"。宜将"把"改为"用"。

(3)"把"字后面的词语跟相关动词应该尽量地靠近，尤其不宜用否定副词或助动词把它们隔开。因此，应该把否定副词"没"放在"把"字短语前面。

(4)本句中，"应该"是助动词，不能放在"把"字短语和相关的动词中间，可以放在"把"字短语的前面。

(5)"把"字句中，动词的前后通常总有一些别的词语，要么是一个动词短语，要么带上"了"，要么是动词的重叠形式等，总之，不能只用一个动词。本句中，"把"字短语后面的动词"数"是一个单音动词，这种用法只有在特殊的场合，比如唱词里，才会出现。因此，这句里"把"字短语后的动词可以改为"数了数"。

(6)"考虑"应该改为"考虑一下"，道理同(5)。

(7)这个句子是"把"字句的另一种句式，即"把甲当作(当、作为、说成、看作……)乙"。这种句式要求"把"字后面的词语(甲)与"当作"之类的后面的词语(乙)意思上属于同一性质，同一范畴。在本句中，"文化交流……当作……机会"搭配不拢。宜把"机会"改为"桥梁"。

(8)把"不能"放在"把"字短语的前面。原因在(3)中已经讲明。

(9)"涉及"是一个非动作性及物动词，不能进入"把"字句的谓语部分，道理同(1)。可以不用"把"字句来表述，改为"这篇文章涉及的这个问题引起了……"。

(10)"把"字短语后面的动词"挑"应该改为"挑起来""挑在肩上"。

(11)“感觉”是表示认知活动的动词不能进入该句式，只有动作性强的及物动词才有可能进入该句式。可改为“但我却能感觉到她那种母性的温柔”。

(12)“开发……当作……规律”搭配不拢,应改为“当作新的经济增长点”。

(13)“指导”已经有宾语,管不着“经验”。宜将“把”改为“用”。

(14)“洗刷”不能单独用,应该加上“干净”之类的补语。道理同(5)。

(15)“愿意”是助动词不能加在“把”字短语和动词之间,宜放在“把”字短语的前面。

31.(1)“被”字句是受事作主语的句子,所以不及物动词和非动作性的及物动词不能进入“被”字句。本句中“消亡”是一个不能带宾语的动词,所以在此不宜使用,应改为“取消”。

(2)“被”字滥用,应去掉。因为同无标受事主语句相比,“被”字所强调的被动关系,往往跟情况的不一般相联系:有时强调情况异乎寻常,有时强调情况不如人意。在表示一般性的述说时,不必用“被”字,用一般的受事主语句就行了,如果用了,反倒别扭了。

(3)助动词和表示否定的副词等只能用在“被”字短语之前,所以“但他被困难没有吓倒”应改为“但他没有被困难吓倒”。

(4)“当选”是不能带宾语的动词,不能用在“被”字句中,所以,或者保留“被”而去掉“当”,或者保留“当”而去掉“被”。

(5) 滥用“被”字,应去掉。道理同(2)中所讲。

(6)“被”字句中的动词跟“把”字句中的动词差不多,也要求不能只用单独一个动词,所以这句中的“赶”应该在后面加上“出去 ”。

(7)“陶醉”是一个不能带宾语的动词,不能用在“被”字句中,同(1)中所讲。后半句用主动句来表述“我深深地陶醉于这美景之中”。

(8)“不会”应该位于“被”字之前,如(3)中所讲。

(9)“被”字句强调被动性,所以在强调主动者的主动精神时用“把”字句。这句开始讲“警察看到那歹徒枪东西就追”是在强调“警察”的主动精神,因此,中间半句应改为“警察把歹徒逼进一条死胡同”。

(10)“不”放“被”前,如(3)中所讲。

(11)“被种上了各种蔬菜”的主语应是“我们”,“我们”和“种”之间只有施事关系,所以“种”前的“被”字应去掉。

(12)“遭受”这个词本身就有一个使主语接受什么的意思,再加上“被”字多余。

(13)“挨打”本身就是“被打”,再用上“被”多余,所以去掉它。

(14)“尽管”后的第一个分句是从“他”的角度说的,后一个分句也应从同一个角度来说才更顺畅,所以最后一个分句应改为“也不能理出个头绪来”。

(15)在"吸引"后加上"走了",如(6)中所讲。

32.(1)是。(2)是。(3)不是。(4)是。(5)是。(6)不是。

(7)不是。(这句是一个名词性谓语句,是一个描写句。中间没有一个表示存在、出现、消失意义的动词性词语,所以它不是存现句。)

(8)不是。(这是一个判断句)(9)是。(10)不是。(是一个描写句)(11)是。

(12)是。(13)不是。(是一个描写句)(14)不是。(15)不是。(这是一个判断句)

33.(1)中性宾语。(2)施事宾语。(3)施事宾语。(4)受事宾语。(5)中性宾语。(6)受事宾语。(7)中性宾语。(8)受事宾语。(9)受事宾语。(10)中性宾语。(11)中性宾语。(12)中性宾语。(13)中性宾语。(14)受事宾语。
(15)中性宾语。(16)中性宾语。(17)中性宾语。(18)受事宾语。(19)中性宾语。(20)施事宾语。

34.(1)这句中的两个动词和两个宾语混在一起说了,这样就搞不清楚哪个动词跟哪个宾语搭配,所以宜分开说,可以改为"我们校园里到处充满了昂扬的学习热情,呈现出一派刻苦钻研的景象"。

(2)这句错误同(1),最后半句应改为"揭示社会矛盾,反映现实生活"。

(3)"培养"是动词,后面应跟上名词性的宾语,"缺乏自主和创新精神"是非名词性的,所以应改为"培养成缺乏自主和创新精神的庸才"。

(4)"提倡"要求后面跟非名词性的宾语,所以应改为"提倡树立社会主义的荣辱观"。

(5)应改为"唤醒了我们的期望,鼓起了我们的勇气"。

(6)动词和宾语搭配不拢。只能说"打下了坚实的基础",不能说"打下了坚实的基础知识"。

(7)"留连"在这里是误用,应改为"留恋"。

(8)"缺损"指"破损"或者指"东西的不完全",这里需要的意义应该是"缺少、失去",所以改为"缺失"。

(9)"研究"这个词在后面跟非名词性宾语时必须伴随着疑问词,所以后半句可以改为"研究明天采取什么措施打赢日本队"。

(10)动宾搭配不拢,"停止"的不是"水上项目"而是"水上项目的比赛"。

(11)"讨论"这个词后面可以带名词性宾语,也可以带非名词性宾语,但是它带非名词性宾语时必须伴随着疑问词。所以,这句可以改为"工程师和施工工人一起讨论怎样提高工程质量"。

(12)"挂钩"不能带宾语,可以说成"我们学校与另外几个学校挂钩"。

(13)"渴望"这个词后面要求跟非名词性宾语,所以本句应该改为"我从小到大一直渴望得到一个出国旅游的机会"。

(14)"医治和保护"中的"医治"跟下面的"安全和健康"搭配不拢,应删去不要。

(15)"感到"后面的宾语是名词性的,但是这个词要求带非名词性的宾语,而此处跟的是一个名词性的宾语,可以改为"有采取一些强制措施的必要"。

35.判别双宾语可以从语义和结构两方面来进行。从语义上看,动词和双宾语之间存在"给予"一类的语义;从结构上看,前宾语和后宾语都能连着动语单说。

(1)有双宾语。(2)有双宾语。(3)有双宾语。(4)有双宾语。(5)有双宾语。(6)没有双宾语。(7)没有双宾语。(8)有双宾语。(9)有双宾语。(10)没有双宾语。

36."大家都称他小鲁班"和"大家都称他是小鲁班"这两个短语,前者"称"后面的宾语部分是双宾语,后者"称"后面的宾语部分不是双宾语。称呼动词有两种句法形式,一种形式如前一个短语,"他"和"小鲁班"之间隐含判断关系,如果这种隐含的判断关系显现化,则是另一种句法形式,即后面的那个短语。因此,后面的那个短语应算作兼语式,不能看作是动语带了双宾语。

37.(1)我现在已是(五个儿女的)父亲了。(领属定语)

(2)他们只用(一天)时间就到达了目的地。(数量定语)

(3)六月里,淀水涨满,有(无数的)船只运输(银白雪亮)的席子出口。(数量定语/性状定语)

(4)(白洋淀的)水面像(无边的)(跳荡的)水银。(时地定语/性状定语/行为定语)

(5)我劝你不要相信那些(没有根据的)说法。(断事定语)

(6)在创作中,我们要全面地贯彻("百花齐放,百家争鸣"的)方针。(涵义定语)

(7)(目前的)形势不容乐观。(时地定语)

(8)汽车在(弯曲的)山路上慢慢地爬行。(性状定语)

(9)(鹅毛)大雪纷纷扬扬。(断事定语)

(10)(热得难受的)气候令人窒息。(性状定语)

(11)(塘中的)月色并不均匀;但光与影有着(和谐的)旋律,如(梵婀玲上奏着的)名曲。(时地定语/性状定语/行为定语)

(12)我读到此处,在(晶莹的)泪光中,又看到那(肥胖的),(青布棉袍),(黑布马褂的)背影。(性状定语/性状定语/涵义定语/涵义定语)

(13)我和娘说,把(我前年在家穿的)(那身)棉袄裤给了她吧。(行为定语/指别定语)

(14)(一张)(小小的)脸,如(正开的)桃李花;脸上并没有笑,却隐隐地含着(春日的)光辉,像花房里充了蜜一般。(数量定语/性状定语/行为定语/时地定

语）

(15)刚一走进（他的）房间，就看到（水泥）地板上堆着（一摞一摞的）书。（领属定语/断事定语/数量定语）

38.(1)从居庸关到呼和浩特[大约]有一千多里的路程，火车[都][在这个广阔的高原上]奔驰。（幅度状语/幅度状语/时地状语）

(2)要写一篇报告，我们就必须用简单的、明确的语言，[不慌不忙]、[有条有理地]去写。（性态状语/性态状语）

(3)[昨儿晚上]，他[一宿][都][没]睡好，这腊月雪，[一层层]压满他心里。（时地状语/时地状语/幅度状语/否定状语/数量状语）

(4)[在回家的路上]，小伙子的眼睛[像七月的枣儿一样]红了圈。（时地状语/性态状语）

(5)[过铁道时]，他[先][将橘子]散放在地上，自己[慢慢]爬下，[再]抱起橘子走。（时地状语/幅度状语/关涉状语/性态状语/幅度状语）

(6)[至于纸花]，它的作用[和古壁画的粉本，印花布用的皮板片]，[反而]有些相通，[都][只是]完成某种艺术设计的稿子。（关涉状语/关涉状语/语气状语/幅度状语/幅度状语）

(7)[按照乡村爱美的习惯]，生色折枝花鸟，[实在][比挑花图案][更]符合多数人对于美的要求。（因由状语/语气状语/关涉状语/程度状语）

(8)大姐到久一点儿，[似乎]各样事情[都]熟悉，[第二天一早]引我去牛栏边看睡着比猫还小的白羊，牛栏里正歪起颈项在吃奶的牛儿。（语气状语/幅度状语/时地状语）

(9)我的心[猛然地]跳了一下，[像点着的焰火一样]，[从心灵深处]喷出了感激的漫天灿烂的火花。（性态状语/性态状语/时地状语）

(10)他们能[自由地][在铜胎上]粘成山水、花鸟、人物种种图画，[当然][也]能[按照美术家的设计图样]工作。（性态状语/时地状语/语气状语/幅度状语/因由状语）

(11)矮墙上[又][蓬蓬地]长着狗尾草。（幅度状语/性态状语）

(12)汉代的霍去病，[为了国家的生存和强盛]，[在戎马中]度过了一生。（关涉状语/时地状语）

(13)[在我们中国]，[自从1840年鸦片战争以来]，不少的先进人物[曾经]想使我们的国家变为独立富强的国家，使我们的社会变为一个理想的社会，但是[都][没有]成功。（时地状语/时地状语/幅度状语/幅度状语/否定状语）

(14)她[或许]听到了些什么，[脸色阴沉沉]地走了进来。（语气状语/性态状语）

(15)[对于他们的卖国行径]，人们[长期以来][不遗余力地]进行了鞭挞。

(关涉状语/时地状语/性态状语)

39.(1)名词。(2)动词。(3)形容词。(4)数词。(5)数量短语。(6)形容词。(7)名词。(8)形容词。(9)形容词。(10)名词。(11)形容词。(12)名词。(13)数量短语。(14)动词。(15)名词。(16)形容词。(17)名词。(18)动词。(19)名词。(20)名词。

40.(1)战士们眼睁睁看着一夜的心血,不过一顿饭的工夫,就被毁得〈干干净净〉,都气愤〈万分〉。(结果补语/程度补语)

(2)人们都知道自己生〈在何处〉,却不知道死〈在何方〉。(时地补语/时地补语)

(3)月亮升〈起来〉,院子里凉爽得〈很〉,干净得〈很〉。(趋向补语/程度补语/程度补语)

(4)女人的手指震动了〈一下〉,想是叫苇眉子划〈破〉了手。〈数量补语/结果补语〉

(5)眼下这事儿再耽搁〈不得〉了,得立刻解决。(可能补语)

(6)手榴弹把敌人那只大船击〈沉〉,一切都沉〈下去〉了,水面上只剩下一团烟硝火药气味。(结果补语/趋向补语)

(7)又要马儿不吃草,又要马儿走得〈好〉。(可能补语)

(8)屠户与其他买肉人,见到他这种神气,必笑个〈不止〉。(评判补语)

(9)他扫了〈一眼〉那个小孩,觉得在哪里见过似的。(数量补语)

(10)两个小伙子张罗着把对联贴到〈大门的两侧〉。(时地补语)

(11)这种病真折腾人,人折腾〈瘦〉了,家也折腾〈穷〉了。(结果补语/结果补语)

(12)她顺手从水里捞〈上〉一棵菱角来,菱角还很嫩很小,乳白色,顺手又丢〈到水里〉。(趋向补语/时地补语)

(13)这种蘑菇看〈得〉,吃〈不得〉。(可能补语/可能补语)

(14)山那边的情况我熟悉,还是我去好〈一点〉。(程度补语)

(15)翻〈过〉了山,天开始下雨,路坏〈透〉了。(趋向补语/程度补语)

41.(1)宾语。(2)补语。(3)宾语。(4)宾语。(5)补语。(6)宾语。(7)宾语。(8)"在北京"是补语,"逛颐和园"是宾语。(9)补语。(10)补语。

42."在……中(上、下)"这几个介词结构原来是用来表示方位、处所或时间的,如"在树上""在楼下""在一年中"。后来引申来表示条件、范围,例如:

(1)在比赛中,他们沉着、冷静,敢打敢拼,终于赢得了最后的胜利。

(2)在老师的帮助下,我们顺利地完成了这个实验。

(3)在这个问题上,我们一定要慎重。

这三个句子中的"在……中(上、下)"结构都是引申用法。

43.(1)风浪会随时把风浪中行船的人吞噬掉。

(2)这个村的树木被战火都烧尽了。

(3)几只云雀在蓝天上飞着。

(4)赭红色屋顶和鹅黄色屋顶在万绿丛中闪耀着。

(5)孩子们的衣服曾经用这根绳子晾过。

(6)鸟儿们唧唧喳喳的啼叫声在窗外响起了。

(7)刚才进去的那个人你认识?

(8)诚实和忠厚的分量谁都能估价出。

(9)姑娘们熬红了眼睛。

(10)这个故事我没有听到过。

44.(1)a.他写的字好。

b.他的字能写好。

(2)a.这些事情他们能考虑安排。

b.安排这些事情他们能考虑。

(3)a.他把字写在火车上。

b.他坐在火车里面写字。

(4)a.对面山上正在架炮。

b.对面山上已经架好了炮。

(5)a.她是去年出生的小孩。

b.她在去年生了小孩。

45.(1)a 句说法不对,缺少主语。

(2)b 句说法有问题。因为"在……中"这样的介词结构中不能插入主谓结构,介词"在"后应当跟上名词性词语,而 a 句中,"在"后的短语是名词性的,所以 a 句是正确的。

(3)b 句说法不对。"树立"是动词,它后面的宾语应当是名词性的,但这里跟的是非名词性的短语"依靠科学技术",所以在"依靠科学技术"后面加上"的思想"就对了。

(4)a 句不对。作主语的应当是名词性词语,但 a 句中处于主语位置上的短语"担任艰苦的工作"是非名词性的,因此去掉"担任",使它成为一个名词性的短语。

46.(1)"将要"表示将来的时间,"了"是时态助词表示动作的已经完成,二者矛盾,把"了"删掉。

(2)这句主语位置上的"树立远大理想"是一个动词性短语,不能作主语,可改为"如何树立远大理想的问题"。

(3)现在妇女头上的装饰品怎么可能是明代妇女的装束呢?只能说是明代

妇女装束的遗迹,因此宜在句末加“的遗迹”,这种错误属于主语和宾语意义上的不能搭配。

(4)“少许”表示数量少,同中心词“沉思”不能搭配,因为“沉思”只有时间的长短,而无数量的多少,应改为“片刻”。

(5)主语和谓语搭配不当,“代表“不是一个集体或集合,不能说由什么组成,所以宜改为“参加这次大会的代表都是各条战线上的先进工作者”。

(6)这一句的错误在于主语和宾语在意义上的搭配不当,“抗洪八勇士”不会是“谱写的凯歌”,宜改为“‘抗洪八勇士’的事迹就是以这种英雄气概谱写的一曲凯歌”。

(7)“建立”是动语,后面的宾语是“一系列工作”,动宾搭配不当,可以说“进行一系列工作”,因此后面半句可以改为“我校要进行建立新的规章制度的一系列工作”。

(8)这一句的错误是主语和宾语在意义上的搭配不当,“劳动”不能等同于“一天”,可以改为“这次在工厂劳动的最后一天”。

(9)“振奋人们”讲不通,属动宾搭配不当,这句可改为“这件事激起了人们夺取更大胜利的决心”。

(10)“宣传”在意义上不能和“不要饲养鸡鸭”搭配,而“动员”可以,因此,将“宣传”删去。

47.(1)这一句的主语部分被一个动词性的短语“经过一百万年”所占据,这样使得本句少主语,可把“经过”删掉,改为“一百万年只是一个很短暂的时间”。

(2)这一句中的“机械化、电气化、自动化”是“像”的宾语,而不是谓语中心词“提出”的宾语,所以这句属于宾语残缺,可改为“他们不会提出像我们今天所说的机械化、电气化、自动化等计划来”,这样以来,“计划”就做了“提出”的宾语。

(3)这一句的最后一个分句中的谓语部分中“中暑”是动词,可作谓语,又用了动词“发生”,造成成分多余,应删去。

(4)“记载”后的宾语缺中心语,应该在“……文化生活等方面”的后面加上“的概况”。

(5)宾语中心语“的文字”多余,应删去。

(6)定语多余。“宽广无边”和“无垠”重复使用,应删去“宽广无边”。

(7)“在极短时间内”和“敏捷地”意思一样,因此“在极短时间内”和“敏捷地”用在一起共同修饰“发现”,造成了重复,应删去其中的一个。

(8)本句少定语。这里是在讲很难想象造成的灾难的程度,所以“灾难”前少了定语,应该加上“什么”来作定语。

(9)“在……中”这样的介词结构,中间应该用具有名词性质的词语,在这里“向自然作斗争”具有动词性质,后边少了一个中心语,所以,其后应加上“的过程”或“的总体战”。这样,这个短语说成是“在这次抗洪救灾向自然作斗争的过程中”,或是说成“在这次抗洪救灾向自然作斗争的总体战中”就正确了。

(10)本句的主语应是一个主谓短语,可是这个主谓短语却缺少谓语中心应在介词短语“在《雷雨》中”之后加上“塑造”二字。

48.(1)“已经本能地在生活中使用石块、木棒等天然工具”,这种表述有问题,属于状语语序颠倒。“本能地”是修饰“使用”的,所以应它放在“在生活中”的后面,“使用”的前面。

(2)这一句的定语和中心语的位置颠倒。从下文知,人眼可以对比的是其自身周围的景物,而不是“景物的周围”,可以改为“人眼还可以对比周围的景物”。

(3)本句第二分句缺少谓语动词,应该在“更高的”前面加上“具有”。

(4)本句把定语错放在了状语的位置上。应该是“土地代表着上天不可思议的赏赐”,而不是“不可思议地代表着上天的赏赐”。

(5)这句属于句式杂糅。应该分为两句说:前一句是一个存现句,后一句是一个普通的主谓句:“刚到早春时节,河边的柳树已长出嫩嫩的枝条,它们在春风的吹拂下翩翩起舞。”

(6)“使观众感到这个舞蹈的内涵博大精深,意蕴深远”是一个承前省略了主语的兼语短语作谓语,如果把主语补出,则是“观众使观众感到这个舞蹈的内涵博大精深,意蕴深远”,显然“使观众”是谓语的多余成分,应该删去。

(7)本句的毛病属于多层状语语序不当。谓语前面有两个状语,表对象的状语“把国民经济”应该放在表工具、方式的状语“用先进的科学技术”后面。

(8) 这个句子是两种句式杂糅。应改成“这次通俗歌曲大奖赛设在刚建成的金碧辉煌的演播大厅里”,或者改成“这次通俗歌曲大奖赛在刚建成的金碧辉煌的演播大厅里举行”。

(9)“充分”是程度状语,应该移到表对象的状语“把他们的积极性”的后面。

(10)这一句的毛病在于多层定语语序不当。“各族人民之间”的“阶级利益”是共同的,而不是“共同的各族人民之间的阶级利益”,所以应把“共同的”放在“阶级利益”的前面。

49.(1)单句。(2)复句。(3)复句。(4)单句。(5)复句。(6)单句。(7)复句。(8)复句。(9)单句。(10)复句。(11)复句。(12)单句。(13)复句。(14)单句。(15)复句。(16)单句。(17)复句。(18)复句。(19)单句。(20)单句。

50.(1)这一句中的“无论”连接的不是句子,其作用是从范围上来强调主语。

(2)这一句中的“无论”连接的是一个分句,表示一种无条件让步。

(3)“并且”在这里连接的不是分句,而是两个助动词。“而且”既可以连接词语又可以连接句子。

(4)“并且”在这一句中连接的是分句,表示一种递进关系。

(5)“只有”在这一句中不是连接的分句,用在主语前起强调作用。

(6)“只有”在这里连接的是一个分句,表示一种必要条件。

51.(1)并列复句。(2)紧缩复句。(3)单句。(4)紧缩复句。(5)条件复句。(6)紧缩复句。(7)单句。(8)紧缩复句。(9)单句。(10)紧缩复句。

52.(1)因为“校方还没有商量好”,所以前面含有疑问的语气,因此,连接前面两个分句的关系词应改为“是……还是……”。

(2)“只有……才……”表示的是必要条件,“只要……就……”表示的是充足条件。这个复句,要么用必要条件,要么用充足条件,因此,可以说“只要我们的同志尊重群众,群众就会尊重我们”;也可以说“只有我们的同志尊重群众,群众才会尊重我们”。

(3)“迎着困难上”应是在强面分句的意义上,有所递进,所以应该把“而是”换为“而且”。

(4)前后根据的主语不同,“不但”应该放在句首。

(5)使用“一方面……另一方面”要注意:前后分句若主语相同,“一方面……另一方面”的位置相对自由;若前后分句主语不同,应该出现在主语的前面。本句前后两分句主语不同,所以可以改为“一方面学习要严格要求,另一方面生活要处处关心”。

(6)“不是……而是……”出现的位置:主语相同时,一般放在主语后,主语不同时,一般放在主语前。所以,这句应该这样说:“我不是想要什么,而是想看一看。”

(7)关系词语的配合成对使用有一定的搭配习惯,“无论”常和“都”搭配,而且“无论……都……”这对常配合使用的关系词语,如果出现前项,后项一般要出现,如果出现后项,前项则不一定非得出现。所以原句可以说成“无论我们走到什么国度,都不会忘记 我们伟大的祖国”;或者说成“我们走到什么国度,都不会忘记 我们伟大的祖国”。

(8)“纵然”后面应与“也”搭配使用。

(9)前分句与后分句主语一致,前一个“或者”应该放在“你”的后面。

(10)“即使……也……”表示的是一种虚拟性让步句,这个复句是说一种事实,所以应该用表示对事实让步的“虽然……但是……”来连接这两个分句。

53.“也”“就”“才”“却”在句子中可以起关联作用,也可以起单纯的修饰作用。连词则没有修饰作用。因此这些词不能归入连词。

54.(1)有一些人怀念他们的过去,(一)转折||但是过去的东西是永远不会再来了,(二)因果|因此他们感到将来的渺茫,(三)并列||从不把希望寄托在将来。(四)

(2)有些人背上虽然没有包袱,(一)并列|||有联系群众的长处,(二)转折||但

是不善于思索，(三)并列|||不愿意用脑筋多思苦想，(四)因果|结果仍然做不成大事。(五)

(3)他们虽然有着各种各样改造自然、改进人民生活的理想，(一)转折|但是由于那时的自然科学水平还很低，(二)因果||无论如何，他们不会提出像我们今天所说的电气化、机械化、自动化等计划来。(三)

(4)如果他们还健康地活着，(一)让步|||尽管报纸上不会这样大量地表扬他们，(二)转折||但是他们却能够为祖国和人民做出更多更大的贡献，(三)假设|这是毫无疑问的。(四)

(5)这故事倒颇有效，(一)解注|男人听到这里，(二)连贯||往往敛起笑容，(三)连贯|||没趣地走了开去；(四)并列||女人们却不独宽恕了她似的，(五)递进|||立刻改换了鄙薄的神气，(六)并列||||还要陪出许多眼泪来。(七)

(6)尽管古代的一些作家，并不完全是唯物主义者，(一)转折|但是他们既然是现实主义者，(二)因果|||他们思想中就不能不具有唯物主义的成分，(三)因果||因而他们能够从艺术描写中反映出一定的客观真理。(四)

(7)她久已不和人们交口，(一)因果||因为阿毛的故事是早被大家厌弃了的；(二)转折|但自从和柳妈谈了天，(三)并列|||似乎又即传扬开去，(四)因果||许多人都发生了新趣味，(五)并列|||又来逗她说话了。(六)

(8)如果把自己看作群众的主人，(一)并列||看作高踞于"下等人"头上的贵族，(二)假设|那么，不管他们有多大的才能，(三)让步||也是群众所不需要的，(四)并列|||他们的工作是没有前途的。(五)

(9)因为这种幼稚的、低级的、庸俗的、不用脑筋的形式主义的方法，在我们党内很流行，(一)因果|所以必须揭破它，(二)条件||才能使大家学会应用马克思主义的方法去观察问题、提出问题、分析问题和解决问题，(三)并列|||我们所办的事才能办好，(四)并列|||我们的革命事业才能胜利。(五)

(10)在内蒙人民的心中，王昭君已经不是一个人物，(一)并列||而是一个象征，一个民族友好的象征；(二)并列|昭君墓也不是一个坟墓，(三)并列||而是一座民族友好的历史纪念塔。(四)

(11)我想这就和挑西瓜一样：(一)解注|有的看着好，(二)转折|||可里边是生的；(三)并列||有的看样子很生，(四)转折|||可里边却很甜。(五)

(12)掌柜是一副凶脸孔，(一)并列|||主顾也没有好声气，(二)因果||教人活泼不得；(三)并列|只有孔乙己到店，(四)条件|||才可以笑几声，(五)因果||所以至今还记得。(六)

(13)即使人们疑心，(一)让步|也只能怀疑他是新到城里来的乡下佬儿，(二)并列|||大概不认识路，(三)因果||所以讲不出价钱来。(四)

(14)他虽然没有很用力，(一)转折|可是因为铁烧得过了火，(二)因果||火星溅

得特别多。(三)

(15)虽然我把主要精力用于数学,(一)转折|但我并没有放弃古诗文的学习,(二)并列|||时常写点诗,(三)因果||既丰富业余生活,(四)并列|||又练了自己的文笔,(五)递进||||对写论文也有很大帮助。(六)

(16)只有四婶,因为后来雇佣的女工,大抵非懒即馋,(一)并列|||或者馋而且懒,(二)因果||左右不如意,(三)因果|所以还提起祥林嫂。(四)

(17)我们无论认识什么事物,(一)让步||都必须全面地去看,(二)并列|||不但要看到它的正面,(三)递进||||而且要看到它的反面,(四)假转|否则,就不能有比较完全的和正确的认识。(五)

(18)成绩能够鼓励人,(一)并列||同时会使人骄傲;(二)并列|错误使人倒霉,(三)并列||||使人着急,(四)因果|||是个敌人,(五)并列||同时也是我们很好的教员。(六)

(19)不管你学习和研究什么东西,(一)让步|只要专心致志,(二)并列|||痛下功夫,(三)并列|||坚持不断地努力,(四)条件||就一定会有收获。(五)

(20)在周副主席的号召和影响下,整个村子的部队都搓米:(一)解注|有瓦片对瓦片搓的;(二)并列||有石头对石头搓的;(三)并列||有的干脆就用手搓,(四)连贯||||手上磨出了血泡,(五)转折|||但仍然愉快地搓。(六)

55.(1)“不管”连接的分句具有无条件让步性,这类句子中要有“谁、什么、多么”等疑问代词表示任指,这时隐含着选择性,或者含有“A 还是 B”的形式表示可供选择。“不管……生活条件再不好”不合乎这个要求。应该改为“在那些艰难的日子里,不管他的身体有多差,生活条件有多不好,精神压力有多大,他都坚持创作”。

(2)“尽管”连接的分句后面不跟含有“怎样”之类的疑问词,所以这句可以说“不管国外给了他怎样优厚的条件,他还是坚决地回到了祖国的怀抱”,或者说“尽管国外给了他许多优厚的条件,他还是坚决地回到了祖国的怀抱”。

(3) 前分句应该是表目的的,表目的要用“为了”,不用“因为”。

(4)前分句是表示原因的,表原因用“因为”,不用“为了”。

(5)前分句用“如果”来连接,表示的是一种假设,后面连着的两个分句中的谓语动词后都用了表示动作已经完成的世态助词“了”,前后矛盾,可以将“如果”改为“因为”。

(6)前两分句不是后面分句的原因,是转折关系,所以改为“他没受到多少教育,也不擅言辞,但是很能干,还不时得到大家的好评”。

(7)前面分句与后面的分句之间不是转折关系,“但”是多余的,把它删掉。

(8)关联词语“却”错用了,两分句之间是并列关系,不是转折关系,应删去“虽然”“却也”。

(9)错用关联词。第二分句与第三分句之间是充足条件关系，应将“只有……才……”改为“只要……就……”；全句第一层应为无条件让步关系，而不是假设关系，应将“如果”改为“无论”。

(10)人们只有解放思想，努力学习，就可以掌握科学技术知识，并且有可能成为科学家。关联词语搭配不当。应将“只有”改为“只要”，或将“就”改为“才”。

56.(1)阴山以南的沃野不仅是游牧民族的苑囿，也是他们进入中原地区的跳板。(一)解注||只要占领了这个沃野，他们就可以强渡黄河，进入汾河或黄河河谷。(二)并列|||如果他们失去了这个沃野，就失去了生存的依据，史载“匈奴失阴山之后，过之未尝不哭也”，就是这个原因。(三)并列|另一方面，汉族如果要排除从西北方面袭来的游牧民族的威胁，也必须守住阴山的峪口，否则这些骑马的民族就会越过鄂尔多斯沙漠，进入汉族居住区的心脏地带。(四)

(2)从开始有人类社会以来，没有哪一个社会能与共产主义社会相比。(一)并列||什么理想也不能同共产主义这一更崇高更伟大的理想相比。(二)因果|我希望每一个同学都要有这个崇高的理想，把自己最好的年华贡献给这个崇高的伟大的共产主义事业。(三)

(3)只要是本着搞好社会主义事业的精神，我们应该允许大家自由地议论。(一)解注|报纸应该大量刊登我们工作中的成绩，这是肯定的，因为不如此，就不能真实地反映我们的时代。(二)转折|||但是，报纸也应该用一定的篇幅刊登我们工作中的缺点和错误，尽管这是一个指头的问题，也应该刊登。(三)因果||因为只有这样，才能全面地真实地反映我们的时代，更好地推动我们的工作。(四)

(4)“满招损，谦受益”，这句格言流传到今天至少有两千多年了。(一)解注||这是普遍真理，任何地区、时代都适用的真理。(二)转折|但是，可惜得很，并不是所有的人都能从这句话受到教益。(三)

(5)我在十八日早晨，才知道上午有群众向执政府请愿的事；下午便得到噩耗，说卫队居然开枪，死伤至数百人，而刘和珍君即在遇害者之列。(一)转折|但我对于这些传说，竟至于颇为怀疑。(二)因果||我向来是不惮以最坏的恶意，来推测中国人的，然而我还不料，也不信竟会下劣凶残到这地步。(三)递进|||况且始终微笑着的刘和珍君，更何至于无端在府门前喋血呢？(四)

(6)忽然间，一个最聪明的双喜大悟似的提议了，他说，“大船？八叔的航船不是回来了吗？”(一)并列|||十几个别的少年也大悟，立刻撺掇起来，说可以坐了这航船和我同去。(二)并列||我高兴了。(三)转折|然而外祖母又怕都是孩子们，不可靠；母亲又说是若叫大人一同去，他们白天全有工作，要他熬夜，是不合情理的(四)。

(7)另一方面，我们从事实际工作的同志，如果误用了他们的经验，也是要出毛病的。(一)转折|不错，这样的人往往经验很多，这是很可宝贵的；但是如果他们

就以自己的经验为满足,那也很危险。(二)解注||他们须知自己的知识是偏于感性的局部的,缺乏理性的知识和普遍的知识,就是说,缺乏理论,他们的知识也是比较地不完全。(三)转折|||而要把革命事业做好,没有比较完全的知识是不行的。(四)

(8)说是菜园,其实是果园。(一)解注|那园里桃树杏树很多,还有海棠。(二)解注||每年春二三月,粉红的桃杏花开罢,不久就开绿叶衬托的艳丽的海棠花,很热闹。(三)并列|||果实成熟的时候,杏是水杏,桃是毛桃,海棠是垂垂联珠,又是一番繁盛景象。

(9)事实上,辞章问题虽然是个形式问题,却不只是单纯的技巧,而是同作者的思想作风有密切关系的。(一)解注||语言的丰富多彩,往往就是思想的丰富多彩的反映。(二)转折||||一个思想僵化、粗枝大叶的人,很难写出生动活泼、严密周到的文章来。(三)因果|||因此,不从训练自己的思想着手来加强辞章修养,将很难有大的效果。(四)并列|反过来说,如果我们在写文章的时候总是严格地要求自己,尽最大的努力使文章形式作到准确而优美,那也会有助于我们的头脑日趋精密和活泼。(五)

(10)语言,也就是说话,好象是极其稀松平常的事儿。(一)转折||可是仔细想想,实在是一件了不起的大事。(二)因果|正是因为说话跟吃饭、走路一样的平常,人们才不去想它究竟是怎么回事儿。(三)转折|||其实这三件事儿都是极不平常的,都是使人类不同于别的动物的特征。(四)解注||别的动物都吃生的,只有人类会烧熟了吃。(五)并列|||别的动物走路都是让身体跟地面平行,有几条腿使几条腿,只有人类直起身子来用两条腿走路,把上肢解放出来干别的、更重要的活儿。(六)并列|||同样,别的动物的嘴只会吃东西,人类的嘴除了吃东西还会说话。(七)

57.(1)为什么会发生这样奇怪的事情?除了因为这群贵族是在亡命途中,不得不压抑着威风以外,还有一个原因是:在他们心目中,土地代表着上天不可思议的赏赐,代表了财富和权力!他们知道,只要掌握了土地的所有权,就可以永无休止地榨取农民的血汗。

(2)种菜是细致活儿,“种菜如绣花”;认真干起来也很累人,就劳动量说,“一亩园十亩田”。但是种菜是极有乐趣的事情。种菜的乐趣不只是在吃菜的时候,象苏东坡在《菜羹赋》里所说的:“汲幽泉以揉濯,持露叶与琼枝。”

(3)毛主席在一九四一年五月所作的《改造我们的学习》的报告中,对于实事求是是做了最确切的解释:“事实就是客观存在着的一切事物,‘是’就是客观事物的内部联系,即规律性,‘求’就是我们去研究。”这里所说的实事求是,不但是我们大家公认为最好的学习态度,而且也是我们做好一切工作所必须的正确态度。

(4)的确，即使在战争年月，生活中仍然是有美的图景的。这就在于你是否能发现，是否能象这样给予艺术的表现？

(5)这种个人主义的表现就是：某些人在解决各种具体问题的时候，常把个人利益摆在前面，而把党的利益摆在后面；或者他对于个人总是患得患失，计较个人利益；或者假公营私，借着党的工作去达到他个人的某种目的；或者借口原则问题、借口党的利益，用这些大帽子去打击报复他私人所怀恨的同志。讲到待遇、享受和其他个人生活问题，他总企图要超过别人，和待遇最高的人比较，"孜孜以求之"，并且以此夸耀于人。

58.(1)将句中的冒号改为逗号。因为前后两个引号中的文字是一句话，这里的冒号只有提示下文的作用，它不能统领前一引号里的"好了，别说了"。

(2)《文学和出汗》以及《中国人失去自信心了吗》两个并列篇名之间要用顿号。后引号和点号连用的时候，如果引文是完整地照录别人的话，引文末尾的点号就放在后引号之前。如果是作为引用者文句的一部分，点号就放在后引号之后。本句引用的是一部分文句，所以逗号应该放在后引号的后面。

(3) 第一个句号应该放在第一个后引号的前面。最后的句号也应该放在最后一个后引号之前。

(4)报刊专栏名不应该用书名号，应将书名号给为引号；"什么是学习障碍"是文章篇名，应将引号改为书名号。

(5)"朝阳""松柏"和"山峰"是并列列举的名词，它们之间应该用顿号。同样的道理，"白杨""灯火""列车"和"日历"之间也应该用顿号。

(6)"水平"之后的顿号应改为逗号，虽然它处在宾语内部，却相当于分句之间的停顿。

(7)应将问号改为逗号，因为前句不是疑问句。

(8) 这是一个条件关系的复句，用"只有……才能……才能"关联，所以本句中的第一个句号应该改为逗号。文章中不该用句号的地方用了句号，会使句子层次不清，表意不明。

(9)冒号改为破折号。因为破折号在这里能起到结实说明的作用，而冒号是表示提示性话语后或总括语前的停顿。

(10)在句子中表示列举的时候，几个并列列举项之间都要用顿号。但是，如果用了连词"和"的地方，就不能在"和"的前面再用顿号了。

四 真题精粹

(一)填空题

1.汉语表示语法意义手段主要是通过虚词和(　　)方式。(2019 年，北京大学)

2."要""肯""应该""敢"这一类词应属于(　　)词。(2020 年，北京大学)

3.代词可以分为人称代词、指示代词和(　　)三种。(2016年,北京大学)
4.语法研究主要包含句法、语义和(　　)三个层面。(2021年,北京大学)
5.“热腾腾”“冷飕飕”这一类词都属于(　　)形容词。(2016年,北京大学)
6.句子成分中的独立语按其表意作用大概可以分为称呼语、(　　)、感叹语、拟声语四种类型。(2021年,北京大学)
7.汉语的虚词可以分为介词、连词、助词和(　　)。(2022年,北京大学)
8.从意义和作用划分,词可以分为(　　)和(　　)两类。(2016年,北京师范大学)
9.英语中用数词修饰名词,汉语中数词加名词,中间常加入(　　)来修饰名词。(2022年,北京语言大学)
10.名词的特性有性、数、格,(　　)、体、态是动词的特性。(2016年,北京语言大学)
11.“我们在开会”中的“在”是(　　)词。(2019年,北京语言大学)
12.祈使、陈述、感叹、疑问是按(　　)划分出来的句类。(2016年,北京语言大学)
13.“中性、慢性、大型”都属于实词中的(　　)词。(2017年,中国人民大学)
14.(　　)是最大的语法单位。(2016年,对外经济贸易大学)
15.(　　)表示动作行为进行的各种阶段和状态。(2021年,对外经济贸易大学)
16.疑问代词有(　　)和虚指两种引用法,不表示疑问。(2016年,山东大学)
17.“吃了吗,你?”这类句子叫作倒装句,属于(　　)句中的一种。(2023年,山东大学)
18.双宾句中动词带两个宾语,指物的宾语叫远宾语,又叫(　　)。(2018年,山东大学)
19.疑问句分为是非问、(　　)、正反问和选择问。(2016年,复旦大学)
20.汉语名量词分(　　)名量词和(　　)名量词。(2018年,上海外国语大学)
21.“我吃了饭了”第一个“了”是(　　)词,第二个“了”是(　　)词。(2022年,上海外国语大学)
22.从结构上看,“国家主席习近平”是(　　)短语。(2016年,上海外国语大学)
23.关联词“而且”用于(　　)关系的复句。(2020年,上海外国语大学)
24.关联词“况且”用于(　　)关系的复句。(2020年,上海外国语大学)
25.“谁都不能违反校规”中的“谁”是代词的(　　)用法。(2016年,上海外国语大学)
26.从谓语的构成角度出发,“咱们俩谁也别忘了谁”是(　　)句。(2016年,厦门大学)
27.“和平统一”的短语构造方式是(　　)。(2023年,厦门大学)

28.“倒杯茶喝”的短语构造方式是（　　）。（2016 年，厦门大学）

29.“好像在哪儿见过这个人”中，疑问代词“哪儿”表示（　　）。（2024 年，厦门大学）

30.“事实总是事实，不管你信不信。”是（　　）关系的复句。（2016 年，厦门大学）

31.“他又去学校了。”在这个句子中，不能够单说，但可以单独做句子成分的是（　　）。（2015 年，中山大学）

32.“很有生气”与“很生气”中的“生气”是（　　）词。（2021 年，中山大学）

33.（　　）的变化对语法结构和语法意义都有影响，比如“人来了”和“来人了”结构和意义都不同。（2015 年，首都师范大学）

34.连词“跟、同、和、与”表示（　　）关系。（2019 年，北京师范大学）

35.“一致”和“一概”在词性上的区别是：一致是（　　）词，一概是（　　）词。（2015 年，北京师范大学）

36.“有一回天都已经黑透了，他才走。”这个句子的补语属于（　　）补语。（2023 年，北京师范大学）

37.从句类的角度分，“咱们快走吧”是（　　）句。（2023 年，北京师范大学）

38.“逍遥法外”的结构类型是（　　）。（2021 年，北京大学）

39.“纵然山有虎，也向虎山行。”是（　　）复句。（2015 年，北京大学）

40.汉语量词可以分为（　　）、（　　）、（　　）三类。（2019 年，北京大学）

41.汉语单句的句类包括四种类型：（　　）、（　　）、（　　）、（　　）。（2015 年，北京大学）

42.“吓得一身冷汗”中的“一身冷汗”属于（　　）补语。（2020 年，中国人民大学）

43.语法研究包括（　　）、句法、语用三个维度。（2019 年，复旦大学）

44.“男、女、单、双”这类词，可以做定语，不能做谓语，我们称之为“非谓形容词”，也叫（　　）。（2015 年，复旦大学）

45.“着”用在动词后表示（　　）或（　　）。（2021 年，暨南大学）

46.从语法结构关系上讲，“吃面条”和“吃食堂”都是（　　）结构，但从语义结构关系上讲，它们分别是（　　）和（　　）。（2015 年，暨南大学）

47.“我哪儿知道你去哪儿了”其中两个“哪儿”的区别在于（　　）。（2019 年，华东师范大学）

48.从复句的类型看，“他想说却没说”是（　　）。（2019 年，华东师范大学）

49.“另外”在复句中表示（　　）关系。（2019 年，中南大学）

50.按照动词的意义并参照语法功能，“出现”是一个（　　）动词，“讨厌”是一个（　　）动词。（2023 年，华东师范大学）

51.“他把小张训得目瞪口呆”中“目瞪口呆”的语义指向是（　　）。（2018 年，华东师范大学）

52.“省得”在复句中表示(　　)关系。(2024年,广东外语外贸大学)

53.“一A就B”是(　　)关系的复句。(2019年,广东外语外贸大学)

54.大多数“被”字句中,“被”引出的是(　　)。(2021年,广东外语外贸大学)

55.“他高兴得跳了起来”其中“高兴”是(　　)语。(2021年,暨南大学)

56.从词类角度看,“她老是想着家里”中的“是”属于(　　)。(2018年,厦门大学)

57.从短语的结构关系看,“使我很为难”是(　　)兼语。(2013年,厦门大学)

58.从代词的引申用法看,“他哪儿都不想去”中的“哪儿”表示(　　)。(2013年,厦门大学)

59.从谓语的构成看,“这件衣服是新买的”是(　　)句。(2023年,厦门大学)

60.从疑问形式看,“刚刚说的,怎么会忘记呢?”是(　　)句。(2019年,厦门大学)

61.“宁可A也不B”是(　　)关系的复句。(2013年,厦门大学)

62.“除非各方面都有合作的愿望,否则不能达成协议。”是(　　)关系的复句。(2013年,首都师范大学)

63.汉语词根据语法功能分成两大类,其中副词可以归入(　　)这一大类。(2020年,首都师范大学)

64.时间名词同时间副词的主要区别在于前者可以作主宾语,后者一般只能作(　　)。(2019年,首都师范大学)

65.句型是根据句法结构划分出来的句子类型,而句类则是根据(　　)划分的句子类型。(2013年,首都师范大学)

66.汉语的语序和(　　)是表达语法意义的主要手段。(2021年,中山大学)

67.代词可以分为人称代词、疑问代词和(　　)三类。(2021年,中山大学)

68.谓词性短语通常以动词或(　　)为中心语。(2013年,中山大学)

69.从句式角度分析,“昨天教室里来了两位留学生”是(　　)。(2018年,中山大学)

70.“他马上站起来”中“起来”表示动作的(　　)。(2013年,中山大学)

71.按照分句间的关系,复句可以分为(　　)和偏正复句两大类。(2019年,中山大学)

72.“被”字句是(　　)作主语,用介词“被”引进施事的句式。(2017年,中山大学)

73.“即使我们的工作取得了很大的成绩,也没有半点可以骄傲的理由。”这是一个表示(　　)关系的复句。(2013年,中山大学)

74.副词在句子中的语法特点是经常充当(　　)。(2023年,河北大学)

75.“进攻方法”是(　　)词组。(2021年,河北大学)

76.主要用在其他动词或形容词后作补语的动词是(　　)。(2021年,河北大学)

77."关心的是他母亲"产生歧义的原因是(　　)。(2021年,河北大学)

78.用一个词或非主谓短语构成的句子叫(　　)句。(2021年,河北大学)

79.根据句子的语气不同划分的类型叫(　　)。(2021年,河北大学)

80.经常具备两类或几类词的主要语法功能的词叫(　　)。(2021年,河北大学)

81."场内禁止吸烟,以免影响光线。"是(　　)关系复句。(2021年,河北大学)

82.短语的(　　)类就是根据它进入更大的短语里担任职务的能力划分出来的类。(2022年,安徽师范大学)

83.分句在结构上跟单句相同,但没有完整而独立的(　　)。(2022年,安徽师范大学)

84.复句中分句之间的关系可以用关联词语来表示,这种方法叫(　　)法。(2019年,安徽师范大学)

85."我吃食堂"从语义关系看,其中"食堂"是"吃"的(　　)。(2018年,安徽师范大学)

(二)选择题

1."什么?"从语法单位的角度来说属于(　　)。(2016年,北京大学)

A.语素　　B.词　　C.短语　　D.句子

2."抽烟有害"从结构上属于(　　)。(2023年,北京大学)

A.主谓短语　　B.状中短语　　C.短语　　D.句子

3."没有人打电话来。"属于(　　)。(2016年,北京大学)

A.存现句　　B.双宾语句　　C.兼语句　　D.连谓句

4."在中国市场,机遇与挑战并存。"这句话中的"并"属于(　　)。(2021年,北京大学)

A.动词　　B.连词　　C.副词　　D.介词

5."他趁我不注意,狠狠地打了我一巴掌。"这句话中的"一巴掌"属于(　　)。(2022年,北京大学)

A.谓语　　B.宾语　　C.状语　　D.补语

6."考虑到他的身体状况,领导让他在家休息。"这句话中的主语是(　　)。(2016年,北京大学)

A.他　　B.他的身体状况　　C.领导　　D.没有主语

7."瞧了一瞧"中的"瞧"属于(　　)。(2016年,北京大学)

A.名词　　B.动词　　C.量词　　D.形容词

8.下列词语中,与"万能"词性一致的是(　　)。(2023年,北京大学)

A.微弱　　B.充足　　C.无限　　D.庞大

9.下列词语中,与"痛苦"中的"痛"语义一致的是(　　)。(2016年,北京大学)

A.痛斥 B.痛打 C.痛恨 D.痛彻

10.下列词语中,与“暗暗”所表示的意义类型相同的一项是( )。(2023年,北京大学)

A.明明 B.独独 C.恰恰 D.偏偏

11.下列短语中,没有歧义的一项是( )。(2016年,北京大学)

A.进口商品 B.躺在床上沉思

C.照顾别人的孩子 D.看了三天的书

12.下列句子中,与“霜叶红于二月花”所表示的语义一致的是( )。(2018年,北京大学)

A.没想到他儿子已经有那么高了 B.这么说吧,我完全不同意你的看法

C.他差不多还有20分钟就到了 D.我又白跑了一趟

13.如果采用层次分析法按照从大到小的顺序对“密切观察他的健康状况”进行分析,第一层结构关系是( )。(2022年,北京大学)

A.述宾关系 B.状中关系 C.定中关系 D.主谓关系

14.如果采用层次分析法按照从大到小的顺序对“逐步加强并改进服务和管理工作”进行分析,第一层结构关系是( )。(2016年,北京大学)

A.介宾关系 B.状中关系 C.主谓关系 D.述宾关系

15.“从长远来看,节食比锻炼更有助于减肥”这句话中的状语成分有( )。(2024年,北京大学)

A.1个 B.2个 C.3个 D.4个

16.“平底鞋登山使不得”这句话中的补语类型属于( )。(2016年,北京大学)

A.结果补语 B.状态补语 C.可能补语 D.程度补语

17.下列句子中,与其他三项“下去”用法不一致的是( )。(2019年,北京大学)

A.我这里脏得我都住不下去了 B.你一定要坚持下去

C.这杯水他一口就喝下去了 D.这样干下去会出事的

18.下列紧缩复句中,与其他三项语义关系不一致的是( )。(2016年,北京大学)

A.他非来送你不可 B.困难再大也要坚持

C.不打不相识 D.照着画我也会

19.“多练太极拳,免得病来缠”这句话属于( )。(2021年,北京大学)

A.条件复句 B.目的复句 C.递进复句 D.假设复句

20.下列与其他三项构成方法不同的一项是( )。(2019年,中国人民大学)

A.密密麻麻 B.婆婆妈妈 C.犹犹豫豫 D.花花绿绿

21.下列与其他三项短语结构类型不同的一项是( )。(2023年,中国人民大

学)

A.唱得激动　　B.看得眼馋　　C.把握得住　　D.洗得不白

22.下列没有歧义的一项是(　　)。(2022 年,中国人民大学)

A.进口汽车　　B.路边种着树　　C.洗得干净　　D.咬死了猎人的鸡

23.下列与其他句子结构类型不同的一项是(　　)。(2016 年,中国人民大学)

A.下雨啦!　　B.我回来啦!　　C.太伟大啦!　　D.这种人!

24."这都能忍受,那还有什么不能忍受?"属于(　　)。(2018 年,中国人民大学)

A.并列复句　　B.转折复句　　C.假设复句　　D.让步复句

25."老张同志"是(　　)。(2016 年,对外经济贸易大学)

A.联合短语　　B.动宾短语　　C.偏正短语　　D.同位短语

26.(　　)句是受事主语句。(2021 年,对外经济贸易大学)

A.作业孩子已经做完了　　B.孩子还没有做好作业

C.作业是昨天布置的　　D.孩子把作业做好了

27.下列不能带双宾动词的是(　　)。(2016 年,对外经济贸易大学)

A.抢、拿、送　　B.借、还、赔　　C.读、写、制造　　D.请教、偷、教

28.成语"身外之物"和"火中取栗"的结构属于(　　)。(2023 年,山东大学)

A.并列结构　　B.偏正结构　　C.主谓结构　　D.动宾结构

29."又到周末了!"一句中的"了"是(　　)。(2016 年,山东大学)

A.语气词　　B.动态助词　　C.结构助词　　D.叹词

30.下列各项中,两个短语都属于偏正关系的是(　　)。(2024 年,山东大学)

A.国宝熊猫 胃口很好　　B.语言现象 认真研究

C.放在心里 关爱一生　　D.我们大家 体验生活

31."调皮得很"的补语类型是(　　)。(2016 年,山东大学)

A.可能补语　　B.程度补语　　C.情态补语　　D.结果补语

32.下列各句中的"的"属于结构助词的是(　　)。(2016 年,山东大学)

A.我前天来的　　B.你会明白的　　C.他是开车的　　D.这是不可能的

33.下列各"有"字句中属于兼语句的是(　　)。(2022 年,山东大学)

A.院子里有个人　　B.他有你这么高吗?

C.我有问题要问你　　D.他有个妹妹很能干

34.下列各项属于紧缩句的是(　　)。(2019 年,山东大学)

A.你陪她一起去吧　　B.去也没有用

C.我不能不去　　D.你去,我就去

35.下列各项是并列复句的是(　　)。(2021 年,山东大学)

A.他不是罪犯,而是英雄　　B.你不提醒,我就忘了

C.事情都过去了,别再想了　　D.走路小点声,免得吵醒他

36.“说下去”中“下去”的语法意义是(　　)。(2021年,上海外国语大学)

A.进行　　B.继续　　C.开始　　D.向下

37.下列是状中结构的是(　　)。(2016年,上海外国语大学)

A.东边花坛有一个人　　B.周围都是水

C.昨天大晴天　　D.永远记得你

38.关于动词重叠,正确的是(　　)。(2023年,上海外国语大学)

A.动词都可以重叠　　B.双音节动词重叠式是ABAB式

C.动词重叠后都有短时、尝试义　　D.祈使句不能使用动词重叠形式

39.“他没告诉你我不同意吗?”中的“我不同意”是(　　)。(2016年,上海外国语大学)

A.单句　　B.谓语　　C.宾语　　D.补语

40.下列说法正确的一项是(　　)。(2019年,上海外国语大学)

A.把字句动词不可以是光杆形式　　B.把字句动词绝对不可以带宾语

C.把字句中“把”的宾语只能是名词　　D.把字句动词要有处置意义

41.“开着窗睡觉”是(　　)。(2016年,上海外国语大学)

A.连动句　　B.兼语句　　C.存现句　　D.复句

42.都可用丁选择问句的　组助词是(　　)。(2023年,上海外国语大学)

A.呢、吧　　B.吗、呢　　C.吧、啊　　D.啊、呢

43.状语语义指向宾语的是(　　)。(2016年,上海外国语大学)

A.杨过酽酽地沏了一杯茶　　B.杨过慢慢地走了两步

C.杨过轻轻地唱了一首歌　　D.杨过美美地睡了一觉

44.不能带双宾语的动词是(　　)。(2018年,上海外国语大学)

A.送　　B.卖　　C.借　　D.买

45.“我去还是不去”是(　　)。(2016年,上海外国语大学)

A.是非问　　B.特指问　　C.选择问　　D.正反问

46.下列各项中,都是区别词的是(　　)。(2016年,厦门大学)

A.国有、生动、彩色　　B.微型、亲自、重要

C.民营、新颖、袖珍　　D.慢性、野生、精装

47.下列句子中,属于形容词谓语句的是(　　)。(2019年,厦门大学)

A.你想明白了吗?　　B.街上的霓虹灯亮得刺眼

C.好可爱的孩子!　　D.人们都期待天气快点晴朗

48.下列各句子中,有歧义的一项是(　　)。(2022年,厦门大学)

A.甲方与乙方的辩论　　B.读书与写作的关系

C.货币与商品的流通　　D.想象与艺术的构思

49.“我在想写点什么”中的“什么”是(　　)。(2024年,上海大学)

A.任指　　B.虚指
C.都不是　　D.既是任指也是虚指

50.“我羡慕她有一个可爱的女儿”是(　　)句型。(2016年,上海大学)
A.兼语句　　B.连谓句　　C.双宾句　　D.存现句

51.“上海冬天冷”是(　　)句型。(2021年,上海大学)
A.动词谓语句　　B.形容词谓语句
C.名词谓语句　　D.主谓谓语句

52.“对于那天的情况,我们班的同学的确真不知道。”有几个定语,有几个状语?(　　)(2016年,上海大学)
A.2个定语,3个状语　　B.2个定语,4个状语
C.3个定语,3个状语　　D.3个定语,4个状语

53.“我希望你能来。”是(　　)。(2023年,中山大学)
A.兼语句　　B.主谓短语做宾语句
C.连谓句　　D.双宾句

54.“纵然有千条理由,你也不应该动手打人。”是(　　)复句。(2015年,中山大学)
A.让步关系　　B.选择关系　　C.转折关系　　D.递进关系

55.以下没有歧义的是(　　)。(2019年,中山大学)
A.代表妹妹的朋友　　B.伴着波涛声入睡
C.陪着老人的狗　　D.她知道这件事没关系

56.下列句子中,不属于主谓谓语句的句子是(　　)。(2021年,中山大学)
A.她一句话都不说　　B.咱俩谁也别忘了谁
C.大家的事情大家想办法　　D.人参这种植物娇嫩极了

57.句子“果然张华现在正在家里认真地修改那个销售计划。”一共有(　　)。(2022年,中山大学)
A.4个状语、1个定语　　B.4个状语、2个定语
C.5个状语、1个定语　　D.5个状语、2个定语

58.下列句子中,不属于兼语句的是(　　)。(2019年,中山大学)
A.他有个妹妹在北京工作　　B.我相信他一定会来的
C.非常感谢你帮我办成了这件事　　D.微笑使你年轻,使你精神愉快

59.下列句子属于紧缩复句的是(　　)。(2019年,中山大学)
A.只要天气好,他就出去跑步　　B.快坐下来听讲座
C.他想笑又不敢笑　　D.吃过早饭,他就出去找严强了

60.下列短语是动宾短语的是(　　)。(2024年,首都师范大学)
A.买醉、打他、等你　　B.打一下、打电话、等几分钟

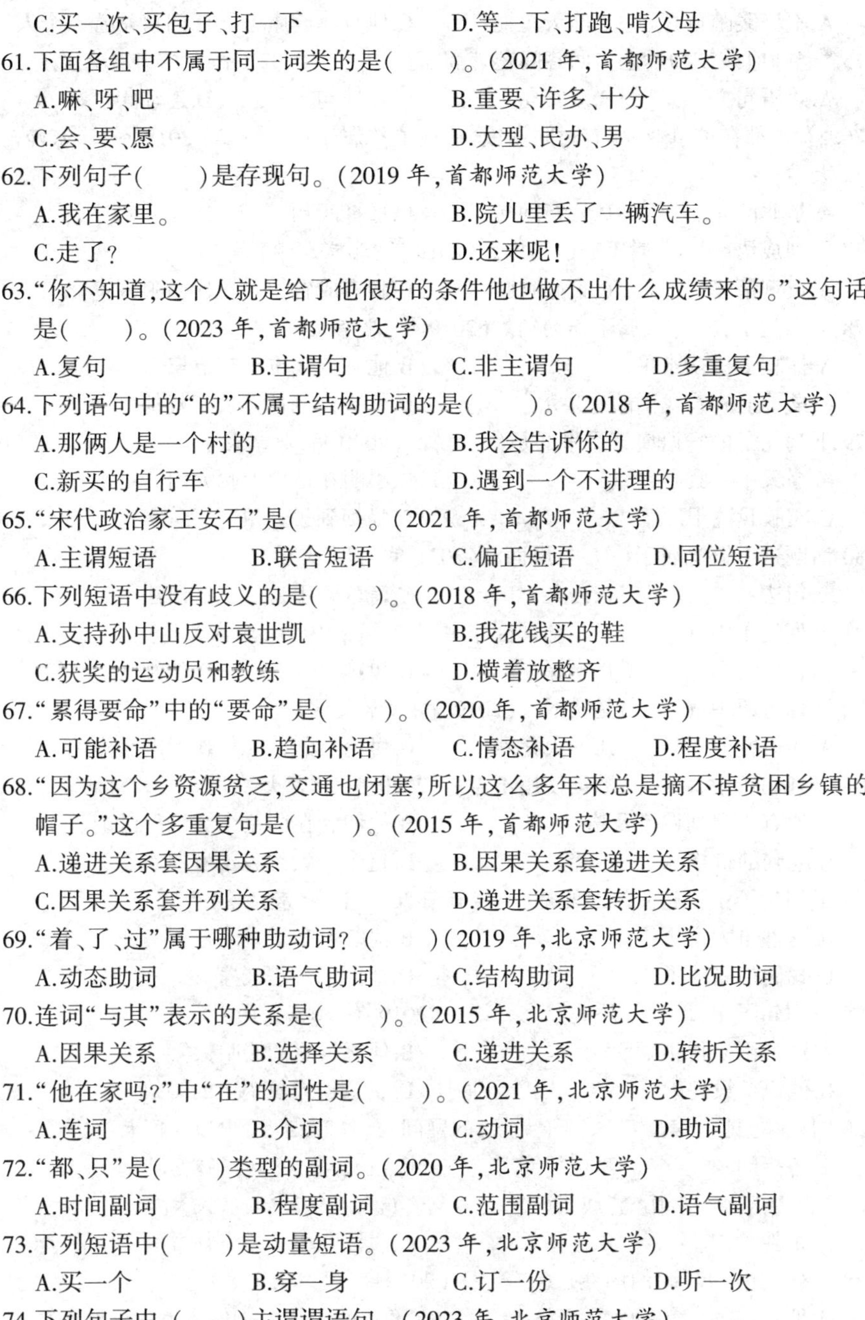

C.买一次、买包子、打一下　　D.等一下、打跑、啃父母

61.下面各组中不属于同一词类的是(　　)。(2021 年,首都师范大学)

A.嘛、呀、吧　　B.重要、许多、十分

C.会、要、愿　　D.大型、民办、男

62.下列句子(　　)是存现句。(2019 年,首都师范大学)

A.我在家里。　　B.院儿里丢了一辆汽车。

C.走了?　　D.还来呢!

63."你不知道,这个人就是给了他很好的条件他也做不出什么成绩来的。"这句话是(　　)。(2023 年,首都师范大学)

A.复句　　B.主谓句　　C.非主谓句　　D.多重复句

64.下列语句中的"的"不属于结构助词的是(　　)。(2018 年,首都师范大学)

A.那俩人是一个村的　　B.我会告诉你的

C.新买的自行车　　D.遇到一个不讲理的

65."宋代政治家王安石"是(　　)。(2021 年,首都师范大学)

A.主谓短语　　B.联合短语　　C.偏正短语　　D.同位短语

66.下列短语中没有歧义的是(　　)。(2018 年,首都师范大学)

A.支持孙中山反对袁世凯　　B.我花钱买的鞋

C.获奖的运动员和教练　　D.横着放整齐

67."累得要命"中的"要命"是(　　)。(2020 年,首都师范大学)

A.可能补语　　B.趋向补语　　C.情态补语　　D.程度补语

68."因为这个乡资源贫乏,交通也闭塞,所以这么多年来总是摘不掉贫困乡镇的帽子。"这个多重复句是(　　)。(2015 年,首都师范大学)

A.递进关系套因果关系　　B.因果关系套递进关系

C.因果关系套并列关系　　D.递进关系套转折关系

69."着、了、过"属于哪种助动词?(　　)(2019 年,北京师范大学)

A.动态助词　　B.语气助词　　C.结构助词　　D.比况助词

70.连词"与其"表示的关系是(　　)。(2015 年,北京师范大学)

A.因果关系　　B.选择关系　　C.递进关系　　D.转折关系

71."他在家吗?"中"在"的词性是(　　)。(2021 年,北京师范大学)

A.连词　　B.介词　　C.动词　　D.助词

72."都、只"是(　　)类型的副词。(2020 年,北京师范大学)

A.时间副词　　B.程度副词　　C.范围副词　　D.语气副词

73.下列短语中(　　)是动量短语。(2023 年,北京师范大学)

A.买一个　　B.穿一身　　C.订一份　　D.听一次

74.下列句子中,(　　)主谓谓语句。(2023 年,北京师范大学)

A.不许践踏草坪　B.昨天星期三　C.他身体健康　D.门口站着一个人

75.“老师应该鼓励学生多回答问题。”属于(　　)。(2021 年,北京师范大学)

A.兼语句　B.双宾句　C.存现句　D.连动句

76.“女人都在忙事业,哪有时间做饭、带孩子?”属于(　　)。(2018 年,北京师范大学)

A.是非问句　B.特指问句　C.选择问句　D.反问句

77.下列成语(　　)属于兼语结构。(2019 年,北京大学)

A.负荆请罪　B.狼心狗肺　C.胸有成竹　D.引狼入室

78.下列句子,(　　)属于连动句。(2019 年,北京大学)

A.他爬上树摘水果　B.他一点儿也不知道累

C.桌子上放着我买的矿泉水　D.你应该到他办公室找他

79.下列句子的宾语属于受事的是(　　)。(2020 年,北京大学)

A.今天中午我吃食堂　B.小明在草地上晒太阳

C.衣服我洗干净了　D.猫捉到了老鼠

80.话题这个概念属于(　　)层面。(2021 年,北京大学)

A.句法　B.语义　C.篇章语用　D.语法

81.下列句子中,(　　)不是动词性非主谓句。(2019 年,北京大学)

A.禁止吸烟!　B.上课了!　C.快跑!　D.他姓王。

82.下列短语中,(　　)是错的。(2019 年,北京大学)

A.斗争剧烈　B.炮火猛烈　C.讨论热烈　D.运动激烈

83.下列句子中,(　　)数词使用不当。(2020 年,北京大学)

A.他有二门功课不及格。　B.他们俩在同一个小组里讨论。

C.电脑的价格涨了三倍。　D.这个人大约三十岁左右。

84.下列句子中含趋向补语的是(　　)。(2017 年,北京大学)

A.这件事大意不得。　B.他跳上车子。

C.我们打完球了。　D.他回了一趟老家。

85.下列句子中,(　　)不是状态补语。(2019 年,北京大学)

A.这场雨来得很猛。　B.他逗得我们哈哈大笑。

C.他说个没完。　D.我急得像热锅上的蚂蚁。

86.“你去过博物馆没有”属于(　　)的疑问句。(2023 年,中国人民大学)

A.特指问　B.选择问　C.正反问　D.是非问

87.“宁为玉碎不为瓦全”属于(　　)复句。(2024 年,中国人民大学)

A.条件　B.选择　C.假设　D.并列

88.下列句中“客气”的词性是(　　)。(2019 年,复旦大学)

①他很客气。②他客气地跟我握手。③客气的语气。④他是表达一种客气。

A.一种　　B.两种　　C.三种　　D.四种

89.“他饿得昏了过去”中的“昏了过去”是(　　)。(2019 年,复旦大学)

A.结果补语　　B.情态补语　　C.状态补语　　D.条件补语

90.从词性上来讲,“将来”属于(　　)。(2021 年,暨南大学)

A.副词　　B.动词　　C.名词　　D.区别词

91.下面的“VP+的”结构中,歧义指数与其他三个不同的是(　　)。(2023 年,暨南大学)

A.给他的　　B.游泳的　　C.吃的　　D.喝的

92.下列句子中,属于受事性主谓谓语句的一个是(　　)。(2018 年,暨南大学)

A.这件事我没有听说过。　　B.老张身体非常棒。

C.这孩子,我真没办法。　　D.麦老师教我们英语。

93.下面句子中,不属于是非问的一个是(　　)。(2018 年,暨南大学)

A.你去北京吗?　　B 你是老张吗?

C.你有什么办法吗?　　D.你去北京干吗?

94.下面“动词+了+时量+了”结构有歧义的是(　　)。(2023 年,暨南大学)

A.伤了三天了　　B.等了三天了　　C.看了三天了　　D.想了三天了

95.下列各组中不属于同一结构类型的是(　　)。(2019 年,首都师范大学)

A.一个或两个、辱骂和恐吓　　B.喜欢的、干净的

C.首都北京、你们几位　　D.出去闲逛、继承并发展

96.下列各组中不属于偏正关系的是(　　)。(2023 年,首都师范大学)

A. 三天时间、一部电影　　B.无所畏惧、勇于探索

C.快走、大力提倡　　D.文艺演出、他的离开

97.“我赞美白杨树,就因为它不但象征了北方的农民,尤其象征了今天我们民族解放斗争中所不可缺少的质朴、坚强,以及力求上进的精神。”这个多重复句是(　　)。(2020 年,首都师范大学)

A.递进关系套因果关系　　B.因果关系套递进关系

C.转折关系套递进关系　　D.递进关系套转折关系

98.与“他站着不动”的谓语类型相同的句子是(　　)。(2023 年,中南大学)

A.我跑步跑累了　　B.整个荷花淀全震荡起来了

C.灯光亮得使人们的眼睛都睁不开　　D.你的一席话使我受益匪浅

99.下列句子是单句的是(　　)。(2018 年,中南大学)

A.古藤老树昏鸦,小桥流水人家。

B.你让他快去,以免他闹情绪。

C.营业员跑过来从书架上去下一本小说让小莉看。

D.他的两个哥哥,一个经商,一个当医生。

100.下列句子中数量短语作宾语的一句是(　　)。(2022 年,中南大学)
A.好房子多住几天。　　B.美丽的风景多看几眼。
C.这间卧室有十平方米。　　D.好笔多用几次。

101."他啊地一声摔倒了"中的"啊"是(　　)。(2019 年,中南大学)
A.感叹语　　B.状语　　C.插入语　　D.称呼语

102.下列复句关系词语中,不表示假设关系的是(　　)。(2024 年,中南大学)
A.不是……而是……　　B.哪怕……也……
C.万一……就……　　D.就算……也……

103.下列各组中,两个都是区别词的一组是(　　)。(2013 年,北京大学)
A.长期、潜在　　B.固有、生动　　C.民营、新颖　　D.精装、亲自

104."给他一本书"中"一本书"是(　　)。(2023 年,北京大学)
A.近宾语　　B.双宾语　　C.远宾语　　D.补语

105.下列各组中,两个词此类相同的是(　　)。(2023 年,北京大学)
A.不但、假如　　B.从、仅　　C.也、及　　D.伟大、扩大

106."天边升起一轮红日"这个句子是(　　)。(2018 年,北京大学)
A .连谓句　　B.存现句　　C .双宾句　　D .主谓谓语句

107.下列句子中,属于复句的是(　　)。(2019 年,北京大学)
A.只有小李去请,他才会来　　B .只有我自己的儿子,我才信得过
C .他不会因为你而改变决定　　D.无论是谁,都不能阻止社会的发展

108."张老师教他们汉语口语课"是(　　)。(2018 年,广东外语外贸大学)
A.主谓谓语句　　B.连谓句　　C.双宾句　　D.兼语句

109."他是昨天买的那件衣服"的主语属于(　　)。(2023 年,广东外语外贸大学)
A.施事主语　　B. 受事主语　　C.当事主语　　D.系事主语

110."对于那天的情况,我们班的同学的确真不知道"中有(　　)。(2021 年,广东外语外贸大学)
A.3 个状语、1 个定语　　B.5 个状语、1 个定语
C.4 个状语、1 个定语　　D.4 个状语、2 个定语

111."你们坐在后面看得见黑板上的字吗"中的补语属于(　　)。(2023 年,广东外语外贸大学)
A.结果补语　　B.可能补语　　C.时量补语　　D.定语

112."他篮球打得很棒"属于(　　)。(2019 年,广东外语外贸大学)
A.动词谓语句　　B.形容词谓语句　　C.名词谓语句　　D.主谓谓语句

113."他有个哥哥在北京"是(　　)。(2019 年,广东外语外贸大学)
A.存现句　　B.连谓句　　C.兼语句　　D.双宾语句

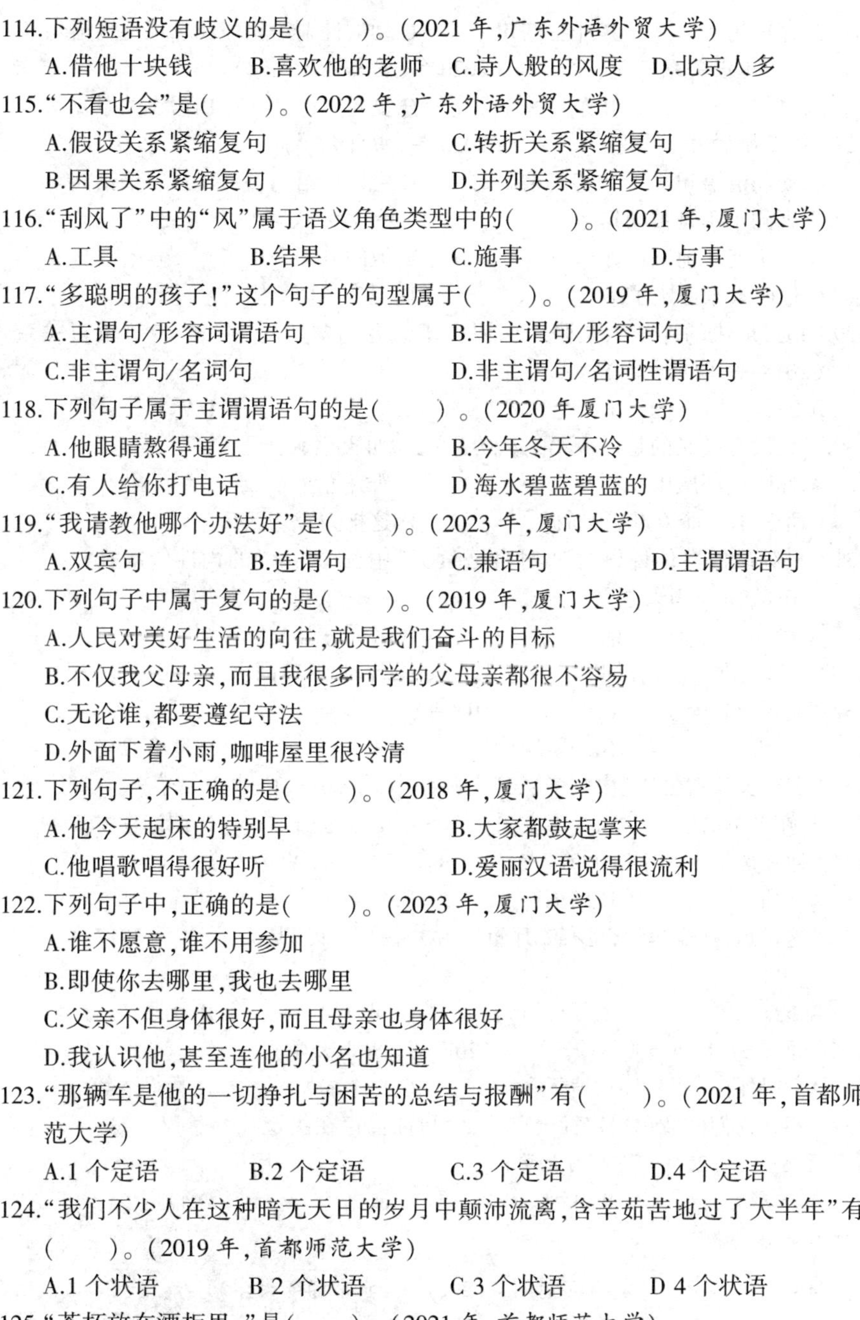

114.下列短语没有歧义的是(　　)。(2021 年,广东外语外贸大学)

A.借他十块钱　　B.喜欢他的老师　　C.诗人般的风度　　D.北京人多

115.“不看也会”是(　　)。(2022 年,广东外语外贸大学)

A.假设关系紧缩复句　　C.转折关系紧缩复句

B.因果关系紧缩复句　　D.并列关系紧缩复句

116.“刮风了”中的“风”属于语义角色类型中的(　　)。(2021 年,厦门大学)

A.工具　　B.结果　　C.施事　　D.与事

117.“多聪明的孩子!”这个句子的句型属于(　　)。(2019 年,厦门大学)

A.主谓句/形容词谓语句　　B.非主谓句/形容词句

C.非主谓句/名词句　　D.非主谓句/名词性谓语句

118.下列句子属于主谓谓语句的是(　　)。(2020 年厦门大学)

A.他眼睛熬得通红　　B.今年冬天不冷

C.有人给你打电话　　D 海水碧蓝碧蓝的

119.“我请教他哪个办法好”是(　　)。(2023 年,厦门大学)

A.双宾句　　B.连谓句　　C.兼语句　　D.主谓谓语句

120.下列句子中属于复句的是(　　)。(2019 年,厦门大学)

A.人民对美好生活的向往,就是我们奋斗的目标

B.不仅我父母亲,而且我很多同学的父母亲都很不容易

C.无论谁,都要遵纪守法

D.外面下着小雨,咖啡屋里很冷清

121.下列句子,不正确的是(　　)。(2018 年,厦门大学)

A.他今天起床的特别早　　B.大家都鼓起掌来

C.他唱歌唱得很好听　　D.爱丽汉语说得很流利

122.下列句子中,正确的是(　　)。(2023 年,厦门大学)

A.谁不愿意,谁不用参加

B.即使你去哪里,我也去哪里

C.父亲不但身体很好,而且母亲也身体很好

D.我认识他,甚至连他的小名也知道

123.“那辆车是他的一切挣扎与困苦的总结与报酬”有(　　)。(2021 年,首都师范大学)

A.1 个定语　　B.2 个定语　　C.3 个定语　　D.4 个定语

124.“我们不少人在这种暗无天日的岁月中颠沛流离,含辛茹苦地过了大半年”有(　　)。(2019 年,首都师范大学)

A.1 个状语　　B 2 个状语　　C 3 个状语　　D 4 个状语

125.“茶杯放在酒柜里。”是(　　)。(2021 年,首都师范大学)

A.存现句　B.非主谓句　C.动词性谓语句　D.名词性谓语句

126.“不去也没关系。”是(　　)。(2020 年,首都师范大学)

A.单句　B.条件关系复句　C.复句　D.假设关系复句

127.“饭菜她做好了。”是(　　)。(2020 年,四川大学)

A.动词谓语句　B.述宾谓语句　C.主谓谓语句　D.述补谓语句

128.下列句子不是被动句是(　　)。(2019 年,四川大学)

A.我不能让他欺负你　B.他的方案采用了

C.他叫人家撵走了　D.不为风雨所阻

129.“跑得最快的那个人是张三认识多年的老朋友。”句中有(　　)偏正关系。(2018 年,四川大学)

A.2 个　B.3 个　C.5 个　D.7 个

130.下列没有歧义的是(　　)。(2013 年,四川大学)

A.你爬过那座山没有?　B.研究方法

C.张三有一个女儿,很骄傲　D.这把刀我切西瓜

131.“一对花瓶”“你说得对”“对自己负责”中三个“对”的词性依次是(　　)。(2018 年,中山大学)

A.量词、形容词、介词　B.名词、副词、形容词

C.量词、副词、形容词　D.名词、形容词、介词

132.“我越学越爱学”是(　　)。(2018 年,中山大学)

A.省略句　B.倒装句　C.紧缩句　D.联合复句

133.“多笑笑有益健康”中“多笑笑”是(　　)。(2013 年,中山大学)

A.施事主语　B.受事主语　C.中性主语　D.谓词性主语

134.“他在黑板上写字”的“在”是(　　)。(2016 年,中山大学)

A.动词　B.副词　C.介词　D.连词

135.“这条鱼,往少里说,也有二斤重”中的“往少里说”是(　　)。(2017 年,中山大学)

A.插入语　B.复说语　C.同位语　D.状语

136.下面带结果补语的是(　　)。(2023 年,中山大学)

A.弄明白　B.掉下来　C.吃个痛快　D.看得清楚

137.“不是人们的意识决定社会存在,而是社会存在决定社会意识。”是(　　)关系复句。(2019 年,中山大学)

A.选择　B.并列　C.递进　D.转折

(三)判断题

1.“偏偏”和“反正”都是语气副词。(2021 年,北京师范大学)

2.“即使……也”是条件关系。(2016 年,北京师范大学)

3.“我明白,即使自己赚了同样多的钱也不会满足的。”是表示让步关系的复句。(2016年,对外经济贸易大学)

4.存现句的宾语可以受指示代词修饰。(2023年,对外经济贸易大学)

5.“你还真不简单呢”与“你说到底是谁呢”中所用的语气词“呢”虽然一样,但表示不同语气 。(2016年,对外经济贸易大学)

6.判断汉语的词类不能以词充当句子成分的能力作为根本标准。(2019年,上海外国语大学)

7.从语义上看,句子宾语可以是施事。(2021年,上海外国语大学)

8.“着”和“正”都是表示动作的时间发生在现在。(2016年,上海外国语大学)

9.特指问句和反问句,句末都可以使用语气词“啊”。(2016年,上海外国语大学)

10.“他在用电脑”和“他用左手写字”两句中的“用”都是动词。(2018年,上海外国语大学)

11.“饭后百步走,活到九十九”是复句。(2016年,上海外国语大学)

12.偏正复句中,偏句在前,正句在后,不能颠倒。(2017年,上海外国语大学)

13.现代汉语的动词不能充当主语。(2016年,厦门大学)

14.属于同一句类的句子可以是不同句型。(2023年,厦门大学)

15.“有个小村子叫中国最美渔村”是主谓句。(2016年,厦门大学)

16.“我心里很明白,即使我不去别人也会去的”是假设关系复句。(2023年,厦门大学)

17.“这部电影有什么好看的?”是特殊疑问句。(2022年,上海大学)

18.“没有规矩不成方圆”是因果关系紧缩复句。(2016年,上海大学)

19.“浪费了一个上午”和“忙了一个上午”是动补短语。(2019年,中山大学)

20.“根据”这个词是兼类词,兼属名词和连词。(2015年,中山大学)

21.“明天下课了,我去找你”与“下雨了,我们进去吧”中的“了”都是助词,都表示动作行为的完成。(2015年,中山大学)

22.从词性上来看,“聪明”属于性质形容词,“金黄”属于区别词。(2019年,首都师范大学)

23.副词主要作状语,比如“多么远我都要去”中的“多么”。(2015年,首都师范大学)

24.汉语的动词和形容都能作谓语。(2021年,首都师范大学)

25.主谓句都是动词谓语句。(2015年,首都师范大学)

26.“春天来了,打着滚儿,笑着,跳着跑来了”是复句;“春天来了,我还在等待”也是复句。(2015年,首都师范大学)

27.“请大家不要抽烟。”是动词性非主谓句。(2018年,首都师范大学)

28.“买花送女朋友”这句话用不同的语法分析可以产生歧义,一种语义理解是单

句,一种语义理解分析为假设条件紧缩复句。(2015 年,首都师范大学)

29.主谓短语可以独立成句,但是不能作句子成分。(2015 年,首都师范大学)

30.“这条鱼,往少里说,也有二斤”中的“往少里说”是复说语。(2015 年,首都师范大学)

31.“床上躺着病人”和“屋里开着会”这两句话有完全相同的语义特征。(2015 年,首都师范大学)

32.“小李来了”和“苹果吃了”都是主谓句。(2015 年,首都师范大学)

33.“哗哗,我正在睡觉的时候,响起了流水声。”其中“哗哗”作状语。(2015 年,首都师范大学)

34.“擦枪走火这件事情,我们永远都不会忘记”这句话的主语是“我们”。(2015 年,首都师范大学)

35.“刚才”是表示时间的副词。(2023 年,北京师范大学)

36.“这件衣服是很漂亮”的“是”是一个副词。(2015 年,北京师范大学)

37.“认真考虑”“流动状态”“莫名惊慌”都是状中短语。(2015 年,北京师范大学)

38.“老师批评他迟到了”是连动句。(2021 年,北京师范大学)

39.“我们教研室已经完成了全年的教学任务”中的主语是“我们教研室”。(2019 年,北京师范大学)

40.“因为你,他挨了批评”中的“因为”是连词。(2015 年,北京大学)

41.“他今年才三十岁”中的“才”是状语。(2015 年,北京大学)

42.“荤、私、高等”等词都是区别词。(2019 年,北京大学)

43.“他一点东西都不吃。”是主谓谓语句。(2015 年,北京大学)

44.“永远、从来、仍然”等时间副词只能充当状语。(2023 年,北京大学)

45.“和”不可以用来连接动词。(北京大学,2015)

46.名词性成分之前的修饰语是定语,动词性成分之前的修饰语是状语。(2019 年,首都师范大学)

47.“萝卜快了不洗泥”这个熟语中,“快了”是谓语,是陈述“萝卜”的。(2023 年,首都师范大学)

48.“这本书新买的”是动词谓语句。(2018 年,首都师范大学)

49.“他拉着我的手不放”是兼语句。(2014 年,首都师范大学)

50.语气词的有无,独立成分的有无以及是否倒装都不影响句型。(2017 年,首都师范大学)

51.“蓝天,远树,金黄色的麦浪”是复句。(2014 年,首都师范大学)

52.“想想也有几分高兴”是假设关系的紧缩复句。(2021 年,首都师范大学)

53.“那边,你瞧,绿油油的一大片”是存现句。(2021 年,首都师范大学)

54.“你要学得很刻苦”这句话的问题在于状语误用成状态补语。(2018 年,华东

师范大学)

55.“母亲,这不是一个普通的词”中的小主语是复指大主语的。(2017 年,华东师范大学)

56.状态形容词的重叠式不能再受程度副词的修饰。(2019 年,中南大学)

57.“谁也不知道明天会发生什么”中的代词“什么”是一种虚指用法。(2014 年,中南大学)

58.“想起来了”是动宾短语。(2014 年,中南大学)

59.同位短语、方位短语、“的”字短语和兼语短语都是动词性短语。(2023 年,中南大学)

60.“不管他说什么,她都不吭声”是假设复句。(2021 年,中南大学)

61“羞得她连忙把脸捂起来”是连谓结构短语。(2014 年,厦门大学)

62.“他个子高”是一个主谓谓语句。(2023 年,北京大学)

63.“太美了”是形容词谓语句。(2013 年,北京大学)

64.实词和实词的组合叫作“词组”,实词和虚词的组合叫作“结构”。(2021 年,华东师范大学)

65.“笔直”是表示状态的形容词。(2019 年,广东外语外贸大学)

66.语法单位可以分为四级:词、短语、单句、复句。(2013 年,广东外语外贸大学)

67.“绕道行走”是连谓短语。(2019 年,广东外语外贸大学)

68.“你什么都不买吗?”是特指问句。(2013 年,广东外语外贸大学)

69.“他扶老奶奶过马路。”既是兼语句也是连谓句。(2017 年,广东外语外贸大学)

70.“你得亲自去请,要不然他是不会来的。”是转折复句。(2013 年,广东外语外贸大学)

71.“兄弟二人”是主谓结构的短语。(2023 年,厦门大学)

72.“广播找人”是偏正结构的短语。(2013 年,厦门大学)

73.“累得他腰酸腿软”是连谓结构的短语。(2021 年,厦门大学)

74.“只有社会主义才能救中国”是个假设条件复句。(2013 年,中山大学)

75.“他让我打电话通知晚上加班”是兼语且连动的句子。(2018 年,中山大学)

76.形容词都能受“很”修饰。(2021 年,中山大学)

77.“计划生育好”是述补短语。(2013 年,中山大学)

78.由定语和中心语构成的偏正短语都是体词性的,由状语和中心语构成的偏正短语都是谓词性的。(2013 年,中山大学)

79.“许多代表昨天在休息室里都热情地同他交谈”中包含了四层状语。(2023 年,中山大学)

80.“喜欢”和“端正”都能受“很”修饰,他们都是形容词。(2023 年,安徽师范大

学)

81.“我知道,就算我说了,你们也不会相信的。”这句话是动宾谓语句。(2019 年,安徽师范大学)

82.“文艺演出”是偏正短语。(2012 年,安徽师范大学)

83.“明天中午,你到我家来吃饭”是主谓谓语句。(2019 年,安徽师范大学)

84.“春江潮水连海平”是紧缩复句。(2023 年,安徽师范大学)

85.“他没说什么吧?”是特指疑问句。(2012 年,安徽师范大学)

86.“春天来了,万物复苏了”分句间的关系可以是因果、顺承、条件、假设。(2012 年,安徽师范大学)

(四)名词解释

1.存现句。(2024 年,北京外国语大学)

2.可能补语。(2020 年,北京师范大学)

3.动态助词。(2016 年,北京师范大学)

4.词类。(2019 年,中国人民大学)

5.复句。(2021 年,中国人民大学)

6.句型。(2016 年,对外经济贸易大学)

7.述补结构。(2016 年,对外经济贸易大学)

8.情态补语和结果补语。(2023 年,复旦大学)

9.“把”字句。(2015 年,北京师范大学)

10.句类。(2022 年,中国传媒大学)

11.兼语短语。(2021 年,河北大学)

(五)简答分析题

1.变式句是什么,说明它的分类并举例。(2017 年,北京外国语大学)

2.举例说明“一直”和“总是”的异同。(2016 年,北京大学)

3.什么是补语?补语的语义类型有哪些?举例说明。(2023 年,北京语言大学)

4.说明“突然”和“忽然”的异同。(2016 年,北京语言大学)

5.什么是“把”字句?并说明“把”字句的特点。(2021 年,北京语言大学)

6.举例说明如何区别动词和介词。(2016 年,对外经济贸易大学)

7.分析说明名词“山、水、鸟儿、人家、书”等跟名词“朋友、青年、老师、同志”等在语法特点上的不同。(2016 年,对外经济贸易大学)

8.举例说明什么叫语法歧义。(2021 年,暨南大学)

9.简述选择复句的语义类型。(2021 年,暨南大学)

10.举例说明什么是“补语的语义指向”。(2016 年,暨南大学)

11.举例说明什么是主谓谓语句,并举例说明它的分类。(2023 年,复旦大学)

12.说明单句中句型系统,对每一种句型进行举例。(2023 年,复旦大学)

13.什么是“被”字句?“被”字句的构成和应用条件是怎样的?请举例说明。(2015 年,兰州大学)

14.举例说明“居然”的意义和用法。(2015 年,暨南大学)

15.简要分析“我们单位就订了十份杂志”产生歧义的原因。(2023 年,暨南大学)

16.举例说明疑问代词的非疑问用法。(2018 年,暨南大学)

17.动词重叠式表达什么语法意义?(2015 年,暨南大学)

18.从语义的角度看,宾语有哪些主要类型,试举例说明。(2019 年,中国传媒大学)

19.就你所知,介绍一下汉语语法研究的三个平面理论。(2022 年,中国传媒大学)

20.举例说明什么是词类的活用,它和词的兼类有什么区别?(2022 年,武汉大学)

(六)修改病句并说明理由

1.经过抢救,大夫们终于把休克的病人苏醒过来了。(2021 年,北京外国语大学/2014 年,中国传媒大学)

2.技术革新以后,不但加快了生产速度,提高了产品质量。(2017 年,北京外国语大学)

3.来稿要注意简练,一般不超过一千字左右。(2017 年,北京外国语大学)

4.他们做了大量调查工作和分析了各种情况。(2019 年,北京外国语大学)

5.看到自己的成绩很高,她灿烂地露出笑容。(2021 年,北京师范大学)

6.山竹果被作为是水果女王。(2016 年,北京师范大学)

7.这毕竟是为什么。(2019 年,北京师范大学)

8.他每天两次给他妈妈打电话。(2020 年,北京师范大学)

9.我等了一个小时他。(2016 年,北京语言大学)

10.今天天气一点儿冷。(2019 年,北京语言大学)

11.香山的秋天是令人向往的地方。(2017 年,北京语言大学)

12.为了祖国的强大,我们要贡献自己的力量和义务。(2023 年,北京语言大学)

13.听了领导的表扬,使工人感到力量倍增。(2018 年,北京语言大学)

14.听到这个消息,我高兴透了。(2016 年,山东大学)

15.谢谢你帮忙我这么多。(2016 年,山东大学)

16.这是一本对于语法的书。(2019 年,山东大学)

17.尽管多么累,我也要干完。(2019 年,山东大学)

18.门外走进来王老师。(2016 年,暨南大学)

19.一个中国有意义的地方。(2021 年,暨南大学)

20.我把中文学得很努力。(2016 年,暨南大学)

21.我要讲讲的故事是在美国发生的。(2019 年,暨南大学)

22.老师,今天我感冒了,不会来上课。(2019 年,复旦大学)

23.我把那么重的箱子搬不动。(2016 年,复旦大学)
24.他打电话让我早点来,演出马上就要开始了。(2021 年,上海外国语大学)
25.玛丽进去教室了。(2016 年,上海外国语大学)
26.姐姐下星期快要结婚了。(2016 年,上海外国语大学)
27.我已经很久没有见面我的女朋友了。(2023 年,上海外国语大学)
28.妈妈把我的衣服洗洗了。(2016 年,上海外国语大学)
29.因为这部戏直接触及到了当前社会生活中的尖锐矛盾,因此很自然地引起了人们深思和各方面的重视。(2015 年,中山大学)
30.三张小方桌拼在一起,作为会议桌,接待客人和供开会之用。(2022 年,中山大学)
31.中国队在比赛中发扬了风格和水平。(2024 年,首都师范大学)
32.造成肥胖的主要原因是循环不畅而引起新陈代谢缓慢。(2021 年,首都师范大学)
33.张教授的研究成果不仅在国际上处于领先水平,而且填补了国内在这方面的空白。(2015 年,首都师范大学)
34.他看完了电影再走的。(2018 年,首都师范大学)
35.民警抱着兰兰一条胡同一条胡同地找孩子的家,最后终于在麻线胡同找到了,一进门就扑进妈妈的怀里哭了起来。(2015 年,首都师范大学)
36.今年庄稼的收成是几年来庄稼收成最好的一年。(2019 年,北京师范大学)
37.这些紧俏物资被准时到达了南京。(2015 年,北京师范大学)
38.尽管有多大的困难,我还是决定要去。(2015 年,北京师范大学)
39.你现在还不清楚自己想去北京或者上海吗?(2023 年,北京师范大学)
40.从录用她的那天起,从来没有算错过一笔账。(2023 年,北京师范大学)
41.墨西哥的亡灵节是最代表墨西哥文化特色的传统风俗节日之一。(2015 年,北京大学)
42.他毫不留情地提出了我的错误。(2017 年,北京大学)
43.我周末常常去了图书馆看书。(2015 年,中央民族大学)
44.我回家时,发现妈妈已经做饭好了。(2019 年,中央民族大学)
45.通过努力学习,她终于说汉语很流利了。(2021 年,复旦大学)
46.他把一杯茶喝就出去了。(2016 年,复旦大学)
47.你把屋子收拾。(2017 年,兰州大学)
48.昨天的晚会是 7 点开始了。(2021 年,兰州大学)
49.我每天一次洗澡。(2015 年,兰州大学)
50.现在人等车的很多?(2017 年,暨南大学)
51.我每天下午复习从三点起。(2015 年,暨南大学)

52.今天天气很美好,很适合出去玩,不过我必须准备考试。(2018 年,暨南大学)
53.我们好久没见了,没想到你这儿。(2015 年,暨南大学)
54.爬行类这个名词,可能对我们不太熟悉。(2019 年,中国传媒大学)
55.我大学毕业以后就来了北京学汉语。(2022 年,中国传媒大学)
56.我们怀着一颗十分敬佩的心情来到他家。(2019 年,中国传媒大学)
57.我的翻译水平比其他人不高。(2018 年,首都师范大学)
58.在建设事业迅猛发展的新形势下,对建筑材料工业提出了更高的要求。(2023 年,华东师范大学)
59.我没有学过上海话,怎么能把上海话听得懂。(2014 年,华东师范大学)
60.我建议把文章的标题改为"作品不是商品"便恰如其分了。(2024 年,首都师范大学)
61.晚报上发表的"一分钟小说",篇幅虽短,受益可不浅啊!(2021 年,首都师范大学)
62.谢谢老师,明天下午我又来找你,可以吗?(2019 年,浙江大学)
63.考场设在一间古色古香的大厅里举行。(2019 年,中国传媒大学)
64.中国人在一千多年以前就已经种植与使用石油了。(2018 年,中国传媒大学)
65.鸽子长途飞行,是经过主人长期训练而获得的。(2018 年,中国传媒大学)
66.他想到了自己刚刚那些话,心里也很后悔。(2018 年,中国传媒大学)
67.李四光 1937 年学成了名著《冰期之庐山》,对中国第四纪地质历史的研究开辟了新的篇章。(2013 年,中山大学)
68.局长嘱咐几个学校的领导,新学期的工作一定要有新的起色。(2023 年,安徽师范大学)
69.在当今信息技术飞速发展下,我们不懂电脑就无法生存。(2023 年,安徽师范大学)

(七)判断下列句子是否符合语法规范。(对的画√,错的画×)

1.老师从来没有为了我的成绩发过愁。(2019 年,厦门大学)
2.你是想喝咖啡还是想喝茶?(2019 年,厦门大学)
3.我的屋子乱狠了。得赶紧收拾一下。(2022 年,厦门大学)
4.有的同学对陌生人很冷淡。(2023 年,厦门大学)
5.老师明天要考我们的听力。(2023 年,厦门大学)
6.她年底生了一个孩子,男的。(2019 年,广东外语外贸大学)
7.报晓的公鸡是集合的信号。(2021 年,广东外语外贸大学)
8.上次我们对你照顾的太不周全了。(2021 年,广东外语外贸大学)
9.他突然跑到门外,对着很漆黑的旷野,"嗷、嗷"大吼了几声。(2021 年,广东外语外贸大学)

10.晚饭后我喜欢在校园里散散步,与同学聊聊天。(2021 年,广东外语外贸大学)
11.我大过他三岁。(2019 年,首都师范大学)
12.姜敏方方正正地打了个背包。(2019 年,首都师范大学)
13.每每想到那件事,我总是觉得对她不住。(2019 年,首都师范大学)
14.屋顶上一只喜鹊。(2013 年,首都师范大学)
15.老师,请你把字大一点儿。(2013 年,首都师范大学)
16.大家怀着一颗十分敬佩的心情聆听了他的报告。(2021 年,中山大学)
17.别忘了给车票他们。(2018 年,中山大学)
18.慢慢地,她就这样消失在我的视野中。(2018 年,中山大学)
19.请问你什么时候回去香港。(2024 年,中山大学)
20.大家请玛丽再唱一首,她又再唱了一首。(2021 年,中山大学)
21.有了 HSK 以后,找工作会容易一点。(2018 年,安徽师范大学)
22.希望这时我们可以见面。(2017 年,安徽师范大学)
23.学校通知,全校教职员工下午四点到东阶梯教室开会。(2018 年,安徽师范大学)
24.获得好成绩的学生给奖学金。(2017 年,安徽师范大学)
25.课余时间,我要么上上网,要么和同学一起逛逛街。(2023 年,安徽师范大学)

(八)判断有下划线词的词性

1.无论谁都说她好。(2017 年,北京外国语大学)
2.幸亏他已经来了。(2017 年,北京外国语大学)
3.这件事让他感慨万千。(2019 年,北京外国语大学)
4.今天的天气格外晴朗。(2019 年,北京外国语大学)
5.所有人都不知道他离开的理由。(2017 年,北京外国语大学)
6.这件事发生得太突然了。(2016 年,对外经济贸易大学)
7.我们已经向领导反映了这个问题。(2016 年,对外经济贸易大学)
8.我把你刚才说的电话号码忘记了。(2023 年,对外经济贸易大学)
9.这个月我已经跑了三趟北京了。(2023 年,对外经济贸易大学)
10.这件事最好你去,否则的话,就只有叫他去了。(2016 年,北京大学)
11.我已经说完了,信不信由你。(2015 年,北京大学)
12.这件事明明是他做的,可他就是死不承认。(2019 年,北京大学)
13.他会英语。(2019 年,中国传媒大学)
14.他会说英语。(2018 年,中国传媒大学)
15.他让人打了。(2020 年,中国传媒大学)
16.麻烦你让我一下。(2023 年,中国传媒大学)
17.我偶尔打一次球。(2023 年,中国传媒大学)

18.这也太偶然了。(2014 年,中国传媒大学)
19.今天的天气挺好。(2017 年,中国传媒大学)
20.仿佛一只雄鹰浮在天空中一般。(2019 年,中国传媒大学)
21.这件事他早晚会知道。(2021 年,中国传媒大学)
22.每人回答一个问题。(2019 年,首都师范大学)
23.鼓励发展民营企业。(2019 年,首都师范大学)
24.古人管眼睛叫“目”。(2019 年,首都师范大学)
25.他不过翻了翻,没有细看。(2023 年,首都师范大学)
26.事先打个电话来,就不至于白跑一趟了。(2021 年,南京师范大学)
27.先这样吧,有情况再来找我。(2019 年,南京师范大学)

(九)语法分析题

1.分析下列三个短语在结构和语法意义上的异同及原因。(2019 年,北京大学)
(1)吃了一个梨;(2)送了我一本书;(3)省了我一笔钱。

2.简要回答,为什么(1a)(2a)可以说而(1b)(2b)不可以说。(2023 年,北京大学)
(1)a 把衣服脱了　　b 把衣服穿了
(2)a 大冬大的　　b 大春天的

3.“老张有辆奔驰很得意”和“老张有条宠物狗很聪明”没有歧义,而“老张有个女儿很骄傲”则有歧义,请根据上述短语的语法语义特点予以解释。(2016 年,中国人民大学)

4.用简易加线法分析下列句子,主谓之间用“//”隔开,主语中心语用________表示,谓语中心用________表示,宾语中心语用下划的波浪线表示,定语中心语用(　　)表示,状语用[　]表示,补语用< >表示,插入语用下划△表示,兼语用双横线下加波浪线表示,分析到成分为止。(2015 年,中山大学)
(1)愚公下决心率领他的儿子们用锄头挖去这两座大山。(2023 年,中山大学)
(2)毫无疑问,照抄照搬别国经验,别国模式,从来不能得到成功。(2019 年,中山大学)
(3)生物存在于这个世界上的目的可能并不像我们原来想象的那么简单。(2015 年,北京大学)
(4)事实上,没有人能够勉强我做我不喜欢的事情。(2023 年,北京大学)
(5)李老师让同学们拿出课本。(2015 年,中央民族大学)
(6)老师问我《背影》的作者是谁。(2018 年,中央民族大学)

5.划分句子成分。
(1)层次分析法。
①我们年级昨天上午在教室举行了精彩的歌唱比赛。(2021 年,北京师范大学)

②这棵大树枝叶十分繁茂。(2015 年,北京师范大学)

③你把那杯茶端给我喝。(2015 年,兰州大学)

④做一个有理想有作为的青年。(2018 年,兰州大学)

(2)句子成分分析法。

①听说,公司派我去美丽的三亚。(2018 年,北京师范大学)

②王福的老婆是小琴的娘。(2015 年,北京师范大学)

6.分析“小李跟小王去看电影”中的“跟”与“小李跟小王借了十元钱”中的“跟”有什么不同。(2024 年,中国人民大学)

7.现在社会上经常流行一些诸如“瘦脸”“丰胸”“隆鼻”等词汇,这反映了古代汉语中的一种什么特殊语法现象,请用简洁的实例说明。(2023 年,中国人民大学)

8.分析“无论”与“哪怕”的异同。(2015 年,中国人民大学)

9.下列句子“他是坐飞机来的”“他是很有水平的”“他是教英语的”,找出句子的差异和特点,并进行总结概括。(2017 年,复旦大学)

10.判断下列句子适不适合使用。运用“了”的规律,分析下面的句子。(2023 年,复旦大学)

(1)他才学了三天,才学三天。

(2)他才来了三天,才来三天。

11.语法题:分析“一衣带水”“狐假虎威”的节律停顿与语法结构。(2023 年,暨南大学)

12.请简析以下两句话语义有何不同,这种不同是什么原因造成的。(2019 年,暨南大学)

A.老王到底是有经验,很快就知道问题产生的原因了。

B.到底是老王有经验,很快就知道问题产生的原因了。

13.比较“A.他上街买菜”与“B.他请人买菜”在结构上的异同。(2019 年,暨南大学)

真题精粹参考答案

(一)填空题

1.语序　2.能愿动词　3.疑问代词　4.语用　5.状态　6.插入语　7.语气词　8.实词、虚词　9.量词　10.时　11.副词　12.语气　13.区别　14.句子　15.动态助词　16.任指　17.变式　18.直接宾语/受事宾语　19.特指问　20.专用、借用　21.动态助词、语气词　22.同位　23.递进　24.递进　25.任指　26.主谓谓语句　27.联合式　28.中补式　29.虚指　30.条件　31.又　32.同音词　33.语序　34.联合　35.形容词、副词　36.程度　37.祈使　38.中补结构　39.假设

40.名量词、动量词、复合量词 41.祈使句、感叹句、陈述句、疑问句 42.情态补语 43.语义 44.区别词 45.进行、持续 46.动宾、受事宾语、中性宾语 47.前者是代谓词,后者是表示虚指的代名词 48.转折复句 49.并列 50.名宾动词、名谓宾动词 51.小张 52.目的 53.顺承 54.施事宾语 55.谓语 56.副词 57.使令式 58.任指 59.名词谓语句 60.反问 61.选择 62.条件 63.实词 64.状语 65.全句语气语调 66.虚词 67.指示代词 68.形容词 69.存现句 70.方向 71.联合复句 72.受事 73.假设 74.状语 75.偏正 76.趋向动词 77.语义关系不同 78.非主谓句 79.句类 80.兼类词 81.目的 82.功能类 83.句调 84.关联法 85.处所宾语

(二)选择题

1~5 DACCD 6~10 CCCDB 11~15 BABBB 16~20 CCABC

21~25 CDBDD 26~30 ACBAB 31~35 BCDCA 36~40 BCBCD

41~45 ADA 无 C 46~50 DBABA 51~55 BDBAB 56~60 DCBCA

61~65 BBBBD 66~70 BDCAB 71~75 CCDCA 76~80 DDADC

81~85 DAABC 86~90 BBBBC 91~95 BADAD 96~100 BBACC

101~105 CAACA 106~110 BACAD 111~115 BACCA

116~120 DBAAD 121~125 ADCCC 126~130 DCACA

131~135 ACDCA 136~137 AB

(三)判断题

1~5 √×√×√ 6~10 ×√×√× 11~15 ×××√×

16~20 √×××× 21~25 ××××× 26~30 ×××××

31~35 ×√×√× 36~40 √××√× 41~45 √√√√×

46~50 √×√×√ 51~55 √√√√√ 56~60 √√×××

61~65 ×√√√√ 66~70 ×√×√× 71~75 ××××√

76~80 ××√×× 81~86 ×√×××√

(四)名词解释

1.略。

2. 可能补语:可能补语由动词、形容词充当。可能补语有两种。一种是用“得”或“不得”充当,表示有无可能进行。另一种是在结果补语或趋向补语和中心语之间插进“得/不”(轻声),表示动作的结果、趋向可能不可能实现。(黄本)

3.动态指的是动作或在变化过程中的情况,表明是处在哪一点或哪一段上。动态,不是表示事件发生的时间。它可以表示事件在过去、现在或者将来的动态。动态又叫“体”或“情貌”。“着”用在动词、形容词后面,表示动作在进行或状态在持续;“了”用在动词、形容词后面,表示动作在进行或状态的实现,即已经成为事

实；“过”用在动词、形容词后面，表示曾经发生这样的动作或者曾经具有这样的性状。（黄本）

4. 词类是词的语法性质的分类。划分词类的目的在于说明语句的结构规律和各类词的用法。分类的依据是词的语法功能、形态和意义三方面，就汉语来说，语法功能是主要依据，形态和意义是参考的依据。三者合称为词性。（黄本）

给词分类，可以用不同的标准。不同的标准决定于不同的目的。语法上区分词类的目的是为了指明词的外部结构关系，说明语言的组织规律，因此，分类的基本根据是词的语法功能。（胡本）

词，可以从不同的角度、依据不同的标准加以分类。语法上所说的词类，是指词的语法分类。词的语法分类，根据的是词的语法特征。词的语法特征包括词的形态、组合能力、造句功能三方面表现出来的特征。（邢本）

5.略。

6.略。

7. 即中补（后补、正补）短语。

中补短语由有补充关系的两个成分组成，前面被补充的部分是中心语，由谓词充当；后面补充部分是补语，也由谓词充当，起述说的作用，能回答“怎么样”的问题。有的补语前头有助词“得”作标志。（黄本）

后补词组由两个部分组成，后一部分补充说明前一部分。（胡本）

正补短语由两个部分组成，前正后补，正的部分是中心语，补的部分是补语，组成部分之间有补充和被补充的关系。（邢本）

8.情态补语：情态补语表示由于动作、性状而呈现出来的情态。中心语和补语中间常用助词“得”。情态补语的作用有两种：有的用作描写，用状态形容词或谓词性短语；有的用作评价，只用性质形容词。这两种补语的语义分别表示施事、受事或动作的某种状态。补语前有时用“个”“得个”。用“个”字，中心语后面有可能加上“了”；用“得”字的补语在一定的语境里可以省去，如“把你美得”，这种句子表示的是，或者有无需或无法形容的意味，让对话者自己体会。

结果补语：结果补语表示因动作、行为导致的结果。结果补语常用的是形容词，少数用动词和动词短语。结果补语前头不用助词“得”。结果补语的语义指向并不都是指向它的中心语，有的是指向主语或宾语，而有的也指向泛指的或在上下文中出现的人或物。

9. 略。

10.句类是句子的语气类，即根据全句语气语调分出来的类。句子根据语气可以分为四种类型，即陈述句、疑问句、祈使句和感叹句。（黄本）

按照句子的语气，可以分为陈述句、疑问句、祈使句和感叹句，一般称之为句类。（胡本）

句类是从语气的角度划分出来的类,是语气类。(邢本)

11.略。

(五)简答分析题

1. 在交际中出于修辞或语用上的需要,故意减省了句法成分或调换成分的位置,这些变化了的句型叫变式句。变式句可分为①省略句,如:他上哪儿了?( )上公园了。②倒装句,如:怎么了,你?(黄本)

2.“一直”表示动作行为或状态持续不变。所谓持续不变有三种情况。第一,表示动作行为或状态的持续是不间断的。如果是动作,一般是在较短的时间内,如“上午他一直在写小说,没有休息过”指的是不停地写;如果是状态,可用在较长的时段,如“我一直爱着他”;第二,表示间断性的持续。即表示在一段时间里,相同的情况反复出现。例如“这几年,他一直在家写小说,没有出来过”,表示“写小说”这种活动,持续反复地出现;第三,表示在相同的情况持续反复地出现。

“总是”表示的是动作行为或状态的反复出现,不能表达不间断的持续。

“一直”强调持续,“总是”强调反复多次。

3.略。

4.“突然”作形容词,表示情况发生得很急促而且出人意料,可以受“很、太、十分、非常、特别”等修饰。如:事情变化太突然了。作副词,表示急促而且出人意料,所修饰的动词、形容词的前或后要有其他成分,如:灯突然亮起来了。

“忽然”表示情况发生地迅速而且出人意料,只能作副词,修饰动词谓语部分,很少用在主语前。如:他突然大笑起来。

5.略。

6. 动词和介词都带有宾语,很容易混淆,尤其是一些词如在、到、给、跟、比等常常兼有动词和介词两种词类,在具体语境中只能是一种用法。怎样区别判断在具体语境中的某词是动词还是介词呢?可用以下二种方法:①动词可以单独作谓语;而介词不能单独作谓语,只能构成介宾短语之后作谓语的连带成分。例:真理在人民一边(“在”是动词单独作谓语),在黑板上写字(“在”是介词,与黑板上构成介宾短语做写的状语)。②动词可带动态助词“着、了、过”。例:到北京了。到了北京了。(√动词) 到北京去。不能在“到”后加“了”。到了北京去。(×介词)三是动词可以重叠,介词不能重叠。例:咱俩比速度。可写成“咱俩比比速度”。(√动词) 我比你高。不能写成“我比比你高”。(×介词)

7.“山、水、鸟儿、人家、书”是物质名词,单复数同形,前面可以用数量短语修饰,后面不能接“们”表示群体的语法意义;“朋友、青年、老师、同志”是个体名词,单复数不同形,前面可以用数量短语修饰,后面可以加“们”表示群体的语法意义,比如“朋友们、青年们、老师们、同志们”。

8.语法歧义:语法结构关系和语义关系不同造成的歧义。语法结构关系不同表现成句法成分不同,语义关系不同表现成语义成分或语义角色如施事、受事等的不同。“学习文件”,结构关系上划分为动宾短语和偏正短语。语义关系不同,如“鸡不吃了”,是主谓短语,语义上“鸡”是受事,意思是“不吃鸡了”,“鸡”是施事,意思是“鸡不吃东西了”。结构关系和语义关系都不同,如“咬死了猎人的狗”,是动宾关系,“狗”是受事,意思是“猎人的狗被咬死了”;是偏正关系,“狗”是施事,“猎人”是受事,意思是“狗咬死了猎人”。

歧义有主要由口语与书面的差别造成的,有主要由多义词造成的,还有语法关系造成的(语法歧义)。语法歧义有以下情形:

(1)语法组合层次不同造成歧义。如:①“我们三个人一组”,可理解为“我们/三个人一组”或“我们三个人/一组”。②“这份报告,我写不好”,可理解为“这份报告,我/写不好(能力有限)”,也可理解为“这份报告,我写/不好(可能由于身份等因素)”。

(2)结构关系不同造成歧义。如:①“进口彩电”,可理解为动宾关系,也可理解为偏正关系。②“学生家长”,可理解为并列关系,也可理解为偏正关系。

(3)词类不同造成歧义。如:①“我要炒肉丝”,“炒”可理解为动词或形容词。②“饭不热了”,“热”是动词,意即不用热饭了,凉的也可以吃;“热”是形容词,意即饭凉了。③“他原来住在这里”,“原来”做名词,意即他以前曾住在这里;“原来”做副词,意即没想到他就住在这个地方。④“县里通知说,让赵乡长本月15日前去汇报”,“前”做形容词,表以前之意,时间范围大;“前”做动词,表往前走之意,则只能在15日这一天去县里。

(4)句子成分残缺造成歧义。如:①大家对护林员揭发林业局带头偷运木料的问题,普遍感到非常气愤。因为在“揭发”后随意省去一个“的”字,使文意中心可以前移,造成歧义。既可理解为大家对林业局带头偷运木料一事气愤,也可理解为对护林员揭发这个问题的行为气愤。如果加上这个“的”字,中心限制在“林业局带头偷运木料的问题”上,文意就明确了。②买车、船、饭票在服务台。此句在“车”后、“船”后丢掉“票”字造成歧义,可理解为车票、船票和饭票,也可理解为买车、买船和买饭票。

(5)口语中轻重音不同也可造成歧义。如:“他一个早晨就写了三封信”,“就”轻读,是说他写信写得快;“就”重读,则说他工作效率低,只写了三封信。

9. 分句间有选择关系,有的分别说出两种或几种可能的情况,让人从中选择,这叫未定选择,这类选择复句又分数者选一(又称任选)或二者选一(又称限选)两类;有的说出选定其中一种,舍弃另一种,这叫已定选择,又称决选,这类选择复句又分为先舍后取、先取后舍两类。例如:

(1)或者你去上海,或者你去南京,或者你哪里都不去。(未定选择、任选)

(2)他是忘了,还是故意不来?(未定选择、限选)

(3)不是鱼死,就是网破。(未定选择、限选)

(4)与其夸大胡说,还不如宣布"我不知道"。(已定选择、先舍后取)

(5)我宁可自己多做些,绝不愿意把工作推给别人。(已定选择、先取后舍)(黄本)

10.略。

11.略。

12.略。

13.参见本章"重难点剖析"24。

14.(1)副词,表示出乎意料。指本来不应该发生的事竟然发生。

如:事情过了才几天,他居然忘了。

(2)指本来不可能发生的事竟然发生。

如:居然有这样的事?我不信。

(3)指本来不容易做到的事竟然做到了。

如:俩人性格完全不同,居然成了好朋友。

15."我们单位就订了五份杂志"可以理解成"光我们单位就订了五份杂志",订杂志的人很多,或者理解成"我们单位才订了五份杂志",订的太少了。

歧义的原因:"就"的语义指向不同。指向我们单位,表示强调订的主语;指向五份,就强调订的很少。

消除歧义:改为"光我们单位就订了五份杂志",或者是"我们单位只订了五份杂志"。

16.疑问代(名)词的主要用途是表示有疑而问(询问)或无疑而问(反问、设问)。疑问代名词也可不表疑问,引申为任指和虚指两种用法。①任指表示任何人或任何事物,说明在所说的范围内没有例外。例如:谁也听不懂他说什么。②虚指指代不能肯定的人或事物,包括不知道、说不出或不想说出的。例如:我好像在哪儿见过这个人。(黄本)

17. 有些动作行为动词可以重叠,表示短促动作的动量小、时量短或尝试、轻松等意义,限于表示可持续的动作动词。单音动词的重叠式是 AA 式,如"说说";双音动词的重叠式是 ABAB 式,如"研究研究";有些动宾式合成词的重叠式是 AAB 式(散散步);AA 式重叠后常加"看",表示"尝试",使语气缓和,如"尝尝看"。(黄本)

18.略。

19. 20 世纪 80 年代开始,由于受到国外语法新理论的启发,我国学者结合汉语语法研究的实际,明确提出了语法研究的三个层面的新理论。这里的"三个层面"也叫"三个平面",指句法、语义、语用,有的学者称为"结构、语义、表达"三个方面,有的学者称"语表、语里、语值"小三角。这种理论认为,语法研究应该包括句法分析、语义分析和语用分析三方面的内容,三者并不是在平行等立的平面上,应属于不同的层面。应该分清三者并结合起来研究。在语法研究的过程中,把三者区分清楚,有助于拓宽语法研究的视野;把三者结合起来,能把语法研究从描写推向解释,使语法分析逐步深化,也就是把语法研究推向深入、全面。“三个平面”分析具体包括:①句法分析:找出句法结构中的句法成分,指明构成成分的词语类别和词、语、句的整体类型或格式等,也就是对语法单位之间的结构关系和语法单位的类型进行分析。②语义分析:指出句中动词与有关联的名词所指的动作与事物之间的语义关系,并对与语法有关的客观事理关系的分析。③语用分析:包括话题和说明、表达重点、语境、省略和倒装、语气和语调等的分析,也就是语言符号与它的使用者、使用环境之间的关系的分析。(黄本)

20.词类活用是指A类词临时借用作B类词。如:老栓,就是运气了你。句中“运气”本是名词,带了宾语,活用为动词。兼类(也称“同形异类”),是指词的形式相同,但实际上属于不同的词类,在甲语法环境中是A类,在乙语法环境中是B类,在丙语法环境中是C类。同形异类,其实是就语言(静态)层面而言的。从言语(动态)层面来说,一个同形异类词一旦进入具体的句子,它的类属就确定了下来。属A类的,就不会再是B类或C类;属B类的,就不会再是A类或C类。如:①他在家学习。(“在”为借词)②他在家。(“在”为动词)③他在学习。(“在”为副词)

词类活用不同于词的兼类。兼类词的词性是比较固定的,而词类活用只是一种临时的借用,其词性是不固定的,如果脱离了它所活用的语言环境,它仍然是原来的词性。(邢本)

(六)修改病句并说明理由

1.“苏醒”是不及物动词,不能用于“把”字句中。应改为“抢救”。

2.缺少与“不但”相呼应的关联词语,应在“提高了产品质量”前加上“而且”。

3.约数助词“左右”滥用。句子已经说明是不超过一千字,有明确范围。删去“左右”即可。

4.滥用连词“和”,句子中应为递进关系,应改为连词“而且”或“并且”。

5.形容词“灿烂”应是笑容的修饰语,而不是修饰“露出”的动作,应改为“她露出了灿烂的笑容”。

6.“作为”不能受“被”的修饰。“被”字句的动词一般具有处置性。将“作为”改为“当作”。

7.改为“这究竟是为什么”。“究竟”是副词作状语,可以用在问句里表示追究原委、到底的意思,“毕竟”表示追根究底所得的结论,一般用在肯定句里。

8.改为“他每天给他妈妈打两次电话”。“两次”是动量短语作补语,要放在动词“打”的后面。

9.改为“我等了他一个小时”。“一个小时”是“等”的补语,“他”是“等”的宾语,要放在“等”的后面。

10.改为“今天天气有点儿冷。”“一点儿”一般放在形容词后面,“有点儿”一般放在形容词前面。

11.主谓搭配不当。“香山的秋天”不是“地方”,应改为“秋天的香山是令人向往的地方”。

12.“贡献”和“义务”动宾搭配不当。应改为“为了祖国的强大,我们要贡献自己的力量,履行自己的义务”。

13.滥用动词“使”使句中主语残缺。应删去“使”。

14.补语使用错误。应改为“我高兴极了”。“透”和“极”作补语,都表示程度很深,“透”多表示贬义。

15.“帮忙”是离合词,可以合起来用也可以分开用,不能直接带宾语。其他成分要放在离合词中间。应改为“谢谢你帮我这么多忙”。

16.介词误用,应将“对于”改为“关于”。“对于”着重指出对象,“关于”着重指出范围。这里是指出书的内容是语法方面的,所以应用“关于”。

17. 连词误用。“尽管”后面只能跟一种情况,“不管”后面才能跟两种以上的情况。所以应将“尽管”改为“不管”。

18.存现句的人或物段一般是不定指的,所以不能出现定指的。应改为“门外走进来老师”。

19.定语的排列顺序错误。数量短语应置于表示领属的词语后面。应改为“中国一个有意义的地方”。

20.“把”字句后面的动词常有处置义,“学”不合适。应改为“我学中文学得很努力”。

21.动词重叠表示时量短或动量少,有尝试的意义。一般不能作定语。应改为“我要讲的故事是在美国发生的”。

22.应改为“不能来上课”。“能”表示客观情理或某种环境上不允许,“会”表示没有这种可能性,主观上没有这个意思。“感冒”是客观条件,是导致不能上课的原因,所以应该用“能”。

23.应改为“我搬不动那么重的箱子”。“搬不动”是可能补语,而“把”字句的动词要求对受事产生一种确定的影响,因而两者矛盾。

24.前后分句搭配不当。应改为“他打电话让我快点来,演出马上就要开始了”。“早点”表示提前做准备,这里表示“赶快、尽快”的意思,时间很紧,演出很快就开始,应该用“快点”。

25.“进去”表示动作离开说话人所在地,这里是要表趋向,人或事物随着动作进入某处,形式为:进+名(处所)+去/来。应改为“玛丽进教室去了”。

26.“快要”时间副词,表示动作还没发生,很快就要出现某种情况,时间比较接近,所表示的时间范围是模糊的,“下星期”具体的时间点,不能用“快要”,而应该用就要。应改为“姐姐下星期就要结婚了”。

27.“见面”是离合词,一般不能直接接宾语,而可以和介词搭配引出宾语。应改为“我已经很久没有跟我的女朋友见面了”。

28.“把”字句的动词要求具有处置义,“洗洗”是动词的重叠式,表示动量少或时量短,用在“把”字句中不合适。应改为“妈妈把我的衣服洗了”。

29.语义表达重复。“触及”就有接触到的意思,应删去后面的“到”。

30.语序错误。会议桌既可以用来“接待客人”,也可以用来“开会”,应改为“供接待客人和开会之用。”

31.动宾搭配不当。“发扬”和“水平”不能搭配,可以改为“中国队在比赛中发扬了风格,赛出了水平”。

32.句式杂糅,前后牵连。应改为“造成肥胖的主要原因是循环不畅引起的缓慢的新陈代谢”。

33.“不仅……而且……”是表示递进关系的关联词,而前一分句的意思比后面一句却更进一步。应改为“张教授的研究成果不仅填补了国内在这方面的空白,而且在国际上处于领先水平”。

34.应将“再”改为“才”。说话人说这句话的预期是想表达“他”是在看完电影以后离开的,是基于这个条件,所以应该用“才”。

35.最后一分句主语残缺。整句的主语为“民警”,但是最后一分句的主语应该是“兰兰”,所以应在最后一句前加上“兰兰”即可。

36.主谓搭配不当,应删去“庄稼的收成”。

37.“到达”是主动性的动词,不能用于“物资”。应改为“这些紧俏物资被准时送达了南京”。

38.错用关联词语。“尽管”必须是确定的词语,应改为“不管”。

39.连词使用错误。“或者”表示选择只用于陈述句中,在疑问句表示选择应用“还是”。

40.后半句主语残缺,前面加上一个“她”即可。

41.动词“代表”不能直接被程度副词“最”修饰,应在“代表”前加能愿动词“能”。

42.动宾搭配不当。应是“指出了我的错误”。

43.习惯性动作后面不加“了”。“了”是表示情况发生变化。删去“了”即可。

44.“做饭”后面不能接补语。应用“把”字句而没用。应改为:我回家时,妈妈已经把饭做好了。

45.当句中既有宾语也有补语时,应在补语前重复宾语前的动词以免“宾补争动”。应改为“她终于说汉语说得很流利了”。

46.“把”字句后的动词具有处置义,要使受事产生具体的影响。这里应在“喝”的后面加上“完”。

47.“收拾”不具有处置义,不能单用。应在后面加上“干净”。

48.强调已知信息的局部未知信息,应用“是……的”句式,将“了”改为“的”即可。

49.“洗澡”是离合词。“一次”是“洗澡”的动量,应置于“洗澡”的中间。改为“我每天洗一次澡”。

50.谓词性词语作定语应置于中心语之前。应改为“现在等车的人很多”。

51.语序有误。时间状语应置于动词前,将“从三点起”置于“复习”前即可。

52.主谓搭配不当。“美好”一般不能用于形容天气,改成:今天天气很好。

53.谓语残缺。应改为“没想到你在这儿”。

54.语义表达有误。应该是我们对爬行类这个名词不熟悉,应改为“爬行类这个名词,可能对我们来说不太熟悉”。

55.当句中出现多个动作时,“了”应置于句子最后,用来使语义完足,所以将“了”放在句末即可。

56.“心情”不能用“敬佩”来修饰,改为“敬重”。

57.表否定的副词应置于“把”字前,应改为“我的翻译水平不比其他人高”。

58.滥用介词+方位词结构使主语残缺,去掉“在……下”即可。

59.“把”字句的动词要求对受事产生确定的影响,而“听得懂”是可能补语,与“把”字句的使用相矛盾,应改为“怎么能听得懂上海话”。

60.句式杂糅,前后牵连。应改为“我建议把文章的标题改为‘作品不是商品’,这样便恰如其分了”。

61.主语残缺。缺少“受益”的对象。可改为“让人受益可不浅啊”。

62.应将“又”改为“再”。“又”是表示动作重复发生,多用于相同和并列的关系中,而“再”表示多次,更多用于承接和递进关系中。所以应该用“再”。

63.句式杂糅。应改为“考场设在一间古色古香的大厅里,考试在这里举行”。

64.动宾搭配不当,“种植”不能和“桐油”搭配,删去“种植”即可。

65.句式杂糅。应改为“鸽子长途飞行,是经过主人长期训练,它才获得的”。

66. 副词使用错误,相对于“现在”而言的是“刚才”,与“很久前”相对的才是“刚刚”,这里明显是相对于“现在”,所以应该用“刚才”。

67.“对”是用在对待关系中的,这里应用“为”。

68.句子有歧义。“几个学校的领导”是来自好几个学校的领导,还是学校的几个领导,表义不清楚,应改为“局长嘱咐学校的几个领导”。

69.“在……下”中间不能使用动宾结构的谓词性成分,应改为“在当今信息技术飞速发展的形势下”。

(七)判断下列句子是否符合语法规范

1~5 ×√×××　6~10 √×××√　11~15 ×××××

16~20 ××√××　21~25 √×√××

(八)判断加横线处的词的词性

1.连词　2.副词　3.动词　4.副词　5.代词　6.形容词　7.介词　8.名词　9.量词　10.结构助词　11.动词　12.副词　13.动词　14.能愿动词　15.介词　16.动词　17.副词　18.形容词　19.副词　20.比况助词　21.副词　22.指示代词　23.区别词　24.介词　25.副词　26.副词　27.指示代词

(九)语法分析题

1.(1)句式结构为动词+数量+宾语。

(2)句式结构为动词+了+宾语+数量+宾语。

(3)句式结构为动词+了+宾语+数量+宾语。

从语法结构看,第一个句子是动宾,第二个是双宾,第三个有两种可能。

在语义上,第一个是吃梨,是动作与对象之间关系,第二个句子是动词与直宾与间宾之间的三角关系,“送书”,我是个获取者,书有个转移过程。第三个句子中,如果钱本来不是我的,可以理解为双宾,但如果钱和我本身就有领属关系,则可以理解为单宾。

2.“把”字句的动词具有处置性,动词对受事有积极影响,并对处置结果有内在要求。“穿”是个获益类动词,而“脱”是个去除类动词,这两个动词的性质决定他们后面的补充成分,如果把“穿”改成“穿上”,带上补充成分,便可成立。而“脱”本身具有去除、处置义,所以不加补充成分也可以。

(2)句中的b句不成立是因为与认知有关系,认知凸显度不同。冬夏气候给我们的身体感知性强,有起伏;而春秋是我们理想气候,起伏不太大,起伏不大,所以没有“大~”的结构。

3.“老张有辆奔驰很得意”,“得意”这是人才能发出来的动作,所以语义指向为老张。

“老张有条宠物狗很聪明”,“聪明”这个词虽然可以修饰老张,也可以修饰狗,但是老张的聪明与是否有小狗并没有因果关系,所以“聪明”也只能指向小狗。

“老张有个女儿很骄傲”,“骄傲”可以有两个语义指向,第一个是老张因女儿而感到骄傲,第二个是老张的女儿很骄傲。

总的来说,是搭配和语义指向问题造成的歧义。

4.略。

5.略。

6.“小李跟小王去看电影”中的“跟”是指“和、一起”的意思,是连词。

“小李跟小王借了十块钱”中的“跟”是指向,表处所,是介词,后面接对象。

7.“瘦脸”“丰胸“隆鼻”反映了古代汉语的使动用法。使动用法是指谓语动词“使宾语怎么样”的意思,“瘦脸”可以翻译成“使脸瘦”,“丰胸”是使胸丰满,“隆鼻”是使鼻子隆起。

使动用法分为动词的使动、形容词的使动和名词的使动。动词的使动用法一般只限于不及物动词。不及物动词本来不带宾语,用于使动时,后面就带有宾语。如“项伯杀人,臣活之”中的“活”就是指“使之活”;形容词使动是指,它使宾语所代表的人或事物具有这个形容词的性质或状态。如“春风又绿江南岸”中的“绿”是指使江南岸绿。名词的使动是指使宾语所代表的人或事物成为这个名词所代表的人或事物。如“纵江东父老怜而王我,我何面目见之”中的“王”是指使我成为王。

8.都是连词,都表示假设兼让步。

“哪怕”的用法和“即使”基本相同,前后两部分指相关的事情。前面常表示假设,后面表示结果不受这种情况的影响。例如“哪怕下雨也得去上学”。前后两部分指同一件事情,后一部分表示退一步的估计,如“哪怕下雨也不会太大”;表示一种极端的情况,前后两部分只是一个主谓结构,前一部分名词或介词短语,如“哪怕一口水也好”。

“无论”用于表示有表示任指的疑问代词或有表示选择关系的并列成分的句子里,表示在任何条件下结果或结论都不会改变,后面有“也”或“都”呼应。“无论”引进的是一个小句,如:无论困难多大,也吓不倒他们。“无论”引进的是短语。如“无论成与不成,后天一定给你回电话。”

9.“他是坐飞机来的”句式为主语+是+动词+的,表示对主语的描写或说明,有加重的语气。一般不用于否定句。动词前一般有修饰语,“是”可以省略。

“他是很有水平的”句式为主语+是+形容词+的,表示对主语的描写或说明,有加重语气,一般不用于否定句,形容词前一般有修饰成分,或是重叠形式。“是”可以省略。有些句子里的形容词没有修饰成分,如“事先提醒是必要的。”

“他是教英语的”句式为主语+是+动词性成分+的,后面是一个“的”字短语,具有名词性质,本句的意思是教英语的人。

10.(1)中的两个句子都可以使用,但是意思稍有差别。“他才学了三天”的意思是他现在仍在学习,而“才学三天”不确定他现在是否还在学。

(2)中的第一个句子不适合使用,第二个句子适合使用。因为“动词+了+时量补语”这个结构表示的意思是从动作的开始到结束一共多长时间,所以动词一般是延续性动词,如(1)中的“学”,而“来”是短暂性动词,不可持续三天,所以不用加“了”。

11.一衣带水：停顿是一衣带/水，其中“一”字重读；语法结构是一衣带/水，意思是像一条衣带那样的水，一衣带做水的状语。

狐假虎威：停顿是狐/假/虎威，“狐”和“假虎威”是主谓的关系，假虎威又可以分为“假/虎威”，前后关系是动宾。

12.陆俭明的《现代汉语语法研究教程》在语义指向分析时提到，副词“到底”跟“究竟”一样，在疑问句中作状语时，在语义指向上有两个特点，一是它在语义上所指向的成分必须是一个有形的疑问成分，二是它在语义上只能指向它后面的成分，不能指向它前面的成分。A 句中的“到底”指向的是“有经验”的意义，b 句中的“到底”指向的是“老王”。

13.A.“他上街买菜”是连动句，“上街”和“买菜”连动。

B.“他请人买菜”是兼语句，“人”是兼语，作为“请”的宾语和“买菜”的主语。

第五章　语　　用

一　本章要点

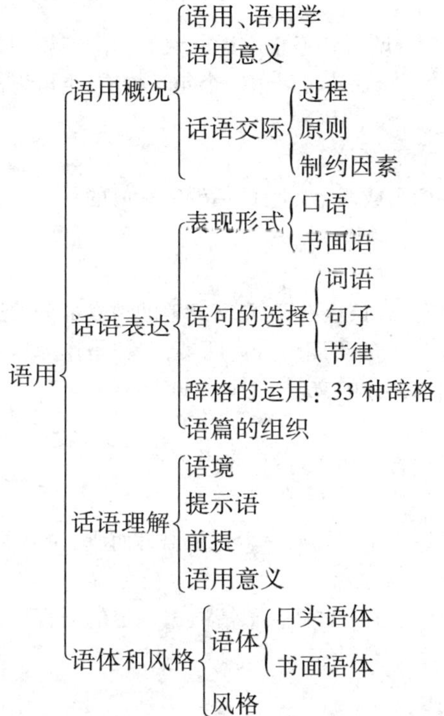

二　知识点精讲

(一) 基本概念

1.语用

语用具体表现为在一定的语境条件下，说话人运用语言恰当地表达，听话人

准确地理解并积极地回应这样一个动态过程。其直接结果就是把抽象的语言符号变成具体的话语。(邢本)

2.语用学

语用学是研究语用即言语交际活动及其规律的学科。它重点研究言语交际者在特定语境条件下如何利用语境,准确而得体地运用语言和理解语言。主要包括言语交际的过程和原则、语用意义的获得及推导、制约言语交际的因素、话语的表达和理解、语体和风格等。(邢本)

3.语用意义

语用意义指言语交际中的话语在具体语境中所获得的临时性含义。它是话语的言下之意、弦外之意。(邢本)

4.话轮

话轮是指会话过程中说话人从开始说话到停止说话所说的一个连续性的话语片断。它是会话的最小结构单位。一个话轮可以由一个句子构成,也可以由句群甚至长篇大论构成。(邢本)

5.话轮对

会话中,由不同的说话人所说的两个或两个以上的话轮所构成的一个引答式话语片断。它是会话的基本结构单位。(邢本)

6.话语

就是言语成品,具体说,是指能切分成长短不等、意义完整的独立部分的连续体。从表现形式的角度,话语从表现形式的角度可分为两类,一类是作为口语组成部分的话段,一类是作为书面语组成部分的文段。(邢本)

7.口语

口语指语言存在的口头形式,以语音为物质材料。(邢本)

8.书面语

书面语指语言存在的书面形式,以文字为物质材料记录语言而成。(邢本)

9.话语表达

话语表达是说话人或写作者把所要表现的思想感情通过一定的语言形式组织成话语的过程。(邢本)

10.整句

整句是由长度和结构相近的若干句子组成的言语单位。(黄本)

整句是排列在一起的一对或一串结构相同或相似、语气一致的句子。(胡本、邢本)

11.散句

散句是由长短不齐、结构相异的若干句子组成的言语单位。(黄本)

散句是句子的结构方式各不相同,句形长短不一、语气各异的一组句子。(胡

本、邢本)

12.长句

长句是指词语多、结构复杂、形体较长的句子。(黄本)

长句一般指的是形体较长、结构比较复杂的句子。(胡本、邢本)

13.短句

短句是指词语少、结构简单、形体较短的句子。(黄本)

短句一般指形体较短、结构比较简单的句子。(邢本、胡本)

14.肯定句

肯定句是对主语所指的人或事物做出肯定判断的句子。(黄本)

肯定句是对事物做出肯定判断的句子。(邢本)

15.否定句

否定句是对主语所指的人或事物做出否定判断的句子。否定句有单重否定句和双重否定句。(黄本)

否定句是对事物做出否定判断的句子。(邢本)

16.主动句

主动句是以施事作主语的句子。(黄本)

17.被动句

被动句是以受事作主语的句子。(黄本)

18.辞格

辞格也称“修辞格”“修辞方式”和“修辞格式”,是在语境里巧妙运用语言而构成特有模式以提高表达效果的方法。(黄本)

辞格即修辞格,是为提高话语表达效果而运用的一些特殊的修饰方式。(邢本)

19.比喻

比喻就是打比方,是用本质不同又有相似点的事物描绘事物或说明道理的辞格,也叫“譬喻”。比喻的基本类型有明喻、暗喻和借喻。(黄本)

比喻就是打比方,即根据不同事物之间的相似性,用乙事物来说明描摹甲事物。甲是本体(被比方的事物),乙是喻体(用来打比方的事物),中间常有连接本体和喻体的比喻词。比喻的基本类型有明喻、暗喻和借喻。(邢本)

20.比拟

比拟是根据想象,把物当作人,把人当作物,或把甲物当作乙物来描写。比拟分为拟人、拟物两类。(黄本、邢本)

在运用语言时,把人的思想感情灌注在无生物或生物身上,把它写得跟人一样,这种手法叫“拟人”。(胡本)

21.借代

不直说某人某事物的名称,借同它密切相关的名称去代替这种辞格叫借代,

也叫“换名”。(黄本)

用另一个与某人某事物有密切关系的词语,来代替原来表示某人或某事物的词语,这就是相关的借代。避忌的借代是用委婉的词语来代替对某事物的直接说法,有的书上叫“避讳”或“婉曲”。“相关的借代”和“避忌的借代”统称为“词语的代用”。(胡本)

不直接说出要说的人或事物,而借与之有密切关系的其他人或事物来代替。(邢本)

22.夸张

夸张是故意“言过其实”,对人或事物作扩大或缩小或超前的描述。(黄本、邢本)

夸张的手法,就是运用超出客观事实的语言来渲染强调这个事物,以求给人突出的印象。(胡本)

23.对偶

对偶是结构相同或基本相同、字数相等、意义上密切相连的两个短语或句子,对称地排列。(黄本)

用一对字数相等、结构相同的语句来表达相同、相关或相反的意思,就是对偶。(胡本)

对偶是用一对字数相等、结构相同或相似的短语或句子对称组合起来表意。(邢本)

24.排比

把结构相同或相似、语气一致、意思密切关联的句子或句子成分排列起来,使内容和语势增强,这种辞格叫排比。(黄本)

排比是用几个结构相似的并列语句,把相关的意思连续地说出来的一种修辞手法。有的在意思上是递进的,语句之间有轻重、大小、先后之分的,仍是排比句。(胡本)

排比是由三个或三个以上的意义相关、语气一致、结构相同或相似、音节数相同或相近的一串词、短语或句子(分句)连用表意的辞格。(邢本)

25.反复

为了突出某个意思、强调某种感情,特意重复某个词语或句子,这种辞格叫反复。反复可分为连续反复和间隔反复两类。(黄本)

在一定的语言环境里,为了强调突出某个事物或人物的不同情态,把句子或句中的某个成分反复使用,以加强语言的表达效果。书中认为,有的并不是字面上的重复,而是运用同义词语,表示意义上的强调仍然可以看作是反复。如:“小桃兰跳起来,用手指在脸上羞她‘不害羞,不脸红,一个闺女家说些啥?’”中的“不害羞,不脸红”也是反复。(胡本)

反复是特意重复要突出某些内容或某种思想感情的词语或句子的辞格。反复可分为连续反复和间隔反复两类。(邢本)

26.顶真

用上一句结尾的词语做下一句的起头,使前后的句子头为蝉联,上递下接,这种辞格叫顶真,也叫"联珠"。(黄本)

顶真是前后几个语句之间,由相同的语言成分衔接上下两句,上递下接,使得结构紧密,语意连贯,声音流畅的一种修辞手法。(胡本)

顶真是把前一语句末尾的词语作为下一语句的开头,使前后语句首尾蝉联,以突出事物、道理之间环环相扣、递相依存的有机联系,并求得语势连绵贯通、层层推进的表达效果的一种辞格。(邢本)

27.回环

把前后语句组织成穿梭一样的循环往复的形式,用以表达不同事物间的有机联系,这种辞格叫回环。(黄本)

回环是在顶真的基础上,再让最末一句结尾的词语同第一句开头的词语相同,形成一个封闭的"环",以突出事物之间的相互依存关系,并求得语势回环往复的效果的一种辞格。(邢本)

28.引用

援引他人话语,以说明问题、描绘事物的辞格叫引用。引用从形式上可分为明引和暗引两种。(邢本)

29.仿拟

仿拟:仿词是仿拟形式之一,仿拟也叫"仿化",还包括仿句和仿调。(黄本)

仿拟包括仿词和拟句两大类。仿词就是比照已有的词语,通过联想临时仿造出新的词语,如"新闻—旧闻";拟句则是比照现成的诗文名句,抽换其中的某些词语仿造出新的句子。(邢本)

30.飞白

飞白是明知其错而将错就错,有意把白字、别音等如实地记录或援引下来的辞格。(邢本)

31.镶嵌

镶嵌是将有关的词语整体或分别嵌入到句子的相应位置上的辞格。(邢本)

32.仿词

根据表达的需要,更换现成词语中的某个语素,临时仿造出新的词语,这种辞格叫仿词。仿词是仿拟形式之一。(黄本)

为了增强语言的表现力,达到诙谐、讽刺等效果,在特定的环境里,更换现成词语中的结构成分,临时仿造出新的词语来,叫"仿用"。(胡本)

仿用就是比照已有的词语,通过联想临时仿造出新的词语,如"新闻—旧

闻”。(邢本)

33.双关

利用语音和语义的条件,有意使语句同时关顾表面和内里两种意思,言在此而意在彼,这种辞格叫双关。(黄本)

双关是依靠语言环境的帮助,利用语言的声音或意义上的联系,使一句话同时关涉到两个事物的一种修辞手法。(胡本)

在一定的语境中,利用词语的同音性或语义的多指性条件,有意地使词语或句子兼有两重意思,言在此而意在彼,这种辞格叫双关。(邢本)

34.反语

故意使用与本来意思相反的词语或句子来表达本意,这种辞格叫反语,也叫“倒反”或“反话”。(黄本)

由于表达的特殊需要,有时故意说一些反话,让字面意思跟心里的意思相反,使词语的感情色彩临时起了根本变化。(胡本)

故意运用与本来意思相反的词语或句子来表意的辞格叫反语。(邢本)

35.拈连

利用上下文的关系,把用于甲事物的词语巧妙地用于乙事物,这种辞格叫拈连,又叫“顺拈”。(黄本)

在叙述甲、乙两个有关联的事物的时候,把适用于甲事物的词语,临时顺势用于乙事物。这就是词语的顺势移用。(胡本)

利用上下文的语势联系,把适用于甲事物的词语拈来顺势连用于乙事物的辞格叫拈连。(邢本)

36.婉曲

有意不直接说明某事物,而是借用一些与某事物相应的同义语句婉转曲折地表达出来,这种辞格叫婉曲,也叫“婉转”。婉曲可分为婉言和曲语两类。(黄本)

避忌借代:在一定的语言环境里,有时遇到自己不愿说,或不便说,或是人家犯忌的东西,就故意避开直接表达这些事物的词语,改用与之相关的比较含蓄委婉的词语来代替。(胡本)

37.设疑

说话时特意把关键性的部分暂时隐下不说,以造成疑义,随后在适当的时候补说出来,消除疑义,使语意明了,这种辞格叫设疑,也叫“歧疑”。设疑主要可分为问答式和省补式两类。(黄本)

38.层递

根据事物的逻辑关系,连用结构相似、内容递升或递降的语句,表达层层递进的事理,这种辞格叫层递。(黄本)

无直接下定义,将层递归于了排比句。(胡本)

用三个以上结构相似的词语,表达事理或情感的层层递升或步步递降,以揭示其层级关系的一种辞格叫层递。(邢本)

39.对比

对比是把两种不同事物或者同一事物的两个方面放在一起相互比较的一种辞格,也叫对照。(黄本)

在运用语言的时候,把两个相对待的事物或概念放在一起叙述描写,在相映相衬中,使人感到分外的鲜明夺目,这就是对比。(胡本)

40.映衬

为了突出主体事物,用类似的或相反的、相异的事物作陪衬的辞格叫映衬,也叫“衬托”。(黄本)

41.设问

无疑而问,自问自答,以引导读者注意和思考问题,这种辞格叫设问。(黄本)

42.反问

反问也是无疑而问,明知故问,又叫“激问”。但它只问不答,把要表达的确定意思包含在问句里。(黄本)

和提问(自问自答的方式)不同,反问是只问不答。它可以通过设问的句式,激发人们思考,使人们自己得出答案。实际上,反问的答案已经暗含在问话之中了。(胡本)

43.舛互

舛互是故意违反“矛盾律”组织语句,以突出特殊的方面的一种辞格。(邢本)

44.通感(移觉)

在语言运用中,常把用于甲感觉的词语移用到乙感觉上,造成感觉上的相通,具有很好的表达效果。书中未提出“通感”这一术语,是在“词语的移用”中举例说明的。(胡本)

45.别解

别解是对某个词语的意思故意作曲意解释,借题发挥,以满足特定交际需要的一种辞格。(邢本)

46.示现

示现是为眼前的情境所触动,把实际上不在眼前的事物,活灵活现地描绘出来,以增加语言的生动性的一种手法。(胡本)

47.错综

有时候为了避免语句的平板单调,把本来可以写成整句的句式故意写得长短不齐,参差错落,这样的修辞手法就叫错综。(胡本)

48.警策

使某些语句语简言奇,含意深刻并富有哲理性的辞格叫警策,也叫“精警”或

"警句"。(黄本)

49.词语的移用

语言中的某些词语有固定的意义和用法,具有一定的词性。利用这些词语的这些特点,临时改变它的用法或词性,从而收到一定的修辞效果,叫"移用"。(胡本)

50.词语的代用

不用本来指称某人或某事物的名词,而用另一个与这个人或事物有密切关系的词语来代替,叫"代用"。(胡本)

51.词语的仿用

为了增强语言的表现力,达到诙谐、讽刺等效果,在特定的环境里,更换成词语中的结构成分,临时仿造出新的词语来,叫"仿用"。(胡本)

52.语境

语境是人们运用语言进行交际的言语环境。(邢本)

53.上下文

这里指口语中的前言后语和书面语中的上下文。(邢本)

54.指示语

指示语表示指示信息的词语。(邢本)

55.前提

前提是包含在话语的意思之中的,而不表现在话语的字面形式上。例如:"到网吧把孩子找回来。"这句话有一个前提:"孩子在网吧里。"(邢本)

56.前提触发语

前提往往由特定的词语触发出来,这些触发前提的词语称为前提触发语。交际中,人们可以通过这些前提触发语来把握话语的前提。(邢本)

57.语用意义

语用意义是在具体语境中获得的话语的临时意义,是话语的言外之意。语用意义关注的不是说话人说了些什么,而是说话人说这句话可能意味着什么。(邢本)

58.言内意义

言内意义是话语意义比较显豁,只通过话语本身就可以理解的意义。一般可以通过信息结构的分析、指示语的把握和前提的推断这三方面来理解。

59.言外意义

言外意义是话语意义比较隐晦,话语本身的意义并不是发话人要表达的真正意义。

60.语体

语体是为了适应不同的交际需要而形成的语文体式,它是修辞规律的间接体

现者。(黄本)

依据语体风格的异同划分出来的风格类别,就叫语体。(邢本)

61.体素

各种语体的不同特点和不同的语体色彩,都是通过语音、词汇、语法、修辞方式、篇章结构等寓言因素,以及一些伴随语言的非语言因素具体表现出来的。这些能形成不同语体色彩的因素,叫做语体要素,可简称为体素。(邢本)

62.语言风格

语言风格是指由于交际情境、交际目的的不同,选用一些适应于该情境和目的的语言手段所形成的某种言语气氛和格调。(胡本)

在语言学中,风格就是语言风格。这里的语言风格是广义的,包括语言风格和言语风格,既包括民族语言体系内部的各种特点,也包括民族语言在运用中体现出来的各种特点,即运用语言时呈现出的格调和气氛。广义的语言风格包含语言的功能风格、民族风格、时代风格、表现风格、个人风格等。(邢本)

(二)重难点剖析

1.语用学与修辞学

语用学与修辞学都研究语言的运用。语用学研究符号与使用者之间的关系,是从交际的角度研究遵循哪些大的原则方可以使语言的运用达到更好的效果;传统的修辞学主要研究词语的锤炼、句式的选择和修辞格的运用,是从语言表达的角度出发,讨论采取哪些具体的手段方可以使语言更加完美、更加有说服力等,它研究的是具体的手段。

具体而言,二者的区别体现在以下几个方面:①研究目的不同。语用学注重解释性,目的在于分析语言运用的原则,建立意义解释理论,寻找运用语言的规律;修辞学注重规范性、变异性和实用性,注意研究修辞手段和技巧。②研究方法不同。语用学注重理论解释和推理分析,修辞学注重运用归纳的方法。③研究内容不同。语用学以言语行为、会话结构、预设、含义、指示语、信息结构等为具体研究内容,修辞学以词语、句子、辞格、语体风格等为具体的研究内容。④研究的要求不同。语用学重在研究话语交际的“编码—输出—传递—接收—解码”全过程,修辞学是语用学里的一个分支学科。(黄本)

语用学与修辞学有密切联系,查尔斯·莫里斯(Charles William Morris,1901—1979,美国哲学家,现代“符号学”创始人之一,其《符号理论学习》首次提出语用学概念)把修辞学称作语用学的先行学科。语用学与修辞学的最大共同点,就是都研究语言运用问题。但它们的研究兴趣不同,修辞学仅仅立足于表达的角度,关注的重点是语音的调配、语句的选择、辞格的运用、语体风格的调适等具体方面,对各种不同的表达方式,依据其表达效果判别优劣,总结出各种修辞技巧;语用学则立足于言语交际这一广阔的视角,重点研究言语交际者在特定语境条件下如何利用语境,准确而得体地使用语言和理解语言。因而除了修辞学所关注的那些具体问题之外,它更关注语用意义的获得及推导、言语交际的过程和原则、制约言语交际的因素、话语的表达和理解等更深层次的问题,构建话语分析理论,寻找语言运用规律,因而更具理论色彩。(邢本)

2.语用学与语义学的关系

联系:语义学和语用学都研究语言的意义,是彼此不同而又互相联系、互为补充的两个研究领域,这是共同之处。

区别:两者研究的意义平面不一样。语义学研究的是语言系统中的语句的认知意义,即语句本身不受语境制约的静态意义;而语用学研究的则是言语交际中的话语的意义,即进入交际的语句在具体语境中获得的动态意义。例如:“好热啊!”语义学要研究的是它的字面意义,而语用学则要考察说话人的真实意图:究竟只是简单地表达“好热”这样一个意思,还是含有“希望别人能打开电扇或空调”等言外之意。总之,它们是相互联系而又有独自研究对象的学科。(邢本)

3.语用意义的主要特点

(1)依附性。语用意义是依附于具体语境而获得的,不能脱离语境而存在,一旦脱离语境,有的语用意义便会消失。

(2)不确定性。在不同的语境条件下,同样的话语也会产生不同的语用意义。

(3)非规约性。语用意义虽离不开话语的字面意义,但却是依靠具体语境临时获得的,因而它与话语的字面意义并无必然的固定的归约性联系。

(4)可推导性。由于语用意义是说话人借助具体语境和特定话语所表达的真正含义和意图,因而一定能被受话人所推知,否则就无法实现交际目的。(邢本)

4.修辞是什么?

在表达内容和语言环境确定的前提下,如何积极调动语言因素和非语言因素,以加工后的最恰当的语言形式来获取最理想的表达效果,这种语言加工的实践活动就是修辞。(黄本)

“修辞”:共有三种含义。第一,指运用语言的方法、技巧和规律;第二,指说话和写作中积极调整语言的行为,即修辞活动;第三,指以加强表达效果的方法、规律为研究对象的修辞学或修辞著作。(黄本)

修辞是为适应特定的题旨情境,运用恰当的语言手段,以追求理想的表达效果的规律。(胡本)

5.修辞和语境的关系

修辞离不开特定的具体的题旨情境,修辞现象总是特定的语言环境的产物。只有在一定的语言环境中,才能体现出修辞的表达效果来。在交际的过程中,同一思想内容可有各式各样的表达方式,可以选用不同的词语或句子来表达,采用哪种表达方式、什么样的语句最好,往往决定于特定的语言环境。表达效果的好坏,不完全在于语句的本身,还要看在具体语言环境中如何修饰、如何调整语言形式。例如,“他从破衣袋里摸出四文大钱,放在我手里……”这个“摸”字孤立地看,无所谓好坏,在这个具体语境下,却恰如其分地写出了孔乙己的穷困和买酒时的窘态,而用“拿”“掏”等都不能很好地揭示人物的情态。由此可以看出,语境与修辞有着十分密切的关系,它既是进行言语活动的依据,又是检验修辞效果的依据。适应具体题旨情境的需要,是修辞的基本原则。

6.修辞和词汇的关系

词汇研究的是词义,词的构成,语汇的形成、发展变化及其规范化等内容;修辞则是从筛选、锤炼的角度去研究词语运用的,这就势必要从声音、形体、意义、色彩、用法等方面对词语加以调遣、安排,也必然用到各种各样的语言建筑材料,如同义词、反义词、同音词、同形词、同素词、褒义词、贬义词、熟语等。词汇为词语的筛选锤炼、为形成具体的修辞方式提供了必要的条件,几乎所有的修辞方式都与词汇有关,如语义双关、反语、仿词、婉曲、顶真、回环、移就等。修辞使词汇在语言运用中发挥了重要而广泛的作用。(黄本)

7.修辞同语法、逻辑的关系

修辞同语法的关系:修辞同语法的关系更为密切。讲究修辞要以合乎语法为基础。话语说或写得合乎语法,才有调整加工的可能,合乎语法是讲究修辞的先决条件。但有时特意使用不合语法的句子,却是修辞上的妙语佳辞,那是利用超常表现手法精心构造的结果。语法为修辞现象、修辞规律的体现提供表现形式,没有句子,也就没有体现修辞外在形式的语言模式。语法为修辞活动提供了物质基础。句法修辞内容的丰富多彩,这说明修辞在语言运用中扩大了语法的功用。(黄本)

修辞同语法、逻辑的关系:①修辞与逻辑、语法既有区别,又有联系。逻辑研究的是思维的形式和规律,管的是“对不对”的问题;语法研究的是语言的结构规律,管的是“通不通”的问题;修辞研究的是提高语言表达效果的规律,管的是“好不好”的问题。一般说来,修辞要在合乎逻辑的基础上进行。修辞要求提高语言的表达效果,如果违反了事理,逻辑上有问题,那么即使运用再多的修辞手段也是无法掩饰的,是不能提高语言的表达效果的,所以修辞要和逻辑相适应。语法是修辞必须具备的初步条件,如果连句子的基本结构都不能掌握,连正确的表达都有困难,那自然就谈不上提高语言的表达效果了。②修辞要在语法、逻辑的基础上进行,但又不能机械地用语法、逻辑的尺度去衡量某些修辞现象。例如“嗬,中国的名酒——茅台,我一见就醉了。”如果机械地用逻辑的尺度去衡量,似乎不合逻辑,但从修辞的角度来看又是合理的,通过夸张、渲染,使所表达的内容得到强调,效果更加突出。又如:“广场上燃起了欢乐的篝火。”如果机械地用语法的尺度去衡量,似乎不合规范,但从修辞的角度来看又是合理的,"欢乐的篝火"是把形容人的词语移用到物上,实际上是写出人对物的感受。在学习和研究的过程中,必须注意修辞同逻辑、语法的关系,既不能混同,也不能割裂。只有这样,才能正确地认识和分析复杂的语言现象。(胡本)

8.修辞的作用

(1)有助于提高说话和写作能力、阅读和欣赏能力。

(2)有助于提高语言修养和语言美的水平。

(2)有助于社会信息更准确畅通地传递。(黄本)

9.话语交际的过程

话语交际的过程分为宏观模式和微观模式:

(1)话语交际的宏观模式:会话通常由"开头语列—主体语列—结束语列"这样一个模式构成。"开头语列"通常指"开场白","主体语列"是会话的正题,"结束语列"是会话的结尾话语。

(2)话语交际的微观模式:由编码、输出、传递、接收、解码、反馈六个环节构成。(邢本)

10.话语交际的原则及其基本要求

原则:①合作原则,指交际双方为了使交际活动能够顺利进行而应遵守的基本准则。②礼貌原则,指在话语交际中交际双方所应遵守的社会礼貌规范。

基本要求:①合作原则的基本要求是关联准则、真实准则、适量准则、简明准则、守序准则。②礼貌原则的基本要求是损益准则、褒贬准则、趋同准则。(邢本)

11.话语交际的制约因素

交际目的、交际者、交际话题、交际方式、交际场景、社会文化背景。(邢本)

12.交际目的的类型

(1)施予型:为了向他人或传递信息,或提供帮助,或给予安慰,或提出褒扬,或表示理解和同情等。

(2)求取型:为了向他人或获取信息,或寻求帮助,或求得安慰,或争取肯定,或祈望理解和同情等。

(3)授受型:对他人施予,又向他人求取。或互通有无,或交换信息,或相互帮助,或互致问候等。

(4)倾谈型:无取予意图,只为诉说、闲聊。或倾诉心中郁闷,或陈说感受打算,或邂逅寒暄,或聚会闲聊等。(邢本)

13.口语和书面语的特点

口语的特点:口语的变化、发展比较快,创新的成分比较多;口语比较粗糙,含有不准确、不规范或多余的成分;口语用于直接交际,可借助语言环境和身势、表情等辅助手段,简化、省略的情况比较多。

书面语的特点:变化和发展比较缓慢,规范性较强而创新成分少;运用时可以有较长的加工过程,因此比较细密、精确,长句和复句使用频率高;可以突破时空限制用于间接交际,对实际语境的依赖较少,所以简化和省略的现象比较少。(邢本)

14.口语表达的要求

(1)训练发音。要求语音响亮、清晰、有力、动听,达到"珠走玉盘"的效果。主要的发音方法有用气发声、共鸣控制、吐字归音。

(2)运用语音因素传情。重点关注重音的确定、音量的调整、停顿的把握、语调的选择和语速的控制五个方面。(邢本)

15.书面语表达的要求

(1)注意书写。包括书写规范、行款得体、卷面整洁三个方面。

(2)运用书面符号表意。包括利用汉字结构、汉字字体、汉字字号和标点符号四方面表意。(邢本)

16.词语的选择(锤炼/运用/配合)应从哪些方面考虑?

①求准确:准确无误地表达所要表达的内容。具体包括准确传神、寓繁于简、细察同义这三个方面的要求。②求生动:词语的选择要追求表意的生动。具体包括化静为动、形象描绘、含蓄表意这三个方面的要求。③求特效:为了突出强调某一内容,或使语言幽默诙谐,人们有时突破常规,变异地使用词语,以求得某种特殊的表达效果。变异使用词语的形式主要有曲解词义、转换功能、反用色彩等。(邢本)

词语的锤炼一般从内容(意义)和形式(声音)两方面着手,二者紧密联系,相辅相成,达到表意贴切、声音和谐的境界,才能更好表达深刻的含义,表现高远的意境,收到比较完满的表达效果。①意义的锤炼:要求用词准确、鲜明和生动,产生表达上的精当贴切、简洁明晰、幽默风趣和含蓄深厚等效果。具体注意从以下几方面着手:提高观察、认识事物的能力;要力求准确、妥帖;要力求配合得当,前呼后应,整体和谐;要力求词语的感情色彩、语体色彩和形象色彩鲜明。②声音的锤炼:传情达意要借助完美的语言形式,声情并茂离不开语音的配合。词语的声音美要求做到以下几方面:音节整齐匀称、声调平仄相间、韵脚和谐、叠音自然、双声叠韵相互配合。(黄本)

词语的选用,其基本要求是准确贴切,必须注意以下几点:①看清对象;②留心环境(现实环境和语言环境);③注意真实。(胡本)

词语的配合:一是色彩的配合,指词语的修辞色彩。具体包括词语的感情色彩和语体色彩的配合。①感情色彩的配合,可从词语的褒贬、词语在特定语言环境中的特定意义、反语、"望文生义"的修辞现象等方面入手。②语体色彩的配合,可从口头语体和书面语体两大类中下功夫。二是声音的配合,具体包括声韵和谐、音节匀称、节奏鲜明、声音传情四个方面。②声韵和谐，指声、韵、调的配合，可以从利用双声叠韵、讲究诗歌押韵、避免声音拗口这三方面入手。②音节匀称，指根据音节的长短来选择适当的词语，表现在两个方面：一是句内的音节连接，不要忽长忽短，站立不稳；一是句间的音节对应，要求结构整齐，形式美观。③节奏鲜明，时间上注意句式的长短，力量上注意声音的轻重。在诗歌节奏中，为了强化某些音顿的感情，在音顿之后附着一些衬字增加语势，衬字一般是语气词或助词，或在诗歌中运用某些虚词避免别扭。④声音传情，可运用叠音的词语、象声词，利用词语的声音相谐，利用语气词和叹词等。（胡本）

17.句子配置的基本要求（主要依据）

主要依据：根据表达的目的和表达的内容；根据句式的修辞功能；根据语境，主要是上下文语境。（黄本）

基本要求：连贯——上下衔接、层次清楚、列举分承、插说适当；周密——修辞要恰当、缺漏要谨防、考虑要周到、照应要严密；简练——防止冗赘、化长为短、凝缩结构、提炼句意；生动——形象、强调、对比、联想。（胡本）

基本要求：求得上下文的紧密联系和协调；要合乎事理逻辑，使意思严密突出；要随情设句，切情切境，增强话语的艺术魅力。（邢本）

18.句子配置的具体方法

主要从修辞角度谈同义句式选择并比较其表达效果。①长句和短句。公文事务语体、科技语体、政论语体一般多用长句，其修辞功能是丰满细腻、严肃庄重，具有较强的书面语色彩。日常会话语体、文艺语体一般多用短句，其修辞功能是简洁明快、干脆有力、活泼自然、具有较强的口语色彩。一般说，应因需而用，该长则长，该短则短，不过在不妨碍内容表达的情况下，提倡多用短句。②整句和散句。整句结构统一，形体对称，声音和谐，语气畅达，具有整齐美的特点，在唱词、诗歌等文中使用频繁，在其他文体中也常出现。散句长短交错，结构多样，除了可以避免单调、板滞的流弊，往往给人自然、灵动、富有生气之感。③主动句和被动句。④肯定句和否定句。同一意思可以用肯定句表示，也可用否定句表示，但两者语意的轻重、强弱有别。⑤口语句式和书面句式。口语句式的修辞作用主要是简洁、活泼、自然，书面语句式的修辞作用主要是严谨、周密、文雅。（黄本）

①语序的调整：主语和谓语的倒装、修饰语和中心语的倒装、偏正复句中分句的倒装。②句式的变化：否定句式、设问句式（提问、反问）。③句形的长短：长句、短句、长短句连用。④结构的整散：对偶、排比、顶真、错综。（胡本）

通过对句子语序、结构、形体等的调整配置，来实现对句式的恰当选择。①语序的安排。汉语的语序一般是比较固定的，如果不按一般规律安排语序，就会损害语意的表达，但有时为了达到某种特殊的表达效果，可以在不改变原意的基础上，灵活变动某些语序。②结构的整散。整句的表达效果是形式上的整齐美，表意上的凝重美,多用对偶、排比、层递、顶真、回环等修辞方式造成。散句灵活自然,表达效果是形式上的变化美和表意上的飘逸美。③句形的长短。长句的修饰语比较多,联合结构比较多,或分句中的结构层次比较多,其特点是周密精细。短句能简明地叙述和描写事物,表意明快有力,生动活泼,包括短单句、复句中的短分句。长短句结合运用,可更好表现客观事物的丰富多彩、逻辑关系的复杂细密和思想感情的跌宕起伏。④句式的变化。充分利用汉语存在同义句式的特点,变换使用不同的句子形式来表达基本相同的意思,如“把”字句和“被”字句,肯定句和否定句等。(邢本)

19.节律的调整要注意哪些方面?

音节整齐匀称、声调平仄相间、韵脚和谐、叠音自然、双声叠韵相互配合。(黄本)

声韵和谐、音节匀称、节奏鲜明、声音传情(胡本)

音节匀称、平仄相间、韵脚和谐、叠音传神。(邢本)

20.明喻、暗喻、借喻的区别

明喻出现本体、喻体,中间喻词常用“像、如、似乎、仿佛、犹如、一般”等,形式为“甲像乙”;暗喻也出现本体、喻体,中间喻词常用“是、变成、成为、等于”等,形式为“甲是乙”;借喻则则不出现本体,或不在本句出现,而是借用喻体直接代替本体,中间无喻词,形式为“乙代甲”。(黄本)

21.比喻的变化形式

①引喻。不用比喻词,本体和喻体多为平行句式,喻体在前在后都可以。②博喻。运用多个喻体对一个本体进行描写。③较喻(强喻)。是在比喻的基础上将本体和喻体进行比较,说明本体超过或不及喻体。④反喻。以与本体没有相似之处的事物作喻体,否定本体像某种事物,从反面衬托说明本体。(邢本)

①没有喻词的比喻。为了适应某种话语的结构,虽然本体、喻体都出现,却可以不用喻词。②程度不等的比喻(强喻)。本体和喻体有共同的特征,为了突出本体的这一特征,特别强调喻体的程度不如或超过本体。③否定方式的比喻(反喻)。本体事物不具有喻体事物某方面的特性。它是以反托正,相反相成。喻词常用“不是”或“不像”。(黄本)

22.比喻的作用

能使话语在写人状物时化平淡为生动,绘声绘色。说理叙事时变抽象为具体,通俗易懂。(邢本)

使深奥的道理浅显化,帮人加深体味。使抽象的事物具体化,叫人便于接受。使概括的东西形象化,给人鲜明印象。(黄本)

23.比拟和借喻的区别

比拟和借喻在形式上有区别。①比拟只出现本体和对拟体进行描写的词语,

不出现拟体;②借喻则只出现喻体,而不出现本体。(邢本)

24.借代的基本类型

借代是指不直说某人或某事物的名称,借同它密切相关的名称去代替,这种辞格叫借代。借代的方式主要有以下几类。

(1)特征、标志代本体。用借体(人或物)的特征、标志去代替本体事物的名称。

(2)专名代泛称。用具有典型性的人或事物的专用名称充当借体来代替本体事物的名称。

(3)具体代抽象。用具体事物代替概括抽象的事物。

(4)部分代整体。用事物的具有代表性的一部分代替本体事物。

(5)结果代原因。用某事情所产生的结果代替本体事物。(黄本)

25.反复和排比的区别

反复着眼于词语或句子字面的重复,排比着眼于结构相同或相似、意义相近、语气一致;反复的修辞作用是强调突出,排比的修辞作用是增强气势。(黄本)

26.反复和重复的区别

重复是一种语病,使人感到内容贫乏,语言累赘;反复则是一种常用的修辞手段。运用反复,是为了突出要表达的中心意思,强调感情。如果没有充实的内容、强烈的感情,而一味地采用反复的形式,那只能造成重复累赘。(黄本)

27.顶真的修辞作用

①议事说理准确、谨严、周密。②抒情写意,格调清新。作为修辞方式,顶真在形式和内容两方面都给人以流畅明快的蝉联美感。(黄本)

28.双关的基本类型

①谐音双关。利用音同或音近的条件使词语或句子语义双关。②语义双关。利用词语或句子的多义性在特定语境中构成语义双关。比起谐音双关,语义双关更为常用。(黄本)

29.语义双关与借喻的不同

①借喻是以喻体代本体,说的是喻体,要表达的是本体事物,是比喻与被比喻的关系,目的在于使抽象深奥的事物表达得具体、生动、简洁。②语义双关表达的是两种意思,借一个词语或句子的意义关顾两个事物,表里意思不一,目的在于收到含蓄委婉、幽默风趣的效果。(黄本)

30.设疑的基本类型

①问答式。一般提问,做出出其不意的回答。②省补式。省关键词或句,然后补出。(黄本)

31.设疑与省略、反语的区别

设疑与省略的区别:①设疑的本义没有说出来之前,使人产生疑义或误解,而暂时的疑义或误解却正是设疑所要达到的目的。设疑的本义(保留部分)必须补说出来。②省略有上下文,不会使人误解,省略的部分并不需要补说出来。

设疑与反语的区别:①反语是让人一听(一看)就知道真意不在正面,而在反面。②有时设疑可以由反语构成,但是,其中的"反语"一定要使人信以为真,否则无法构成设疑。(黄本)

32.设问与反问的区别

设问和反问都是无疑而问,但是有明显的区别。①设问是有问有答,或自问自答,或问而让对方思考答案;反问明确地表示肯定或否定的内容寓答于问,有问无答。②设问主要是提出问题,引起注意,启发思考;反问则主要是加强语气,用确定的语气表明作者的思想。(黄本)

33.比喻连用与博喻的区别

博喻是一个完整的比喻,由一个本体和几个喻体构成,喻体分别从不同的角度来说明白本体;比喻连用则是几个本体分别与不同的喻体构成的几个比喻接连出现。(邢本)

34.辞格的综合运用

一组语句里,同时使用几种辞格,这就是多种辞格综合运用。辞格综合运用可以收到几重修辞效果。综合运用常见的有连用、兼用、套用三种基本类型。

(1)辞格的连用。是指在一段文字中接连使用同类辞格或异类辞格,分为同类辞格的连用和异类辞格的连用。①同类辞格连用,如:"如果说祖国是一只远航的征船,我的笔就是一只用力向前划出的桨。"(比喻的连用)②异类辞格的连用,如:"在我遭遇坎坷的漫长岁月中,家乡的农民对我不加白眼,而且尽心尽力给我以爱护和救助,人人在劫难逃的十年,我独自逍遥网外,并且写出了作品。"(借代和仿拟连用)

(2)辞格的兼用。是指一句话同时兼用多种辞格,也叫"兼格"。如:"山城的灯火,好似一只梦幻曲,令人心醉神迷。"(比喻、移觉的兼用)。

(3)辞格的套用。是指一套辞格里又包含着其他辞格,分层组合,形成大套小的包容关系。如"生活是诗的土壤,构思是诗的主干,语言是诗的枝叶,意境是诗的花朵,主题是诗的生命。"(总体上看是排比,其中又包含着五个比喻)(黄本)

为了表达的需要,有时在话语中连用某些辞格或同时运用几种辞格,这是辞格的综合运用,主要有连用、兼用和套用三种情况。

(1)辞格的连用包括相同辞格的连用和不同辞格的连用。辞格连用可以强化同一辞格的表达作用,或使不同辞格的表达效果结合在一起,增强语言的生动性。

(2)辞格的兼用即在一个话语片段中同时运用两个或更多辞格,几个辞格融合在一起,形式浑然一体,特点兼而有之,从不同的角度看是不同的辞格。

(3)辞格的套用指从整体看是一种辞格,但其中的某一部分又用了别的辞格,即一个辞格中又包含有一个或几个其他辞格。(邢本)

35.分析综合运用的辞格应注意什么?

①从把握思想内容的整体入手,弄清各种辞格在一个统一体中的相互关系。②同一表达形式,由于分析角度不同,可能分析出不同的辞格来,究竟怎样确定,要有表达的思想内容和语境来定,不能因强调一种辞格而忽视和否定另外辞格的存在。③辞格综合形式往往有主次之分和隐显之别,应该突出主要辞格的作用。(黄本)

36.语境的构成因素

(1)上下文。上下文语境指口语中前言后语和书面语中的上下文。

(2)交际情景。交际情景是语境的重要因素。具体包含时间地点、交际场合、交际对象。交际对象又包括双方关系,身份、职业和性别,思想、文化和教养三个方面。

(3)民族文化和社会习俗。民族的历史文化背景的不同,社会习俗的不同,也会影响到人们对于话语的理解,有时还会造成理解的障碍。(邢本)

37.指示语的基本类型

①人称指示。指言语交际中涉及的关于人物人称的指示。人称指示最典型的是人称代词,还有人名、职务等。人称指示又可分三类:第一人称指示、第二人称指示、第三人称指示。②时间指示。指话语交际中涉及的关于时间的指示,通常以说话人的说话时刻为依据。③空间指示。指话语交际中涉及的关于处所、方位等的指示。空间指示以说话人所处空间位置为依据。这三种是最基本、最常见的指示,反映出语言的运用对语境的依赖作用。(邢本)

38.常见的前提触发语

(1)助词"了"。如:"我会编程了" 含有"以前不会编程"的前提。

(2)表示状态的变化的动词,"停止、解决、改正、纠正"等。如:"他开始学日语" 含有"他以前没有学日语"的前提。

(3)表示心理活动的动词,"后悔、忘记、懊悔"等。如:"我忘记告诉她了"含有"应该告诉她"的前提。

(4)表示频率、时间等副词,"又、再"等。如:"又来了" 含有"他以前来过"的前提。

(5)疑问代词,"为什么、什么时候"等。如:"你什么时候到北京去?"含有"还没有去北京"的前提。

(6)表示假设、选择、让步等关系的词语,"如果……就……""不是……就是……""虽然……但是……"等。如:"不是你去,就是他去"含有"必须去"的前提。

(7)某些限定语和修饰语。如:"他上大学的时候才 16 岁。"“上大学的时

候”是前提触发语，含有“他已经上大学”的前提。（邢本）

39.什么是已知信息和新知信息？已知信息的来源有哪几种？

已知信息：是受话人早已经知道的信息。

新知信息：是受话人在理解话语之前所不知道的信息。“已知信息+新知信息”是最常见的信息结构模式。

已知信息的来源有两种：一种是话语的上下文曾经提到的，一种是由交际背景提供的。例如：“我并不是不要妈打牌”，琴分辩道。“这一层我也晓得”，张太太和蔼地说。（巴金《家》）张太太话中，“这一层”“我”都是已知信息，“这一层”是上文已经提到的，“我”是由交际背景提供的。“也晓得”是琴不知道的信息，是新知信息。

40.语体分类的原则

（1）语言因素原则：即应主要考虑语言因素，而尽量不考虑非语言因素，如故事的虚实，叙述的顺倒等。

（2）综合性原则：即要综合考虑各种语言因素（语音、词语、语法、修辞方式等）的使用特点。

（3）典型性原则：即以具有代表性的文章和谈话为准。

41.语体的主要类型

语体首先分为口头语体和书面语体两大类：

（1）口头语体。包括口头平实语体和口头艺术语体。①口头平实语体。包括随便言谈语体和正式言谈语体。②口头艺术语体。包括剧白语体和歌谣语体。

（2）书面语体。包括政论语体、科技语体、文艺语体和事务语体。①政论语体。②科技语体。分为自然科学体、社会科学体。③文艺语体。分为韵文体、散文体。韵文体又分为格律体、自由体和说唱体。散文体又分为散言体和对白体。④事务语体。分为公文体、日用体。公文体又分为行政公文体、法律文书体和财经文书体。日用体又分为书信体、告白体和条据体。（邢本）

根据交际目的的不同，语体可分为公文（事务）语体、科技语体、政论语体和文艺语体四类：①公文（事务）语体。分为简要性指公文语体和规格性指公文语体。②科技语体。分为专门科技语体和通俗科技语体。③政论语体。也称宣传鼓动语体或时评语体。包括社论、时评、宣言、声明、新闻报道、文艺批评、思想杂谈等。④文艺语体。分为散文体、韵文体和戏剧体三种。（黄本）

从大的方面来看，语体可分为口头语体和书面语体两大类：（1）口头语体。分为谈话语体、演说语体。（2）书面语体。分为事务语体、科技语体、政论语体、文艺语体。科技语体包括专门科技体和通俗科技体。政论语体包括社论、时评、宣言和短评等。文艺语体包括散文体、韵文体。（胡本）

42.口头语体和书面语体的特点

（1）口头语体平易自然，清新活泼，具有浓郁的生活气息。词语常用方言词、俚俗词、歇后语、谚语，句子以短句、不完全句最为常见，较少使用关联词和“加以、予以、给予”等形式动词，多用生活中常用的事物打比方。

(2)书面语体文雅规范，书卷气味较浓。它较多使用书面化的词语，包括古语词、成语等，较多使用长句、完整句和关系词语。(胡本)

43.公文(事务)语体的特点

事务语体是机关团体以及人民群众之间相互处理事务时运用的一种语体。它的主要特点：质朴、平时、简明，有些有固定格式和专用术语。其中公文体的特点是具有庄重性、程式性、套语性，术语运用较多，句法上运用带套语的框架式句子格式，陈述句与非主谓句运用较多。(邢本)

公文体在语言材料和修辞方式的选用方面都具有自己的特点，这就形成了公文语体简明、准确、平时、庄严的风格。①在使用词语上，多用专用词语、文言词语，多用“的”字短语、介词短语和联合短语。②在句式使用上，主要使用陈述句和祈使句，较多运用常式单句、并列复句和文言句式，较少用口语句式。③在修辞方式上，很少运用比喻、比拟、夸张、双关、婉曲，有时选用对偶、反复、排比等。(黄本)

①具有鲜明的民族特点。②包括的范围较广。从语言体式上说一般总称为“应用文”。③语言的特点，一是有固定的程式；二是有一套固定的习惯用语；三是用词力求明晰准确，避免发生歧义和误解；四是句式要求周密、谨严和简练。④交际对象明确。⑤表述的事情比较具体，时间性较强，要求写、发、办都要迅速及时。(胡本)

44.政论语体的特点

政论语体是在论述政治、社会问题，进行政治鼓动时运用的一种语体。除政治术语外，政论语体多用一些通用词语，但为了增强鼓动的艺术感染力，也不排斥艺术性词语，句法上可选用各类句子，有时还运用一些增强形象性的修辞方式。(邢本)

宣传鼓动性和严密的逻辑性是它的主要特征。在语言运用上有如下特点：①词语使用方面，具有广泛性、不断吸收新词语。②句式使用方面，在句类上多用陈述句、祈使句，从句型上看多用主谓句、复句、多重复句。③修辞方式方面，常用谚语、歇后语、俚俗语等，长短句并用，多用比喻、比拟、借代、设问、排比、对偶、对比、反问等。(黄本)

强烈的鼓动性和巨大的号召力是它的基本格调。①具有很强的逻辑性、生动形象的语言、幽默讽刺的笔法。②常用比喻、排比、用典、反语、设问、对偶、对比等修辞手法。③大量选用书面语词，间或运用口语词、古语词。大量使用政治术语、专门术语。(胡本)

45.科技语体的特点

科技语体是记载、传播社会科学和自然科学研究成果时运用的一种语体。①

科技语体主要是叙述说明而非描绘抒情,因此其语言讲究逻辑性、科学性、简明性。②科技语体大量运用科技术语,经常运用非自然语言的符合、公式、图表等,还往往插入相关外语的对应词语。句式严整而少变化,有一些特定的句式框架,如“当且仅当……”“设……”等。

修辞上较少运用修辞方式,特别是形象性、描绘性的修辞方式。(邢本)

精确性和严密性,不追求艺术美是其最重要和最根本的要求。①在词语选用上,大量运用专业术语,不断吸取外来词和国际通用词。②句式单一。主要使用陈述句,有时也用疑问句,基本不用感叹句和祈使句,多用主谓句,一般不用省略句和倒装句,大量运用复句,特别是多重复句,注重关联词。③少用比喻、映衬、反语、夸张、排比等。(黄本)

①用词精确,大量使用专门术语。②句法上完整严密,句子修饰成分多,联合成分多,长句多,欧化句式多。③外语成分多见,还保留一定古语成分。④夸张、拟人、双关等修辞少见。(胡本)

46.文艺语体的特点

文艺语体是运用语言塑造艺术形象反映社会生活时运用的一种语体。①文艺语体运用语言的特点总的来说具有诗情性、形象性、生动性、变异性、音乐性、多样性、独创性等。②开放性极强,有助于生动表达的词语、句式、修辞方式等都可运用,还有一些文艺语体色彩极浓的专用“艺术辞藻”。(邢本)

形象性、情感性,是区别于其他语体的主要特征。(黄本)

形象性是最主要特征。①运用各种修辞手法,如夸张、委婉、双关、示现、拟人等。②句式上丰富多彩,省略句、非主谓句常见,语序倒装的句子最为常见。一般来说不排斥长句,但大量运用短句。③有时运用一些非语言的表达手段,如图画。(胡本)

47.语体交叉渗透的方式

加合式渗透、融合式渗透、框架借用式渗透。(邢本)

48.新兴语体及其特点

广告语体和网络语体最常见。

(1)广告语体。它的特点是开放性、艺术性、独创性。

(2)网络语体。它的特点是网络用语的专用性、语体要素的开放性、书面符号的特殊性。(邢本)

49.语体和文体的关系

语体不等于文体,既有联系又不完全等同。①语体是适合某一交际领域和交际内容的语言表达体系,其分类依据是运用的语言材料及其表现手段等;文体是文章的体裁,有时也特指文学的体裁,其分类依据是文章内容、结构与表现手法等。②因两者之间有联系,某些语体正好对应文体。如文体中格律诗、自由诗的分类与语言表达特点有关，与语体中韵文体内部的格律体、自由体恰好对应；而抒情诗、叙事诗的分类标准主要是与其内容和表现手法有关，因而没有相对应的分语体。（邢本）

50.语言风格的主要类型

①民族风格。指某一民族语言体系的特点及其在运用中所体现出的特色。②时代风格。指某一时代运用语言的各种特点所形成的时代特色。③地域风格。指运用语言的地方变体所形成的地域特色。④表现风格。指运用语言的各种表现方法和修辞手法所形成的语言风貌格调。主要有十类：繁丰与简洁、藻丽与平实、明快与含蓄、庄重与诙谐、豪放与柔婉。⑤个人风格。指作者个人运用语言的各种特点所形成的独有风貌和气派。（邢本）

①民族风格。②时代风格。③个人风格。又叫作家的语言风格，可分为八类：豪放与柔婉、平淡与绚丽、明快与含蓄、简洁与繁复。（胡本）

三 巩固练习

（一）名词解释

1.话轮。
2.顶真。
3.对偶。
4.言外意义。
5.指示语。
6.拈连。
7.语言风格。
8.设问。
9.语体。
10.飞白。
11.回环。
12.层递。
13.借代。
14.婉曲。

（二）选择题

1.下列各组词语体色彩一致的是（　　）。

A.阡陌 攻伐 饮食 玉轮　　B.泼妇 市井 牺牲 富裕

C.抄袭 顶嘴 拉扯 悼念　　D.数落 联袂 安放 凝聚

2.下列使用辞格的套用的一句是（　　）。

A.一个人就像一个分数，他的实际才能好比分子，而对自己的估计好比分母；分母愈大,则分数的值愈小。

B.摇动的车轮,旋转的锭子,争着发出嗡嗡嘤嘤的声音,像演奏弦乐,像轻轻地唱歌。

C.真正的铜墙铁壁是什么?是群众,是千百万真心实意地拥护革命的群众。

D.一站站灯火扑来,像流萤飞走,一重重山岭闪过,似浪涛奔流。

3.“理性的东西就成了无源之水,无本之木……”中使用的辞格是(　　)。

A.比拟　B.借喻　C.暗喻　D.拈连

4.“江山如此多娇,引无数英雄竞折腰”中划横线词语运用的辞格是(　　)。

A.比喻　B.借代　C.夸张　D.拟人

5.“线儿缝在军衣上,情意缝在我心里”这句话使用的辞格是(　　)。

A.对偶　B.拈连　C.反复　D.回环

6.“举着红灯的游行队伍河一样流到街上”中使用了(　　)辞格。

A.夸张 拟人　B.拟人 比喻　C.夸张 比喻　D.拟人 拈连

7.下列句子中,含有回环的是(　　)。

A.只有社会主义才能解放科学,也只有在科学的基础上才能建设社会主义。

B.咱们做的事越多,老百姓就来的越多;老百姓来的越多,咱们的力量就越大。

C.村子靠着山,山脚下有个大龙潭,龙潭的水流到村前成了小溪,溪水碧清碧清的。

D.靠山吃山,靠水吃水。

8.“走生路,生而出新;走险路,险而出奇;走难路,难而不俗”中不含(　　)的辞格。

A 排比　B.顶真　C.层递　D.对偶

9.下列句子中,含有错综的是(　　)。

A.红花岗,是他们的刑场,是他们的战场,也是他们举行那庄严而高尚的婚礼的礼堂。

B.看飞奔的列车,已驶过古长城的垛口,窗外明月,照耀着积雪的祁连山头……

C.牛羊遍野,骆驼成群。

D.真理总是悄悄地走进勇敢者的心间,向他昭示智慧的魔力。

10.以下不属于公文语体特点的是(　　)。

A.运用“的”字短语　B.运用文言词语

C.运用陈述句和祈使句　D.不断吸收新词

(三)判断题

1.“横眉冷对千夫指,俯首甘为孺子牛”中所用的辞格是对偶中的反对。

2.暗喻不出现喻词,而借喻出现喻词。

3.借喻侧重事物的相似性,而借代侧重事物的相关性。

4.“一把铁锁,锁住双扉,也锁住了游人的兴致”中所用的辞格是比喻。
5.“新事业从头做起,旧现象一手推平”中所用的辞格是借代。
6.“时间一天一天地过去,一月一月地过去,一年一年地过去”中运用的辞格是排比。
7.“有的人活着,他已经死了;有的人死了,他还活着”中运用了映衬的辞格。
8.语体就是文体。
9.政论语体包括社论、声明、命令、宣言、通报、新闻报道等。
10.“来时万缕弄轻黄,去日飞球满路铺”运用了通感的辞格。

(四)问答分析题

1.结合实例说明话语交际中礼貌原则和合作原则的关系。

(1)甲:她的歌唱得很好,是吗?

乙:是的,普通话很标准。

(2)甲:这篇文章写得不错,可以推荐为优秀论文,你看呢?

乙:这篇文章没有新意,语言也不简洁,我不同意。

丙:我也不同意推荐为优秀论文。

2.有人认为,“修辞就是“咬文嚼字”“雕辞琢句”“文字游戏”,你认为对吗?试谈谈你的看法。
3.结合下面的例句,谈谈婉曲和反语、双关的区别。

(1)这姑娘的装束很素气,一身粗布的蓝袄黑裤儿,但她一出现不由得使人眼睛一亮,非留意端详几眼不可。

(2)中国军人的屠戮妇婴的伟绩,八国联军的惩创学生的武功,不幸全被这几缕血痕抹杀了。(鲁迅《纪念刘和珍君》)

(3)母亲和宏儿都睡着了。我躺着,听船底潺潺的水声,知道我在走我的路。(鲁迅《故乡》)

4.什么是辞格的综合运用?
5.“词语选择就是在表达时要选用优美的词语。”这话对吗?谈谈你的看法。
6.短句一般有哪几种情况?短句的修辞效果是什么?
7.举例说明映衬(衬托)与对比的区别。
8.什么是否定句?运用双重否定句时应注意什么?
9.声音的锤炼(节律的调整)要注意哪些方面?
10.句子配置的基本要求是什么?
11.举例说明比喻和比拟的不同。
12.举例说明回环与顶真的区别是什么?
13.举例说明移就与拈连的区别。
14.试举例说明夸张的类型。

15.谈谈礼貌原则和合作原则的关系。

16.谈谈在口语表达中如何运用语音因素传情,在书面表达中如何运用书面符号表意。

17.说明辞格综合运用的三种情况。

18.举例分析语境对话语理解的作用。

19.选取两位作家谈谈其作品言语的个人风格。

20.修辞和语法各有各的内容,但修辞又必须以语法为基础,为什么?

21.请阅读下面两个例子:

(1)忍看朋辈成新鬼。怒向刀丛觅小诗。

(2)上自王后,下至弄臣,也都恍然大悟,仓皇散开,急得足手无措,各自转了四五个圈子。

例(1)中的"忍看"原作"眼看","刀丛"原作"刀边"。例(2)中的"仓皇"原作"即刻"。为什么改稿比原稿好?请从选用词语的角度加以说明。

22.下面句子中哪些词语用得不确切?请加以修改,并说明理由。

(1)那些高大的建筑物,在彩灯的包围之下,显得更加雄伟。

(2)古人语言中有生命的东西要吸取,但过于生冷的词语和典故应该尽可能不用。

(3)商业职工深入农村,发动群众积极收取野生药材,认真做好统购工作。

(4)我正谋划赶快把作业做完,以免受到老师的教训。

23.指出下列句中带点的词语是用了什么修辞手段,并说明这些词语的表达作用。

(1)我最佩服北京双十节的情形。早晨,警察到门,吩咐道:"挂旗!"各家大半踱出一个国民来,撅起一块斑驳陆离的洋布。这样一直挂到深夜,——收了旗关门;几家偶然忘却的,便挂到第二天的上午。

(2)两年前的此时,即一九三一的二月七日夜或八日晨,是我们的五个青年作家同时遇害的时候。当时上海的报章都不敢载这种事,或者也许是不愿,或不屑载这件事……

(3)我不相信一九七六年的日历会埋着这样苍白的日子。

(4)"你在这里……呆了好久?"成岗不愿对孩子说出那个可怕的"关"字,改口说成"呆了好久"。

(5)他一会儿到上面看看水手们,望望放瞭望哨的警卫员,一会儿瞧瞧前舱里的人是不是休息了。

(6)后来这终于从浅闺传到深闺里去了。

(7)棉纱汗衫不正常的"自我扩张",穿了不多久,它就变成了大褂。

(8)我便索性又讲了一点子马道主义,把马寄放在面坊老板那儿。

(9)古有女儿莫愁,

莫愁哪得不愁？
如今天下解放，
谁向困难低头？

(10)蜜蜂是在酿蜜，又是在酿造生活；不是在为自己，而是在为人类酿造最甜的生活。

24.下面例子中的“小局”和“渺大”，是词语仿用的修辞手段，还是生造词？

(1)我们这儿是小局，必须服从大局。

(2)这项工作的意义不是很渺小，而是很渺大。

25.孙犁《荷花淀》中使用的象声词起了什么表达作用？

她们轻轻划着船，船两旁的水，哗、哗、哗。顺手从水里捞上一棵菱角来，菱角还很嫩小，乳白色，顺手又丢到水里去。

……

后面大船来得飞快。那明明白白是鬼子。这几个青年妇女咬着牙，制止住心跳，摇橹的手并没有慌，水在两旁大声地哗哗，哗哗，哗哗。

26.指出下列各句在句子锤炼方面存在的毛病，并加以改正。

(1)在这次全局烹饪训练班的学习过程中，大大提高了我的烤制花色面包的技术。

(2)他在身上披上雨衣，用手拿了一顶安全帽就奔向出事的现场。

(3)当我遇到一些困难，他总是想尽一切办法帮助我解决。

(4)在我们车间里，生产比过去抓得紧了，学习也抓得比过去好了。

(5)为了学好英语，他曾多次反复地请张老师帮助他纠正发音上的毛病。

(6)我们村子经过一个冬天的苦战，一道四米高、二十米宽、七百米长的防洪大堤巍然屹立在秋浦河上。

(7)此刻，雨还在下，水还在涨，苏老七十五岁高龄，从住地到教室要走一里远，他能来吗？

(8)我一提起笔，那些孩子的充满稚气的脸，发光的眼睛和清脆的声音又重新在眼前浮现。

(9)他侃侃而谈地讲着电影里的动人故事。

(10)最近几年才发现这种中草药可以治疗心脏、肺、肠、眼、高血压等疾病。

27.将下列长句化为短句。

(1)当前，实现“四化”这场大革命，既要大幅度地改变目前落后的生产力，也就必然要多方面地改变生产关系，上层建筑，社会结构，工农业企业的管理方式和国家的管理方式，以及人们的活动方式和思想方式。

(2)《母亲》是伟大的无产阶级作家高尔基在1906年写的，深刻反映俄国第一次资产阶级民主革命时期在无产阶级政党领导下，工农革命运动由自发到自觉的斗争过程的一部激动人心的长篇小说。

28.指出下列各例所运用的修辞手法及其表达作用。

(1)中国人民并没有被吓到,被征服,被杀绝,他们从地下爬起来了,揩干净身上的血迹,掩埋好同伴的尸首,他们又继续战斗了。

(2)干工作,要像春蚕吐丝,兢兢业业,到死方休;做人,要像点着的蜡烛,从头燃到脚,一生光明。

(3)她漠然地望望大门,大门静静地合着,插着木闩,扣着铁环。那木闩铁环,默默地忠于它们的职务,守住大门,连美丽的春天也不放进来。那被关在门外的春天,只能徘徊墙外,或悄然爬上白杨,向院内窥望。

(4)单四嫂子等候天明,却不像别人这样容易,觉得非常之慢,宝儿的一呼吸,几乎长过一年。

(5)就这样,他们开始了第一次的散步,就这样,他们散步,散步,看到迎春花染黄了柔软的嫩枝,看到亭亭的荷叶铺满了池塘。

(6)随后她又谈到水电站建成后四周围可能发生的变化。"将来这一片都是水呵!"她接着说,把手举得高高地画了半个圈子,而她的眼色和神气说明她的眼前已经展开了一个巨大的人工湖,里面浮着清翠的岛子和无数的白色游艇……

(7)人生的道路虽然漫长,但紧要处常常只有几步,特别是当人年轻的时候。

(8)弯弓射日到江南,
昼夜喧呼敌胆寒。
镇江城外初遭遇,
脱手斩得小楼兰。

(9)李二汉刚掀酒罐,就觉醉意已有八分。

(10)一切那么安静,只有查看资料时翻动纸页的窸窣之音,或写字的笔尖滑过纸上的沙沙细声。

(11)海扬起一万只拳头,
整日和岩石搏斗;
它摔不倒挺立的岩石,
却捞走了风化的石头。

(12)火,火,血红的地心的火,
层层的地壳把它压住了。
但总有一天,
总有一天呵,
它会把这些一齐冲破!

(13)苏冠兰垂下头,仿佛怕少女那灼人的目光烫伤他的脸。

(14)伙计,我们不能老蹲在这里,防御不等于老蹲在这里,我们要往前挤！马蜂不敢蛰你,你就要捣马蜂窝,马蜂自然就要出来蛰你,这样就可以更多地打死马蜂！

29.改正下列病句,并说明理由。

(1)横杆又一点一点漫漫地升到了小红旗的位置。

(2)广播里传来了清脆悦耳的广播员的声音:“好消息,好消息,数学系王健同学打破了省 110 米高栏记录！”

(3)我们日常生活中,实际上是无时无刻离不开语言的。

(4)我们刚进入工地,两个工地的领导同志热情地马上跟我们握手。他俩再三嘱咐我们:“大家要注意安全,尽量防止不发生事故。”

30.说明下列不同句式的表达作用。

(1)苇塘的芦花被风吹起来,在上面飘飘悠悠地飞着。

(2)长的草里是不去的,因为相传这园里有一条很大的赤练蛇。

(3)我们的干部,特别是高级干部,一定要带头遵纪守法,切不要以为自己有权有功,就可以把法律置之度外。

(4)有了草皮覆盖地面,即使有风,刮起的沙也不多哦,这就减少了沙粒的来源。

(5)我们和无论什么人做朋友,如果不懂得彼此的心,不知道彼此心里面想些什么东西,能够做成知心朋友么？

(6)怎么,月亭,你改主意了。

(7)他生下来的时候,并没有玫瑰花,他反而取得了成绩,而现在呢？应有所警惕了呢,当美丽的玫瑰花微笑时。

(8)这时候,勇士们任然不会后退的呀,他们把枪一摔,身上帽子上呼呼地冒着火苗,向敌人扑去,把敌人抱住,让身上的火,也要把占领阵地的敌人烧死。

(9)你们想找出路么？对,咱么大家都在找出路——整个中国也都在找出路。那么出路在哪儿？我想出路就在反抗,出路就在斗争,出路也就在把咱们个人的命运和国家、人民的命运结合在一起。

(10)没有什么事物是不包含矛盾的,没有矛盾就没有世界。

31.指出下列各例句中所属的整句和整散结合的句子的类型,并指出它的表达作用。

(1)等看北岸红炉照紫天,
来听南岸黄莺鸣绿柳。
黄河头,大渡口,
草儿青,野花娇,
艄公桨声欢,

渡客歌声好。

(2)老年间,在河湾上筑起一座堤。就是这千里堤。堤下的村庄,就是锁井镇。锁井镇以东,紧挨着小严村和大严村。

(3)放下又拾起的
是你的信件,
拾起放不下的
是我的忆念。

(4)去吧,去吧,快快地去吧!多少工地,多少工厂矿山,多少高楼大厦,多少城市和农村,都在殷切地等待着你们——井冈山的翠竹啊!快快地去吧,带去井冈山人的心愿,带去井冈山人的干劲,也带去井冈山人的风格吧。

(5)冰河要解冻,
花开正迎春,
逼成鬼的姐妹今天要变成人!
永辈子的受苦人今天要大翻身!

(6)我在想,一个人究竟是因为他正确才伟大,还是因为他伟大就一定正确?

(7)海水天天扬起新潮,山头月月长出嫩绿,
这里的每根小草,都深藏着百折不回的意志;
弹坑中伸出了高树,坑道里涌出了泉溪,
这里的每一朵野花,都显示着英勇无畏的雄姿。

(8)当部队攻击的时候,炮弹总在敌人阵地前沿爆炸;当部队攻占敌人阵地的时候,炮弹步步延伸,炮弹就在敌人阵地纵深爆炸;当敌人溃乱的时候,榴霰弹就在敌人头上爆炸。

(9)我敢说:她不想死!
她有母亲:风烛残年,
受不了这多悲伤!
她有孩子:花蕾刚绽,
怎能落山寒霜!
她是战士,
敌人如此猖狂,
怎能把眼合上!

(10)谁晓得从盘古开天辟地以后,一直吃到易牙的儿子;从易牙的儿子,一直吃到徐锡林;又一直吃到狼子村捉住的人。

32.什么是语言风格?它有哪些构成要素?

33.为什么翻译外国作品必须适应本国语言的民族风格?

34.为什么同一语体的文章和同一作者的作品会有不同的表现风格?这说明了

什么？

巩固练习参考答案

(一)名词解释

略。

(二)选择题

1.A　2.D　3.C　4.B　5.B　6.C　7.A　8.D　9.B　10.D

(三)判断题

1.√　2.×　3.√　4.×　5.√　6.×　7.×　8.×　9.×　10.√

(四)问答分析题

1.礼貌原则同合作原则是相辅相成的。一般来说,话语交际必须既坚持合作原则又坚持礼貌原则。但是二者也不是永远一致的。在交际的过程中,有时人们为坚持礼貌原则而不得不违反合作原则。如例(1)中,甲说的是歌唱得好,乙却只是说普通话很标准。乙违反了合作原则中的关联准则,但却坚持了礼貌原则中的褒贬准则和一致准则。有时人们为坚持合作原则而又不得不违反礼貌原则。如例(2)中,乙、丙坚持了合作原则中的真实的准则,却违反了礼貌原则中的褒贬准则和一致准则。

2.不对。我们说话、写文章的时候,依据特定的题旨情境,对语言材料进行选择,以便运用最恰当的语言形式,来获取最理想的表达效果,这就是修辞。其目的是求得形式和内容的完美统一。而所谓的"咬文嚼字",如果指的是对某一词语的仔细斟酌,看用在那儿适合,用在哪儿不适合;或者是对几个同义词语进行认真挑选,看那一个是最好的,那么,这种"咬文嚼字"是应该的,而且是必要的,是属于修辞范畴的。如果不是这样,而是片面地追求形式美,以为地去"咬""嚼"那些华丽的辞藻或艰深、晦涩的字眼,那是不可取的,是和修辞风马牛不相及的。至于"雕辞琢句",一般是指对语言文字过分的修饰加工;"文字游戏"则是指完全脱离特定的题旨情景的要求,专在语言形式上做游戏。是片面地追求所谓的形式美。把它们说成是"修辞",是对修辞的一种误解。

3.婉曲和反语的区别:反语是故意使用与本来意思相反的词语或句子(褒义贬用或贬义褒用)来表达本意。如例(2)中,故意将"伟绩""武功"褒义贬用,讽刺意味极浓;婉曲则是借用与之相关的同义语句含蓄委婉地来表达本意,即同义代替。例(1)中加横线的句子就间接曲折地描述了姑娘的美丽。

婉曲和双关都具有表面意义和本意,它们的区别:①婉曲是故意避用直接表达某事物的语句,而借用与之相关的、含蓄委婉的同义语句来表达本意,其表面意义和本意之间具有密切的联系。而双关则是有意使同一语句同时兼有两种意思，其表面意义和本意之间没有必然的联系。如例(3)表面指“我”离开故乡时所走的水路，实质上是“人生之路”。②双关一般要利用语句的同音或多义这些条件，例(3)就利用了“路”的本意和比喻用法构成了双关；而婉曲则不需要这样的条件，如例(1)。

4.为了表达的需要，有时在话语中连用某些辞格或同时运用几种辞格，这就是辞格的综合运用。辞格的综合运用主要有连用、兼用和套用三种类型。

(1)辞格的连用，指相同辞格或不同辞格在一段话语中接连使用。如：

①如果说祖国是一只远航的征船，我的笔就是一只用力向前划出的桨。(比喻的连用)

②在我遭遇坎坷的漫长岁月中，家乡的农民对我不加白眼，而且尽心尽力给我以爱护和救助，人人在劫难逃的十年，我独自逍遥网外，并且写出了作品。(借代和仿拟连用)

(2)辞格的兼用，指在一个话语片段中同时运用两个或更多辞格，几个辞格融合在一起，从不同的角度可以分析出不同的辞格。如：

③它们吃了含有乳汁的酥油草，膘肥体壮，毛色格外发亮，好像每一根毛尖都冒着油星。(比喻、夸张的兼用)

④可是当战士两年多，没有什么贡献，想起来真对不起革命，对不起上级，也对不起自己。(排比、层递、反复的兼用)

⑤山城的灯火，好似一只梦幻曲，令人心醉神迷。(比喻、移觉的兼用)

(3)辞格的套用，指从整体看是一种辞格，但其中又包含着其他的辞格。即大辞格中套小辞格，几个辞格层层相套，处于不同的层级。如：

⑥生活是诗的土壤，构思是诗的主干，语言是诗的枝叶，意境是诗的花朵，主题是诗的生命。

⑦上帝是不公平的，于是便有了世间的穷和富，善和恶，美与丑，成功与失败，幸福与不幸。

上帝又是公平的，它给了你金钱，往往就要夺走你的真诚和善良；它给了你成熟，往往就要夺走你的年轻和纯真；它给了你美貌，往往就要夺走你的智慧和毅力；它给了你成功，往往就要夺走你的健康和幸福。

例⑥从总体上看是排比，其中又包含着五个比喻。例⑦从总体上看是对比，其中又包含着两个排比(后一个是排比和反复的兼用)。

5.略。

6.短句一般有以下三种情况：①简洁明了地叙述和描写事物。②如实地记录口语。③表示紧张激动的情绪和坚定肯定的口气。短句的修辞效果是表意简洁、明快、灵活、有力。

7.(1)最坏、最不可取的就是明捧暗贬,表面上把人家夸得天花乱坠,心里对人家一百个瞧不上,夹枪带棒,把对象当傻瓜耍。(王朔《你不是一个俗人》)

(2)教室肃静得很,只有在黑板上的笃笃写字的声音,似马蹄敲击山路。

映衬(衬托)与对比都是由两个方面构成的。它们的区别是,映衬是为了突出主要事物,而用其他事物来进行烘托陪衬。因此映衬的双方有主次之分,不论正衬或反衬,陪衬的事物都是为了突出被陪衬的事物,如例(2)是用"粉笔写字的声音"来反衬"教室的安静"。对比重在表明对立关系,对比的双方平行并列,相互依存的,没有主次之分,如例(1)是将一个人表面上的做法与心里的实际想法进行对比。

8.否定句是对事物做出否定判断的句子。否定句一般比肯定句的语意要委婉、缓和一些。否定如果是双重的,那就表达了肯定的意思。这样的句子叫双重否定句。双重否定句最常见的是先后连用两个否定词,如"不……不……""没有……不……",也可以用一个否定词再加上含有否定意思的词语,如"不应该拒绝、不能否认"等。双重否定句的语意一般比肯定句强,但有些双重否定句语气却又比单纯肯定句要委婉一些。如"我知道,你不会不救他的"与"我知道,你会救他的"相比,前者的语气要委婉一些。

运用双重(多重)否定句时应注意,不要把话说反了,造成表达上的失误。例如:"你不应该拒绝不做已经答应的事","拒绝"后加"不",变成"接受做已经答应的事"。但前面又用"不"加以否定,便成了"你不应该接受做已经答应的事"。很显然,这是不合事理的。

9.节律的调整要注意:音节的整齐匀称,声调的平仄相间,韵脚的和谐自然,叠音的优美传神。(邢本)

声音的锤炼应注意:音节整齐匀称,声调平仄相间,韵脚和谐,叠音自然,双声叠韵词语的配合。(黄本)

声音的配合应注意:声韵和谐,音节匀称,节奏鲜明和声音传情。(胡本)

10.句子配置的基本要求:①求得上下文的紧密联系和协调;②要合乎事理逻辑,使意思严密突出;③要随情设句,切情切境,增强话语的艺术魅力。(邢本)

选择句式的依据:①根据不同句式本身表意的鲜明程度;②根据不同语境,特别是上下文的需要;③根据上下文句子主语的异同等。(黄本)

句子的锤炼的基本要求是:①连贯:上下衔接,层次清楚,列举分承;②周密:修辞要得当,缺漏要谨防,考虑要周到,照应要严密;③简练:防止冗赘,化长为短,凝缩结构,提炼句意;④生动:形象,强调,对比,联想。(胡本)

11.(1)海底的岩石上多种颜色的珊瑚,有的像绽开的花朵,有的像美丽的鹿角。

(2)梅雨潭闪闪的绿色招引着我们。

①在形式上,比喻的喻体往往以名词性的身份出现,表示一种实体,如例(1)中的"绽开的花朵""美丽的鹿角";本体和喻体之间表现为主语和宾语,如"有的(珊瑚)像绽开的花朵"。而比拟中起作用的成分一般是描述性的,往往由动词性的词语充当。如例中(2)的"招引",甲事物和描写词语之间构成主语和谓语的关系。

②从意义上看,比喻重在"喻",它十分突出事物的"相似点",如例(1)突出的是二者形状的相似,借助联想,给人以具体形象的感受。比拟重"拟",它利用的二者之间的某些差异,直接把甲当作乙来描写,使甲乙两事物彼此交融、浑然一体,如例,使语言更为生动活泼。

③比喻的喻体必须出现,本体可以不出现,如:轻巧的手指向水底一捞,就提上了一串串红色的玛瑙。比拟的本体必须出现,拟体一定不能出现。如:楼房蜷伏着。如果比拟的拟体出现了,原来的描述仍然还在,那就是比喻和比拟的连用。当然,也有人认为这只是比喻的延伸,应仍看作是比喻的用法。如:这座楼就像一条狗,在校园里静静地卧着。/高粱好似一队队"红领巾",(比喻)悄悄地把周围的道路观察(比拟);向日葵摇头微笑着。望不尽太阳起处的红色天涯(比拟)。

12.(1)桌上的饭菜凉了又热,热了又凉,可直到深夜,父亲还没有回来。

(2)四化需要人才,人才需要教育,教育需要教师。(陈云《为北京景山学校的题词》)

回环和顶真在首尾顶接这一点上是相似的,它们的主要区别:①回环用以突出事物之间相互依存或密切关联的关系,如例(1)。顶真则用以突出事物、道理之间环环相扣、递相依存的关系,如例(2)。②回环是根据上文循环往复,其典型格式为"甲—乙,乙—甲"。构成回环的两项(或几项)只是语序不同,而词语相同或基本相同,如例(1)。顶真则是顺上文递接而下,其典型格式为"甲—乙,乙—丙,丙—丁……"顶真所关涉的几项,只是前项之尾与后项之首的词语相同,至少是不求其同,如例(2)。

13. 移就和拈连都是词语的移用,所不同的是:①移用的依据不同。移就是利用人们在情绪、状态方面的联想能力来实现移用的。移就所用的词语一般是表示人的情状的形容词,所"移用"词语的常规用法不在句中出现,如:"仇恨的子弹""愤怒的火焰"。而拈连必须依靠上下文的联系,词语的移用是需要和本用(常规用法)相连来实现的。如"人穷志不穷"中"志不穷"是以"人穷"为基础的。②句法形式不同。移就中所移用的词语在句中大多作定语,如"母亲不禁流下辛酸的泪水";而拈连中所拈用的词语在句中一般充当谓语或谓语中心语,如"决不能等到秋后,秋后天凉了,事凉了,一切都凉了"。

14. 夸张是用"言过其实"的方法,有意的对客观的人和事物作扩大、缩小或超前的描述的一种辞格。从语义上分,夸张可分为扩大夸张、缩小夸张和超前夸张三类。

扩大夸张:故意把一般事物往大处说。如:别人夸他几句,他的脚就离了地。

缩小夸张:故意把一般事物往小处说。如:巴掌大的一块地方,竟种了几十棵树。

超前夸张:故意把该后出现或同时出现的事情说成是先出现的。如:她一对充满灵气的凤眼黑白分明,闪耀着春天的光彩,还未微笑,便在鹅蛋脸上漾出一对酒窝。(阿章《三少校》)

15.礼貌原则和合作原则是相辅相成的。遵守合作原则,本身就是一种讲究礼貌的表现,遵守礼貌原则,则是更好地实现合作的基础。因此,一般说来,谈话人既要遵守合作原则,又要遵守礼貌原则,两者是基本一致的。但有的时候,两者又是想冲突的。为了遵守礼貌原则而不得不违反合作原则是较常见的情况。此外,有时也有为了遵守合作原则而违反了礼貌原则。总之,合作原则与礼貌原则是相辅相成,有时又是相互冲突的。

16.口语表达或用口头形式表现书面语作品时,有意利用语音因素传达语义内容,表达思想情感,能达到声情并茂的表达效果。现代汉语的语音因素涉及很多方面,从表达的角度看, 以下几个方面是值得关注的。①重音的确定。重音就是重读。在话语表达中,它有强调重点、凸显情感的作用。语句序列中,词语在语义上并不是同等重要的,而是有主次的不同,这就需要对有声语言中词语的轻重进行设置,重要的词语需要重读,以示强调。②音量的调整。音量是指声音的大小。说话时,人们声音的大小会不断变化,这种变化一般是由思想感情的变化所决定的。情绪低沉、畏惧低沉、畏惧胆怯、悲伤难过时,声音就会比较小;情绪激昂,无所顾忌、急于表达时,声音就要大些。③停顿的把握。停顿是话语中的停歇之处。它以一定单位时间里间歇的次数和长短形成话语的节奏。停顿得当能正确表意,同时能使口语表达抑扬顿挫,清晰度高,表现力强。④语调的选择。语调的升降可以表示不同的语气,表达丰富变化的情感。降调,调子先平后降,用于表示肯定、感叹、请求、自信、祝愿等语气;平调,调子基本保持同样的高度,语势平稳舒缓,用于表示叙述、严肃、冷淡、悲痛等语气;升调,调子由平到高, 多表示疑问、反问、惊异、呼唤、号召等语气;曲调,是升调和降调的组合,调子或先升高而后降低,或先降低而后升高,常常用于表示感叹、夸张、讽刺、含蓄、意在言外等语气。要根据表达的需要认真选择恰当的语调。⑤语速的控制。说话和朗读速度的快慢,要根据交际场合和表达内容来定。就交际场合而言,日常生活中对话的速度一般较快,而教学、演讲、会议发言等为了便于听话人接收理解,速度稍慢一些。就传情达意的需要来讲,一般表达抒情、描绘的内容,压抑、痛苦、深沉等情感的语速较慢;表达欢快、激昂、愤怒等情感则语速较快。

运用书面符号表意可以借助这样几种方式:①利用汉字结构表意。汉字的结构可以利用来表意。如以汉字结构为基础的修辞手法析字,主要是对汉字结构部件进行分合、增减,借以表意。②利用汉字字体表意。字体指汉字的形体。现行汉字的形体首先有手写体与印刷体之分,印刷体又有各种变体。不同字体笔画的粗细、走势、疏密及字的整体轮廓各不相同,会使人产生不同的视觉感受和心理联想。③利用汉字字号表意。字号是指根据印刷体汉字尺寸大小规格所编的代号,一般从初号到八号。电脑中还可根据表达需要自行定义字的大小尺寸。字号的大小也可利用来帮助表意,提高表达效果。④利用标点符号表意。标点符号除了通常的作用以外,有时还可以使话语的意义更加明确。

17.为了表达的需要,有时在话语中连用某些辞格或同时运用几种辞格,这是辞格的综合运用。辞格的综合运用主要有连用、兼用和套用三种情况。①辞格的连用包括相同辞格的连用和不同辞格的连用。辞格连用可以强化同一辞格的表达作用,或使不同辞格的表达效果结合在一起,增强语言的生动性。②辞格的兼用即在一个话语片段中同时运用两个或更多辞格,几个辞格融合在一起,形式浑然一体,特点兼而有之,从不同的角度看是不同的辞格。辞格兼用可以使几种不同的辞格互相衬托,产生多种表达效果。③辞格的套用指从整体看是一种辞格,但其中的某一部分又用了别的辞格,即一个辞格中又包含一个或几个其他辞格。辞格套用可使几种辞格互相照应,互相配合,产生强烈的表达效果。

18.语境是人们运用语言进行交际的言语环境。语境对话语的理解具有十分重要的意义。我们可以从上下文、交际情景,民族文化和社会习俗这几个方面理解话语。例如,"筷子掉了!"这句话在不同的语境中的语用意义是不一样的:在餐厅里对服务员说这句话,意思是"请再给我一双筷子";在家里,刚学会用筷子的幼儿对母亲说这句话,意思是"帮我捡起来吧";在同学聚会的饭桌上,对指手画脚、高谈阔论、筷子碰掉了都全然不知的邻座同学说这句话,那意思是"不要动作过大,否则还会把碗碰翻"。可见,在话语理解中,需要充分地利用语境,这样才能对话语的意义做出准确的理解。

19.(1)鲁迅作品的言语风格:①善于通过"白描"手法塑造人物形象,展现人物性格。鲁迅最善于运用"白描"手法塑造人物形象。"白描"是我国古代小说创作中常用的艺术表现手法,它要求作家用最精练、最节省的文字,不加渲染、烘托,刻画出鲜明生动的人物形象的艺术表现手法。鲁迅先生往往抓住其笔下人物的主要性格特征,不加渲染,不铺陈,用传神之笔加以点化,使得人物有如芙蓉出水,朴实自然。例如在《孔乙己》中,对孔乙己出场时的肖像描写,仅用寥寥几笔,便使人物神情毕肖,栩栩如生:"孔乙己是站着喝酒而穿长衫的唯一的人,它身材高大;青白脸色,皱纹间时常夹些伤痕;一部乱蓬蓬的花白胡子,穿的虽然是长衫,可是脏又破,似乎是多年没有补,也没有洗。他对人说话,总是满口之乎者也,叫人半懂不懂的。""站着喝酒而穿长衫的唯一的人"这寥寥几字,看似平平淡淡,没有什么神奇的地方,然而却抓住了孔乙己与别人不同的特点,把孔乙己的思想、性格、经济及社会地位揭示了出来。“站着喝酒”说明他的经济地位和社会地位属于“短衣帮”的;“穿长衫”则表明它是读书人,与要酒要菜,慢慢地坐着喝的“长衫”客有某些共同之处,“唯一的”说明在酒店里只有他一个是这样的身份特殊的另类。他喝酒的方式与衣着的不相称,反映出它的经济地位和思想意识的矛盾:从经济上说,他的地位很低,是属于“短衣帮”的;但在思想意识上,他不愿与“短衣帮”为伍,仍然把自己看成高人一等的“读书人”。接下来描写他“青白脸色,皱纹间时常夹些伤痕;一部乱蓬蓬的花白胡子”。从脸色上看,说明他生活很艰难。从“伤痕”上看,暗示他常遭凌辱,从“乱蓬蓬”的胡子上看,表明他生活落魄潦倒。而他那件“又脏又破,似乎是多年没有补,也没有洗”的长衫,则说明他又穷又懒,而对这件“又脏又破”的长衫,为了显示自己“读书人”的身份,他一直没有脱下,揭示了他自命清高的性格特征。“满口之乎者也”则表明他卖弄学问。从以上分析我们看到,鲁迅先生仅用粗线条的勾勒,就活灵活现地把一个迂腐落后、贫困潦倒的深受封建教育迫害的下层知识分子形象呈现在读者面前。②善于通过个性化语言塑造人物形象。人物语言是刻画性格的重要手段之一,作家在创作中,必须要根据不同人物阶级、职业、经历、生活习惯、思想感情和精神状态,选择富有个性化的人物语言,去表现人物不同的性格特征,才能塑造出典型的人物形象来。鲁迅也是极善于通过人物个性语言塑造典型形象的作家。他的作品里,无论是主要人物还是次要人物,语言都是极富个性化的。例如在《孔乙己》一文中,主人公孔乙己所说的话并不多,然而几乎句句都是个性化、性格化的语言。例如:“窃书不能算偷……窃书!读书人的事,能算偷吗?”“对呀对呀!……回字有四样写法,你知道吗?”“不多了,我已经不多了。”“不多不多!多乎哉?不多也?”“跌断,跌,跌……”以上文白相间的语言,是孔乙己所特有的语言,它准确、深刻、生动而有分寸地突出了孔乙己的性格。从“窃书不能算偷……窃书!读书人的事,能算偷吗?”一句中,我们看到了孔乙己那迂腐的性格。在他看来,像偷窃这样的丑事,一旦和读书人发生联系,便不再是一种不光彩的事,不能和一般的偷窃相提并论,就是偷东西被人打断了腿,还要辩解说是“跌断,跌,跌……”死要“读书人”的面子。这些语言,把孔乙己心灵深处的“万般皆下品,唯有读书高”的封建传统观念充分地揭示了出来,这种观念是与他长期接受封建教育毒害的身份相称的。③准确地运用动词,形容词。鲁迅对遣词用字的要求很严,在他的小说中,无论是叙事状物还是写景抒情,所用的动词、形容词都是非常鲜明生动的。例如,在《社戏》中,作者是这样描写的:“一出门,便望见月下的平桥内泊着一只白蓬的帆船,大家跳下船,双喜拔前篙,阿发拔后篙,年幼的都陪我坐在舱中,较大的聚在船尾,母亲送出来吩咐‘要小心’的时候,我们已经点开船,在桥面上一磕,退后几尺,即又向前出了桥。于是架起两支橹,一支两人,一里一换,有说笑的,有嚷嚷的,夹着湿透的船头激水的声音,在左右都是碧绿的豆麦田地的河流中,飞一般径向赵庄前进了。”“两岸的豆麦和河底的水草所散发出来的清香,夹杂在水气中扑面地吹来:月色便朦胧在这水气里。淡墨的起伏的连山,仿佛是踊跃的铁的兽脊似的,都远远地向船尾跑去了……”这两段文章,一段是动态描写,一段是静态描写,所用的动词、形容词都是十分准确、生动的。“跳”和“拔”这两个词,准确地把少年朋友们急迫心情和兴高采烈的气氛充分地表现了出来。因为得到大人们的恩准,终于可以去看戏了,大家非常高兴,便急不可耐地“跳”下船去,也用不着互相推托,双喜和阿发便主动承担了“拔”篙的任务。接下来,“陪”和“聚”也用得很合适。因为“我”是客人,大家对“我”都很客气,很友好。就连年幼的也都主动地“陪”着“我”,不让“我”寂寞。“聚”字则把少年朋友们亲密无间、团结融洽的气氛充分地表现了出来,而且还使人产生船离触石的感觉,犹如身临其境。接着“飞”字,则进一步把朋友们那种急切心情和船速之快淋漓尽致地表现了出来。④善于吸收人民群众方言口语。在鲁迅的小说中就发现不少的绍兴方言,这些方言经过他严格的选择提炼后,形成了鲁迅自己独特的语言风格。如《阿Q正传》中的“老鹰不食窝下食”“兜搭”“肚里一轮”,《狂人日记》中的“拿过嘴”“白历历”“老谱”,《祝福》里的“眼珠间或一轮”“回头人”,《孔乙己》中的“荐头”“粉饭”,《药》中的“拗开”“乖角儿”,《离婚》里的“团头团脑的”“杀头癞皮狗吃糖拌饭”“夹胳一嘴巴”“三茶六礼”“打顺风锣”,《肥皂》里“眼睛生在额头上”,等等,这些都是方言,是从人民群众口语中熔炼成的,不但读起来生动活泼,意味深长,而且使人物的话语和姿态显示出地方色彩,增强作品的真实感和艺术感染力。鲁迅的小说语言凝练含蓄,言简意赅,描写人物笔墨俭省,而内涵丰富。描写对话,总能抓住表现人物性格特征的语言来表述,简练而传神。而他创造性地运用动词、形容词以及借鉴方言、口语、外来词,更使他的语言别具特色。作为现代文学史上的语言大师,鲁迅为其他作家在白话文创作方面提供了有益的探索,做出了典范,也为丰富现代汉话词汇做出了巨大的贡献。

(2)莫言作品的言语风格:①以绚丽的色彩语言表达丰富的主观情愫。“色彩作为文化的载体往往代表某种象征,承担特定的含义。”莫言对色彩语言情有独钟,从其小说题目就可见一斑:《红高粱》《红树林》《红蝗》《白棉花》《透明的红萝卜》《金发婴儿》《白狗秋千架》……五彩缤纷的色彩的广泛运用是其小说的亮点之一。他常用于描绘风景,显示自然的生机与活力,如“无边无际的红高粱从浓雾中升起来……石棱上挂着绺绺浅黄色的狐狸毛,河水被子弹打得啾啾鸣叫,宛若鸟的叫声,红毛的画眉,绿毛的百灵。白鳝鱼在碧绿的墨水河里翻了肚皮,黑皮糙肉的大狗鱼在山谷的清泉中打扑棱,水声格外响亮。”(《人与兽》)也用来描写外貌,描述心理,刻画人物形象:“心有灵犀的方碧玉脸上擦着香喷喷甜丝丝的葵花牌香脂,上身穿水红紧身衣,酱红针织衫红毛衣,灰咔叽布褂子;下身穿着红花布裤衩，酱红绒裤蓝布裤子，脚上穿着花格尼龙袜子，塑料底紧口布鞋，袅袅婷婷地，转弯抹角地来到我的身边。”（《白棉花》）②打破语言约定俗成的惯例，自出机杼，新人耳目。莫言小说的语言给人一种新鲜感，他善于打破语言的常规，创造性地对固有语言重新进行一番排列组合，使其在特殊的语境中生发出崭新的意蕴，令人回味无穷。如“奶奶三十年的历史，正由她自己写着最后的一笔，过去的一切，象一颗颗香气馥郁的果子，箭矢般坠落在地，而未来的一切，奶奶只能模模糊糊地看到一些稍纵即逝的光圈，只有短暂的又粘又滑的现在，奶奶还拼命抓住不放。”（《红高粱家族》）文中“又粘又滑的现在”一语，表面看，“又粘又滑”指血液，“现在”指流血的时刻，而从内在的含义说，“又粘又滑”则寓意生命的逝去已无法挽回，“现在”只是弥留之际。作家用这样的非常规组合生动地说明：随着血液的一点点流尽，奶奶的生命也正在从她手里一点点滑脱，走向结束。③语言的叙述风格雅俗共赏，斑斓多姿。莫言曾说：“语言变起来比较困难，语言是一个作家风格的最主要的体现，以前我一个老师说过，语言在某种意义上是一个人的精神分泌，他认为一个人之所以讲话是这种语调，这种风格，他的词汇量的组成跟他的生活是有关系的。我努力变化着语言，尽量简洁平实一点，通俗易懂一点，力求语言风格的丰富多样。”④乡土气息。莫言作品中常常出现一些方言语汇。方言作为一种母语，它承载了一个人从儿时就积累起来的对世界的那种认识、感受和情感体验；作为语言形式，它也不仅仅体现在几个方言词汇上，除此之外，它还包含了由语法和语音形式涵养而成的那种语调和语气。特别需要指出的是，方言还孕育了作家的一种特殊语感。莫言对农村、农民情有独钟，他的作品追求真实，喜欢呈现原生态的语言，对山东高密的方言运用尤为突出，使作品语言散发着浓郁的乡土气息。如“父亲从褡裢里摸出十个咸蛋，放在桌子上”（《冰雪美人》）中“褡裢”是北方乡间农民外出时随身携带的一种布袋，它搭在肩膀上，前后各一个口袋，用来放随身携带的物品，文中“褡裢”与“摸”搭配，与“父亲”的农民身份很吻合，突出了人物形象的穷困沧桑之感。当然，莫言的小说语言也不全是美轮美奂，某些作品的语言难免有粗鄙之嫌，但正如瑕不掩瑜，也许，缺憾的存在，正是作家不断探索，进入新境的动力所在。

20.修辞和语法是两门性质不同的学科，各有各的研究内容：语法讲的是怎么说才通，怎么说就不通；通的是符合语法规律的，不通的是不合语法规律的。修辞讲的是哪一种说法比较好，哪一种说法不好或不太好。好的当然要通，但通的不一定就好。

语法知识对学习修辞有很大的用处，修辞必须以语法为基础。一方面，先要求写通，然后才要求写得好。另一方面，修辞要在用词造句方面下功夫，常常离不开语法知识。

21.(1)“忍看”是不忍看的意思，比“眼看”更确切地表达了作者对刽子手的愤恨和牺牲者的悼念;"刀丛"是刀枪林立的意思,比"刀边"更能表现出当时形势的凶险和作者的无畏精神。

(2)"即刻"仅表时间,"仓皇"则还包含匆忙慌张的意思,用"仓皇"可以把王后和弄臣张皇失措的神态刻画出来,含义比较深刻。

22.(1)"包围"改为"映照"。

(2)"生冷"改为"生僻"或"冷僻"。

(3)"收取"改为"采集"或"收集","统购"改为"收购"。

(4)"谋划"改为"打算"或"计划","教训"改为"批评"。

23.(1)"踱出""撅起"是动词选用得确切,"洋布"代替北洋军阀政府的"国旗",是词语的代用。

(2)"不敢""不愿""不屑"是词语选用得确切。

(3)"苍白"是词语的移用,暗含比喻。

(4)用"呆"代"关",是词语避讳的代用。

(5)"看看""望望""瞧瞧"是动词叠用,选用得确切。

(6)"浅闺"是从"深闺"临时仿造的,是词语的仿用。

(7)"自我扩张"移用于"汗衫"。

(8)"马道主义"是从"人道主义"临时仿造的。

(9)第二句中"莫愁"不再指人,是词语的顺势移用。

(10)"酿造"是词语的顺势移用。

24.(1)"小局"是仿造词。

(2)"渺大"是生造词。

仿造词语与生造词语都不是现成的词语,似乎容易想混。但是二者还是有区别的:仿造词语是词语的灵活运用,含义明确,又有明显的修辞效果;生造词往往含义模糊,甚至是错用,没有任何修辞效果。

25.前面描写的是妇女们荡舟湖中,采摘菱角的轻松活泼的场面。"她们轻轻划着船",顺手捞些菱角。为了突出这种平和轻松的气氛,作者选用了"哗、哗、哗"较为舒缓的三音节象声词来表现船两旁的水声。

后面描写的是妇女们发现敌人的汽船追来的紧张急迫的场面。"后面大船来得飞快",青年妇女们拼命划船。为了突出这种紧张战斗的气氛,作者选用了十分急促的双音重叠象声词"哗哗,哗哗,哗哗"来表现船疾驶中两旁的水声。

26.(1)可将"大大提高了"移到"我的烤制各种花色面包的技术"的后面,也可将"在"和"的学习过程中"删去,改为"这次全局烹饪训练班大大提高了我的烤制花色面包的技术"。

(2)删去"在身上""用手"。

(3)在"当我遇到一些困难"之后加"的时候"。

(4)“学习也抓得比过去好了”改为“学习也比过去抓得好了”。

(5)删去“多次”或“反复地”。

(6)后半句改为“在秋浦河上建造了一道四米高、二十米宽、七百米长的防洪大堤”。

(7)“苏老七十五岁高龄,从住地到教室要走一里远,他能来吗”改为“从住地到教室有一里路,七十五岁高龄的苏老,他能来吗?”

(8)“又重新在眼前浮现”改为“就又重新出现了”。

(9)“侃侃而谈”改为“滔滔不绝”。

(10)“可以治疗心脏、肺、肠、眼、高血压等疾病”改为“可以治疗高血压和心脏、肺、肠、眼、等方面的疾病。”

27.(1)将“也就必然要多方面地改变生产关系,上层建筑,社会结构,工农业企业的管理方式和国家的管理方式,以及人们的活动方式和思想方式”改为“也就必然要多方面地改变生产关系,改变上层建筑,改变社会结构,改变工农业企业的管理方式和国家的管理方式,改变人们的活动方式和思想方式”。

(2)改为“《母亲》是伟大的无产阶级作家高尔基在1906年写的一部激动人心的长篇小说,它深刻反映俄国第一次资产阶级民主革命时期在无产阶级政党领导下,工农革命运动由自发到自觉的斗争过程”。

28.(1)示现。(2)比喻。(3)拟人。(4)夸张。(5)反复。(6)示现。(7)对比。(8)双关、夸张。(9)夸张。(10)对比。(11)拟人。(12)反复。(13)夸张。(14)比喻。

29.(1)将“漫漫地”移到“一点一点”的前面,“一点一点”的后面加“地”。

(2)将“广播员的”删“的”,移到“清脆悦耳”的前面,将“省”移到“记录”前面。

(3)将“无时无刻”改为“时时刻刻”或“每时每刻”,“离不开”前面加“都”。

(4)将“两个”改为“两位”,或将“两个”移到“工区的”之后。“尽量防止不发生事故”删去“不,或者将防止改为“做到”。

30.(1)突出强调主语“苇塘的芦花”,全句的语言也连贯流畅了。

(2)偏句倒置是为了强调突出偏句。

(3)“把”字句式目的在于突出强调谓语部分的中心语“置之度外”。

(4)“不多”比“很少”在语气上要弱些,要委婉些。

(5)在前面假设条件的基础上,运用反问句,使语气更加肯定有力,而又发人深思,增强文章的说服力。

(6)谓语前置,生动地描绘出人物的急切情态。

(7)修饰语后置,为了突出强调这个修饰语。

(8)两个“把”字句式“把敌人抱住”“把占领阵地的敌人烧死”,突出强调了

“抱住”“烧死”两个谓语。

(9)这里用的是两个连续提问。边问边答,层层剖析,步步深入,引人入胜。指出了出路就在于人民结合起来进行斗争和反抗。

(10)这里用的是双重否定句。排除了其他的可能,即是指任何事物都包含着矛盾。语气要比一般的肯定句要坚定有力。

31.(1)对偶,共四个对偶句。(2)顶真。(3)回环。(4)排比,有两个排比句。(5)错综。第一、二两行和第三、四两行都是错综句式。(6)回环。(7)对偶。(对偶句套用)(8)(层递)排比。(9)排比。(10)顶真。

32.语言风格是指由于交际情景、交际目的的不同,选用一些适用于该情景和目的的语言手段所形成的某种言语气氛和格调。语言风格的构成要素包括语言的风格要素和非语言的风格要素两大类。

33.翻译外国作品除了在内容上忠实于原著外,在语言上应该尽可能做到合乎本民族的语言习惯,保持本民族的言语格调。如果距离汉语的习惯太远,对于作品的传播是有影响的。当然,我们一方面要努力做到“为中国老百姓所喜闻乐见的中国作风和中国气派”,又要注意“从外国语言中吸收我们所需要的成分”。正是在不断吸取外国语言有用的成分的基础上,我们的语言的民族风格才能得到不断的丰富和发展。

34.因为表现风格是为表现主题(主旨)和适应语境而产生的,它不但因人而异,而且因事而异,因时而异。不同语体的文章和同一作者的作品,由于所形成的语境和所要表达的主题(主旨)都不相同,因而它们的表现风格自然也就不相同了。

这说明语言的表现风格与语言环境、表达的主题、个人素养有着紧密的联系,那种脱离语境和主旨,一味盲目地去追求某种表现风格的做法是不可取的,是不可能收到好的语用效果的。

四 真题精粹

(一)名词解释

1.借代。(2023 年,河北大学)

2.顶真。(2020 年,河北大学)

3.复句。(2019 年,武汉大学)

(二)填空题

1.“日去渐已远,衣带渐以缓”中,运用了________的修辞方法。(2021 年,北京大学)

2.“所以”是在复句中表示________关系的连词。(2021 年,北京师范大学)

3.“是起点也是终点,是开始也是结束”一句中运用了________修辞手法。(2023

年,华东师范大学)

4.利用上下文的联系,把用于甲事物的词语巧妙地用于乙事物,这种修辞格叫________。(2019 年,青岛大学)

5.“记忆是抹不去的,抹不去的是记忆。”句中运用的修辞手段是________。(2021 年,厦门大学)

6.“不管你怎么劝,他都不听。”输入条件复句中的________。(2022 年,厦门大学)

7.无疑而问,自问自答,以引导读者注意和思考问题,这种辞格叫________。(2019 年,东北师范大学)

8.故意把一般事物往大处说,叫________夸张。(2018 年,东北师范大学)

9.比喻是用甲事物来描写说明乙事物,我们一般把甲事物称为________,把乙事物称为________。(2021 年,暨南大学)

10.“我娘家姓赵……出嫁了,把名字也嫁了,人家叫我阿淇家的。”使用的修辞格是________。(2019 年,河北大学)

11.“真倒霉!人不走运,喝凉水都塞牙!”这几句话属于修辞格中的________。(2018 年,河北大学)

12.借代和借喻的一个不同点是,借喻侧重相似性,借代侧重________性。(2022 年,安徽师范大学)

13.对偶里的“反对”,就形式说是对偶,就意义说是________。(2018 年,安徽师范大学)

14.“夜雨刚过,东方透出一束紫红的霞光。瑶寨的重峦叠嶂在晨光中昂首挺立,大有刺破青天之势。”这段话使用了________辞格和________辞格。(2017 年,首都师范大学)

(三)选择题

1.下面哪个句子的修辞手法属于比拟?(　　)(2019 年,北京大学)

A.小家碧玉　　B.时雨点红桃千树

C. 星星不如汉珠明　　D. 江山如此多娇

2.哪个句子属于复句?(　　)(2023 年,北京大学)

A. 春天来了以后,你才可以看到遍山的杜鹃。

B. 春天一来就能看到遍山的杜鹃。

C. 他坐在山上,看遍山的杜鹃。

D. 风景秀丽的杜鹃山,吸引了很多游人

3.“所以”用着复句中常常表示(　　)关系。(2023 年,北京师范大学)

A. 连贯　　B. 因果　　C. 条件　　D. 目的

4.“寒冷是热泪成冰,冻不住我的心……”是(　　)修辞手法。(2023 年,北京语

言大学)

A. 拟人 B. 夸张 C. 比喻 D. 通感

5.“乌蒙磅礴走泥丸。”运用的辞格是( )。(2019 年,南开大学)

A.夸张 C.比拟 B. 比喻 D.借代

6.“两个黄鹂鸣翠柳,一行白鹭上青天。“运用的修辞是( )(2023 年,青岛大学)

A.对偶 B. 比喻 C. 借代 D.拟人

7.下列词语,主要运用于口头语体的一组是( )。(2019 年,浙江大学)

A.斡旋 婵娟 B.汗颜 莅临 C.优秀 硕大 D.喷香 打圆场

8.排比句可以分为句子排比和( )排比两类。(2018 年,东北师范大学)

A.关联成分 B.对偶成分 C.修辞成分 D.句法成分

9.“有的人活着,他已经死了;有的人死了,他还活着”是( )。(2021 年,东北师范大学)

A.比喻 B.反复 C.对比 D. 夸张

10.“看飞奔的列车,已驶过古长城的垛口,窗外明月,照耀着积雪的祁连山头……”运用的修辞手法是 ( )。(2018 年,四川大学)

A.排比 B.错综 C.互文 D.对偶

11.下列句子中( )是比拟句。(2019 年,安徽师范大学)

A.灿烂阳光下盛开的百合花就是这位姑娘的笑颜。

B.依稀在远处蜷伏着一幢小楼,似有似无。

C.眼镜撇了撇嘴,没说什么。

D.他不敢抬头,而把牙咬得山响,热泪顺着脖子往下流。

12.“几十年没见的老朋友难得有缘一聚,酒还没下肚,心已经热了。”运用的修辞格是( )。(2018 年,安徽师范大学)

A.拟人 B.比喻 C.借代 D.夸张

13.对客观人、事作扩大或缩小或超前的描述,这种辞格叫( )。(2021 年,东北师范大学)

A.比喻 B.排比 C.借用 D.夸张

14.“他就像我的父亲一样”是( )。(2020 年,东北师范大学)

A.比拟 B.排比 C.比喻 D.夸张

15.下列语句中运用了拈连手法的是( )。(2024 年,华东师范大学)

A.叶子底下是脉脉的流水

B.政府在采购领域刮起了廉政风暴

C.织渔网啊,织渔网,织出一片好风光

D.茅台尚未沾唇,人先醉了三分

16.“朱门酒肉臭,路有冻死骨”使用的修辞手法是(　　)。(2016年,北京大学)

A.比拟　　B.比喻　　C.借代　　D.双关

17.“我们的太阳能,让你随心所欲”使用的修辞手法是(　　)。(2019年,北京大学)

A.夸张　　B.婉曲　　C.仿词　　D.反语

(四)简答分析题

1.小马:牛爷爷,我要过河。河水“深不深”?

牛爷爷:河水很浅,你过来吧。

(1)为什么小马用“深不深”而不用“浅不浅”来表达?这反映了形容词使用时的什么现象?

(2)有时反义词和同义词并用,如“深入浅出、喜新厌旧、时好时坏”等,但这些却不能颠倒过来用,如“喜旧厌新”“浅入深出”等,概括归纳这一用词规律,并结合(1)(2)进行解释。(2023年,北京语言大学)

2.从语言的交际职能说明修辞的功用,并谈谈语法和修辞的关系。(2021年,武汉大学)

3.拈连与顶真有何不同?(2019年,暨南大学)

4.什么是隐喻和借代?“山珍海味”一词的词义构成,使用了什么修辞手法?(2022年,武汉大学)

真题精粹参考答案

(一)名词解释

1.参见知识点精讲。

2.参见知识点精讲。

3.参见知识点精讲。

(二)填空题

1.反复。2.因果。3.对偶和反复。4.拈连。5.顶真和回环。6.完全条件复句/无条件句。7.设问。8.扩大夸张。9.喻体 本体。10.拈连。11.夸张。12.相关性。13.对比。14.拟人 夸张

(三)选择题

1.B　2.A　3.B　4.D　5.A　6.A　7.D　8.D　9.C　10.B　11.A　12.D　13.D　14.C　15.C　16.C　17.C

(四)简答分析

1.(1)因为小马不知道河水有多深的情况下只能问“深不深”。表示比较时,

通常只用正向形容词,也称积极意义形容词,这属于形容词的不对称、不平衡现象。“深”优先,“深”的搭配形式要比“浅”广。“深”可受数量范畴限制,可受程度副词修饰,做谓语时,“深”为无标记项。

(2)略。

2.(1)修辞的功用:①有助于提高说话和写作能力、阅读和欣赏能力;②有助于提高语言修养和语言美的水平;③有助于社会信息更准确畅通地传递。

(2)修辞同语法的关系更为密切。讲究修辞要以合乎语法为基础,合乎语法是讲究修辞的先决条件。语法和修辞虽然都离不开句子和句群,但修辞主要是从同义(近义)形式选择的角度研究句子和句群的表达效果的。句子有各种类型,选用什么样的类型,是由表达的需要和要获得什么样的修辞效果决定的。语法为修辞现象、修辞规律的体现提供表现形式,没有句子,也就没有体现修辞外在形式的语言模式。

3.(1)拈连是指利用上下文的语势联系,把适用于甲事物的词语拈来顺势连用于乙事物的一种辞格,也叫“顺拈”。例如在“一把铁锁,锁住双扉,也锁住了游人的兴致”中,将适用于具体事物的“双扉”的词语“锁住”,顺势拈来连用于抽象事物“兴致”。

(2)顶真是用上一句结尾的词语做下一句的起头,使前后的句子头为蝉联,上递下接,这种辞格也叫“联珠”。例如在“热炒之后是甜食,甜食的后面是大菜,大菜的后面是点心”中,“甜食”“大菜”分别做了上句结尾的词语和下句开头的词语。

不同在于:①被重复的词语的意义有所改变。“顶真”前句的末句词项是下文开头的词项,可不受限制地“复制连珠”出现,反映事物间的蝉联承接,前句最后一个词复制到后句第一个词,词语不变,词义也不变;而“拈连”侧重在一段话中,前句出现了某一个词项,后句重新出现该词项,或者仿造一个类似词项,不管是“重新出现”还是“创新仿造一个类似的”词项,这个词项都在前项词义的基础上赋予了新的意义。

②格式不同。“顶真”对于被重复词语的格式有严格要求,必须是上一句的结尾词语,马上重复出现在下一句的开头词语;而“拈连”则不需要这么严格的格式要求,被重复词语出现的位置比较随意。

③“拈连”一般从形容具体事物,顺势拈到形容抽象事物,有一个从具象到抽象的变化过程;而“顶真”则不同,要么都是抽象的,要么都是具象的。

4.(1)隐喻也叫暗喻,是比喻的一种基本类型。隐喻的格式为“本体+‘是’类喻词+喻体”。“是”类喻词包括“是、变成、成为”等。如例句“历史是一条长长的河”,把“历史”比作“长河”。借代是不直说某人某事物的名称,借同它密切相关的名称去代替,也叫“换名”,如“不拿群众一针一线”中就是用“一针一线”来借指

“东西”。

(2)“山珍海味”的词义是指山野和海里出产的各种珍贵食品,泛指丰富珍贵的菜肴。该词的词义构成由“山珍”和“海味”两个短语联合而成,属于联合式的词义构成。它的词义构成运用了借代和对偶的修辞手法。①借代:用“山珍”“海味”来代替山野中的珍贵食材和海里的各种美味;②对偶:“山珍”和“海味”在形式上字数相等、结构相同,运用了对偶的修辞手法,把两个词语对称地组合起来表达菜肴的珍贵,同时起到强调菜品丰富的作用。

参考文献

[1]黄伯荣,廖序东.现代汉语[M].7版.北京:高等教育出版社,2024.
[2]黄伯荣,廖序东.现代汉语[M].6版.北京:高等教育出版社,2017.
[3]黄伯荣,廖序东.现代汉语[M].5版.北京:高等教育出版社,2001.
[4]黄伯荣,廖序东.现代汉语教学与自学参考[M].6版.北京:高等教育出版社,2019.
[5]胡裕树.现代汉语[M].重订本.上海:上海教育出版社,2011.
[6]邢福义,汪国胜.现代汉语[M].3版.武汉:华中师范大学出版社,2024.
[7]曾常年.现代汉语辅导及习题集[M].武汉:湖北长江出版集团,2011.
[8]夏耕.现代汉语(增订五版)同步辅导·习题精练·考研真题[M].武汉:武汉大学出版社,2015.
[9]邢福义,吴振国.语言学概论[M].武汉:华中师范大学出版社,2004.
[10]高更生.现行汉字规范问题[M].北京:商务印书馆,2002.
[11]裘锡圭.文字学概要[M].北京:商务印书馆,1988.
[12]索绪尔.普通语言学教程[M].高名凯,译.岑麒祥,叶蜚声,校注.北京:商务印书馆,1985.
[13]叶蜚声,徐通锵.语言学纲要[M].北京:北京大学出版社,2002.
[14]语文出版社.语言文字规范手册[M].北京:语文出版社,1991.
[15]胡裕树.《现代汉语》使用说明[M].重订本.上海:上海教育出版社,1995.
[16]胡裕树.现代汉语参考资料[M].上海:上海教育出版社,1982.
[17]邢福义.现代汉语:全1册[M].北京:高等教育出版社,1991.
[18]李行建.普通话和方言[M].上海:上海教育出版社,1985.
[19]苏培成.现代汉字学纲要[M].增订本.北京:北京大学出版社,2001.
[20]唐兰.中国文字学[M].上海:上海古籍出版社,1979.
[21]袁家骅,等.汉语方言概要[M].2版.北京:语文出版社,2001.
[22]詹伯慧.汉语方言及方言调查[M].武汉:湖北教育出版社,2001.
[23]董少文.语音常识[M].北京:文化教育出版社,1964.

[24]林焘,王理嘉.语音学教程[M].北京:北京大学出版社,1992.
[25]罗常培,王均.普通语音学纲要[M].北京:商务印书馆,1981.
[26]吴洁敏,朱宏达.汉语节律学[M].北京:语文出版社,2001.
[27]徐世荣.普通话语音常识[M].北京:语文出版社,1999.
[28]符淮青.现代汉语词汇[M].北京:北京大学出版社,1985.
[29]贾彦德.汉语语义学[M].北京:北京大学出版社,1999.
[30]刘叔新.词汇学和词典学问题研究[M].天津:天津人民出版社,1984.
[31]刘叔新.汉语描写词汇学[M].北京:商务印书馆,1995.
[32]周祖谟.汉语词汇讲话[M].北京:人民教育出版社,1962.
[33]丁树声等.现代汉语语法讲话[M].北京:商务印书馆,1980.
[34]吕叔湘,朱德熙.语法修辞讲话[M].北京:中国青年出版社.1979.
[35]吕叔湘,等.现代汉语八百词[M].北京:商务印书馆,2001.
[36]吴为章,田小琳.汉语句群[M].北京:商务印书馆,2000.
[37]邢福义.汉语复句研究[M].北京:商务印书馆,2001.
[38]邢福义.汉语语法学[M].长春:东北师范大学出版社,1996.
[39]邢福义.邢福义自选集[M].长春:东北师范大学出版社,2001.
[40]邢福义.词类辨难[M].修订本.北京:商务印书馆,2003.
[41]张寿康.构词法和构形法[M].武汉:湖北人民出版社,1981.
[42]赵元任.汉语口语语法[M].北京:商务印书馆,1979.
[43]朱德熙.语法答问[M].北京:商务印书馆,1985.
[44]朱德熙.语法讲义[M].北京:商务印书馆,1892.
[45]陈望道.修辞学发凡[M].上海:上海人民出版社,1976.
[46]何自然.语用学概论[M].长沙:湖南教育出版社,1988.
[47]刘焕辉.言语交际学[M].南昌:江西教育出版社,1986.
[48]沈开木.现代汉语话语语言学[M].北京:商务印书馆,1996.
[49]索振羽.语用学教程[M].北京:北京大学出版社,2000.
[50]王希杰.修辞学通论[M].南京:南京大学出版社,1996.
[51]张弓.现代汉语修辞[M].石家庄:河北教育出版社,1993.
[52]张志公.修辞概要[M].上海:上海教育出版社,1982.
[53]郑远汉.现代汉语修辞知识[M].武汉:湖北人民出版社,1979.
[54]郑远汉.言语风格学[M].修订本.武汉:湖北教育出版社,1998.
[55]胡裕树.现代汉语[M].重订本.上海:上海教育出版社,2011.